CONVERSAÇÕES

JOÃO LINS DE ALBUQUERQUE

CONVERSAÇÕES
50 ENTREVISTAS ESSENCIAIS
PARA ENTENDER O MUNDO

2008 © JOÃO LINS DE ALBUQUERQUE

Direitos desta edição reservados à
EDITORA DE CULTURA

Rua Pimenta Bueno, 324
03066-000 – São Paulo – SP
Fone: (11) 2894-5100
Fax: (11) 2894-5099

sac@editoradecultura.com.br
www.editoradecultura.com.br

Partes deste livro poderão ser reproduzidas, desde que obtida prévia autorização por escrito da Editora e nos limites previstos pelas leis de proteção aos direitos de autor e outras aplicáveis. Além de gerar sanções civis, a violação dos direitos intelectuais e patrimoniais do autor caracteriza crime.

Primeira edição: Novembro de 2008
Impressão: 5ª 4ª 3ª 2ª 1ª
Ano: 12 11 10 09 08

Dados Internacionais de Catalogação na Publicação (CIP)
(Elaboração: Aglaé de Lima Fierli, CRB-9/412)

A31c Albuquerque, João Lins de

Conversações : 50 entrevistas essenciais para entender o mundo / João Lins de Albuquerque – São Paulo: Editora de Cultura, 2008.

400p.;: il.; 16x23cm. (Coleção Comunicantes).

Contém índice onomástico
ISBN : 978-85-293-0128-0

1. Jornalismo – Entrevistas internacionais. 2. Personalidades internacionais 3. Relatos de Experiência. 4. Entrevistas – séc. XX. 5. Comunicação – Entrevistas. Título. II. Série.

CDD – 070.408

Índice para catálogo sistemático

Jornalismo : Relações Internacionais : Entrevistas	070.4
Relatos de Experiências : Entrevistas : Século XX	070.48
Entrevistas internacionais : Personalidades : Jornalismo	920
Destaques internacionais : Entrevistas : Jornalismo	070.408
Comunicação : Jornalismo : Entrevistas	302.2

*Todos somos muito ignorantes.
O que acontece é que nem todos
ignoramos as mesmas coisas.*

ALBERT EINSTEIN
Prêmio Nobel de Física de 1921

Para Brita, Mysan e Katrin
e à memória de meus pais
José e Maria Augusta

AGRADECIMENTOS

Quero expressar meus sentimentos de inequívoca e total gratidão a todos aqueles que, deliberadamente ou não, me ajudaram a superar desafios, permitindo-me chegar ao fim da jornada com ânimo suficiente para concluir esta obra. Meus agradecimentos são dirigidos, primeiramente, a companheiros absolutamente fundamentais.

Esta publicação dificilmente teria surgido sem a intervenção direta de Ewaldo Dantas Ferreira, meu guru no jornalismo brasileiro e ex-diretor de *Visão*, amigo de longa data, que no início da década de 1970, num processo quase jesuítico, me converteu em correspondente internacional da revista para a Suécia e norte da Europa. Devo também agradecer aos meus amigos e colegas Carlinhos Brickmann, Fernando Gabeira, Antonio Tofaneto, João Ricardo Penteado, Silvio Raimundo, Filippo Garozzo, Jorge Leão Teixeira (que me apresentou Tom Jobim), Osmar Freitas Jr., os colegas Mário Cláudio Vargas e José Carlos Sobrinho (este último me introduziu nas idéias de Willhelm Reich), Humberto Reis (das rádios Mundial e Tamoio), José Rubens Bismara Jr. (da Rádio Cacique de Sorocaba), Manoel Wambier (da Deutsche Welle), Edilberto Mendes (do jornal *The Brazilians*, NY), Leif Schulman (da Editora Allers, Estocolmo), Jorge Ulate-Segura e Chaim Litewski (ambos do Departamento de Informação Pública da ONU), Miss Margareth Anstee (a primeira mulher representante do secretário-geral das Nações Unidas numa missão de paz), Luiz Carlos da Costa (do Departamento de Operações de Paz da ONU), Sandra Guy e Glória Peres (minhas assistentes de produção na Rádio da ONU), Wagner Santiago (do Clube de Língua Portuguesa das Nações Unidas) e Alejandro Claps (presidente da Foreign Press Association em Estocolmo), por terem me inspirado, trabalhado ao meu lado, aberto várias portas e me ensinado alguns valiosos truques profissionais.

Agradeço igualmente meus colegas de Sorocaba, minha cidade natal, que acompanharam minha luta e sempre me foram fiéis: Cleide e José Carlos Sobrinho, Dalva e Joel Mattos, o grande *maître* Carlos Alberto de Souza Filho e, naturalmente, o pintor Pedro Lopes.

Não menos importantes foram os apoios que recebi de Henri Maksoud, da Editora Visão, em São Paulo; de Celso Amorim, Antonio Simões, Marcos Troyjo e Maria Luiza Ribeiro Viotti, da Missão do Brasil junto às Nações Unidas, em Nova York; do embaixador Antonio Monteiro, da Missão de Portugal; e de Iris Valverde, embaixadora do Peru na Dinamarca, que, com grande otimismo, respaldaram meus projetos jornalísticos no Secretariado da ONU; Fabian Paliz, do Equador, e Pedro Calvo Sotelo, da Espanha.

Um obrigado sincero também a Rubens Ricupero (Unctad), João Baena Soares (mago do Direito Internacional) e Paulo Sérgio Pinheiro (Direitos Humanos), meus colegas de Nações Unidas, que nunca se furtaram a me socorrer no domínio da informação.

Meu reconhecimento mais sincero a Mirian Paglia Costa, minha editora, que com admirável condescendência muitas vezes, senão sempre, melhorou meus textos que tremulamente chegavam ao Brasil, via telex, para as páginas da revista *Visão*.

A Roberto Renault e ao professor John Mulholland (saudoso examinador do Instituto Rio Branco), minha eterna gratidão por terem me inspirado a viver no exterior, sobretudo indicando a opção de Londres, por onde tudo começou.

AGRADECIMENTOS

No espinhoso campo da assistência técnica, meu reconhecimento é dirigido ao amigo José Aparecido Miguel e sua mulher, Helena, que tantas horas perderam procurando documentos desaparecidos no meu *laptop*. O mesmo agradecimento é extensivo a Paulo Dias, pela digitalização do texto e pela sua infindável paciência.

Seria injusto não expressar minha gratidão ao guru Paulo Coelho, que conviveu comigo na Rua Paissandu nos anos 1960 e que espiritualmente me fortaleceu, mostrando através do I Ching a direção benéfica do Norte. Meu sincero obrigado ainda a Cintia Carnut Troyjo, que, com sua sabedoria e poder de intuição, também impulsionou o projeto deste livro.

Devo um agradecimento especialíssimo à minha filha Katrin, que, saída da Parson School of Design de Nova York, concordou com meu pedido para ilustrar **Conversações**.

Aos imortais Antonio Olinto, Arnaldo Niskier e Cícero Sandroni, antigos soldados da imprensa diária e gloriosos mestres da Literatura Brasileira, meu eterno agradecimento pelo apoio, pelas palavras de incentivo e por me recordarem do dever da esperança na batalha das letras.

Em último lugar, mas muito longe de menos importante, menciono os nomes de Ana Maria Monteiro de Carvalho e de Myrna Domit, que, depois de todas essas minhas aventuras e desventuras pelo mundo afora, apoiaram grandemente meu regresso ao Brasil.

JOÃO LINS DE ALBUQUERQUE

SUMÁRIO

Apresentação 18
UM GRANDE BRASILEIRO, Marcos Troyjo

Prefácio 23
PESSOAS EMINENTES DO NOSSO TEMPO, Antonio Olinto

Introdução 28
MEU MAPA DO MUNDO

1. PIER PAOLO PASOLINI 35
A última palavra de Pasolini

2. BERNARDO BERTOLUCCI 46
O cinema como exercício da política

3. INGMAR BERGMAN 55
A arte de exorcizar demônios

4. CLAUDE CHABROL 66
O sorridente Hitchcock francês

5. MILOS FORMAN 74
Um estranho no ninho americano

6. EUGÈNE IONESCO 84
Revelações sobre os rinocerontes

7. MIKIS THEODORAKIS 92
Música: mais forte do que tanques de guerra

8. MARCEL MARCEAU 98
A vida pintada em movimentos

SUMÁRIO

9. ALBERTO MORAVIA 104
Toda literatura é anti-social

10. MARIO VARGAS LLOSA 110
A literatura é uma forma de insurreição

11. OLOF PALME 117
Princípios de uma sociedade mais justa

12. FELIPE GONZÁLEZ 124
O homem que reinventou a Espanha

13. MÁRIO SOARES 130
O otimismo de um socialista incansável

14. MELINA MERCOURI 136
A última deusa do Olimpo

15. GRETA GARBO 141
A identidade secreta de Greta Garbo

16. SIMONE VEIL 148
A transformação social da mulher

17. ESTHER WILLIAMS 154
A sereia de Hollywood

18. NINA HAGEN 159
A deusa *punk* da juventude européia

19. STAN GETZ 165
Um sopro dá alma à bossa nova

20. LUCIANO PAVAROTTI   171
Nem só de ópera vive um tenor

21. DALAI LAMA   176
O calcanhar-de-aquiles da China

22. ANDREI SAKHAROV   182
A esplêndida teimosia de um dissidente

23. PHILIP AGEE   189
O espião da CIA que se aposentou em Cuba

24. OLIVER TAMBO   195
Embaixador itinerante da luta contra o *apartheid*

25. BREYTEN BREYTENBACH   205
O sul-africano branco que renegou sua tribo

26. RUUD GULLIT   211
A força política do futebol

27. JOAQUIM CHISSANO   216
O mensageiro da África Negra

28. XANANA GUSMÃO   226
Líder histórico da resistência timorense

29. JOSÉ RAMOS-HORTA   233
Guerrilheiro da diplomacia e Nobel da Paz

30. XIMENES BELO   241
Apóstolo da independência timorense

SUMÁRIO

31. SÉRGIO VIEIRA DE MELLO 250
A paixão pela paz

32. ALVIN TOFFLER 262
O profeta da Era da Informação

33. LARS GYLLENSTEN 267
Anatomia do Prêmio Nobel

34. FOWLER, TAUBE, DEBREU e CHANDRASEKHAR 281
Quem ganha e quem perde com a fuga de talentos

35. MILTON FRIEDMAN 285
Livre mercado para uma sociedade livre

36. JAMES MEADE e BERTIL OHLIN 292
Em defesa do livre comércio internacional

37. KOOPMANS e KANTOROVITCH 297
Alocação ótima de recursos

38. FRANCO MODIGLIANI 302
O ciclo vital e a poupança

39. *SIR* RICHARD STONE 312
Um cavaleiro da rainha no reino da economia

40. JEAN DAUSSET 318
A maior revolução médica desde Pasteur

41. GERTRUDE ELION 324
Criando os grandes remédios do século

42. KARL POPPER 329
A sociedade aberta e seus inimigos

43. KHALED AL HASSAN 336
Desenhando um futuro sem ódio na Palestina

44. ILYA PRIGOGINE 343
Nosso universo está em obras

45. CARLO RUBBIA 348
Só falta descobrir a origem do espírito...

46. LEON LEDERMAN 353
Humor ajuda na divulgação científica

47. HARTMUT MICHEL 356
A mais importante reação química produzida no planeta

48. BERT BOLIN 360
O arauto do efeito estufa

49. ROBERTO SAVIO 368
A imprensa mundial desconhece o Brasil

50. BOUTROS-GHALI 375
Uma agenda para a paz no século XXI

Sobre o Autor 387

Índice onomástico 389

APRESENTAÇÃO

UM GRANDE BRASILEIRO

EM QUALQUER AULA básica de geografia, o jovem aluno brasileiro é logo apresentado às grandes dimensões de seu país. Quinto maior do mundo em extensão territorial, sexto em população, maior porção de terra agricultável do planeta. Somam-se a isso a exuberância de rios, a maior floresta tropical do mundo, a mais ampla biodiversidade da Terra. Mais ainda: mesmo com a baixa *performance* econômica nos anos 1980 e 1990, o Brasil é a quinta maior economia no mundo em termos de paridade do poder de compra. E, com tudo isso, o Brasil é tão pouco conhecido no mundo.

A imprensa internacional noticia em volume muito maior países como Cuba, Israel ou Vietnã. Já se chegou a dizer que é grave o desequilíbrio entre a importância do Brasil e sua projeção no exterior, sobretudo em se considerando suas empresas, suas marcas, seus indivíduos. Aliás, os brasileiros ilustres são mais conhecidos do que suas empresas ou marcas.

Não é difícil para qualquer cidadão do mundo associar a Sony à precisão microeletrônica típica da indústria japonesa; a Mercedes-Benz à pujança da engenharia alemã; o consumo da Coca-Cola à onipresença corporativa dos EUA. Apenas recentemente, com um fascinante processo de internacionalização de empresas brasileiras como a Embraer ou a Vale do Rio Doce, também as marcas brasileiras passaram a integrar o panorama das grandes firmas globais. Por que isso acontece?

Nossa história tem sido a de um país ensimesmado. Nossa geografia e nossa língua nos conformaram como uma grande "ilha *brasilis*". Acrescente-se que jamais o Brasil foi uma grande potência do comércio internacional – e mesmo hoje, com toda a globalização dos mercados e as gigantescas oportunidades nos quatro cantos do mundo, o país ocupa menos de 1% de tudo aquilo que é comprado ou vendido no mundo.

É assim que muito da chamada "imagem brasileira no exterior" é composta, seja a partir das matérias jornalísticas produzidas por correspondentes da imprensa internacional no Brasil, seja pela atuação destacada que alguns talentosos – e, em alguns casos, heróicos – brasileiros desempenham nos mais variados campos de atividade. Muitos deles são, ainda e paradoxalmente, mais conhecidos no exterior do que no Brasil.

Este é bem o exemplo de um grande – e ainda insuficientemente conhecido – brasileiro, o jornalista João Lins de Albuquerque. Ivo Pitanguy, Maria Esther Bueno, Gilberto Freyre, Oscar Niemeyer, Pelé, César Lattes, Euryclides de Jesus Zerbini, Ayrton Senna inscreveram o Brasil, graças a seu esforço e mérito pessoais, no pavilhão dos grandes nomes do século XX. A esse pavilhão deve juntar-se o nome do nosso João.

Conheci o autor de *Conversações* em 1997, quando ele chefiava a Divisão de Língua Portuguesa da Rádio das Nações Unidas (ONU) em Nova York, e eu estava recém-chegado, como jovem diplomata, àquele que considerava (inocentemente) o principal palco das relações internacionais. Dentre as tarefas a mim atribuídas pelo titular da Missão do Brasil, embaixador Celso Amorim, estava a de chefiar o setor de imprensa e divulgação do Brasil junto à ONU.

Foi nessa circunstância que passei a interagir quotidianamente com João Lins de Albuquerque e a admirá-lo. Afinal de contas, se o português não é um dos seis idiomas oficiais (inglês, francês, espanhol, chinês, árabe e russo), por que haveria a ONU de ter uma rádio que, a cada dia, fazia chegar notícias da política mundial a audiências lusófonas por todo o mundo? Foi João que fez esse milagre – com uma pequena ajuda de seus amigos diplomatas brasileiros, portugueses e dos demais países que conosco partilham o uso dessa língua de cultura.

Com base nas cerca de 250 milhões de pessoas que em todo o mundo utilizam o português como língua-mãe, João conseguiu, ao cabo de longo processo de convencimento e negociação, levar a Assembléia Geral da ONU a aprovar a criação de um serviço de informações em português. A importância da Rádio da ONU em português

APRESENTAÇÃO

não deve ser menosprezada. O rádio, como veículo de comunicação, só teve seu alcance e influência aumentados pelo advento das novas tecnologias de informação. A propósito, a Rádio da ONU em português, sob o comando do João, foi das primeiras a instrumentalizar seu serviço no *site* das Nações Unidas, dos mais visitados do mundo.

A convivência com João Lins de Albuquerque foi-me mostrando uma personalidade que carregava muito mais do que as indispensáveis características de um diligente jornalista-diplomata do Sistema das Nações Unidas.

Com efeito, revelou-se um profissional – um brasileiro – com décadas de experiência nas mais delicadas missões de paz da ONU nos anos 1980 e 1990, como Angola, Camboja e Moçambique, onde João liderou todo o complexo de informações das Nações Unidas. Mais tarde, já na sede da ONU, em Nova York, João desempenhou papel fundamental na divulgação a milhões de ouvintes no mundo todo de temas como a criação do Tribunal Penal Internacional; a Comunidade dos Países da Língua Portuguesa; o espinhoso processo de referendo popular no Timor-Leste, que culminou com a independência daquele país; a repercussão nas Nações Unidas dos atentados de 11 de setembro de 2001; e a escalada da chamada "guerra contra o terror".

Por seu talento e por sua posição privilegiada, nenhum jornalista no mundo entrevistou tantos chefes de Estado e governo dos países de língua portuguesa. Anos antes, já havia consolidado sua posição como o jornalista brasileiro que mais entrevistara vencedores do Prêmio Nobel. Mais que isso. A presença de João na ONU garantia verdadeiro "enclave" para a sociedade civil na organização mundial, ofertando-lhe microfone e voz. Direitos humanos, meio ambiente, desenvolvimento econômico e social, segurança internacional – esse era o cardápio diário que João Lins de Albuquerque oferecia a mais de 1.000 rádios retransmissoras em todo o mundo. Nenhum brasileiro de relevo que tenha passado por Nova York nos anos 1990 escapou à atenção do microfone de João. Orgulho-me de haver ressaltado, em nome do Brasil, por mais de uma vez, a importância de seu trabalho durante as sessões especiais da ONU dedicadas ao Dia Mundial da Liberdade de Imprensa.

Radical defensor de nosso vernáculo na ONU, João estruturou a Sociedade da Língua Portuguesa das Nações Unidas, ativa entidade que promove exposições, debates e tantas iniciativas culturais. Foi ele também o grande orientador de um programa de estágios, que desenhamos conjuntamente, que permitiu a dezenas de estudantes brasileiros de Relações Internacionais e Jornalismo terem, *in loco*, uma verdadeira aula de ONU. Muitos desses alunos hoje são ativos funcionários internacionais, a serviço de governos, empresas e ONGs – e alguns deles encontramos até efetivados no quadro de servidores das Nações Unidas.

Foi, portanto, nessa fronteira entre a diplomacia multilateral e o jornalismo internacional que nasceu minha amizade e admiração por João Lins de Albuquerque. Pouco sabia eu que, em realidade, estava a tratar com um dos maiores brasileiros de nossa história recente.

Fui assim desvelando, progressivamente, também o extraordinário acervo de informação e conhecimento que João Lins de Albuquerque amealhara por meio de entrevistas realizadas em três décadas como profissional da BBC em Londres, da Rádio Suécia Internacional, em Estocolmo, nas Nações Unidas ou em trabalho específico nalguma parte do mundo para publicações no Brasil, como a *Folha de S. Paulo* e a revista *Visão*. Resultado: *Conversações*, um livro extraordinário, que condensa o pensamento de protagonistas dos séculos XX e XXI – pensamento recolhido e registrado ali, no calor da entrevista presencial, o que garante instantâneos de espontaneidade que, no mais das vezes, revelam aspectos desconhecidos ou pouco explorados da personalidade e da visão de mundo desses grandes nomes.

Nas artes, na música, nas ciências, na política, na economia, nas humanidades, enfim, poucos brasileiros dialogaram com tantas personagens marcantes em nível mundial como João Lins de Albuquerque.

APRESENTAÇÃO

Conversações afigura-se, portanto, como texto indispensável, seja para o jovem estudante de comunicação ou história, seja para o leitor experimentado, que aqui encontrará revelações e minúcias extraídas no *tête-à-tête* com grandes estaturas do nosso tempo. Quem poderia supor que se encontrava escondido este patrimônio de conversas que tem por interlocutores Alvin Toffler, Eugène Ionesco, Melina Mercouri, Ingmar Bergman, Esther Williams, Stan Getz, Dalai Lama, Milos Forman, Mario Vargas Llosa, Sergio Vieira de Mello, Milton Friedman, Karl Popper, dentre tantos outros?

Orgulho-me do pequeno papel que tive, como incentivador, na dinâmica da qual resultou este *Conversações*. O livro seguramente coroa a trajetória profissional deste, a um tempo, cidadão do mundo e grande patriota – e enriquece o orgulho e o patrimônio cultural do Brasil.

MARCOS TROYJO
Diplomata, economista, cientista político

PREFÁCIO

PESSOAS EMINENTES DO NOSSO TEMPO

NUMA FAÇANHA literária capaz de fornecer elementos para a compreensão de todo um período de nossa história, o jornalista e analista internacional João Lins de Albuquerque conversou com mais de meia centena de pessoas eminentes nos mais diversos setores mundiais de atividade nos séculos XX e XXI.

Estive com João Lins na Suécia, onde eu fazia conferências e ele, na sua atividade jornalística, entrevistava personalidades e analisava aspectos da cultura escandinava. Estivemos juntos na Academia Sueca, doadora do Prêmio Nobel. Lembrando o prêmio, informe-se que João Lins de Albuquerque entrevistou grande número de premiados Nobel, além de escritores, atores e atrizes, diplomatas e políticos de vários países, inclusive chefes de Estado, num panorama impressionante de seres humanos em cujas mãos e inteligência esteve muitas vezes o destino de nosso tempo.

Foi ele também um propagador incansável da língua portuguesa pelo mundo, tendo conseguido, com seu esforço, que o português entrasse como idioma nas Nações Unidas. Costumo citar um seminário internacional, de que participei em Estocolmo. Assunto: a língua portuguesa. Entidade organizadora: Universidade de Estocolmo. Presidente da mesa diretora, professor Per Westberg, membro da Academia Sueca. Antes de o presidente da mesa dar início ao seminário, um jovem de seus 18 anos pediu a palavra, que lhe foi dada, e perguntou em voz bem alta:

— Vejo aqui vários colegas meus da universidade, professores e muita gente mais. Para quê? Para discutir língua portuguesa?

A voz do aluno mostrava certo desprezo. O professor Westberg tomou a palavra:

— Meu menino, a Suécia tem 8 milhões de habitantes. Somente 8 milhões de pessoas falam sueco no mundo. Não há cursos de sueco em nenhuma parte do globo. A ninguém, fora da Suécia, interessa aprender sueco. Nós é que temos de aprender inglês ou francês para falar com estrangeiros. Ora, a língua portuguesa é falada por mais de 250 milhões de pessoas em vários continentes. Essa língua nos interessa.

PREFÁCIO

Pertencendo a esse grupo de defensores do Brasil lá fora, João Lins de Albuquerque de lá nos traz a palavra e a presença de pessoas que representam o pensamento de um tempo que foi e continua sendo nosso.

Começando pelo cinema, a arte que nasceu no fim do século XIX e encantou gente ao longo de todo o século XX, João Lins de Albuquerque apresenta seu primeiro entrevistado, Pier Paolo Pasolini, que seria assassinado pouco tempo depois. Disse ele que o maior desafio que o cineasta e o escritor precisam vencer é o código, pois "o mundo está fundado sobre o código", e o código é a repetição.

Em qualquer setor, forma-se um código, com leis sobre o que pode e o que não pode ser feito. É nosso dever ultrapassar o código e buscar a verdade que está no fundo mesmo de uma vida, seja uma atividade, seja um caminho ou uma realização de si mesmo.

João Lins entrevista Bernardo Bertolucci, em seguida Ingmar Bergman, que desejava exorcizar os "demônios da alma" e só encontrou a felicidade no fazer cinema, depois de, aos 30 anos, já se ter casado três vezes. Assim fala com Claude Chabrol, Milos Forman e, passando para o tema teatro, apresenta Ionesco, com quem minha mulher Zora e eu estivemos em Paris, depois de havermos visto *Le roi se meurt* (*O rei está morrendo*). Com ele jantamos, em seguida ao espetáculo, quando comentamos a encenação de várias peças suas no Brasil.

Boa também a intervenção de Marcel Marceau, que fala sobre a linguagem universal, a mímica, a arte do silêncio.

Um livro como o de João Lins de Albuquerque, tal como foi concebido e feito, nada tem a ver com trabalhos semelhantes de análise ou de perguntas e respostas, porque abarca um âmbito muito maior do que o de entrevistas comuns.

A questão fundamental, "para que vivemos?", é a base de cada pesquisa e leva o entrevistado a enfrentar a realidade e a confessar o que achou no mergulho que faz em si mesmo.

Em primeiro lugar, por causa de sua presença nas ocasiões certas, de seus encontros, que dão a impressão de que tanto o que pergunta quanto o que responde estão numa espécie de entendimento, como se interrogador e interrogado houvessem tido um acordo prévio quanto a perguntas e respostas, embora o estilo combine com o homem ou a mulher que vai falar sobre si mesmo. O fato de as perguntas serem feitas pela mesma pessoa, em vez de diminuir, aumenta a espessura do assunto, que todos a têm.

Acompanhando os depoimentos, aparece o retrato de cada um, em desenhos de traços firmes e claros. No meu caso, assim que li as entrevistas, voltei à página em que estava o retrato, examinando-o para ver se as feições combinavam com as respostas.

O que impressiona, nestas *Conversações*, é sua amplitude espantosa de ângulos, cada entrevistado contribuindo para erguer um retrato das muitas facetas de que é feito o habitante da Terra, em suas múltiplas lutas para ir além de si mesmo e vencer o tempo com uma obra que fique depois de ele não mais estar presente.

O cineasta, a atriz, o poeta, o romancista, a bailarina, o mestre de dança, o cientista, o estadista, o arquiteto, o pintor, o pregador, o inventor de seja o que for, o que luta pela saúde dos outros, o explorador de terras desconhecidas, os que buscam a paz dos povos, os apóstolos de vários tipos, os adeptos do otimismo, os que passam a vida combatendo doenças – todos estão neste livro abrangente, que mostra o ápice que o homem pode atingir quando se entrega à tarefa de explicar a vida e de, com isso, ajudar os que nela estão.

Num julgamento de livros publicados nos últimos anos, destaco neste *Conversações - 50 entrevistas essenciais para entender o mundo* um dos mais belos e mais úteis, posto num patamar de onde se podem contemplar as ações que, nos diversos setores da atividade do homem sobre a Terra, ajudam a vida e contribuem para que seus leitores sigam

PREFÁCIO

o conselho de Shakespeare, de que devemos conhecer a nós mesmos. Pois o que essas pessoas eminentes fazem é ajudar-nos nesse conhecimento necessário.

O livro de João Lins de Albuquerque, além de se apresentar como documento de consulta permanente, contribui para nos dar um panorama completo e seguro do que houve nos últimos dois séculos, com análises detalhadas e claras do avanço cultural do homem nesse período. Na realidade, essas pessoas eminentes nos mostram por que somos o que somos nestes primeiros anos do século XXI.

ANTONIO OLINTO
Da Academia Brasileira de Letras

CONVERSAÇÕES

INTRODUÇÃO

MEU MAPA DO MUNDO

Os depoimentos aqui expostos, em forma de 50 breves entrevistas, são frutos de mais de duas décadas de aventuras e desventuras jornalísticas fora do Brasil. Fazem parte de um acervo de informações e idéias adquirido graças, sobretudo, à dedicada alucinação de meus dias de *stringer*, repórter e correspondente, quando a vida era ainda jovem e o coração, inocente.

Trata-se de uma obra despretensiosa, mas sincera. Como todas as antologias, não pretende ser uma publicação definitiva, unânime, fechada. É uma coleção aberta de entrevistas, que podem ser lidas sem preocupações de ordem temática, do começo ao fim ou do fim para o começo. Registro rápido de pulsações de vida, *Conversações* é um livro-mosaico, ligado à minha ilusão de certa perenidade da arte do jornalismo, que nos permite, por vezes, descortinar a mágica por trás de alguns "porquês" da vida e das inquietações humanas.

A obra está associada à impressão visionária que tenho de que algumas reportagens publicadas há tantas décadas continuam prevalecendo pela força atemporal dos conceitos que transmitem. E nada melhor que se perpetuem por meio da entrevista – pilastra mestra do jornalismo.

Vejo este exercício mais como um ensaio, uma teimosia impressa, no qual a noção de entrevista deve ser compreendida como arte do encontro e da estética do argumento, envolvendo emoção, confronto, empatia, respeito, afeto e identificação. Seria mentir se não confessasse que estas *Conversações* estão igualmente associadas a uma tentativa quase orgástica de explicitar uma parte feliz de minha vida e de ressuscitar minha "libido profissional", tantas vezes traída e insatisfeita.

Naturalmente, se tivesse a coragem de fazer uma *jihad* contra o meu *alter ego*, não iria adiante com este esforço ousado e imprevisível. Mas há desafios inevitáveis que nos perseguem – a todos. O meu, agora, é este. Salvar o que restou de um tempo de luta, de crenças, ilusões e esperanças. Deliberadamente, não busquei alcançar quaisquer ressonâncias literárias com este conjunto heterogêneo de entrevistas, embora numa abordagem mais conjuntural algumas reflexões importantes toquem de perto a criação ficcional, a técnica documental e biográfica, como é possível perceber nos depoimentos de Ingmar Bergman, Alberto Moravia, Mario Vargas Llosa, Pier Paolo Pasolini e Eugène Ionesco. Não obstante, caso essas ressonâncias persistam, será por conta da grandeza de meus entrevistados, destacados protagonistas do séculos XX e XXI, que, com o alcance e a densidade de suas idéias, marcaram época e transformaram a realidade de seu tempo.

Para colher tais depoimentos, o trajeto que segui, ao longo dos anos, foi o do *human touch*, o de trabalhar em cima da própria realidade, orientando-me por um *feeling* que superasse limitações e acanhamentos, principalmente nas entrevistas científicas e nas que implicaram maior aprofundamento em questões filosóficas ou econômicas. Nesta espécie de mosaico, de confessionário multidisciplinar, o que procurei trazer à tona foram confissões de uma liga de personalidades notáveis que certamente fazem também desta obra uma leitura prazerosa e informativa.

Como jornalista – institucionalizado ou não –, encontrei, ouvi e entrevistei, durante mais de 30 anos, quase todos os tipos de figuras notáveis e não-notáveis. Desde presidentes, ministros e reis até célebres escritores, cientistas, filósofos, políticos, diretores, atores de cinema e de teatro, campeões dos esportes, guerrilheiros, pacifistas, milionários, bandidos e operários – além de outras vastas hordas de celebridades, pessoas comuns, heróis e anti-heróis.

Nessa trajetória, cumpri rigorosamente sugestões de meus editores, me desdobrei para cumprir *deadlines* absurdos, aceitei escrever sobre temas inodoros, sofri com a tecnologia atrasada, mas criei também minhas próprias pautas com grande independência. Nunca me pareceu produtivo ser radical sobre determinados conceitos, mas a opção pela entrevista evidencia minha crença de que não há jornalismo sem a arte do inquérito, como não há jornalismo sem a plena

INTRODUÇÃO

interação do entrevistador com o entrevistado, daquele que, pela palavra, oferece a informação e daquele que a colhe. Nesse sentido, sempre cultivei a opinião de que os repórteres/entrevistadores constituem a alma dos jornais e das revistas e que, por isso, são as tropas de vanguarda e os pelotões de reconhecimento da imprensa moderna.

Sou ainda do tempo do telex, quando a idéia da internet não fantasiava nem mesmo os *scripts* futuristas de Hollywood.

No tempo de minha formação, que não ficou tão distante assim, poucos acreditavam em cursos de jornalismo. Eram sobretudo o texto empírico ou as entrevistas intensivas e abertas, com importantes personalidades, que definiam "a grande peça jornalística" e os grandes jornalistas. Foi ancorado nesse ideal que aprendi jornalismo – mais "no terreno" do que na escola.

Foi saindo a campo, correndo atrás da notícia e da entrevista exclusiva que consegui pegar a vida em flagrante, mesmo que o exercício fosse feito em cenários culturais diferentes, com outras línguas e outros códigos.

Na prática de meu ofício, escutei os "barões do jornalismo", suei frio em reuniões editoriais, fui apoiado por alguns colegas generosos e mais experientes e aprendi nessa longa caminhada a defender algumas causas nobres e justas. Na condução de meus encargos, procurei respeitar o sacrossanto e questionado princípio jornalístico da "máxima objetividade possível", mas nem por isso pude escapar à tentação de imprimir nas minhas matérias um pouco de meu ego, das minhas paixões, tendências e fantasias, apesar do grande esforço que empreendi para reprimi-los.

Se fosse analisar a anatomia de meu comportamento jornalístico, diria também que não ocultei nas questões levantadas minha preocupação com o desenvolvimento do meu povo e o futuro do meu país. Todas as entrevistas aqui reunidas foram feitas em conexão com o Brasil e com a Suécia, apesar de tratarem de questões absolutamente universais.

Sobre os resultados de minha trajetória como profissional de imprensa, diria que, mesmo depois das repetidas aventuras e desventuras, de ter cruzado e descruzado tantas vezes o cabo da boa esperança em tantos diferentes pontos do mundo, meu interesse pelo jornalismo continua extraordinariamente vivo. As aventuras e desventuras ficam, em geral, por conta da própria metamorfose a que são invariavelmente submetidos os correspondentes e os apátridas. Foram, no meu caso, impactos nascidos de muitas audácias e do rasgo dramático de alguns desafios temerários, como atravessar zonas de guerra em helicópteros russos sucateados, escapar de explosões em zonas de combate ou dormir no Congo, na casa do próprio ditador Mobutu Sese Seko, em dias de rebelião e de ódio.

Mesmo abrigado pelo calor distante de seus editores, de seus jornais, revistas e suas redações, ficam profundamente registradas na alma nômade dos correspondentes o suplício das freqüentes mudanças e dos testes pessoais a que são submetidos. Ainda no meu caso, aumentaram essa carga a transição entre o jornalismo de província e o da grande imprensa brasileira – amordaçada no meu tempo pela ditadura militar e pela autocensura –, fato que obrigou os melhores pensadores e jornalistas do país a refugiar-se por trás das simbologias, da linguagem figurada e dos malabarismos editoriais.

Nesse clima, a distância geográfica do solo pátrio transforma-se, muitas vezes, no privilégio e na imunidade do repórter além-fronteiras, que, dividido entre a realidade de sua nação e o *modus vivendi* de outras culturas, se sente "mais livre" para filtrar diariamente seu imaginário para o hábitat jornalístico pátrio.

Na trilha que percorri, pesaram as tentativas de adaptação ao rigoroso inverno do mundo nórdico, os desafios das "missões especiais" em paragens gélidas como as de Novosibirsk, Akademgorodok – a primeira cidade científica criada no mundo –, na Sibéria, ou de Kiev, Tibilisi ou

INTRODUÇÃO

Vladivostok, onde os repórteres estrangeiros eram, na década de 1970, considerados ainda "aves raras e de vôos distantes". Pesaram as incógnitas que representaram as experiências de reportagem no Azerbaijão, na Armênia, na Geórgia, em Hong-Kong ou até mesmo no Timor-Leste. Outros suplícios inevitáveis iam desde a falta de papel no Camboja ou em Angola até as ameaças de morte no espaço aéreo do Congo e da Costa do Marfim. Dos mosquitos carnívoros de Zâmbia ao perigo da malária em Moçambique. Dos espancamentos e repressões violentas no Zimbábue ao luxo rotineiro e extravagante das sofisticadas redações de Londres, Paris ou Nova York, por onde passei.

Foi assim, enfrentando todos esses contrastes, que perambulei na pele dessa personagem boêmia e nômade por várias partes do globo, numa *road trip* desafiadora e mágica. Mas o fato é que sobrevivi e *Conversações* reflete uma parte desse trajeto. Confesso que nunca pensara anteriormente em reunir esse material do passado em uma publicação do presente.

A idéia surgiu após o ultimato que recebi de minha mulher para uma "reciclagem definitiva" de meus documentos, abandonados por mais de duas décadas no fantasmagórico sótão de nossa casa datada de 1650, em Gamla Stan, a cidade velha de Estocolmo. Julgo necessário dizer que o estímulo manifestou-se num momento nostálgico de "releitura" de um passado que desapareceu no túnel do tempo, quando o jornalismo era – para mim – além do ganha-pão, uma extraordinária fonte de prazer e diversão.

Cabe esclarecer que as entrevistas que aparecem nesta publicação foram em grande parte realizadas em Estocolmo e refletem um dos períodos mais luminosos da "Suécia dos anos dourados", quando aquele país escandinavo acenava com o mais alto nível de desenvolvimento humano do mundo e era considerado o exemplo de uma das mais avançadas civilizações do planeta, fatos que – por isso mesmo – renderam à nação o invejado título de "consciência da mundo". Por essa inevitável aura, o trânsito de personalidades famosas pela capital sueca tornou-se, durante três décadas, um exercício rotineiro e quase obrigatório – Estocolmo transformara-se na meca dos intelectuais do Ocidente. Outros depoimentos aproveitados nesta edição foram feitos em Oslo, Helsinque e Copenhage, assim como, para uma conclusão coerente, em Nova York, onde vivi 12 anos a serviço da Organização das Nações Unidas.

Para esta publicação, selecionei apenas algumas das entrevistas que mais animaram minha vida de jovem correspondente, como as que realizei com Pier Paolo Pasolini, Eugène Ionesco, Bernardo Bertolucci, Claude Chabrol, Milos Forman, Melina Mercouri, Stan Getz, Olof Palme, Nina Hagen, Alberto Moravia e o Dalai Lama. Não foi meu propósito dissecar extenuadamente as idéias, a biografia ou o campo de ação de meus entrevistados, que gentilmente me concederam um pouco de seu tempo, mas colher o que foi possível nesses breves porém gloriosos momentos de conversação.

Em sua maior parte, as entrevistas foram gravadas, transcorrendo à base de questões previamente elaboradas por mim. Outras, porém, simplesmente "aconteceram", foram frutos do acaso e da improvisação. Confesso que, com alguns entrevistados científicos, como o Prêmio Nobel de Química Ilya Prigogine e o Prêmio Nobel de Física Carlo Rubbia, minha ignorância no desdobramento dos temas da premiação era quase total antes da realização das reportagens.

Mas "escutar é a melhor forma de aprender", como costuma afirmar meu nobre amigo, o escritor, economista e diplomata Marcos Troyjo, herói de tantas batalhas travadas em defesa do Brasil na Assembléia Geral da ONU em Nova York. De fato, na arte da entrevista, mais do que nunca, escutar é elemento essencial para a lógica na formulação da seqüência de questões. Graças a essa técnica, creio que errei pouco, tendo conseguido algumas vezes, nos encontros "não-estudados", até superar a qualidade de entrevistas previamente elaboradas.

INTRODUÇÃO

    Embora os 50 depoimentos desta edição abarquem uma sucessão de idéias reveladoras e de impacto, algumas até polêmicas, *Conversações* é um livro despido de pretensão. Meu propósito foi tentar recriar para mim mesmo, e para quem desejar me acompanhar, um pouco do universo das idéias, paixões e esperanças que povoaram a mente desses protagonistas notáveis, que indiscutivelmente mobilizaram massas e explicaram de forma lúcida e desinibida certos comportamentos sociais, políticos, culturais e científicos na segunda metade do século XX, que têm reflexos sobre o atual.

    Essas idéias espelham, naturalmente, pensamentos e juízos manifestados num determinado momento da história, mas nem por isso tornaram-se obsoletos. Ao contrário, grande parte dos temas aqui tratados continuam prevalecendo, pelo menos em parte, nos dias atuais, devendo permanecer vivos por um longo período de tempo.

PIER PAOLO PASOLINI

A ÚLTIMA PALAVRA DE PASOLINI

A ÚLTIMA VEZ que vi Pasolini foi em 29 de outubro de 1975 – quatro dias antes de seu brutal assassinato nas cercanias de Ostia, um miserável subúrbio de Roma. O encontro deu-se numa quarta-feira cheia de sol, bastante incomum para aquela época do ano em Estocolmo. Conforme combinado no dia anterior na sede do Instituto Italiano, ele me esperava impaciente e radiante no *lobby* do Hotel Diplomat, discreto esconderijo de embaixadores e artistas na aristocrática Strandvagen, a mais bela avenida de influência arquitetônica francesa da capital sueca.

Sua figura me pareceu exatamente idêntica à da personagem medieval de seu filme *Contos de Canterbury*: olhos incisivos e penetrantes, movendo-se dentro de uma face caveirosa, quase fantasmagórica, projetada sobre ossos protuberantes.

Naturalmente, vinha acompanhado por um de seus atores e companheiros preferidos, Nineto Davoli, jovem moreno de aparência circense e visual debochado, conhecido por imitar com grande perfeição os malabarismos de Charles Chaplin no cinema. Nineto, que participou de seis filmes de Pasolini, era também seu amante declarado e acompanhante inseparável em viagens ao exterior.

– Este é meu grande amigo Nineto, anjo e diabo em pessoa, disse-me ele, enquanto o jovem me cumprimentava com uma reverência e um sorriso sedutor, aberto e contagiante. – Costumo dizer que Nineto dispensa apresentações. É um louco e um 'inocente bárbaro', que sempre me acompanha até nas entrevistas", completou Pasolini, eufórico.

– E, se me permitir, um excelente ator. Já o vi em vários filmes, rematei.

– Ah, sim! Nineto é meu favorito. Mas está ficando muito exigente, brincou Pasolini.

Delicado na maneira de se deslocar, o *enfant terrible* da última fase do neo-realismo italiano recusou várias vezes sentar-se onde eu sugeria para darmos início à entrevista.

Buscava a luz do sol, afastando-se da sombra, como se a entrevista fosse ser filmada.

– Os suecos adoram a escuridão, o império das sombras. Eu quero um lugar com mais luz! *Ecco, qui è bello!*

Agora sim, Pasolini parecia inteiramente relaxado, pronto para entrar no mundo apaixonado das idéias. Tentei organizar-me um pouco, dizendo que tinha assistido no dia anterior a sua concorrida palestra no Instituto Italiano. Mas ele, usando o dialeto de Roma, tomou a dianteira, ignorando o fato de eu entender ou não o idioma que falava.

– Se for brasileiro, entenderá meu italiano, *ecco!*, diria logo depois.

Com palavras rápidas, frases diretas, sem rodeios, algo provocador, expôs as razões de sua visita à Suécia – o lançamento de seu último livro, *Scritti corsari* ("Escritos corsários") –, definiu com poucas palavras seu pensamento político, resumiu projetos, enveredando finalmente para a situação política e cultural da Itália, então mergulhada em profunda crise.

Direto na sua exegese, indicou, sem mais preâmbulos que era discípulo de Alberto Moravia, mas, ideologicamente, tinha aderido ao comunismo por influência de seu mestre, Antonio Gramsci, por ele considerado "o criador de uma doutrina filosófica universal, que, não sem razão, vem sendo abraçada por milhões de italianos".

Ao ouvi-lo, lembrei-me das cenas de *Ragazzi di vita (Meninos da vida)*, de 1955, em que Pasolini emprega o virtuosismo do linguajar de Roma e de algumas das poesias em que aproveita o dialeto friulano – isto é, de Friuli, terra de sua mãe –, influenciado pelas experiências lingüísticas do poeta Carlos Emilio Gadda.

Sem perder jamais a virulência da polêmica, a trajetória de sua linguagem parecia-me – até onde podia compreender – de uma lógica impressionante.

Sem que perguntasse, explicava-me agora por que os mitos, os símbolos e os códigos fazem parte de seu universo poético e cinematográfico. Justificou que, na sua leitura do Terceiro Mundo, realizara um projeto de cinema – uma trilogia –, que relia a antiguidade, tendo para isso privilegiado três autores gregos em suas obras mais destacadas: Sófocles, Ésquilo e Eurípides. Em *Teorema* e em *Édipo rei*, tinha explorado a antiguidade, mas o foco do tema poderia ser transposto para o Terceiro Mundo ou para a periferia das grandes cidades, com seus bairros proletários, favelas e crimes hediondos.

– Na luta contra a exclusão, mesmo antecipando a vitória do capitalismo, o desafio de decifrar o enigma da esfinge poderia representar o caminho da salvação dos povos oprimidos, disse, fortalecendo o conteúdo de seu discurso com segura convicção. – O monstro devorador deste mundo corrompido e implacável de hoje não é a esfinge de Tebas da antiguidade, mas o capitalismo selvagem, a desenfreada sociedade de consumo, a barbárie que marginalizou os povos, favelizando-os... Meu cinema é um modelo que vem de uma literatura proletária.

– Mas para que serve a arte, quem consome a arte?

– Interpreto a arte como veículo conscientizador dos excluídos, dos miseráveis, como um instrumento de luta. As populações marginalizadas do mundo poderiam ser o último baluarte contra a indústria cultural baseada unicamente no lucro, no consumismo e no hedonismo da sociedade burguesa, completou.

Na primeira pausa, recordei-lhe que, na noite anterior, no Instituto Italiano – na mesma linha de pensamento que desenvolvia – ele havia dado grande ênfase às transformações políticas e sociais na Itália, em conseqüência justamente desse "capitalismo selvagem" e do "consumismo voraz", fatos que, segundo ele, vinham provocando um verdadeiro "genocídio cultural" no país.

– Discorra mais sobre esse "genocídio cultural na Itália, pedi.

– A Itália de hoje é totalmente diferente da Itália de dez anos atrás. Anteriormente, ela era um conjunto de sociedades regionais, tão distantes entre si como seriam da Suécia. Com dialetos locais, tradições, valores próprios, outros padrões de vida... Hoje, entretanto, as pessoas estão interligadas por uma sociedade de consumo, que está destruindo os valores precedentes, que determinavam o proclamado pluralismo italiano. Temos agora um modelo de sociedade de consumo sem definições. Em conseqüência, a juventude não pode abraçar completamente esse modelo, ainda que tenha alguns centavos no bolso de uma calça jeans. Nossa juventude continua sendo pobre, sem esperanças e sem recursos suficientes. Não pode, então, pela falta de poder aquisitivo, realizar o modelo pequeno burguês representado na sociedade de consumo, cuja expressão máxima vamos encontrar nos Estados Unidos da América. A partir daí, nascem a revolta, a violência e a frustração.

■ JLA: E qual a maior ameaça dessa sociedade de consumo geradora de frustração?

☐ PASOLINI: Na minha opinião, essa sociedade de consumo está anulando a identidade pluralista, a identidade regional, sem fundamento em parte alguma. É a destruição da alma e da esperança do homem mais puro. Essa é a maior ameaça. E acontece em todas as sociedades, inclusive nos países ditos socialistas, que defendem a proposta da igualdade e da justiça social. Nesse contexto, a juventude italiana de hoje, com algumas exceções, transformou-se numa massa flutuante, semicriminalóide, à disposição do primeiro regime autoritário, despótico, que se apresentar ao poder. Essa massa semicriminalóide, aliás, serve também para alimentar o autoritarismo do Estado. E há problemas ainda mais cruéis nessa metamorfose. A Itália da atualidade mudou completamente. Os camponeses do sul emigraram para outros países: Alemanha, França, Suíça. Os camponeses do norte foram absorvidos pelos grandes centros industriais: Milão, Gênova, Bolonha. Vivemos uma trágica realidade política, cultural e ética. Assistimos à degradação antropológica da cultura italiana. Em resumo: o centro – o mundo ocidental – impõe sobre os povos um modelo único: o nivelamento totalitário, uma ordem degradante. Não exagero quando sustento que o fascismo histórico fracassou, mas o novo capitalismo de mercado, associado às mídias, conseguiu impor essa "servidão voluntária". O que vemos na Itália – e no resto da Europa – é uma massa indiferenciada de consumidores, totalmente submissa e alienada. E o mundo intelectual transformou-se num cúmplice dessa ordem estabelecida. Testemunhamos, assim, um "genocídio cultural".

- JLA: Qual a responsabilidade dos políticos nessas transformações?
- PASOLINI: Os líderes políticos, principalmente no seio do Partido Democrata Cristão italiano, deveriam ser colocados diante da Justiça, tal como Richard Nixon e Papadopoulos o foram em seus respectivos países – a América e a Grécia. Não porque eles tenham roubado, pois todos roubam. Não porque tenham institucionalizado a corrupção, pois todos são corruptos. Mas porque destruíram o país, soterraram a idéia de nação. Nós temos agora um novo tipo de fascismo, que tem muito pouco a ver com o partido de Benito Mussolini. Os fascistas de hoje são muito piores. Os crimes são mais cruéis. Eles atuam sem compaixão, sem humanismo, sem regras. Como disse antes, vivemos uma trágica situação, sem precedentes na moderna história da humanidade.

- JLA: Para muitos críticos, você é considerado uma personalide polêmica, complicada e contraditoória – poeta, escritor, diretor de cinema, filósofo e um artista que se diz completamente independente. Como comenta?
- PASOLINI: A única observação a fazer a essa pergunta é que não existe no mundo qualquer pessoa que não seja difícil e complicada.

Quanto à qualificação de independente, isso talvez seja verdade. Essa independência foi conquistada, é conseqüência de uma luta intensa de muitos anos e, evidentemente, de alguma sorte. Eu nunca havia calculado que um dia poderia viver exclusivamente de meu trabalho. Portanto, sem exageros, tenho a impressão de que hoje em dia não preciso depender de ninguém.

- JLA: Muitos indagam quais são suas intenções... Quais os objetivos de seu trabalho cinematográfico num contexto social, político e artístico? Alguma ambição especial?
- PASOLINI: Eu diria que nos meus filmes existe sempre uma dupla mensagem. A mensagem que considero verdadeiramente sincera é a mensagem formal. Para mim, o sentido de um filme é a sua forma. A mensagem é o sentido daquela. Assim, o círculo se fecha. Tenho procurado sempre ser sincero, mesmo porque o que venho fazendo até agora em meus filmes é apenas realizar uma idéia formal, que eu poderia chamar de inspiração. A segunda mensagem, a qual tenho procurado aprofundar, com todo o esforço, é de caráter social e político-ideológica, mas sei perfeitamente que esta pode se desgastar com o tempo. Há pouco tempo, voltei a ver meu primeiro filme e percebi que a mensagem já não era a mesma nos dias atuais. *Accatone (Desajuste social)* era antes de tudo uma construção estética, formal... poética. Era sob esse ponto de vista que a obra me interessava antes. Mas, em paralelo, o filme constituía a denúncia de um modo de vida, o do subproletariado urbano de Roma, que, na época, era espantosamente pobre, miserável. Portanto, revendo o filme, notei que a mensagem social não tinha mais sentido, porque o subproletariado urbano de Roma se havia transformado em outra classe. O que restou foi a construção estética. É claro que todas as mensagens de caráter político e ideológico são transitórias, passageiras, pretextuais, ainda que inteiramente sinceras dentro do tempo. Mas, na realidade, é isso que conta. Isso vale muito mais do que fazer uma obra simplesmente poética.

- JLA: Ao que parece, o clímax de sua obra cinematográfica teria chegado com *O Evangelho segundo Mateus*, *Teorema* e *Pocilga*. Depois disso, você começou verdadeiramente com os clássicos, como *Decameron*. A mudança foi intencional? Pretende continuar explorando os clássicos ou essa pode ser encarada também como uma "fase transitória"?
- PASOLINI: Nos meus últimos filmes, em que tento afastar-me um pouco de *Decameron* – que julgo ser o mais importante, no qual

trato de um escritor clássico italiano por excelência, Boccaccio –, não existe uma filtragem exatamente clássica. A última coisa que me interessa é fazer isso. O fato de ter utilizado um tema clássico não quer dizer que a única idéia em mente seja a reconstrução de uma obra clássica. Simplesmente utilizei o clássico como pretexto. No século XIV, tempo em que a obra de Boccaccio foi escrita, a Itália era completamente diversa – diferente a um ponto quase inimaginável nos dias atuais. Boccaccio se interessava pela classe que então chegava ao poder, ou seja, a burguesia comunal. O que fiz foi ambientar *Decameron* no mundo do subproletariado de Nápoles. Fiz exatamente o contrário do que fez Boccaccio. Aliás, de Boccaccio, sobrou apenas a trama, o enredo do conto... Concluindo: com esses últimos três filmes, não pretendi absolutamente fazer mera reconstrução das obras clássicas. Não mesmo! São três filmes em que abordo a realidade física do corpo humano, com seu ornamento mais saliente, mais emblemático e dramático, que é o sexo. Eu poderia sustentar que foram filmes sobre sexo. O problema da exploração do corpo na Itália e em quase todo o mundo ocidental é gravíssimo! Na Itália e em grande parte da Europa, perdeu-se completamente a idéia do corpo, de sua "fisicidade" no sentido mais amplo da palavra. Na Itália, aconteceu em poucos anos, o mesmo que ocorreu em outros países capitalistas europeus em um século, um século em meio. Qualifico isso de verdadeira tragédia, em que a principal vítima da destruição foi o corpo dos italianos, sua fisicidade. Foram destruídas as próprias configurações do modelo do homem italiano. Ao produzir esses três filmes, protestei contra a manipulação que o poder faz não só da mente, mas do corpo. Procurei, então, apresentar corpos como eles deveriam ser autenticamente: os corpos do povo, do subproletariado, a realidade física do povo italiano, que foi se decompondo a partir ainda da primeira metade do século XX.

■ JLA: Corpo e sexo estão sempre presentes na sua poesia cinematográfica. Siginifica que a representação do sexo, da sensualidade, é indispensável para a "vida" de seus filmes?

☐ PASOLINI: Sim, foram indispensáveis para os três filmes que realizei e denominei "Trilogia da vida, do amor e do sexo" – *Salò, os 120 dias de Sodoma, As mil e uma noites* e *Contos de Canterbury*. Para essas três películas, a representação do sexo foi essencial. Como disse antes, minha preocupação foi apresentar uma realidade que a Itália vinha perdendo e renegando. Ou seja, a realidade de seu povo.

Nesse contexto, o sexo é uma das realidades mais poéticas. Não sei se no futuro, nos meus próximos filmes, me interessarei pelo sexo da forma como venho fazendo atualmente. Talvez não, porque em parte eu já abjurei essa minha "Trilogia da vida" solenemente. Mesmo porque minha luta pela liberdade de expressão, pela liberdade sexual, em meus livros e filmes, está superada pela "tolerância consentida" do poder. E, como se trata de uma tolerância consentida, é uma falsa tolerância. Seria degradante, desprezível, que meus filmes fossem jogados num contexto de falsa tolerância.

JLA: Mas alguns de seus filmes foram proibidos pela censura. A censura representa uma ameaça para seu trabalho?

PASOLINI: Tenho sofrido todos os tipos de ameaças. Na Itália e em quase todo o mundo, a censura perdeu sua força... foi praticamente abolida. Mas isso não é um bem em si, senão num sentido puramente teórico, num sentido utópico. Na realidade, a questão da censura será canalizada para a magistratura, que pode bloquear e tirar um filme de circulação. Isso, penso eu, é mais perigoso do que a própria censura. A esperança é que a Itália tem demonstrado grandes aspirações social-democratas, reformistas, como a Suécia. A Suécia sempre foi o grande ideal do capitalismo italiano. Tenho a impressão de que ocorrerá na Itália o que aconteceu na Suécia, ou seja, uma dissociação completa. A vida permanecerá aparentemente normal, com seu invólucro de dignidade. Mas questões como sexo e poder continuarão sendo manipuladas por determinados grupos. Ou melhor, teremos "uma grande liberdade sexual", mas dissociada do verdadeiro princípio que deveria reger essa mesma liberdade. Isso já acontece em várias partes do mundo.

JLA: Você tem uma maneira especial de selecionar seus atores. Como e onde vai buscá-los?

PASOLINI: Escolho meus atores pelo o que eles são como pessoas, e não por aquilo que eles são capazes de representar. Por essa razão, escolho quase sempre atores não-profissionais para as seqüências populares. Parece estranho, mas não é... Meus melhores atores estão nas ruas, nas favelas, no meio do povo. Para fazer um operário, um contador ou um delinqüente, contrato apenas atores não-profissionais. Para os papéis de burguesas, não posso fazer o mesmo. Não posso usar um diretor de empresa, um engenheiro ou um doutor, porque em geral eles não servem para figurar em meus filmes. Nesse caso, sou obrigado a usar atores profissionais. Todavia, não os seleciono pela sua habilidade, mas por aquilo que eles verdadeiramente são. O importante não é ele ser um grande ator, é ser aquilo que ele é.

- JLA: Qual sua impressão sobre o desenvolvimento do cinema europeu, do cinema italiano? Acredita que essa indústria está ameaçada?
- PASOLINI: Parece incrível, mas estou incapacitado para julgar no momento... Faz muito tempo que não vou ao cinema e não vi nenhum filme europeu ou italiano nos últimos tempos! Meu único contato com o cinema italiano é com o filme em elaboração, dentro da esfera de meu próprio trabalho ou observando Fellini e Bertolucci. A impressão que tenho é de que as produções cinematográficas tornam-se cada vez mais "de grande luxo", cada vez mais caras... Quanto à eventual ameaça que sofre a indústria cinematográfica, não sei o que dizer. Na Itália, um fato bastante importante e que me parece bastante válido é a existência de uma produtora estatal, que se comprometeu a "revolucionar" a cinematografia italiana, no melhor sentido do termo. Contudo, vários experimentos foram feitos, e a maioria deles não foi bem-sucedida. Em boas mãos e com orientações mais sábias, creio eu, empresas como essas poderiam dar melhor contribuição ao desenvolvimento das produções cinematográficas.

- JLA: Acredita então no apoio do Estado como alternativa para resolver a questão econômica da indústria do cinema?
- PASOLINI: Como disse anteriormente, o auxílio que o Estado presta, quer por meio de uma empresa estatal, quer por meio de subsídios, é de grande valor. Mas o filme comercial, segundo penso, tem também o direito de existir, do mesmo modo que existe uma literatura comercial. Já que há grandes patrocinadores, eles podem perfeitamente funcionar como veículos para a indústria cinematográfica. A exemplo de qualquer outra indústria, o cinema tem também o direito de se utilizar dos valores comerciais como forma de acabar o seu produto. Falo isso, mas raramente vou ao cinema para ver um filme "puramente comercial", como os *westerns* italianos que viraram moda. Quando vou ao cinema, é para assistir a um filme que considero de qualidade, um Godard, um Jacques Tati, um Bergman. Aliás, vi um único filme de Sergio Leone, que foi quem inaugurou essas produções conhecidas como *western spaghetti*.

■ JLA: Bernardo Bertolucci costuma dizer que sua experiência mais importante foi adquirida quando ele começou a trabalhar com você. De certa forma, Bertolucci derivou um pouco da linha cinematográfica pasoliniana. O que pensa dele? Tem alguma crítica?

☐ PASOLINI: Para mim, é muito difícil criticar Bertolucci, porque o conheço desde a infância. Um de meus livros, aliás, é dedicado a ele. Conheço um pouco de seus problemas mais sérios, que afetaram minha própria vida. Mas acho difícil criticá-lo... O que posso dizer é que ele foi muito influenciado por seu pai, Attilio Bertolucci, um grande poeta – talvez o maior poeta hermético da Itália ao lado de Sandro Pena e Eugenio Montale. Foi influenciado um pouco até por mim, é verdade... Mas toda a luta de Bertolucci tem sido contra seus próprios mestres. Primeiro, ele tentou libertar-se de minha influência, como também da de seu pai. Caiu então nos braços de Jean-Luc Godard. Depois, lutou como louco para libertar-se da influência de Godard. Sua trajetória tem sido assim: todos os seus filmes têm sido uma luta contra seu pai. Procurou sempre fazer tudo aquilo que o pai nunca o deixou fazer. A meu ver, seu filme *O último tango em Paris* não conseguiu alcançar bom resultado. É bem verdade que, antes, havia realizado obras muito boas. Mas Bertolucci é dono de grande talento e fará belíssimos filmes. Disso tenho certeza.

■ JLA: E como avalia Ingmar Bergman?

☐ PASOLINI: Gosto muito de Ingmar Bergman... E gosto muito, muitíssimo, porque ele é um poeta verdadeiro. É absurdo, mas acho belos até mesmo alguns de seus mais difíceis filmes *noirs* – dos quais, aliás, não gosto, o que de certa forma prova que Ingmar Bergman é um dos maiores poetas do cinema. No meu entender, os medíocres fazem produtos "perfeitos". Bergman é cheio de contradições. Ele pode transformar essas coisas belíssimas em coisas menos belas. Para mim, porém, seu trabalho é como a luz do inverno. Considero Bergman um dos quatro ou cinco maiores cineastas que o mundo já produziu.

■ JLA: Falamos até aqui só de cinema, mas Pier Paolo Pasolini é também um respeitado escritor italiano. Muitos indagam, nesse contexto, qual seu verdadeiro lugar na literatura. Uns ousam classificá-lo como neo-romântico, outros até como romântico. Como defini-lo?

☐ PASOLINI: Romântico, não diria. Ou melhor, eu não negaria de todo essa qualificação, se apurasse mais o julgamento das palavras romântico e neo-romântico... Li, já faz algum tempo, o romancista e poeta sueco Harry Martinson, Prêmio Nobel de Literatura de 1974, por sinal, um ótimo poeta. Para mim, Martinson é um neo-romântico. Na minha poesia em friulano, há pontos de contato com Harry Martinson. Se Martinson é considerado neo-romântico por muitos, sob esse prisma, também eu poderia ser rotulado de neo-romântico.

- JLA: Continua a dedicar-se em profundidade à literatura, sem nada interromper? Gostaria que me falasse um pouco mais de sua experiência literária.
- PASOLINI: Acho sempre difícil falar da minha experiência literária e poética em uma entrevista. Necessitaria de horas para explicar... Comecei a escrever poesia aos 7 anos e continuo escrevendo. Jamais interrompi minha atividade literária. O que interrompi foram os romances, mas os versos, jamais os abandonei. Continuo escrevendo sobretudo poemas, sagas e críticas. Acabo de publicar um livro de poesias de conotação inteiramente política, *Scritti corsari* ("Escritos corsários"). Na verdade, esse livro deveria chamar-se "A nova juventude", porque é a republicação de um dos meus primeiros livros, que se chamava *La meglio gioventù* ("A melhor juventude") e foi escrito há 20 anos, também em dialeto friulano. Na segunda parte desse livro, meu trabalho consistiu em refazer completamente aquela primeira obra. Uma restauração formal, de ritmo, de verso, de título e também com novo conteúdo. Um conteúdo que me interessava bastante em 1974, ano em que o escrevi.

- JLA: Quais seus planos para o futuro?
- PASOLINI: Meus planos para o futuro são ambiciosos. Estou preparando um filme que representa a grande viagem do mundo moderno: um rei mago que persegue um cometa. O tema desse filme é a ideologia, o significado da ideologia para um homem, se ela é importante ou não, se é sincera ou não. Seguir esse cometa parece absurdo, mas a mensagem faz parte de uma experiência. Depois, tenho plano de realizar outro filme, que forçosamente será o último. É sobre a vida de uma grande personagem da antiguidade, um místico delirante, e será totalmente ambientado na América de hoje. Será um filme em estilo grandioso, magnânimo.

- JLA: E qual o maior desafio que tem diante de si?
- PASOLINI: O desafio que eu quero realizar ou o desafio que vem ao meu encontro?

- JLA: O desafio de um cineasta e de um escritor de seu calibre.
- PASOLINI: O desafio maior, como sempre, é o código. O desafio do código é igual, tanto para o cineasta como para o escritor. A coisa mais

difícil neste mundo é a luta contra o código, contra os hábitos, contra as convenções – lingüísticas, estilísticas... Penso que tanto a vida quanto a obra de arte devem ser orientadas pela infração ao código. De certa forma, esse é o problema básico que tenho enfrentado nos meus filmes com a representação sexual. O desafio foi, portanto, tentar romper todos os códigos que regulavam essa representação.

■ JLA: A rigor, a arte deve ser completamente livre?
□ PASOLINI: Sim. Mas não existe um mundo onde tudo é livre. O mundo está fundado sobre o código.

Outubro de 1975

> *Quatro dias depois desta entrevista, em 2 de novembro, o corpo de Pier Paulo Pasolini se encontrava sem vida e com o rosto totalmente desfigurado numa praia de Óstia, bem perto de Roma. O cineasta foi assassinado por um garoto de programa. Para o governo italiano, foi latrocínio. Contudo, até hoje se fala de assassinato político, dada a visceral oposição do cineasta ao governo italiano, então praticamente dominado pela Igreja. As circunstâncias de sua morte continuam gerando polêmica.*

....

PEDAÇOS DE UMA POEMA
Era um calvário de suor e ânsia.
Longas caminhadas em uma quente obscuridade.
Longos crepúsculos diante de papéis
amontoados sobre a mesa, por entre ruas de lama,
muradas...

(...)

Mas eu, com o coração consciente

de quem somente na história encontra a vida,
alguma vez poderei com pura paixão agir,
sabendo que a nossa história acabou?

De *As cinzas de Gramsci* (*Le ceneri di Gramsci*)
tradução do poeta português Egito Gonçalves

BERNARDO BERTOLUCCI

O CINEMA COMO EXERCÍCIO DA POLÍTICA

SEGUNDO FILHO de Attilio Bertolucci, poeta, historiador e reputado crítico de cinema italiano, Bernardo Bertolucci nasceu em 16 de março de 1941, em Parma, região da Emília-Romanha, no norte da Itália. Embora nunca tenha negado o peso da cultura familiar sobre sua formação, Bertolucci – desde muito jovem – procurou caminhos que, confessadamente, o afastassem da influência paterna, assim como profetizara seu mestre Pier Paolo Pasolini. Nem por isso deixou de expressar-se no campo da poesia. Sua primeira obra poética, *Em busca do mistério*, publicada em 1962, rendeu-lhe um dos prêmios Viareggio, dos mais cobiçados da Itália.

Antes de fazer cinema, o filho pródigo de Attilio estudou literatura na Universidade de Roma e, em 1961, tornou-se assistente de Pasolini no filme *Accatone (Desajuste social)*. Em 1962, dirigiu seu primeiro longa-metragem: *La commare secca (A morte)*. Mas Bertolucci só obteve reconhecimento com seu segundo filme, *Antes da revolução* (1964), obra cinematográfica em que já demonstrava seu estilo político, comprometido com seu tempo. Foi nos Estados Unidos, entretanto, que ele realizou suas obras mais notáveis, como *O conformista* (1970), indicado ao Oscar de melhor roteiro, e *O último tango em Paris* (1972), que escandalizou o mundo pelas ousadas cenas de sexo e foi censurado até em países ocidentais. O filme, com Marlon Brando e Maria Schneider, foi realizado quando Bertolucci tinha apenas 32 anos e provocou verdadeiro "choque cultural", sendo, de um lado, criticado por "complacência com o pornográfico" e, de outro, aclamado como esteticamente revolucionário.

Dono de uma filmografia marcadamente política, ele voltou a provocar protestos com *La luna* (1979), abordando a história de uma mãe desesperada que se aproxima sexualmente do filho na tentativa de salvá-lo do mundo das drogas. Em 1976, dirigiu o épico *Novecento (1900)*, que reuniu atores tão consagrados quanto Burt Lancaster, Robert de Niro, Gerard Depardieu, Sterling Hayden e Donald Sutherland recontando a história da Itália desde o início do século até o fim da Segunda Guerra Mundial. Era Bertolucci no auge de seu poder criativo, que seria prolongado em mais uma saga – *O último imperador*, de 1987, que recebeu nada menos que nove Oscars.

Mas foi, talvez, *Novecento* (*1900*), película mastodôntica, com mais de cinco horas de duração, que verdadeiramente consagrou Bernardo Bertolucci no cenário mundial, descortinando-lhe novas oportunidades na Europa e do outro lado do Atlântico. Considerado politicamente subversivo e por demais erótico pela crítica conservadora, quase foi barrado nos Estados Unidos devido a "cenas de homossexualidade explícita, de pedofilia e de sadomasoquismo", segundo o estúdio Paramount. No fim, Bertolucci concordou em cortar mais de uma hora e meia da fita, notadamente algumas das tais "cenas picantes" e o filme passou...

– Nunca tive a mínima intenção de fazer um filme erótico, e muito menos com metragem de tal dimensão. Quando terminei a película, me senti até envergonhado, pensando que seria impossível cortá-la sem mutilar a obra. Cheguei depois à conclusão de que isso era factível, mesmo que essa 'cirurgia' também amputasse dolorosamente uma parte de meu coração. De qualquer forma, não castrei a minha obra, dei apenas um novo contorno artístico ao filme e a diferença – após os cortes – foi simplesmente de ritmo. A força do filme continuou a mesma, confessou-me ele, tentando explicar os "prejuízos" e "o tempo perdido". – De qualquer forma, a culpa é minha. Desde criança, quando escrevia minhas redações na escola, cometia o mesmo erro: as histórias eram longas demais.

No fim, tudo acabou valendo a pena, porque os estúdios americanos admitiram lançar a versão completa de *1900* na primeira montagem do diretor, de 311 minutos e dividido em duas partes. O sucesso atingido com a obra em sua concepção original fez desaparecer dos cinemas e das cópias em vídeo e DVD o filme "editado" para o mercado americano.

Segundo Bertolucci, *1900* foi baseado na estrutura de trabalho dos camponeses emilianos, cujo ritmo de vida é ditado pelas estações do ano.

– O filme cresceu por si. Ao começar uma obra, damos vida a alguma coisa que, depois, somos obrigados a perseguir para segurá-la. Quando terminei minha primeira montagem, a versão do filme tinha seis horas. Cortamos o que pudemos e ficamos com a versão de hoje. Foi essa versão que distribuí na Itália, na França e no resto da Europa. A versão inglesa ficou com quatro horas, justificou-se.

Outro problema – o do financiamento do filme – foi também um martírio que, ao final, se resolveu satisfatoriamente, explicou, lembrando-se de inesperados gestos de generosidade, como o de Burt Lancaster, que passou mais de vinte dias no *set* e não cobrou cachê.

Bernardo Bertolucci

— Burt Lancaster revelou-se uma das pessoas mais nobres e generosas que já conheci na vida. Quando me viu em dificuldades econômicas, ele simplesmente me disse: 'Bernardo, não se preocupe, sou hoje um ator tão caro que, de qualquer forma, você nunca teria condições de contratar-me. Então, faço tudo de graça pelo prazer de ver você trabalhar'.

Como Ingmar Bergman, Bertolucci nasceu com o talento de colocar a alma humana sob a mira de seu microscópio. A psicanálise é tema central de seus filmes e ele é conhecido pelo fato de, como diretor, pedir assistência a psicólogos durante a realização de seus filmes.

Foi no Film Institutet, em Estocolmo, que tive a oportunidade de encontrar-me com Bernardo Bertolucci e participar, a seu lado, da primeira exibição pública dessa obra magnífica da cinematografia mundial que é *1900*.

Estávamos em outubro de 1977, às portas de um inverno que se anunciava tenebroso. Recordo-me como se fosse hoje de sua postura simples e de seu manifesto prazer de conceder entrevistas individuais aos jornalistas que o rodeavam naquela tarde cinzenta. Muito jovem e em busca do reconhecimento, esse eurocomunista — que na época jogava tênis, mascava chicletes e usava casacos de couro — concedeu-me a entrevista que transcrevo a seguir, cuja íntegra foi publicada na revista *Visão* naquele mesmo ano.

JLA: Comecemos pelo filme que acabamos de ver. Por que escolheu o título de *1900* se a película aborda um período da história que vai somente até 1946? Pretende continuar a obra?

BERTOLUCCI: Não há nada de pretensioso nesse título. O que procurei foi captar a essência da primeira metade do século XX. A seqüência final, o 25 de abril de 1945, não pode ser vista apenas com a libertação do jugo nazista, mas também como o início de um momento-chave no desenvolvimento da luta de classes na Itália. O problema não se coloca, portanto, simplesmente no passado, mas no futuro. Tive tanto trabalho com *1900* que, como é natural, encontrava-me esgotado ao terminar o filme. Precisei de repouso total para não ficar doente. Mas, mesmo depois que ele ficou pronto, enfrentei ainda toda a sorte de dificuldades para sua distribuição: o filme ficou longo demais, o que me obrigou a remontar a fita para enquadrá-la numa metragem mais acessível às exigências comerciais. Nessa luta para salvar a integridade do filme, resolvi que a melhor solução seria dividi-lo em duas partes, com aproximadamente quatro horas ao todo. A terceira parte da obra — talvez a mais interessante, já que abordaria a nossa geração do pós-guerra e, por isso, também a mais delicada e apaixonante – constitui para mim apenas um sonho, uma miragem. Com a enorme crise de valores que enfrentamos hoje em dia, eu correria o risco de, a exemplo de Sansão quando sustentava as pilastras do templo, receber um pesado bloco de pedra sobre a cabeça. Por isso, não pensei em dar continuidade à obra.

- JLA: Como avalia os resultados obtidos com os camponeses emilianos, que serviram como figurantes no filme? Qual o peso da cultura popular nessa obra?
- BERTOLUCCI: Confesso que essa avaliação remonta à minha infância, quando ainda tinha 3 ou 4 anos e vivia numa casa de campo na Emília-Romanha. Lembro que, sempre que podia, escapava para a casa dos camponeses da vizinhança. Os camponeses dessa parte da Itália são figuras mitológicas – na minha concepção, eram indivíduos totalmente diferentes –, e todas as experiências que tive com eles estão ligadas à minha infância e adolescência. Foi em razão desse convívio que, aos 7 anos, acabei sentimentalmente aderindo ao comunismo. No filme, aproveitando as experiências, procurei de todas as maneiras trabalhar de forma coletiva. Por exemplo: quando chegamos à última seqüência do filme, na cena em que o patrão é processado na Corte de Justiça, fiz uma surpresa para os camponeses e levei ao tribunal uma enorme bandeira vermelha do Partido Comunista guardada dentro de um saco. Quando ela foi desfraldada, todos os camponeses reunidos entraram em júbilo, tão grande era a satisfação popular. Coisa de louco! Era uma bandeira tão grande que dificilmente poderia ser encontrada mesmo na Rússia comunista. O efeito no filme foi sensacional, porque eles dançaram em torno da bandeira entoando o hino do partido, fato que poderia até parecer aos mais ortodoxos uma "profanação ao comunismo". Nas filmagens, aproveitei todos os aspectos possíveis da cultura emiliana. Não era a reconstrução de uma comunidade que estava filmando, mas a própria realidade. Por isso, gostaria muito que Pasolini tivesse visto o filme para julgar se eu havia ou não destruído aspectos da cultura popular daquele região. Isso talvez modificasse a sua crença de que a cultura popular na Itália havia sido inteiramente destruída.

- JLA: Além da estrutura realista, o filme tem também sua estrutura poética. Como conciliar as duas coisas?
- BERTOLUCCI: Todo o filme foi montado com base num princípio dialético. Quando falo em dialética, refiro-me também ao preço do

filme e sua ideologia, à dialética entre os atores hollywoodianos e os camponeses italianos, à dialética que cria o cinema de ficção e, ao mesmo tempo, o cinema documentário, também à dialética que une o romance ao poema épico. O filme *1900* é uma espécie de monumento às contradições enfrentadas hoje pelos cineastas. É, sobretudo, a contradição entre o sistema de produção e distribuição e o significado da obra. Nos anos 1960, pensava-se o cinema político de forma muito precisa, mas sem o objetivo de mobilizar as massas. Faziam-se filmes políticos que não tinham qualquer efeito político, porque eram filmes para a elite. Até eu fiz filmes nessa linha. Mas penso que consegui superar isso. Parece-me que, para fazer cinema político, é necessário saltar do filme de monólogo para o filme de diálogo. Julguei que não poderia continuar pelo caminho do "cinema-monólogo" e aceitei o desafio da abertura. Adotei a estratégia da aranha e, pouco a pouco, construí a minha teia. Com *O conformista*, creio que cheguei mais perto de produzir um cinema de nível popular. Repito: defendo a necessidade de passar do cinema-monólogo para o cinema-diálogo.

- JLA: Com isso, endossa a tese de que o cinema é também uma arte política...
- BERTOLUCCI: Creio que sim. Mesmo os filmes que não se pretendem "políticos", acabam sendo políticos, porque o cinema é um meio de expressão e comunicação ligado diretamente à vida e à realidade. Quando essa ligação se rompe, o valor do cinema deixa de existir. Mas, evidentemente, há filmes políticos que se transformaram, como já disse, em filmes para a elite, passando a constituir apenas um detalhe interno do universo cinematográfico.

- JLA: Pier Paolo Pasolini falou-me numa entrevista que toda sua obra tem sido uma luta constante contra seus mestres: seu pai, Jean-Luc Godard e o próprio Pasolini. Disse-me ainda que *O último tango em Paris* não foi uma experiência tão boa. Considera-se liberto com *1900*?
- BERTOLUCCI: Conheci Pier Paolo Pasolini quando ainda era criança. Ele morava no mesmo edifício onde vivia minha família. Aos 15 anos, comecei a escrever poemas. Logo que terminava alguns versos, corria pela escada e ia mostrar a ele, esperando os elogios. Pasolini funcionava para mim como uma espécie de guru. Um dia, repentinamente, ele me disse: "Vou fazer meu primeiro filme e você será meu assistente". O filme era *Accattone (Desajuste social)*. Foi a primeira vez que entrei num estúdio cinematográfico. Foi uma experiência extraordinária, porque Pasolini vinha da literatura e inventa-

va o cinema numa trajetória para mim quase mágica. Suas críticas sempre me soaram como conselhos. Era um grande mestre.

■ JLA: Então, nunca lutou com os mestres nem com o pai?
□ BERTOLUCCI: É verdade que sempre existiu em mim uma preocupação com a figura paterna – espero que ninguém se escandalize com minha franqueza. Meu pai era um grande poeta e toda a minha família sempre cultivou a poesia. Enveredei pelo mundo do cinema para fugir desse destino familiar. Pasolini foi, nesse sentido, meu pai cinematográfico e também meu crítico, como disse. Um dia, assisti a um filme que todos os fanáticos por cinema já viram, À bout de souffle (Acossado), de Jean-Luc Godard, com Jean-Paul Belmondo. Recomendei-o a Pasolini e senti que ele ficou um pouco magoado. Nesse dia, desconfiei que sentisse ciúmes de que eu fosse adotar outro "pai".

■ JLA: E isso era, de fato, verdade?
□ BERTOLUCCI: Passei muitos anos influenciado pelo cinema de Godard, até que, em 1970, resolvi romper com essa dependência realizando O conformista, estrelado por Jean-Louis Trintignant e Stephania Sandrelli, posteriormente indicado para o Oscar de Melhor Roteiro. Mas não nego: é verdadeira a questão de meu apego à figura paterna. Invariavelmente, a conexão com o pai está presente em todos os meus filmes. A morte de Pasolini foi para mim uma tragédia incomensurável. Perdi um amigo, um pai e um mestre, uma das personalidades mais excepcionais que a Itália já produziu. Alguém que podia dizer a verdade com alguns anos de antecedência. Antes de iniciar 1900, disse a ele que, se fosse descrever no filme sua visão da Itália, a película seria a história da agonia de uma nação. Pier Paolo Pasolini advertia-me repetidas vezes que estávamos testemunhando o genocídio de uma cultura local e regional, tragada pela fúria da sociedade de consumo. Quando comecei a rodar o filme na região emiliana, percebi, entretanto, que esse genocídio ainda não tinha chegado a Parma. Mas Pasolini tinha razão em seus prognósticos. A destruição estava perto.

■ JLA: Em conclusão, considera-se liberto?
□ BERTOLUCCI: Essa é uma questão tão difícil que não tenho coragem nem de fazê-la a mim mesmo, quanto mais respondê-la com segurança.

■ JLA: Os fascistas retratados em seus filmes podem ser comparados aos novos extremistas europeus?

BERTOLUCCI: Creio que ocorreu um processo de transformação na Europa. Por exemplo, no passado, os fascistas italianos, eram donos do poder e, portanto, comportavam-se com toda a arrogância dos que detêm o poder pela força ou pelo jogo das manipulações. Hoje, perderam o poder e seu comportamento político é monstruosamente desesperado. Entretanto, os fascistas de hoje, assim como os de outrora, sempre foram instrumentalizados para agir contra as grandes transformações sociais. O que conta é o que está por trás do fascismo.

JLA: Sua obra *O último tango em Paris* lhe rendeu muitas críticas. Foi considerado um filme meio sadomasoquista, foi censurado em muitos países. Isso ocorreu apenas devido às cenas eróticas entre Maria Schneider e Marlon Brando?

BERTOLUCCI: Creio que a sensualidade e o erotismo do filme serviram apenas de pretexto para a censura decretar sua proibição. Embora não se falasse diretamente de política no filme, os censores reconheciam nele alguma coisa de revolucionário, de subversivo. Prova disso é que a censura sempre deixou passar, sem maiores problemas, uma quantidade enorme de filmes muito mais vulgares – se é que podemos associar qualquer tipo de vulgaridade a esse meu filme. Na época, não só se falou na condenação do filme, mas até na destruição dos negativos: queriam queimá-lo, tal como acontecia com as bruxas durante o período da Santa Inquisição. Sempre defendi a abolição total da censura. Penso que um cidadão adulto tem o direito de ver o espetáculo que quiser, inclusive pornografia. Não me parece justo que a censura imponha ao adulto o que deve e o que não deve ver. Esse tipo de tutela é um absurdo em qualquer país.

JLA: Você utiliza algum método especial para dirigir seus atores?

BERTOLUCCI: Não diria "método especial". O que sempre procuro fazer é capturar a realidade diante das câmeras. Procuro deixar o ator à vontade para desempenhar seu papel. Aliás, trata-se de uma técnica que, em geral, fascina a maioria dos atores, que preferem atuar com a maior naturalidade possível. Marlon Brando, por exemplo, sintonizava-se perfeitamente com esse método, embora gostasse de criticar seu desempenho *a posteriori*. Foi o caso de *O último tango em Paris*. Quando viu o filme em fase de pós-produção, ficou um pouco indeciso, porque achava que seu personagem era muito parecido com ele próprio, com sua própria vida. Por outro lado, Burt Lancaster era um ator que me procurava até mesmo para perguntar o significado de um gesto. Uma ocasião, respondi que o vira fazendo determinado gesto durante um jantar no dia anterior e, por isso, queria que o repetisse durante as filmagens. Para Burt Lancaster não bastava dizer: "Atue com naturalidade". Ele sempre exigia uma justificação narrativa. Assim, por vezes, era obrigado a inventar uma justificativa. Enfim, fazer um filme é *to work in progress*, ao contrário do teatro, onde, geralmente, tudo é ensaiado antes. O teatro clássico, para mim, é uma representação de palavras. É a arte de representar um texto cujo significado permanece o mesmo, ainda que o ator modifique sua atuação. No cinema, os códigos são diferentes.

JLA: Como se prepara para realizar um novo filme?
BERTOLUCCI: Preparo-me para um filme como para uma viagem. Na verdade, não sei exatamente o que encontrarei pela frente. Digo sempre aos meus amigos que sou o último a entender meus próprios filmes. É desgastante, mas preciso de muito tempo para compreender aquilo que eu mesmo faço. Trabalho também de forma bastante irracional, porque trabalho em bloco, momento por momento. Isso, naturalmente, é muito perigoso, porque esse método requer liberdade de improvisação. Preciso ter a consciência de que a estrutura do filme se desenvolva a partir dessa mesma improvisação. Mas, no final, acontece o milagre: todas as coisas se encaixam e encontram seu lugar.

JLA: Concorda que há outros modos de fazer cinema?
BERTOLUCCI: Claro que sim. Os métodos utilizados por Alfred Hitchcock, por Joseph von Sternberg, por Jean-Luc Godard ou Alain Resnais, por exemplo. Vi *scripts* de Sternberg nos quais se lê: "O tempo de uma empreitada cinematográfica é de três ou quatro anos, antes de começar a ser rodada ou de um filme começar". Isso parece incrível... Enfim, amo muito Hitchcock e Sternberg, mas não me interessa muito o método que empregam. O que me interessa mais são os resultados.

JLA: Em resumo, o fator mais importante então é a realidade capturada pelas câmeras?
BERTOLUCCI: Como disse antes, o cinema é sempre documentário, mesmo que retrate situações inventadas. Meu lema é uma frase de Jean Cocteau: *"Le cinema c'est saisir la mort au travail"* ("Fazer cinema é capturar a morte em seu trabalho"). Para mim, capturar a realidade da vida, a cada segundo de filmagem, é mais importante. Significa, virtualmente, lutar contra a própria morte.

Outubro de 1977

Bernardo Bertolucci

FILMOGRAFIA PÓS-1990

Os sonhadores (*The Dreamers*, 2003), indicado ao European Film Awards de Melhor Diretor
"Paraíso e Inferno" (*Paradiso ed Inferno*, 1999)
Assédio (*L'Assedio*, 1998)
Beleza roubada (*Stealing Beauty*, 1996)
O pequeno Buda (*Little Buddha*, 1993)
O céu que nos protege (*The Sheltering Sky*, 1990), indicado ao Globo de Ouro de Melhor Diretor

....

B & B

Quando Bergman morreu, em julho de 2007, Bernardo Bertolucci recordou o quanto admirava a obra do diretor de *Persona* (1966). "Conheci Bergman em Berlim, em 1989, por ocasião da inauguração da Academia Européia de Cinema. Tive a impressão de ter ao meu lado a pessoa mais envolvente e sedutora que eu já encontrara no mundo. Sentei-me ao seu lado e senti-me enfeitiçado com sua presença. Após uma pausa na cerimônia, tive a coragem de lhe escrever um bilhete: 'Não abandone seus admiradores. Faça mais um filme, por favor!'. Ele gentilmente respondeu com outra nota: 'Os filmes vão acabar me levando ao túmulo, mas vou continuar lutando'. Até hoje, guardo o bilhete de Bergman como uma relíquia".

INGMAR BERGMAN
A ARTE DE EXORCIZAR DEMÔNIOS

"Quando temos 25 anos, pensamos que podemos controlar o mundo, que nossas idéias e opiniões são perfeitas... Nosso corpo é o de um jovem deus e nossa alma é imaculada. Muito mais tarde, compreendemos como tudo na vida é realmente complicado. Com a idade, percebemos que tudo é muito mais cruel do que pensávamos. Já na minha idade, passamos a conhecer melhor nossa identidade e a ter tempo para ser mais generosos. Envelhecer nem sempre é agradável, mas é a partir do envelhecimento que começamos a apreciar melhor a vida."

O autor dessas reflexões outonais, Ingmar Bergman, pai do cinema psicológico e um dos maiores diretores de cinema e de teatro da história, será sempre lembrado como uma das mais expressivas personalidades intelectuais já produzidas na Escandinávia e no mundo. Crítico sistemático de si próprio, Bergman evitou a todo custo glorificações passageiras e meias-verdades. Ao morrer, em julho de 2007, aos 89 anos, esse monstro sagrado da sétima arte deixou atrás de si uma herança artística extraordinária, cujo impacto transcendeu todas as fronteiras.

Bergman, também conhecido como "o poeta da câmera", viveu uma vida artística intensa e atormentada, mas morreu tranqüilo, como esperava, na remota ilha de Faro, na costa ocidental do Báltico, cercado por seus familiares e pelos atores que lhe foram mais fiéis.

— Programei meu próprio epílogo. Aguardo a morte com tranqüilidade, disse, um ano antes de morrer.

Com a fascinante lucidez dos estetas solitários, que ganharam cada polegada de terreno nesta vida à custa de incansáveis esforços e de um constante exercício de humildade, Ingmar Bergman era considerado pelos críticos com um dos três maiores diretores de cinema do mundo, ao lado de Federico Fellini, da Itália, e Akira Kurosawa, do Japão. Todos, com grande talento, dominaram as produções consideradas "sérias" na segunda metade do século XX.

Audaciosa, sua imaginação incansável o levou a criar um tipo de cinema único. Foi o primeiro a levar à tela questões metafísicas como a religião, a morte e o existencialismo. Para Bergman, a arte só podia ser feita com uma obsessão religiosa. Daí a onipresença de formas rituais em seus filmes.

Ingmar Bergman

Mais do que qualquer outro diretor de cinema e teatro, ele conseguiu mapear a psique humana em termos de amor e ódio, de desejo e religião, de dor e de tormento. Catalogou, igualmente, os fantasmas que afligem a alma e podem levar da catástrofe imprevista a problemas como ódio, inveja, cobiça, medo, falta de inspiração e até à loucura.

Com mais de 50 filmes em quase meio século de trabalho, esse esteta da poesia pictórica tornou-se também notável pela forma como os temas femininos, a psique da mulher e as relações entre os dois sexos.

"Trabalhar com Bergman é empreender uma viagem de descoberta dentro de meu próprio ser. Quando a câmera está tão perto quanto Ingmar às vezes a coloca, ela não mostra apenas um rosto, mas também um tipo de vida que esse rosto viveu. A câmera de Bergman tira a máscara de seus atores e mostra o que existe por trás dela", escreveu a atriz Liv Ullmann, ex-mulher do diretor, no livro autobiográfico *Mutações*, de 1976.

Em *Persona* (1966, em português, *Quando duas mulheres pecam*), o mais fascinante e secreto filme de Bergman, com Liv Ullmann e Bibi Andersson, o diretor deflagra sua preocupação quase clínica em desnudar seus atores. A própria palavra "persona" – que escolheu para título do filme – designa as máscaras por trás das quais, na antiguidade, os atores dissimulavam seu rosto, mas podendo significar também a máscara que usamos na representação da vida real.

Reiterando sempre a pungência da dúvida nas relações humanas e do ser humano consigo próprio, mais do que em *O silêncio* (1963) – o retrato mais terrível do isolamento humano – ou em *Gritos e sussurros* (1972) – uma prospecção da carne e da espiritualidade –, *Persona* evidencia o impressionante domínio do cineasta sobre a linguagem. Em *O silêncio*, Bergman pretendia que o filme caracterizasse o inferno na Terra. Pistas sutis podiam apontar que o país onde a trama de desenrolava fosse a Finlândia. Bastante ousado para a década de 1960, o filme mostrou pela primeira vez – pelo menos no cinema sério – uma cena de masturbação feminina, além de sugerir o lesbianismo e de mostrar a parte carnal da dicotomia espírito/corpo.

Durante longo tempo, o sucesso de seus filmes – cuja cenografia funciona com extremo vigor, apesar de acessória – apoiou-se também no trabalho de um fotógrafo magistral, Sven Nykvist; nos rostos de Liv Ullmann, Ingrid Thulin, Harriet Andersson e Bibi Andersson; e na genialidade de seus atores preferidos, Max von Sidow e Erland Josephsson.

Sven Nykvist, seu amigo e colaborador mais próximo, "pintou" com sua câmera imagens que poderiam ter a força de um quadro do expressionista norueguês Edvard Munch, no que se refere à abordagem da singeleza, do amor, da vida, do insólito e da morte.

Apaixonado por literatura, Bergman conseguiu levar também ao cinema as visões trágicas e introspectivas de seu autor preferido, o sueco August Strindberg, um dos criadores do teatro moderno, outra personalidade amarga e torturada da Escandinávia.

Dois outros temas transformaram-se igualmente em verdadeira obsessão para o diretor de *Morangos silvestres* (1957): a morte e a relação entre o homem e Deus. Aqui, Bergman se apóia na vertente existencialista do filósofo dinamarquês Soren Kierkegaard e procura cultivar, com obcecada paixão, a dúvida sobre todo o tipo de certezas.

Em 1965, em crônica publicada no jornal sueco *Dagens Nyheter*, Bergman destacou que encontrara no cinema uma linguagem literária falada "da alma para a alma", cuja expressão poderia escapar sensualmente do controle restritivo do intelecto. Ao tentar explicar sua obra, confessou que seu trabalho era autobiográfico, existindo "somente na medida em que o sonho transforma, a todo o momento, a experiência e as emoções".

Considerado homem de temperamento difícil, porém dócil na maioria das vezes, Bergman acenava igualmente com a dupla natureza de sua personalidade privada e criativa.

– Sou absolutamente consciente de minha dupla personalidade. A personalidade bem conhecida é aquela que se encontra sob meu total controle. Ali, tudo está planejado e seguro. A outra personalidade, que se encontra oculta, pode ser bastante desagradável, mas é responsável pelo lado criativo de meu trabalho. É aquela que não é tão racional, que é mais impulsiva.

Ao revelar sua opção pelo mundo do cinema, Bergman nunca negou suas frustrações e os exaustivos esforços que empreendeu "na busca da felicidade".

– Comecei a fazer cinema para fugir dos fracassos da minha vida. Aos 30 anos, já tinha me casado três vezes. Queria ser um bom cineasta, porque, como ser humano, tinha falhado totalmente. Pensei até em me suicidar... Foi no cinema e no teatro que consegui encontrar um pouco de felicidade. Hoje, como ontem, continuo pensando o mesmo.

Para a maioria de seus críticos, o diretor de *Persona* era um anarquista de espírito. Gago e repetitivo, inteiramente avesso ao que ele qualificava de "universo mesquinho dos tecnoburgueses", Bergman era apontado por alguns atores do Real Teatro Dramático de Estocolmo como alguém que durante toda a vida dominou um temperamento vulcânico, principalmente quando o tiravam do sério.

Em 1976, obrigado ao exílio voluntário na seqüência de um conflito fiscal – foi acusado de lesar o fisco em US$ 750 mil –, deixou a Suécia com uma carta de despedida colérica, em que qualificava as autoridades do país como um "bando de jogadores de pôquer, obcecados pelo apetite do poder". Nessa abrupta partida, não perdoou nem mesmo a social-democracia do *premier* Olof Palme, que seria assassinado em fevereiro 1986. "A social-democracia transformou-se numa ideologia de compromissos obscuros", acusou Bergman.

Ao explodir assim, de forma pouco habitual entre suecos luteranos, Bergman cometeu uma "heresia política" com reflexos devastadores dentro e fora de seu país. No plano nacional, sua ira provocaria inusitada polêmica entre a oposição e os social-democratas – que, na ocasião, já estavam havia mais de meio século no poder – sobre questões de autoritarismo burocrático e o sistema impositivo fiscal, qualificado por ele próprio de "bizantino". Na esfera internacional, seu "exílio" serviria de elemento de especulação para os que defendiam a tese de que os suecos haviam se transformado nos "novos totalitários do século XX". Porém, da apoplexia, Bergman podia passar para um estado de perfeita paz, meiguice e harmonia. Ao regressar do exílio em 1982, oportunidade em que o encontrei pela segunda vez, Bergman tentou pacientemente explicar-me as razões de sua "explosão".

– Minha decisão não foi política, absolutamente. Amo meu país e não foi minha intenção denegrir a imagem da Suécia. Fiquei magoado e furioso porque a polícia me obrigou a levantar da minha cadeira no Real Teatro Dramático de Estocolmo, interromper o ensaio de *A dança da morte*, de August Strindberg, para ser interrogado da maneira mais grotesca e estúpida possível. Quanto ao que penso da social-democracia, nunca escondi nada. Quando afirmei que nossa democracia estava enferma, me referi aos políticos gananciosos pelo poder, que esqueceram do povo e aceitaram compromissos obscuros. Nenhum sistema é perfeito, tampouco o sueco. A democracia sueca foi uma experiência brilhante, que não falhou 100%, mas apenas 40%. Até hoje, porém, ninguém me dá uma resposta sobre a razão de ser desses 40%. Tentamos compreender, discutimos, gritamos, nos ofendemos, mas tudo isso em público e sem complexos, conforme as regras da democracia.

Acusado de não ter observado trâmites legais quando da venda de sua empresa suíça, Ingmar Bergman teve também seu passaporte confiscado e foi obrigado a prestar declarações à polícia criminal. As autoridades fiscais justificaram a ação, afirmando que era necessário um inquérito rápido, pois o caso estava prestes a entrar em prescrição. Sem poder dar continuidade a seu trabalho e extremamente chocado, o diretor de *A flauta mágica* (1974) sofreu um colapso nervoso e foi internado durante dois meses numa clínica para tratamento médico. Após mais uma investida das autoridades fiscais, Bergman sofreu novo colapso e decidiu que a única alternativa viável era abandonar o país.

Em carta publicada no jornal liberal *Expressen*, vespertino de maior circulação na Suécia, Bergman afirmou ter recusado qualquer tipo de barganha com as autoridades fiscais. Ao abandonar o país, resolveu também deixar toda sua fortuna à disposição do governo a fim de cobrir as despesas exigidas para o pagamento dos impostos atrasados. Como conseqüência desse episódio, todos os projetos teatrais e cinematográficos de Bergman na Suécia foram suspensos durante vários anos.

Infelizmente, porque, pelo êxito no mundo das artes, pela indomável energia e pela criatividade, Bergman deveria ter sido um homem muito bem-sucedido e não um ser perseguido, um ermitão solitário na isolada e árida Ilha de Faro, na Gotlândia – a maior ilha do mar Báltico.

Erland Josephson, ator e amigo inseparável do diretor, comentou comigo no restaurante Victoria, no centro de Estocolmo, que quem estudasse bem a biografia de Bergman teria a nítida impressão de que o maior diretor de cinema do mundo era um homem que sempre enfrentou infinitos problemas de insegurança, "um angustiado crônico, mergulhado na intensa paranóia do fracasso, tanto na sua vida pessoal como na artística". Mas a verdade – revelou-me Josephson – era bem outra: ao autocriticar-se com sistemática freqüência, punir-se por sua infância infeliz e exorcizar, como um bruxo, os "demônios" de sua própria alma, Bergman não fazia mais do que uma profilaxia das neuroses existentes em todos os seres humanos. Tratava-se de outra técnica bergmaniana, que ele utilizava magistralmente para melhor enfrentar a fragilidade da vida. Em resumo: empregava uma terapia muito particular contra o que considerava "o mal endêmico da obliteração física e mental".

Como todos os grandes mestres, Ingmar Bergman cultivou em sua mente um pouco de cientista e acadêmico. E conseguiu, como poucos, eliminar as contradições artificiais entre o intelecto e a intuição, o que o levou a identificar novas oportunidades na vida e no mundo das artes. O método bergmaniano de enfrentamento de demônios consistia na operação de identificá-los e conjurá-los. Nesse sentido, ele me confessou ter inventado uma espécie de vacina: a única forma de evitar que um veneno se espalhe é destruí-lo com sua própria substância tóxica. Na

Ingmar Bergman

vida como no cinema, Ingmar Bergman orientava-se por "duas verdades", ou se quiserem, duas ficções. Uma era secreta, guardada dentro de si, que freava o lado boêmio do caos interno, e outra, mais lúcida e umbrática, que ele exibia aos seus atores, seu público, amigos e inimigos. Assim, Bergman era também um ilusionista brilhante. Para ele, o palco era a plataforma da verdade e a arte, um instrumento para as coisas se manifestarem antes de acontecerem de fato.

Um exemplo: muito antes de se tornar um octogenário, ele já havia exercitado, em *Morangos silvestres,* a arte do envelhecimento. A única coisa que poderia surpreendê-lo, e aos outros, era ele próprio. E nisso Bergman confundiu-se com o próprio demônio:

— Sou mestre da humilhação, sei perfeitamente como ferir os outros, como esmagar as pessoas de forma impiedosa e profunda. Portanto, minha moral é muito simples: não tentem fazer o mesmo comigo.

O cineasta americano Woody Allen sustentou que Ingmar Bergman talvez tenha sido o maior de todos os diretores de cinema, desde que a câmera foi inventada. Jean-Luc Godard comparou-o os escritores James Joyce e Marcel Proust, com a diferença de que Bergman era mais rápido. "Ele era capaz de captar um vigésimo de segundo do comportamento humano e transformar isso num fascinante filme de hora e meia."

Mas santo de casa não faz milagres... A filmografia metafísica de Bergman era pouco admirada pelos próprios suecos. Sua notoriedade foi conquistada fora de seu país, literalmente no mundo, onde ele era considerado um gênio do cinema e do teatro e uma referência para outros estetas da sétima arte, como Federico Fellini, Akira Kurosawa, François Truffaut, Claude Chabrol e muitos outros.

Sua reconciliação com o público sueco aconteceu somente na década de 1980, com a realização de seu filme *Fanny e Alexander* (1982), obra ficcional e autobiográfica, que lhe rendeu quatro Oscars. Com 285 minutos de duração – quase cinco horas –, a película conta a história de duas crianças, no início do século XX, cuja infância e inocência são massacradas pela força dos costumes, da vaidade e da intolerância dos adultos. Pela primeira vez, Bergman reuniu num só filme temas tão contundentes como o amor, o ódio, a paixão, o ressentimento, a angústia, a inveja, a religião, a neurose familiar e a própria morte. Em 1983, por ocasião do lançamento do filme em Estocolmo, ele afirmou:

— *Fanny e Alexander* faz lembrar minha infância, quando meus dias eram repletos de fatos interessantes. Ainda hoje, percorro mentalmente a paisagem de minha infância. Vejo pessoas aparecerem, escuto vozes e sinto os aromas da época. O privilégio da infância é poder transitar livremente entre a magia da vida, o medo existencial e a alegria sem limites. Foi por isso que mantive abertos os canais que conduzem à minha infância.

Três anos antes, em dezembro de 1980, quando voltou de Munique para anunciar que regressaria definitivamente à Suécia depois de cumprir compromissos na Alemanha, Ingmar Bergman me concedeu uma de suas mais simples e singelas entrevistas. Sentamos face a face. Seu olhar era meigo e sem pressa.

- JLA: Seu regresso deixou sensibilizados todos os suecos. E você?
- BERGMAN: Sou extremamente sensível a tudo o que ocorre com minha vida pessoal e profissional. Depois de tudo o que aconteceu – e o incidente não foi pequeno –, a decisão de voltar me encheu de felicidade, embora ainda me sinta perseguido por uma estranha sensação de insegurança e desconforto. Pela primeira vez na minha vida, tive dificuldade de explicar a mim mesmo o que senti.

- JLA: Talvez uma mágoa muito forte, que ainda não foi cicatrizada?
- BERGMAN: Não é bem isso. Em certo sentido, toda a história está terminada e é até conveniente que eu esqueça completamente esse passado, embora tenha sido um terrível pesadelo que me surpreendeu. Acho, porém, que tive forças suficientes para transformar os resultados negativos em fatores positivos que, no fundo, acabaram estimulando um momento importante da minha vida. Procurei investir na crise e, por incrível que pareça, o pesadelo acabou por transformar-se numa experiência nova, válida.

- JLA: Válida inclusive para sua carreira de diretor já internacionalmente consagrado?
- BERGMAN: Não posso negar isso. Também foi importante ter me afastado fisicamente da Suécia e me projetado para fora do etnocentrismo nórdico, ainda que isso tenha ocorrido violentamente, pela força das circunstâncias. Em termos artísticos, porém, toda essa trajetória teve valor inestimável, porque pude contracenar, *in loco*, em outros climas culturais, com outros autores e atores, outros discursos. Descobri em Munique, onde permaneci a maior parte do tempo, um extraordinário clima cultural. Munique é uma cidade pequena, mas não provinciana. Minhas raízes sempre estiveram na Suécia, mas, repito, a experiência foi muito válida. Na medida do possível, a partir de agora, pretendo continuar na ponte Estocolmo-Munique.

Ingmar Bergman

- JLA: Seu reencontro com a Suécia reflete também sua ambição de dirigir um novo filme. Como se sente em voltar a trabalhar no seu próprio país?
  BERGMAN: Minha nova estréia na Suécia roubou-me cerca de dois anos de trabalho. Levei dois anos para realizar um novo *script*: *Fanny e Alexander*. Trata-se de uma crônica romântica, ambientada no início do século XX, em Upsala, velha e pequena cidade universitária onde predominam elementos essencialmente burgueses. É a história da vida de uma família patriarcal – o avô, seus três filhos e os netos, que atualmente representam uma parcela muito importante da nossa geração. As experiências dessa família nos permite fazer uma incursão pela Suécia de 1910 a 1912, quando os centros urbanos ainda eram cidades pequenas e idílicas. Cromaticamente, defino esse filme como "um grande *gobelin*", uma tapeçaria viva, reunindo massas coloridas de pessoas em trajes típicos, florestas, grutas misteriosas e as místicas noites suecas. Destaquei até mesmo minha filha, Linn Ullman, que desde os 12 anos tem enorme inclinação para o teatro e o cinema. *Fanny e Alexander* não é inteiramente autobiográfico, mas um filme essencialmente sueco.

- JLA: O que significa um filme "essencialmente sueco"?
  BERGMAN: Quero dizer com isso que existem determinados filmes que só um país ou um povo podem realizar. Os suecos, por exemplo, por mais que se esforçassem, não poderiam fazer um filme tipicamente russo, captando toda a magnitude e essência da alma russa.

- JLA: Uma das críticas feitas aos seus filmes é que eles sempre retratam o lado sombrio da alma humana. Concorda?
  BERGMAN: Não me interpreto e nem me traduzo como uma pessoa sombria, com idéias sombrias. Já fiz até algumas comédias... Mas, mesmo em comédias, há sempre o lado triste e o lado alegre da vida. É claro que não posso fugir dessa realidade.

- JLA: Mas dizem também que você é uma personalidade contraditória. Como se defende?
  BERGMAN: Acho isso ótimo. É humano. A própria realidade tem muito de irracional e, portanto, de contraditório.

- JLA: Para quem você faz seus filmes?
  BERGMAN: Uma vez perguntaram a mesma coisa a Luis Buñuel e ele respondeu: "Para meus amigos e meus inimigos". Penso da mesma forma.

■ JLA: Você é um homem religioso?
☐ BERGMAN: Diria que sou uma pessoa muito religiosa, mas não acredito em Deus.

■ JLA: Seus filmes têm muita influência das teorias psicanalíticas de Carl Jung. Por isso, uma pergunta que ainda não lhe foi feita: você já consultou um psicanalista?
☐ BERGMAN: Não. Nunca foi a um psicanalista, mesmo porque, trabalhando com cinema e teatro há várias décadas, o cineasta, pela própria natureza de sua profissão, se autopsicanalisa. Não creio tampouco que necessite de psicanálise ou de psiquiatras mais do que qualquer outra pessoa. Ademais, com o auxílio constante de meus críticos, estou curado há muito tempo.

■ JLA: *Morangos silvestres*, um dos filmes mais discutidos pelos críticos de cinema, é uma obra sobre a memória, o amor e o processo de envelhecimento. É a velhice uma fatalidade? Qual sua filosofia diante da velhice?
☐ BERGMAN: Quando temos 25 anos, pensamos que podemos controlar o mundo, que nossas opiniões e idéias são perfeitas... Julgamos saber exatamente a composição do mundo. Percebemos tudo. Nosso corpo é o de um jovem deus e nossa alma é imaculada. Na realidade, porém, continuamos com 12 anos. Muito mais tarde, compreendemos como tudo na vida é realmente complicado. Há coisas que conseguimos entender apenas quando temos 30 anos, outras, aos 40 ou 60. Com a idade, percebemos que tudo é mais cruel do que pensávamos. Aconteceram comigo coisas que nunca esperei. Coisas contra as quais não podemos nos defender... A vida é uma correnteza de forças da qual nada sabemos. Por vezes, conseguimos enfrentá-la; outras vezes, nos perdemos e desaparecemos no turbilhão. Já na minha idade, passamos a conhecer melhor nossa identidade e a ter tempo para ser mais generosos. Reencontramos uma espécie de paz... Envelhecer nem sempre é agradável, mas é a partir do envelhecimento que começamos a apreciar melhor a vida. O compositor russo Igor Stravinsky certa vez me disse: "Estou satisfeito por ter vivido tanto tempo, porque finalmente comecei a apreciar os *liebes lieder waltzer*", referindo-se às valsas e canções de amor de Brahms, compostas sob a emoção de perdas afetivas, no momento em que decidiu ocultar sua tristeza atrás da frivolidade da dança. Há alguns anos, eu detestava música *pop*. O *rock and roll* me enfurecia. Hoje, mudei de idéia, gosto de música *pop*, embora continue

Ingmar Bergman

resistindo a dançá-la. Imagine só o que diriam: Bergman agora dança *rock and roll*! Estou consciente de que a voz das novas gerações é um fenômeno estimulante. Tudo o que devemos fazer é aprender a escutá-la.

- JLA: Seus filmes revelam quase sempre uma obsessiva preocupação com a morte. Por quê?
- BERGMAN: A morte faz parte da vida. Mais cedo ou mais tarde, todos nós temos que nos confrontar com a morte. Quando jovem, tinha muito medo da morte. Hoje, eu a vejo com naturalidade, sem qualquer temor. A morte é como uma luz que se apaga. É o epílogo.

Dezembro de 1980

....

BERGMAN E AS MULHERES

Ingmar Bergman foi talentoso também com as mulheres: casou-se cinco vezes e teve nove filhos reconhecidos, alguns deles nascidos de relações extraconjugais. Sua primeira mulher foi a dançarina e coreógrafa Else Fischer, com quem se casou em 1943, aos 24 anos. O casamento durou dois anos, até Bergman se apaixonar por Ellen Lundström, com quem se casou e teve mais quatro filhos, entre eles, Eva, que, como o pai, seguiu a carreira de diretora de cinema.

Em 1949, Bergman conheceu a jornalista Gun Hagberg, com quem viveu seis meses em Paris antes de se divorciar de Ellen. Casaram-se e, um ano e um filho depois, Bergman engatou um romance com a atriz Harriet Anderson. Em 1955, envolveu-se com Bibi Andersson, que atuaria em 13 de seus filmes. Mais quatro anos e ele se casa novamente com a pianista finlandesa Käbi Laretei, com quem teve outro filho, que também se tornaria diretor de cinema.

Bergman e Käbi ficaram juntos por dez anos, o que não impediu que ele mantivesse um relacionamento com a atriz com Liv Ullmann, com quem teve uma filha, Linn, que atuou em vários filmes do pai e, posteriormente, se tornou jornalista, escritora e crítica literária.

Em 1971, Bergman se casou pela última vez, com Ingrid von Rosen, com quem já tinha uma filha, Maria, nascida 12 anos antes. Ingrid morreu de câncer em 1995 e ele passou a viver só em sua casa na ilha báltica de Faro, na Gotlândia, no mar Báltico, cenário de várias de suas obras e onde seu corpo está enterrado.

GRANDES LÁUREAS

Prêmio Irving G. Thalberg, Academia de Artes e Ciências Cinematográficas dos Estados Unidos, concedido a "produtores criativos, cujo principal trabalho constantemente reflete uma grande produção de filmes de qualidade", 1971

Leão de Ouro, Festival de Veneza, carreira no cinema, 1971

Palma das Palmas, Festival de Cannes, 1997

Prêmio Ecumênico do Júri, Festival de Cannes, carreira no cinema, 1998

....

FILMOGRAFIA PREMIADA

Fanny e Alexander (*Fanny och Alexander*, 1982), Oscar de Melhor Filme em Língua Estrangeira; César de Melhor Filme Estrangeiro; Prêmio Fipresci no Festival de Veneza

Sonata de outono (*Höstsonaten*, 1978), Prêmio Bodil de Melhor Filme Europeu

Através de um espelho (*Sasom i en spegel*, 1961), Oscar de Melhor Argumento Original e Prêmio Ocic no Festival de Berlim

A fonte da donzela (*Jungfrukällan*, 1959), Oscar de Melhor Filme em Língua Estrangeira e Menção Especial no Festival de Cannes

O rosto (*Ansiktet*, 1958), Leão de Ouro e Prêmio Especial do Júri no Festival de Veneza

No limiar da vida (*Nära livet*, 1957), prêmio de Melhor Diretor no Festival de Cannes

Morangos silvestres (*Smultronstället*, 1957), Urso de Ouro no Festival de Berlim, Prêmio Bodil de Melhor Filme Europeu

O sétimo selo (*Det sjunde inseglet*, 1956), Grande Prêmio do Júri no Festival de Cannes

Sorrisos de uma noite de amor (*Sommarnattens leende*, 1955), Prêmio Especial de Melhor Humor Poético no Festiva de Cannes e Prêmio Bodil de Melhor Filme Europeu

Música na noite (*Musik i mörker*, 1948), Leão de Ouro no Festival de Veneza.

CLAUDE CHABROL
O SORRIDENTE HITCHCOCK FRANCÊS

O QUE MAIS me tocou quando conheci Claude Chabrol foi sua simplicidade e sua maneira meio camponesa de responder a todas as questões que lhes eram formuladas. Com uma risada marota e quase permanente, Chabrol driblava as perguntas sobre seus filmes, evitava superestimar os resultados de sua obra e assegurava que suas películas não tinham "absolutamente qualquer propósito de transmitir mensagens políticas ou filosóficas para transformar o mundo".

"Seria uma grande ingenuidade dizer que faço filmes com motivos ideológicos", sustentou em 1978, ao participar da *première* européia de *Violette Nozière* (1978, no Brasil, *Violette*), a fantástica história de uma assassina adolescente numa atormentada Paris da década de 1930. Estrelada por Isabelle Huppert, a atriz preferida do diretor, a película é um estudo de psicologia e uma severa crítica social de época, cuja qualidade melodramática permitiu a Chabrol transitar, com surpreendente requinte e máxima excelência, pelo caminho que une o cinema de arte e o entretenimento popular.

– Filmes com mensagens ideológicas me fazem rir, assegurou-me, com superioridade e radiante convicção.

Amplamente creditado como fundador da *Nouvelle Vague*, Claude Chabrol sempre foi, na verdade, mais do que um simples cineasta, notabilizando-se por uma contribuição tão prolixa quanto arrojada no mundo das artes.

Mestre do suspense desde o início de sua carreira, Claude Chabrol tratou os temas por ele escolhidos com frieza e distância, mas, ao mesmo tempo, com genial objetividade, tendo inspirado diretamente Jean-Luc Godard e François Truffaut, com os quais formou o tripé da *Nouvelle Vague* na França.

Sua passagem pela célebre revista *Cahiers du Cinéma* deixou marcas visíveis de seu talento criativo e investigativo. Desenvolveu teorias de autor que causaram grande impacto e continuam válidas até os dias atuais. Tentou também, mais do que qualquer outro cineasta francês, revolucionar os valores do sistema cinematográfico. Em 1957, publicou com Éric Rohmer, colega de redação do *Cahiers*, um estudo considerado clássico sobre a filmografia de Alfred Hitchcock.

Nascido em 24 de junho de 1930 na capital francesa e formado em Ciência Política pela Universidade de Paris (Sorbonne), Chabrol foi obrigado a completar também um curso de farmácia por imposição dos pais. Com grande esforço, realizou seu primeiro filme em 1958, ocasião em que escreveu, produziu e dirigiu Le beau Serge ("O belo Sérgio") – película sobre o choque da burguesia e as paixões violentas na França –, estrelado por Jean-Claude Brialy, que lhe rendeu o Prêmio de Qualidade distribuído anualmente pela Suíça.

Le beau Serge, que no Brasil levou o título de Nas garras do vício, foi um filme fundamental para o início da Nouvelle Vague, um dos mais importantes movimentos cinematográficos de todos os tempos. Mas foi a partir de 1960 que Claude Chabrol produziu suas obras mais memoráveis. Considerado – junto com Godard, Truffaut e Alain Resnais – um "cineasta diletante", acabou sendo o mais produtivo deles, com cerca de 60 filmes de sucesso levando sua assinatura.

Casado três vezes – a segunda com Stéphane Audran, uma das mais belas atrizes do cinema francês da década de 1960 –, Chabrol confessou nunca ter sentido qualquer constrangimento quando lhe perguntavam por que se havia separado de uma musa tão sedutora e com a qual realizou filmes notáveis como Os primos (1959), A mulher infiel, As corças (1968), O açougueiro (1970) e Juste avant la nuit (1971, "Antes do anoitecer").

– Passei a me interessar por ela mais como atriz de cinema, retrucava ele, esbanjando, une fois encore ("uma vez mais"), seu sorriso irônico.

Entre os gloriosos filmes de Chabrol, figuram Amantes inseparáveis (1973), Os fantasmas do chapeleiro (1985, com Charles Aznavour) e Madame Bovary (1991), baseado no romance homônimo de Gustave Flaubert, que consagrou internacionalmente outra musa, a atriz Isabelle Huppert. Em 2005, o conjunto de sua obra cinematográfica mereceu uma honraria que poucos alcançaram: o Prêmio René Clair, da Academia Francesa.

O estilo de Claude Chabrol foi definido pelo jornal The New York Times como o de "um deus que observa com grande compaixão as fraquezas e as loucuras dos seres que criou, mas sem nenhum sentimentalismo. Esse estilo depende muito do próprio sentido de humor do cineasta francês".

Em 1978, quando, lhe perguntei como definia seu estilo, Chabrol preferiu ser telegráfico e responder com simplicidade que seu ponto de partida era sempre "a relação entre a história e o caráter da personagem".

☐ CHABROL: Às vezes, o público não percebe o fato de na realidade não existir uma história nos meus filmes. São os personagens que gradualmente se revelam. São suas relações que criam a atmosfera do filme, e não o enredo organizado propriamente dito. Acredito numa estrutura que surja da confrontação entre diferentes personagens e procuro, por isso, monitorar o desenvolvimento dessas relações. Trata-se da química da afinidade. Gosto de suspense, mas não admiro muito a trama manipulada. Naturalmente, preciso mesmo é do mistério.

JLA: Seus filmes exploram quase sempre a delinqüência e os desvios do comportamento humano na sociedade. O que tanto o atrai no mundo do crime?

CHABROL: Garanto que não é o aspecto cruel ou mórbido dos crimes que me atrai quando transporto o tema para o cinema. Não é visceralmente o crime em si que vai alimentar a trama ou o suspense que busco para meus filmes, mas sim os meios que descrevem a psicologia do assassino. Em outras palavras, o que busco é o motivo que leva um assassino a cometer o crime, o ato delituoso. Ou seja, em termos cinematográficos, o que me interessa é a confrontação entre o personagem e a história. Para mim, explorar o crime pelo crime no cinema seria um exercício corriqueiro, oportunista, meramente comercial. Evidentemente, é bem verdade que o crime vende e que muitas mídias vivem disso. O tema "crime" ajuda a fazer dinheiro. O público adora ver filmes sobre crimes hediondos. Isso tem sido uma poderosa alavanca no mundo do cinema. Já contou quantos filmes de crime você já viu? Eu nunca vi na vida um único espectador sair do cinema, abandonar sua poltrona no meio de uma cena de crime. Pode sair depois, mas não antes de terminar a seqüência. Mesmo que muitas pessoas não gostem de histórias de crime, elas ficam atentas quando a questão em foco é a morte, a eliminação física do semelhante. Não nego que essa tenha sido uma das razões pelas quais dou ênfase ao crime nas minhas produções. As histórias de crime garantem público. Mas, como disse antes, não é a morbidez, o aspecto cruel que me atrai. É a arte.

JLA: Nutre certa simpatia pelo criminoso?

CHABROL: De certa maneira, sim. Tenho alguma simpatia pelo criminoso, pelas pessoas que julgamos. Lembre-se de que todos nós, criminosos ou não, somos julgados permanentemente. O que ocorre com o criminoso é que ele é julgado com mais severidade do que os outros, porque cometeu um crime. Nesse sentido, um dos meus grandes prazeres é descobrir também que nem tudo na vida é desagradável como se imagina. Quem são as pessoas que cometem crimes? Se analisarmos bem, muitas são pessoas normais, obrigadas a buscar soluções alternativas para resolver os problemas que enfrentam. Talvez seja por isso que muitos criminosos jamais demonstram horror ou arrependimento após terem cometido seus crimes. E há os crimes sofisticados, que fazem a felicidade dos que os cometem. Há quem fique rico e "feliz" após um suicídio induzido no mundo dos negócios. Sabe aquele sujeito que está esperando que o outro morra para assumir seu cargo? Mas digo isso sob o ponto de vista de um diretor de cinema. Na vida real, o ato criminoso de ceifar uma vida me entristece e horroriza. Os que praticam crimes de tal natureza devem ser suficientemente punidos. Jamais ficar impunes.

- JLA: De qualquer forma, o criminoso é a peça central do enredo de seus filmes, não é verdade?
- CHABROL: Como disse, não admiro monstros. Mas a história de um crime pode ser o veículo para descrever a psicologia do personagem, o ambiente em que ele vive e o impacto que provoca na sociedade. Em certo sentido, o que tento fazer é desconstruir a história, dando ênfase ao dilema enfrentado pelo personagem. Não posso apresentar tudo isso de forma muito intelectualizada, senão, o público não agüentaria o filme e iria embora do cinema. Em resumo, meu ponto de partida é estabelecer uma relação forte entre história e personagem. Não dou muito valor ao enredo. Às vezes, até nem existe uma história muito clara, mas um entrelaçamento gradual dos personagens no decorrer do filme. Na verdade, é a confrontação entre diferentes personagens que cria a atmosfera dos meus filmes. É uma química de afinidades, diria, que vai além do enredo.

- JLA: Como se tornou diretor de cinema?
- CHABROL: Desde adolescente, sonhava fazer filmes, mas minha família se opunha. Meu pai era farmacêutico e queria que eu seguisse sua carreira, que absolutamente não me atraia. Minha mãe criticava as influências do homossexualismo no cinema. Tinha medo de que eu me convertesse num artista *gay*. Ademais, me faltava dinheiro para realizar aquilo que eu queria. Foram tempos muito difíceis. Passei sete anos no limbo, estudando, pintando, escutando música. Felizmente, trabalhei um pouco para o *Cahiers du Cinéma* e fiz alguns trabalhos de relações públicas para a Fox, mas jamais ganhei o suficiente para fazer um filme. Foi preciso minha avó morrer e me deixar uma herança para que eu pudesse realizar o sonho da minha vida. Foi

Claude Chabrol

com essa pequena soma, que ela tão gentilmente me deixou, que realizei meu primeiro filme em 1958, *Nas garras do vício*, estrelado por Jean-Claude Brialy. O filme custou 32 mil libras e com ele ganhei o Prix de Qualité, da Suíça, que rendeu quase o dobro do custo da produção. E foi assim que comecei outro filme, *Les cousins* (1959, *Os primos*). Em resumo, foi a morte de minha avó que me permitiu ser cineasta. E juro por Deus que não matei a velhinha!

- JLA: Você costuma afirmar que a burguesia adora histórias de crime, mortes e assassinatos. O que oferece às pessoas comuns é exatamente aquilo que elas querem?
- CHABROL: Claro. E faço disso uma lei. No fundo, apesar de minhas convicções políticas, eu adoro a burguesia. Se me perguntar por que, eu respondo que é por ela ter introduzido na França algo extremamente necessário, o banheiro, o vaso sanitário e o bidê. Antes disso, imagine o que acontecia no país, principalmente com as partes inferiores do corpo! E a burguesia, a bem da verdade, é também uma classe social que se fabricou, que inventou a si mesma. E o mais notável: durante séculos, conseguiu sobreviver entre o proletariado voraz e o que restou da aristocracia decadente.

- JLA: Mas, de certa maneira, seus filmes atacam o universo da burguesia, da classe média alta e, mesmo assim, afirma que seus filmes não são para serem debatidos. Por quê?
- CHABROL: Escute, meu amigo. É muito difícil realizar alguma coisa, uma peça teatral ou um filme, por exemplo, e ficar sempre explicando ao público todo o processo de sua elaboração, afirmando que o mais importante é mensagem que encerra, ou que pretendemos com isso mudar o mundo... Acho isso de extrema ingenuidade. Sou da seguinte opinião: o cinema, por mais realista, por mais documental que seja, jamais servirá de espelho para a vida, ainda que sua abordagem possa desencadear reações polêmicas. Não sou partidário do cinema que pretende passar mensagens "politicamente corretas", sejam de esquerda ou de direita. O bom cinema pode ser até verossímil, mas não necessariamente dono de toda a verdade.

- JLA: Mas não crê, pelo menos por cortesia ou em nome da *noblesse oblige*, que cabe ao diretor ser porta-voz de sua obra cinematográfica?
- CHABROL: Certamente que sim. O diretor tem o direito de ser porta-voz de sua obra e pode agir da melhor forma que desejar. Aliás, a esse respeito, carrego um trauma, ocorrido creio que em 1955 ou 1956. Eu

participava do Festival de Veneza quando exibiram um filme sensacional de Claude Autant-Lara, *La traversée de Paris* (1956, *A travessia de Paris*), uma produção franco-italiana sobre a ocupação alemã, que se transformou num clássico do cinema francês. Pois bem, numa coletiva de imprensa que organizaram após a exibição do filme, um jornalista perguntou a Autant-Lara se ele considerava seu trabalho uma peça de entretenimento ou uma coisa mais séria. Para minha surpresa, Autant-Lara foi laconicamente patético. Sabe o que respondeu? "Nem uma coisa nem outra. Trata-se de um filme profundo, com idéias que vão longe." Francamente, fiquei envergonhado pelo fato de esse grande mestre ter dado essa resposta telegráfica, fútil e oca ao jovem jornalista italiano. Foi uma resposta vazia e pretensiosa, sem a menor consideração com a imprensa. Sai de lá tomado de um sentimento constrangedor e achando que ele havia cometido um sacrilégio. Mesmo porque seu filme – que abordava a invasão alemã da França – era uma denúncia não só de um dos períodos mais sombrios da história européia, mas também uma virulenta crítica social. Desde esse episódio, procuro não cair em armadilhas do tipo ou cometer erros desnecessários. Tento ser equilibrado. Às vezes, procuro até minimizar, no fundo de mim mesmo, o que há de interessante no que faço. Mesmo nos chamados "períodos de glória", tenho procurado sistematicamente não superestimar qualquer obra que leve minha assinatura. Mas isso não quer dizer que optei por subestimar o que faço. Há, evidentemente, aqueles que sempre subestimam o que fazem. E outros ainda que abusam da auto-estima. Definitivamente, não faço parte desses grupos.

JLA: Mas, talvez, se a questão fosse mais bem colocada, o grande Claude Autant-Lara não teria caído na armadilha, não acha?

Claude Chabrol: Não creio. Como se dizia na Universidade de Paris, não existem perguntas erradas, mas respostas equivocadas. Repito: para todos os presentes, que consideravam o diretor francês um gênio do cinema, uma personalidade extremamente educada e articulada, foi chocante ouvi-lo responder a uma pergunta de forma tão constrangedora e sem qualquer substância. Por isso disse que fiquei traumatizado.

JLA: Como vê a sociedade francesa atual, essa que oferece os elementos de inspiração para seus filmes?

CHABROL: Os elementos de inspiração que existem hoje na sociedade francesa não são assim tão tocantes ou tão sedutores. A França é uma sociedade em transição permanente, e essa transição não termina nunca. O interessante é mostrar, talvez, como essa transição se perpetua. Em comparação com outros países, a França é um caso bastante particular. Eu diria que a França difere de outros países europeus por ser também um país de grandes extravagâncias. Vejo um lado extravagante nas suas transformações. E elas ocorrem num país classificado como nação desenvolvida, "de Primeiro Mundo".

- JLA: Não obstante, seus filmes contam histórias de pessoas que vivem em áreas pobres da França, não é verdade?
- CHABROL: É. São pessoas consideradas pobres, mas que na maioria das vezes têm em suas contas bancárias até somas razoáveis de dinheiro. Não são aquelas despojadas de absolutamente tudo, que vivem no submundo da miséria e da fome. É verdade, acontecem coisas bizarras na França rica. É aí que entra a parte mística das coisas. Nos meus filmes, procuro chegar perto de fatos verdadeiros. Mas nem tudo é verdade em obras de ficção.

- JLA: Seus filmes têm caráter documental?
- CHABROL: Caráter documental? Depende do que se quer dizer com isso. É claro que procuramos sempre ficar perto da verdade, do verossímil, quando tentamos contar uma história. Mas há também diversas formas de fazê-lo. Nos meus filmes, adoto o princípio de que não se pode negar que existem verdades semelhantes à ficção. Sustento a idéia de que as histórias de meus filmes, mesmo que pareçam verdadeiras, são apenas imaginárias. Naturalmente, muitas vezes, os elementos da história são tão surpreendentes e contraditórios que as pessoas pensam que foram baseados em fatos reais.

- JLA: Gosta do cinema de Ingmar Bergman?
- CHABROL: O cinema de Bergman é uma escola para todos os atores e diretores do mundo. Gosto muito de Bergman. Se não conhecesse Bergman, certamente não poderia reinventar-me. Tenho muitas inspirações bergmanianas nos meus filmes.

- JLA: Como escolhe suas atrizes?
- CHABROL: Certamente, não como Ingmar Bergman. Não preciso me casar ou dormir com minhas atrizes para realizar meus filmes. Minhas atrizes nascem com seu próprio talento, independentemente de quaisquer envolvimentos extras. O que necessito, evidentemente, é de comunicação e de respeito mútuo.

Novembro de 1978

OS 11 MAIS DE CHABROL

Distinguido em 2005 pela Academia Francesa com o Prêmio René Clair pelo conjunto da obra cinematográfica, o cineasta Claude Chabrol não só é um dos mais queridos das platéias mundiais, mas é popular também no Brasil.

De acordo com o *site* brasileiro **Melhores Filmes**, a enorme filmografia de Claude Chabrol tem 11 filmes com notas de 7,0 para cima. Os critérios usados pelo site para chegar a isso foram pesquisas em livros de cinema, outros sites, revistas internacionais especializadas, premiações em festivais e críticas internacionais. A partir disso, foi montada a base de dados. Depois, como o site é interativo, passaram a ser consideradas também as notas atribuídas por internautas cadastrados.

RANKING	FILME	ANO	NOTA
1º	O açougueiro (Le bucher)	1970	9,0
2º	Um assunto de mulheres (Une affaire de femmes)	1988	8,9
3º	A mulher infiel (La femme infidèle)	1968	8,8
4º	A besta deve morrer (Que la bête meure)	1969	8,7
5º	Os primos (Les cousins)	1959	8,4
6º	Mulheres diabólicas (La cérémonie)	1995	8,4
7º	Violette (Violette Nozières)	1978	7,8
8º	As simplórias (Les bonnes femmes)	1960	7,7
9º	rágica separação (La rupture)	1970	7,4
10º	Nas garras do vício (Le beau Serge)	1958	7,4
11º	As corças (Les biches)	1968	7,0

Fonte: http://melhoresfilmes.com.br/diretores/claude-chabrol

CINEMA DE AUTOR

A *Nouvelle Vague* foi um movimento artístico do cinema francês inaugurado pelo próprio Claude Chabrol com seu primeiro filme, *Le beau Serge* (1958, *Nas garras do vício*). A expressão – cunhada pela jornalista e escritora Françoise Giroud na revista *L'Express* para qualificar os novos cineastas franceses – passou a ser utilizada para descrever não só uma tendência dominante na produção cinematográfica francesa, mas também um grupo de diretores, de críticos e um novo enfoque crítico aplicado aos filmes.

O movimento teve como pilar a "teoria autoral" criada por François Truffaut, em 1954, que considerava o filme uma expressão da visão do seu diretor sobre a sociedade, e teve seu epicentro na redação da revista *Cahiers du Cinéma*, o mais influente periódico de cinema, do qual saíram seus principais representantes: Chabrol, Truffaut, Jacques Rivette, Éric Rohmer e Jean-Luc Godard.

O "cinema de autor" não fez concessões à linearidade narrativa, preferindo a montagem original e inesperada, influenciando toda a cinematografia mundial. A *Nouvelle Vague* ajudou a consolidar definitivamente o papel do diretor e o da própria França como pólo de irradiação cultural. Foi certamente o movimento mais significativo na área desde o neo-realismo italiano.

MILOS FORMAN

UM ESTRANHO NO NINHO AMERICANO

COM MILOS FORMAN, foram dois encontros: um em setembro de 1979 e outro em abril de 1985. Sempre fui seu fã, antes mesmo de ele ter dirigido com absoluta maestria *Um estranho no ninho* (1975), filme que consolidou tanto seu prestígio internacional quanto o do ator Jack Nicholson. Premiado com cinco Oscars, *Um estranho no ninho* foi, indiscutivelmente, uma obra que – por força do veículo utilizado – serviu com muito mais eficiência à crítica das instituições psiquiátricas e dos sistemas repressivos do que todos os discursos feitos pelos mais destacados psiquiatras da Europa e dos Estados Unidos juntos ao longo da década de 1980.

– Lugar de louco é na rua, solto. A loucura deve ser entendida como uma forma de liberdade, disse-me ele com olhar zombeteiro, quase desaparecendo entre baforadas do charuto cubano Cohiba que fumava.

Ao mesmo tempo que respirava o aroma do tabaco e espalhava com as mãos a fumaça densa, destacava o fato de os Estados Unidos terem se transformado no melhor país do mundo para a realização desse tipo de filme de cunho crítico, psicológico-social.

– Adoro trabalhar nos Estados Unidos. Pelo grande número de escritores, produtores e atores, o país converteu-se no melhor lugar do mundo para um diretor de cinema. Lá para a gente conseguir as coisas, basta saber o que quer, sem hesitações, assegurou-me, com a convicção adquirida da própria experiência.

Nascido em 18 de fevereiro de 1932 em Caslav, na antiga Checoslováquia (hoje República Checa), filho de pai judeu e mãe protestante, Milos Forman ficou órfão muito cedo. Seus pais, presos em diferentes ocasiões, morreram no campo de concentração de Auschwitz, no sul da Polônia. Ainda jovem, estudou na academia de artes dramáticas de Praga, tendo dirigido inicialmente várias comédias, como *Audition* (1963, "Concurso de talentos"), *Os amores de uma loura* (*Lasky Jedne Plavovláskt*, 1965) e o inesquecível *O baile dos bombeiros* (*Horí, má Panenko*, 1967).

Em 1968, os militares da União Soviética (URSS) e do Pacto de Varsóvia invadiram a Checoslováquia para acabar com a chamada "Primavera de Praga" – a frustrada, porém audaz, experiência de intelectuais ligados ao então primeiro secretário do Partido Comunista local, Alexander Dubcek, de criar um "socialismo com face humana". Em outras palavras, "desestalinizar" o comunismo no país. Naquele 21 de agosto, Milos Forman encontrava-se em Paris, negociando a produção de seu primeiro filme americano. Acusado de deixar o país ilegalmente e despedido "sem aviso prévio" do estúdio em que trabalhava, decidiu mudar-se para Nova York. Sua primeira ocupação remunerada em Manhattan não tardou: tornou-se professor de cinema na prestigiosa Universidade Colúmbia.

Fã de Fritz Lang, o grande diretor do expressionismo alemão, e inclinado a trabalhar com "causas humanitárias", Forman acabou sendo extremamente feliz nos Estados Unidos. Já na segunda investida como diretor, no filme *Procura insaciável* (*Taking Off*, 1971), definiu claramente sua fixação pelo realismo em um cinema de comportamento que invariavelmente exige contribuição ativa dos atores e o aproxima da linha de outro gênio do cinema: John Cassavetes, cujo trabalho, praticamente artesanal, incluía pequenos orçamentos, produção independente e equipe formada por amigos do cineasta.

Em 1976, mesmo enfrentando algumas dificuldades econômicas, conseguiu, com *Um estranho no ninho*, realizar uma proeza raríssima: foi vencedor nas cinco principais categorias do Oscar, façanha que apenas outros dois filmes conseguiram: antes dele, *Aconteceu naquela noite*, de Frank Capra, em 1934, e bem depois, *O silêncio dos inocentes*, de Jonathan Demme, em 1991. Além de melhor ator, atriz e diretor, o filme ganhou ainda os Oscars de melhor filme e melhor roteiro adaptado.

A história, escrita por Ken Kesey – autor prolixo, ícone da contracultura dos anos 1960 "jovem demais para ser *beatnik* e velho demais para ser *hippie*", segundo ele mesmo se definiu–, teve como base suas próprias experiências quando serviu como "cobaia humana" no Centro Psiquiátrico Agnew, em San José, na Califórnia. Vários figurantes que participaram do filme eram realmente doentes mentais do hospital de Oregon e, a exemplo de Kesey, eram tratados com "drogas psicotrópicas".

O diretor do centro psiquiátrico em que transcorre o inquietante drama é interpretado por Dean R. Brooks, que tinha o mesmo papel na vida real. O trabalho de roteirização, iniciado com Ken Kesey, ficou a cargo de Bo Goldman e Lawrence Hauben, dois mestres do bom *script*, que não reclamaram paternidade literária da obra.

Aplaudida pela maioria dos críticos, a película de Forman é uma sátira social que questiona a autoridade totalitária, revelando igualmente a fragilidade das rebeldias alienadas. Esse é o caso dos pacientes do manicômio, incitados a infringir as regras pelo interno Randle Patrick McMurphy, que, para não cumprir pena na cadeia, finge ser louco. A atuação de Jack Nicholson nesse papel é considerada magnífica, uma das mais extraordinárias da história do cinema.

O título original, *One flew over the cuckoo's nest* ("um voou por cima do ninho do cuco"), é derivado de uma quadrinha folclórica infantil, dessas que ensinam os números de 1 a 10 para as crianças:

(...)
Three (four, five...) geese in a flock
One flew east, one flew west
And one flew over the cuckoo's nest

(...)
Três (quatro, cinco...) gansos em revoada
Um voou pra leste, outro pra oeste
E um por cima do ninho do cuco

Considerado um dos maiores filmes americanos de todos os tempos, *Um estranho no ninho* foi classificado em 33º lugar na lista dos 100 melhores filmes do American Film Institute (AFI).

O próprio Ken Kesey nunca viu a fita. Furioso com a divisão dos lucros do filme, Kesey (que iniciou o roteiro, mas depois foi substituído na função) prometeu – e cumpriu – que jamais poria os pés num cinema que exibisse "a obra maldita de Milos Forman".

Difícil de acreditar, mas *Um estranho no ninho* criou um impacto tão profundo em todo o mundo que, só nas capitais da Escandinávia, permaneceu dez anos em cartaz, desafiando todos os recordes de público.

Mas sua glória não terminava com a adaptação da novela de Kesey. Em 1984, Forman alcançou outro notável sucesso com o filme *Amadeus*, obra em que se testemunha uma das mais deslumbrantes reconstituições de época do cinema contemporâneo, e que acabou lhe rendendo outros oito Oscars.

Nesse trabalho, a personagem central não é o genial compositor austríaco Wolfgang Amadeus Mozart, mas o italiano Antonio Salieri, um bom músico, que, apesar de compositor oficial da corte de Dom José II da Áustria, reconhece e inveja o dom divino que é o talento do outro. No filme, Mozart, irreverente e inconseqüente, é apenas um coadjuvante para a existência da alma atormentada de Salieri, que briga com Deus por não ser ele o gênio da música, apesar de homem sério, estudioso, dedicado, amigo de Joseph Haydn e professor de Ludwig van Beethoven, entre outras coisas.

Obra-prima da sétima arte, extraordinariamente ordenado em sua imponência musical, *Amadeus* também acabou levando Milos Forman de volta a sua saudosa Praga natal.

Em 1985, por ocasião do lançamento mundial de *Amadeus* nos circuitos cinematográficos europeus, Milos Forman procurou explicar-me por que seu novo filme, em certo sentido, era uma continuação de *Um estranho no ninho*.

■ JLA: Como explicar essa relação?
□ FORMAN: Simples. Tanto em *Amadeus* quanto em *Um estranho no ninho*, tratamos de uma questão de "justiça suprema": a relação entre o ser humano e Deus. Com isso, não quero dizer que *Amadeus* se inspirou numa temática religiosa.

■ JLA: O que o levou a realizar o filme?
□ FORMAN: Assisti à peça de Peter Schaffer pela primeira vez, em Londres. Fui ao teatro um pouco a contragosto, pensando que enfrentaria uma dessas noites terrivelmente pesadas. Isso porque eu já havia assistido a muitas peças e filmes sobre compositores célebres, todos para mim insuportáveis. Mas, ao ver *Amadeus,* levei um choque. A peça de Peter Schaffer era, na realidade, um drama fantástico. Fui imediatamente assaltado pela idéia de que seria possível realizar um bom filme, na medida em que utilizasse a música e a autenticidade do período em que se passa a história, de forma inteiramente diferente do teatro, de um jeito muito mais ágil.

■ JLA: Quanto tempo levou para concluir o projeto?
□ FORMAN: As filmagens duraram apenas quatro meses, mas, para elaborar a idéia do filme, foram necessários três anos e meio e mais US$ 20 milhões. Falei inicialmente com Peter Schaffer, autor da peça, que se comprometeu a trabalhar no roteiro. Ele se isolou feito um monge durante mais de seis meses e depois me apresentou um roteiro inteiramente independente da versão teatral. Só então comecei a me preocupar com a formação do elenco.

■ JLA: Schaffer, segundo os críticos, cultiva um gênio difícil. Nunca teve divergências com o autor?
□ FORMAN: Eu não diria divergências. Tínhamos algumas opiniões diferentes, o que era absolutamente natural, considerando que traba-

lhávamos com linguagens diferentes: o teatro e o cinema. Meu problema era substituir o poder da palavra escrita pela imagem, pelo visual. Schaffer, muitas vezes, não entendia isso. Mas tive sempre muita paciência, porque, no fundo, gosto de enfrentar esse tipo de desafio, que começa no roteiro e se estende até o trabalho dos atores.

- JLA: Você diria que *Amadeus* é a verdade sobre Mozart?
- FORMAN: O que é a verdade nesta vida? *Amadeus* trata da relação entre o jovem Mozart, já considerado um gênio da música, e Viena, com todos os seus encantos, falsidades e armadilhas. E é naquela metrópole cultural que Mozart esbarra na figura do compositor Antonio Salieri, um homem possuído pela ambição do êxito a qualquer preço. Diante de Salieri e seus planos demoníacos, Mozart procura escapar, acenando com o melhor de sua genialidade e humor. Há quem conteste essa intriga entre Mozart e Salieri com argumentos históricos. Alguns críticos e estudiosos não consideram a peça *Amadeus*, de Schaffer, exatamente uma obra magistral, mas para mim, cineasta, ela tinha a vantagem de oferecer dois personagens que considero fantásticos. Foi isso e, evidentemente, a música, que me levaram a fazer o filme.

- JLA: Em Legnago, na região do Vêneto, os habitantes da cidade demonstraram certa indignação com o retrato que *Amadeus* ofereceu de seu mais ilustre concidadão, o compositor Antonio Salieri, acusado da morte de Mozart e definido em seu filme como um personagem negativo, antipático e odioso. Como comenta esse fato?
- FORMAN: É normal. Em Legnago, cidade onde nasceu Salieri, o compositor tem seu nome ligado a praticamente tudo. Chamam-se Salieri o teatro local, a escola pública e o teatro municipal. A própria casa em que nasceu o compositor foi transformada em museu. Uma estátua foi erigida em sua homenagem. Acho normal que a população procure resgatar a memória do compositor da ópera *L'Europa riconosciuta* ("A Europa reconhecida").

- JLA: Quer dizer que não foi tão importante assim realizar um filme historicamente correto?
- FORMAN: Coloquemos as coisas numa perspectiva diferente. Eu nunca pretendi fazer um filme falso, mas nunca tive a ambição de orientar-me por uma obra teatral que fosse "historicamente correta". De qualquer forma, se a peça fosse realmente desinteressante ou falsa, os melhores atores internacionais não fariam fila para ter o privilégio de interpretar os dois papéis principais, de Mozart e Salieri. Mozart é um gênio incontes-

tável, um dos compositores clássicos mais cultuados de todos os tempos, mas enfrentou profunda pobreza e não teve muito destaque em sua época. Tenho imensas dúvidas se ele era consciente de sua genialidade. Antonio Salieri, por sua vez, era consciente dos limites de sua própria criatividade, embora fosse figura de destaque na Viena da época. Era ele, e não Mozart, quem tinha dinheiro, poder e glória. Mas não penso que exista erro no fato de uma pessoa ser modesta e ter ambições limitadas, na medida em que, pelo menos, sonhe com a genialidade. Eu, pessoalmente, senti-me atraído pelos dois personagens.

- JLA: De qualquer forma, sobram então algumas certezas históricas em favor de seu filme *Amadeus*?
- FORMAN: Sobram muitas. E assim como Legnago jamais chegará a ser Salzburg, a música de Salieri está a séculos de distância da obra de Mozart. Considero Mozart o gênio.

- JLA: Que sensação sentiu ao voltar a filmar em Praga, mais de vinte anos após ter deixado sua terra natal?
- FORMAN: Parecia estranho voltar a filmar num país onde deixei dois filhos (gêmeos) e uma mulher, além de grande número de amigos. Na verdade, voltar a filmar em Praga foi para mim uma aventura espetacular, uma forma de catarse. Enfrentei novamente a família e voltei a abraçar velhos companheiros. Ficamos em Praga, no total, vinte semanas e, nesse período, o produtor Saul Zaentz procurou orientar-me no sentido de que eu tivesse uma relação altamente diplomática com as autoridades checas. Mas nem tudo foi fácil... Não exatamente por razões políticas, mas pelo fato de trabalharmos numa nação de sistema político totalmente diferente do americano. Certa ocasião, toda a equipe de filmagens foi obrigada a deixar o país e viajar até Viena de ônibus só para renovar o visto de permanência. Por causa dessa burocracia, as filmagens atrasaram mais de vinte dias e o orçamento do filme aumentou em mais de US$ 3 milhões.

- JLA: Você se considera um exilado cultural, com o privilégio de fazer seus filmes onde quiser?
- FORMAN: Sinto-me bem nos Estados Unidos e não exatamente como exilado. Pelo grande número de produtores e atores, os Estados Unidos são o melhor país do mundo para um diretor de cinema viver e trabalhar. Quanto à questão do país que escolho para rodar um filme, confesso que tanto faz filmar na Índia ou no Brasil, desde que a história que eu tenha na mão seja realmente boa. Não considero minha

Milos Forman

experiência americana inteiramente suficiente para a minha carreira de cineasta, porque continuo ainda esbarrando no problema do idioma. Sei que nunca falarei inglês tão bem quanto gostaria.

JLA: No limiar dos anos 1980, você tentou ressuscitar um tema considerado ultrapassado por muitos, a geração dos *hippies*, jovens que desejavam reformar o mundo com paz e amor. Acredita que esse movimento deixou algum legado?

FORMAN: O tema *Hair* é atemporal. Quando uma instituição – seja a família, o Estado ou a escola – tenta disciplinar os jovens em torno de alguma coisa em que não acreditam, surge o protesto, a rebeldia. Sempre foi e sempre será assim. A geração de *Hair*, das comunidades *hippies*, está, portanto, definitivamente viva no "consciente" coletivo. Claro que, para alguns, trata-se apenas de nostalgia; para outros, foi um período de experiências dolorosas e, para outros ainda, uma época de feliz desprendimento. Considero os anos 1960 como um período extremamente produtivo, porque os *hippies* contribuíram para destruir uma série de barreiras e preconceitos existentes na sociedade, particularmente a americana: preconceitos sexuais, raciais, de direitos humanos e até mesmo filosóficos. O movimento *hippie* influenciou profundamente o destino da guerra do Vietnã, provocando a opinião pública no sentido de evitar mais brutalidades, mais vítimas e mais dores.

JLA: Você é, no fundo, um *hippie*, que gosta um pouco de revolta?

FORMAN: Nunca fiz parte do movimento, nem adotei a moda *hippie* – cabelos compridos, distintivos etc. –, mas tenho profunda simpatia e certa compaixão pelos jovens que representaram aquele período. Quanto à revolta, se ela for positiva e conduzida por meios pacíficos, respondo afirmativamente. Não gosto de revolta violenta ou sangrenta, porque não amo a dor nem o ódio.

JLA: Desde que você realizou *Audition* ("Concurso de talentos"), em 1963, acredita que muita coisa tenha mudado em termos de liberação sexual?

FORMAN: Não creio que o comportamento sexual em si tenha mudado. O que ocorreu foi uma aceitação mais aberta de certas "irregularidades".

JLA: Irregularidades?

FORMAN: A terminologia pouco importa. O que muitos chamam

de "permissividades", eu designo o como "irregularidades" – comportamentos diferentes dos da maioria. A própria natureza encarrega-se de proteger sua integridade, eliminando os desvios chocantes ou negativos. Todos esses desvios, porém, fazem parte do nosso universo e é preciso saber lidar com eles. Seria muito simplório afirmar: "Isso é abominável, escandaloso, vamos acabar com isso". Não estou advogando nada em meu favor, porque me considero aborrecidamente normal. O que julgo positivo é alertar as pessoas de que algumas posturas, aparentemente irregulares, não são necessariamente criminosas. Os *hippies*, por exemplo, que criaram uma imagem um pouco diferente da do grosso da população, contribuíram para o desaparecimento de grandes preconceitos e tabus de natureza sexual.

- JLA: *Hair* contou com mais de 15 mil figurantes. Que gente foi essa?
- FORMAN: Estudantes que foram recrutados por meio de anúncios publicados em jornais internos de várias universidades americanas. Tinha pedido que aparecessem no local de filmagem umas 500 pessoas. Imaginei que viriam, no máximo, mil. Mas chegaram 15 mil! Quase não pude acreditar.

- JLA: E as filmagens com soldados do exército americano?
- FORMAN: No início, tivemos dificuldades, porque as autoridades militares argumentavam que o exército só participaria se o filme fosse positivo para a instituição. Eu argumentei que, como todo bom cidadão americano, pago meus impostos em dia, sem que me perguntem o que penso sobre a filosofia do exército. Eles acabaram entendendo o que eu quis dizer. A América é fantástica. Para conseguir as coisas, basta você saber o que quer, sem hesitações!

- JLA: Você afirma que gosta de se divertir durante as filmagens. É outra técnica para obter bons resultados?
- FORMAN: Sou da seguinte opinião: primeiro, prefiro a diversão ao aborrecimento, em qualquer circunstância. A meu ver, todos nós temos que nos divertir, principalmente na nossa profissão. Acho que o diretor e seus atores, os cinegrafistas, os fotógrafos, todos devem divertir-se, ou seja, sentir uma certa leveza de espírito quando trabalham. Se, ao contrário, o clima for pesado, com produtores cobrando o alto custo das filmagens e os atores tensos e nervosos, o resultado não pode ser positivo.

Milos Forman

- JLA: Em sua opinião, o diretor é uma espécie de maestro que deve cuidar também do estado de espírito de seus atores?
- FORMAN: O diretor é um pouco de tudo: escritor, ator, editor, *camera man* e até mesmo desenhista ou estilista. Mas não se trata de ofuscar profissionais que se encontram temporariamente sob seu comando. Para mim, um bom diretor é aquele que escolhe profissionais que possam ser melhores do que ele na realização de uma obra cinematográfica. Por isso, sempre preciso, por exemplo, de um escritor ou de um ator que seja melhor do que eu para criar uma cena.

- JLA: É preciso ser obstinado e duro para se tornar um diretor bem-sucedido nos Estados Unidos?
- FORMAN: Não é bem isso. É preciso saber conduzir-se. Nos Estados Unidos, técnicos e atores são gente muito disciplinada. Existe muita competição. E, quando as pessoas lutam por um emprego, tentam fazer o melhor. Não é preciso ser despótico para atingir uma produção de qualidade. Nos Estados Unidos, orientar as pessoas no trabalho que realizam é mais importante do que simplesmente gritar.

- JLA: Apesar de seus filmes provocarem tanto impacto, você por vezes tem recusado discutir seu trabalho pelo ângulo político. Por quê?

FORMAN: Porque esse não é o meu campo. Deixo isso aos críticos e aos políticos. Solicitar isso de mim seria o mesmo que perguntar aos políticos onde colocar as câmeras para uma filmagem. Mas não digo que meus filmes não sejam políticos. Se o objetivo é ser honesto, é necessário também trabalhar com toda a verdade possível. E, a partir daí, a política entrará automaticamente no que realizamos. Não creio que a arte deva ser utilizada como instrumento para a prática de, digamos, politicagem panfletária. A politicagem, na maioria das vezes, prova ter vida curta. A obra de arte tem outra missão: sobreviver. Não quero parecer pomposo, mas as obras de arte serão sempre as últimas testemunhas vivas deixadas pela civilização.

Abril de 1985

No final de 2007, Milos Forman presidiu o júri do Festival Internacional de Marrakech, no Marrocos, onde apresentou também sua película Sombras de Goya, *drama de época sobre o momento político que emoldurou a vida e a obra do pintor espanhol Francisco Goya (1746-1828).*

Espetáculo deslumbrante, Sombras de Goya *é um filme político que se passa entre o século XVIII e o início do século XIX, durante o período da Inquisição espanhola e das guerras napoleônicas. O roteiro é de Milos Forman, em parceria com Jean-Claude Carrière, ex-colaborador de Luis Buñuel. Curiosamente, Goya é interpretado pelo ator sueco Stellan Skarsgard.*

....

UM DIRETOR SUPERPREMIADO

Oscar de Melhor Diretor em 1975, por *Um estranho no ninho* (*One flew over the Cuckoo's Nest*); em 1984, por *Amadeus*.

Urso de Ouro, do Festival de Berlim, em 1996, por *O povo contra Larry Flint* (*The People vs. Larry Flynt*).

Prêmio Bodil (Dinamarca) de Melhor Filme Americano em 1975, por *Um estranho no ninho* (*One flew over the Cuckoo's Nest*); em 1971, por Eu, Sonia Henie (*I Miss Sonia Henie*); em 1965 por *Os amores de uma loira* (*The Loves of a Blond*).

Grande Prêmio do Júri do Festival de Cannes (França), em 1971, Eu, Sonia Henie (*I Miss Sonia Henie*).

César (França) de Melhor Filme Estrangeiro, em 1984, por *Amadeus*.

Prêmio Outstandig European Achievement in World Cinema, do Festival Europeu de Cinema, em 1997, por *O povo contra Larry Flint* (*The People vs. Larry Flynt*).

Grande Prêmio de Contribuição ao Cinema Mundial, em 1997, no Festival Internacional de Karlovy Vary (República Checa).

Prêmio Golden Sail do Festival de Locarno (Suíça), em 1963, por *Pedro, o Negro* (*Cerný Petr*).

Prêmio de Melhor Contribuição Artística e Melhor Diretor no Festival Internacional de Flandres (Bélgica), em 1985, por *Amadeus*.

Prêmio pelo conjunto da obra no Festival Internacional de Cinema de Palm Springs (EUA), 2000.

EUGÈNE IONESCO
REVELAÇÕES SOBRE OS RINOCERONTES

EUGÈNE IONESCO, o pai do teatro do absurdo, nascido na Romênia em 1912 e membro da prestigiosa Academia Francesa desde 1970, sempre foi um intelectual rebelde e provocador. Em 1988, quando o encontrei pela primeira vez, ele acabara de completar 76 anos e tinha a aparência de um homem fisicamente frágil. Apoiado numa pequena bengala negra e no braço protetor de sua esposa – que o acompanhou por mais de meio século –, Ionesco caminhava como um paciente de hospital recentemente operado. Mas toda aquela fragilidade poderia também ser apenas ilusão, um pequeno absurdo ótico na trajetória do tempo. Isso porque, tão logo começamos a falar, a impressão que tive foi de estar diante de um monumento de cabeça altiva e olhar enérgico, que em alguns segundos se havia transformado em outra pessoa, num ser multiversátil. Um camaleão.

Quando estendi a mão para cumprimentá-lo, senti sua energia contaminar também meu corpo. Longe de uma capitulação diante da vida, ele não escolheu formalidades ao responder, com humor, a cortesia.

– Obrigado por ter vindo. Como vê, o absurdo está vivo. A prova é que estou aqui!

Tendo passado a infância em Paris, Ionesco voltou a seu país de origem quando tinha 13 anos e só regressou à França aos 26, em 1938, para escrever.

Autor de um grande número de obras para o teatro, entre as quais *A cantora careca*, *As cadeiras*, *A lição* e, sobretudo, *O rinoceronte*, vivamente aclamada em todo o mundo, Eugène Ionesco descreveu com sua dramaturgia a fútil e ridícula existência humana num universo totalmente imprevisível, no qual as pessoas – devido às suas próprias limitações – são incapazes de se comunicar umas com as outras. E é justamente o pessimismo de Ionesco que forma a base do teatro do absurdo, movimento que deplora a insignificância da condição humana.

Ao rejeitar a estrutura lógica e a orientação pela qual se conduz o teatro tradicional, Ionesco criou sua própria fórmula de comédia anárquica para expressar a existência sem sentido do homem moderno num universo governado pelo acaso. Apesar da seriedade de Ionesco, seu teatro dá destaque a um sentido especial de humor e é extremamente rico em situações cômicas.

Ao lado do irlandês Samuel Beckett, de *Esperando Godot*, e do inglês Harold Pinter, de *A mulher do tenente francês*, Eugène Ionesco utiliza técnicas inconfundíveis, como ambientes sufocantes, linguagem sem sentido e situações ilógicas para enfatizar a estranheza e o isolamento dos seres humanos.

A cantora careca, sátira que exagera alguns aspectos da vida cotidiana para demonstrar a falta de sentido do personagem, provocou protestos em 1948, quando estreou em Paris.

Em *O rinoceronte*, de 1959, a obra mais conhecida de Ionesco, os habitantes de uma pequena cidade se transformam em rinocerontes. Obra de influência kafkiana, a peça se assenta na crítica ao conformismo, à patética uniformidade da sociedade burguesa, à submissão ao poder, ao fascismo e a qualquer forma de totalitarismo. No simbolismo filosófico de Ionesco, o desassossego existencial implica uma inquietude perturbadora e tragicômica do comportamento humano.

Conhecido criador de polêmicas, manifestou-se contra o "teatro tendencioso" de Bertolt Brecht e contra o que qualificava de "processo de rinocerontização" das sociedades modernas, satirizando os clichês da vida cotidiana e os chavões das linguagens comercial e política. Ionesco também declarou guerra sem tréguas às chamadas "tendências resignadas de nossa época".

Morto aos 84 anos, em 1994, seu corpo encontra-se enterrado no cemitério de Montparnasse, em Paris. Na lápide de seu túmulo, como mais uma provocação, encontra-se escrita a seguinte mensagem: "Por favor, rezem para não sei exatamente quem: Jesus Cristo, talvez?".

No final de seus dias, o pai do teatro do absurdo passou fazendo palestras pelas principais capitais européias a convite de várias instituições culturais e acadêmicas. Quando o entrevistei, em maio de 1988, ele atendia a um convite do Real Teatro Dramático de Estocolmo, dirigido na época pelo cineasta e teatrólogo Ingmar Bergman.

■ JLA: Por que essa obsessão tão grande por rinocerontes?
□ IONESCO: Porque me recuso a capitular perante o mito do mal. O rinoceronte representa um homem de idéias impostas, preconcebidas, sem julgamento próprio. As nossas sociedades modernas estão cheias de rinocerontes. Na minha peça, ele aparece simplesmente como um contagiado ideológico. A primeira vez que vi exemplares desse espécime foi na Romênia, país onde nasci. A *intelligentsia* romena era então meio-fascista, anti-semita e, se preferir, *garde de fer* do autoritarismo retardado. Naquela época, os rinocerontes de meu país eram de extrema direita. Depois, passaram para a extrema esquerda.

Eugène Ionesco

- JLA: Em sua escolha literário-zoológica, o senhor não teria se equivocado de animal? Afinal, o rinoceronte é um animal solitário e em extinção.
- IONESCO: Sim. Cometi um equívoco, não nego. A designação mais adequada seria "cordeiro". Talvez "cordeiro enraivecido". Percebi o engano muitos anos depois de escrever a peça. Não sabia que título dar à obra e resolvi procurar inspiração no *Dicionário Larousse*. Deparei então com a imagem de um rinoceronte e, imediatamente, percebi que entre mim e ele havia uma enorme disparidade, uma incompatibilidade e uma incomunicabilidade absolutas. Contudo, não tive a intenção de injustiçar os rinocerontes: eles são animais solitários e alguém me disse que são dóceis a ponto de comerem flores. O rinoceronte que criei é uma mutação da espécie. São cordeiros enraivecidos.

- JLA: Como Jean-Marie le Pen, o ultradireitista da Frente Nacional na França?
- IONESCO: Esse é um rinoceronte de difícil classificação. É outra variante. É um rinoceronte sem Estado, embora atrás dele já exista todo um processo de massificação, um processo de rinocerontização.

- JLA: Na sua opinião, o verdadeiro escritor é aquele que interroga ou aquele que propõe soluções?
- IONESCO: A diferença é sutil. Nunca escrevi para dar respostas. Escrevo para levantar dúvidas e colocar interrogações para mim mesmo e para os outros. Não sou desses tipos que vivem para passar mensagens. Como dizia Vladimir Nabokov, "sou escritor, não mensageiro". A interrogação que faço a mim próprio é a mesma que faço aos outros, na esperança de que eles participem de meus questionamentos e eventualmente contribuam com uma resposta. Um escritor não é um sábio e nem um santo, um profeta e nem tampouco um médico. Sua obra deve ser vista como uma arquitetura de interrogações.

- JLA: O que pensa, então, de escritores que se dedicam a apresentar soluções, como foi o caso de Jean-Paul Sartre em seu tempo?
- IONESCO: Prefiro os escritores que interrogam àqueles que propõem soluções. O caso de Sartre é típico. Essa era uma característica dele que nunca aprovei. Jean-Paul Sartre viveu para dar soluções e passar mensagens a todos, durante dezenas de anos. Ocorre que as soluções e mensagens que ele produziu eram freqüentemente contraditórias. Um professor da Escola Politécnica de Paris, já falecido, me contou uma vez a seguinte história. Durante a guerra, Jean-

Paul Sartre encontrava-se na Alemanha, num período em que ele não dava qualquer prova de ser pró-nazista ou anti-semita. No entanto, jamais entrava numa loja judia para fazer qualquer tipo de compra. Seu amigo, esse professor da Escola Politécnica, cansado dessa atitude pouco solidária de Sartre, um dia lhe perguntou: "Sartre, por que você não entra em lojas de judeus?". E Sartre, com aqueles olhos dilatados como se estivesse perdido no espaço, lhe respondeu: "Não sei. Fico embaraçado".
Pouco tempo depois, Sartre resolveu levantar a bandeira do anti-semitismo, proclamando os valores da cristandade desde a Idade Média. E mesmo que isso tenha sido uma evolução sartreana, ele em seguida dá outra guinada e abraça o existencialismo, afirmando-se humanista. Naturalmente, isso ainda não era tudo. Após sustentar que o existencialismo era uma forma de humanismo, Sartre voltou a se retratar, afirmando que somente a filosofia marxista poderia responder a todas as questões. E continuou afirmando isso praticamente até o final de sua vida, quando aos 70 anos, resolveu virar novamente a casaca. Numa reunião pública em que estive presente – e, por isso, escutei com os meus próprios ouvidos –, Sartre fez outra revelação espantosa. Ele disse: "Faz agora dois anos que eu e Simone de Beauvoir deixamos de ser marxistas". Peço perdão por falar de um colega já morto, mas existem coisas que eu não tolero. Reconheço plenamente que ele foi um homem de grande talento e acredito que algumas de suas obras são fundamentais. Nunca li sua narrativa autobiográfica, publicada em seus livros *A náusea*, de 1938, e *As palavras*, de 1964. Contudo, minha mulher, que as leu, assegurou-me que eram obras de peso, de grande relevância. O mal de Sartre é que ele passou por "mestre do pensamento". Recordo-me, muito bem de seu período de glória nos jornais franceses, como *Le Monde*, que produzia imensos cartazes de Sartre com os dizeres: "Sartre, a consciência do nosso tempo". Naquela época, como agora, sempre acreditei no contrário: para mim, Sartre sempre foi a inconsciência de nosso tempo.

JLA: O senhor gosta muito de discorrer sobre as falhas da sociedade. Isso porque, a seu ver, ela é moderna ou porque está condenada?

IONESCO: Essa questão é tão grave que não consegui abrangê-la completamente, embora o problema assalte minha mente em todos os momentos. Mas faço um pequeno cálculo, que costumo repetir de vez em quando. Há cerca de 200 anos, a França tentou abolir o privilégio dos nobres. Fizeram-nos crer, em seguida, como afirmou um famoso historiador, que as propriedades rurais já pertenciam a três quartos dos camponeses. A Revolução Francesa se fez para instaurar um regime de liberdade, igualdade e fraternidade, mas o que ocorreu na realidade tinha outro pano de fundo e, para o bom entendedor, duas palavras bastam. A bem da verdade, a Revolução Francesa foi uma revolução puramente burguesa, seguida pelas massas que chegavam a Paris para ver correr sangue nobre nas execuções públicas. É certo que se decretou o fim do absolutismo real, que a França promulgou sua Constituição e que os súditos desapareceram. Entrou em pauta, então, a proclamação dos direitos dos homens – e tudo isso para quê? No final, essa mesma revolução iria abraçar o capitalismo. Ou seja, abraçava tudo aquilo que era contrário ao que se pregava em voz alta: liberdade, igualdade e fraternidade.

Marx nem sempre tinha boas tiradas. Mas acertou quando disse: "Essa sociedade tipifica a exploração do homem pelo homem". Naturalmente, nós, os intelectuais, queríamos era que os revolucionários pensassem verdadeiramente nos outros. Após a Revolução Francesa, esses revolucionários tentaram modificar as contradições que continuavam existindo na sociedade. E o que fizeram esses anjos da consciência social coletiva? Instauraram regimes totalitários, com privilégios que nem os burgueses e nem os nobres jamais sonharam ter. E, de revolução em revolução ao longo deste século XX, as sociedades tornaram-se cada vez piores. Por isso, estou chegando ao ponto de repetir o que disse Winston Churchill: "A sociedade capitalista é abominável, mas talvez seja a menos pior de todas". No passado, como no presente, continuam acontecendo coisas gravíssimas na evolução das sociedades. A questão da eqüidade é uma ilusão. A justiça transformou-se numa espécie de pena severa, punição, vingança, e a liberdade, em privilégio. O mundo está cheio de absurdo e o país mais ilustrativo desse fato, na Europa, é talvez a Alemanha que, no passado, teve à frente do poder um louco, Adolf Hitler! Esses tipos de absurdo já tinham sido percebidos até mesmo por Shakespeare, que nunca se abriu muito para o tema, mas fez entrever claramente esses fatos em algumas falas de suas peças.

Na minha peça que batizei de *Macbett*, escrita à luz da interpretação shakespeariana do crítico polonês Jan Kott, a vontade de poder desse personagem revela-se através sua "libido *dominandi*", que transformou um soldado fiel em um verdadeiro monstro. Ele foi – como muitos políticos de hoje – deformado e corrompido pelo "mal do poder". Penso que uma sociedade será suportável apenas no momento em que os temperamentos políticos forem destruídos, os "alter-egos políticos" desaparecerem. Se isso acabar acontecendo, poderá surgir uma sociedade menos vil, menos difícil e talvez mais neutra no nosso mundo.

Em *Macbeth,* existe uma passagem genial sobre a paranóia do poder que vale a pena ser lembrada. Quando o bom pretendente ao trono quer destruir o tirano mau, ele declara: "Prometo ser um tirano ainda mais maldoso do que o que se encontra no poder. Transformarei a bondade em veneno, serei monstruosamente cruel etc.". Outro personagem, visivelmente assustado, replica: "Mas, majestade, esperai. Por que havereis de destronar um tirano para colocar outro pior em seu lugar?". E o príncipe-candidato – assim como fazem hoje praticamente todos os políticos – responde: "Não. Não. Eu afirmei isso apenas para assustar. Para criar uma imagem de firmeza. Na realidade, eu serei um rei muito bom e minha prioridade será sempre ajudar o povo".
Aproveitei essa passagem de Shakespeare, tal como ela é, e a integrei na minha versão – com a diferença de que a coloquei no final da peça, como conclusão da história. Se você me perguntar por que, eu poderia lhe dar uma resposta anedótica: escrevi *Macbett* para melhorar Shakespeare. Mas, se fosse responder seriamente, diria: não existe sociedade boa; todas as sociedades, revolucionárias ou não, estão perdidas. A história brinca com os homens e os governos fazem, invariavelmente, o contrário daquilo que pretendem ou prometem cumprir. Por trás dos ideais nobres e por trás das mais generosas intenções, existe a vontade de poder e de destruição.

JLA: Em conclusão, não confia no valor da História?

IONESCO: A História não é a verdade. É, sobretudo, um conjunto de erros. Toda afirmação histórica é em parte verdade, em parte um grande abuso, um grande exagero, um excesso. É para além do exagero que necessitamos encontrar a verdade da afirmação.

JLA: A *Perestroika* de Mikhail Gorbatchev e o fim do comunismo na União Soviética não tiveram significação histórica?

IONESCO: O que sucedeu na URSS me deu algumas esperanças, mas creio que ainda há muita coisa a se fazer na Rússia para que o país possa realmente se tornar uma democracia e para que a "nova revolução" tenha – como se pretende – um "significado histórico". Gorbatchev, no meu entender, foi um homem politicamente sincero. Essa pelo menos foi a impressão que tive quando ele visitou meu país, a Romênia, e foi recebido pelo presidente Nicolae Ceausescu. Lembro-me de que, na ocasião, Ceausescu fez questão de lhe dar boas-vindas, mostrando as "belezas da nação", a graça e a hospitalidade do povo romeno. Exibiu crianças, que dançavam e distribuíam flores delicadas e coloridas. Ceausescu abraçou e beijou as criancinhas, exatamente como se faz em outros países em épocas de eleição. Mas Gorbatchev não se impressionou muito com isso e disse: "Ceausescu, por favor, você está indo longe demais. Em vez de ficar abraçando criancinhas, abrace a mim e faça as reformas necessárias no seu país, reformas essas que estamos tentando fazer na URSS". Gorbatchev, em resumo, viu na Romênia a Rússia de Stalin ou um império ainda pior. Um político do tipo de Gorbatchev, no entanto, pode ser sincero, mas nunca terá sucesso se não tiver bases sólidas. Não basta ter o apoio dos intelectuais e dos artistas. Desde a Revolução Francesa, são os artistas, os intelectuais e os desesperados que alteram o movimento de evolução da História.

JLA: Se tem esperanças, cultiva também o otimismo?

IONESCO: Eu jamais compreendi a palavra "otimismo". Não sou otimista. Creio me situar entre o pessimismo e o otimismo. Mas, para falar a verdade, me sinto mais próximo do pessimismo. Coloco meu otimismo na fé, próximo do julgamento final. Na França, os políticos gostam de debater o problema do poder pelo poder, reformas de um tipo e de outro. Muita bobagem. Um político ecologista, no entanto, disse: "O perigo está em outro ponto. A poluição, a alteração do clima e o problema do ozônio são os fatores que poderão levar a Terra à ruína total". E sabe que é verdade? A Terra poderá ser totalmente arruinada. E, se isso acontecer, será no curso de uma verdadeira "justiça divina", quando não for possível acreditar mais nos homens, justamente porque eles não cumprem o que dizem! Não sei exatamente por que isso acontece. Ou eles não têm consciência, ou então é a própria natureza que os faz contraditórios, falsos, volúveis, preparando as bases desse "julgamento final". Enfim, é sempre bom terminar com uma anedota. Todos os países têm suas ambições e suas amarguras. A França fez guerras para manter seu império. A Inglaterra fez a mesma coisa. Ambas acabaram perdendo tudo. No Reichstag, já quase no final da guerra, Hitler se apresentou numa tribuna coberta pelos bombardeios. Ele passou a mão nos cabelos caídos na testa, alisou em seguida seu minúsculo bigode e declarou à multidão estarrecida: "Senhores, agora chega de brincadeiras. Meu verdadeiro nome é John Smith e eu sou agente do serviço de inteligência britânico." De fato, poderia até ser verdade. Hitler conseguiu destruir a Alemanha de uma forma que a Inglaterra – que tanto desejava isso –, nunca pôde fazer.

Maio de 1988

IONESCO, PARA ALÉM DO TEATRO
Literatura infantil
Contos de Ionesco para crianças. São Paulo: Martins, 2008.

Libretos de ópera
Le maître (1962), música de Germaine Tailleferre
Maximilien Kolbe (1988), música de Dominique Probst

Romances e contos
La vase (1956)
Le piéton de l'air (1961)
La photo du colonel (1962)
Le solitaire (1973)

MIKIS THEODORAKIS
MÚSICA: MAIS FORTE DO QUE TANQUES DE GUERRA

Muito antes de ser agraciado com centenas de prêmios internacionais, como o da Unesco e o American Copley Music Award, e após o estrondoso sucesso que obteve com a *performance* de seu balé *Antígona*, no Convent Garden, em Londres, o compositor grego Mikis Theodorakis já era um músico definitivamente consagrado em seu país e no mundo. Lembro-me como se fosse hoje de sua enorme presença cênica. Movendo-se de forma idiossincrática diante da orquestra e do coral que conduzia, sacudindo sua vasta cabeleira, Theodorakis regia de olhos fechados para resgatar do fundo da alma sua prodigiosa memória musical.

Nascido na ilha de Chios, no Mar Egeu, em julho de 1925, ele dedicou toda sua vida à música e às campanhas em favor das causas humanitárias. Compositor ortodoxo, excêntrico e carismático, Theodorakis conquistou um lugar importante na história da regência e da música erudita na Europa. Na década de 1970, suas composições eram vistas como manifestações de resistência – "uma música mais forte do que os tanques de guerra", como ele próprio dizia.

– Minha música é parte da resistência. Para resistir, é necessário ser humano. Minhas armas são a poesia, o lirismo e os sonhos, disse-me ele no meio da madrugada, numa interminável viagem de carro até o Aeroporto Internacional de Arlanda, em Estocolmo, na Suécia.

Considerado o mais importante compositor grego do século XX, ele se converteu também num dos nomes mais respeitados da música erudita contemporânea. Porém, mesmo entre os que conhecem bem música clássica, muitos confessam desconhecer alguns de seus sextetos para flauta, sonatinas, suítes para piano e orquestra, música de balé, de teatro e oratórios. A verdade é que, compondo desde criança, Mikis Theodorakis produziu uma quantidade extraordinária de obras-primas, o que talvez explique o fato de que somente estudiosos ou especialistas conheçam a totalidade seu patrimônio musical. O que quase todo mundo já ouviu e cantarolou, pelo menos uma vez na vida, é a canção popular mais conhecida desse ex-aluno de Olivier Messiaen: a melodia-tema da trilha sonora de *Zorba, o grego* (1964), filme de Michael Cacoyannis, que imortalizou o ator mexicano Anthony Quinn, convertendo-se num êxito internacional e numa espécie de marca registrada da identidade musical grega.

Mikis Theodorakis, que constantemente se opôs aos regimes de opressão, fez igualmente a trilha sonora de outros filmes internacionalmente consagrados como *Serpico, Fedra, Z* e *Estado de sítio*, cooperando estreitamente com o diretor e amigo íntimo Constantin Costa-Gavras.

Dividindo seu tempo entre a música e a política, Theodorakis tornou-se membro do Parlamento grego ainda em 1964, representando seu partido, a Esquerda Democrática Unificada (EDA). Pela militância no Partido Comunista, acabaria preso pelo "regime dos coronéis", a Junta Militar que assumiu o governo (1967-1974). Durante dois anos, foi humilhado pelas autoridades gregas e mantido sob condições brutais de encarceramento.

Afinal, depois da intensa militância política, que lhe rendeu algumas glórias e muitos aborrecimentos – inclusive deportação, tortura e ameaças de morte –, Theodorakis finalmente optou pelo exílio. No início da década de 1970, na mesma seqüência das mudanças "radicais", tomou outra grave decisão: deixou a política e o Partido Comunista.

Em 1974, já gozando de plena liberdade, Theodorakis voltou ao cenário artístico com uma de suas obras universais mais aplaudidas, *Canto geral*, baseada num poema do chileno Pablo Neruda, peça em que talvez – segundo o compositor grego – tenha alcançado seu mais ambicionado objetivo: o gênero "metassinfônico". O termo foi criado pelo próprio Theodorakis para caracterizar uma síntese entre sua formação de músico erudito nos conservatórios de Atenas e Paris e a experiência adquirida no âmbito da canção popular.

Ao completar 80 anos, em 2005, Mikis Theodorakis foi homenageado com a láurea da Organização das Nações Unidas para a Educação, a Ciência e a Cultura (Unesco), criada para prestigiar músicos ou instituições musicais que defendem a causa da paz, da liberdade, dos direitos humanos e da cooperação entre os povos. Antes de Theodorakis, já tinham recebido o prêmio, entre outros, o compositor russo Dmitri Shostakovitch, o maestro, pianista e compositor americano Leonard Bernstein, o violinista e maestro americano Yehudi Menuhin, o regente alemão Herbert von Karajan, e as cantoras Cesária Évora, caboverdiana, e Mercedes Sosa, argentina.

Foi na seqüência da primeira apresentação de *Canto geral* fora da Grécia – numa noite festiva regada com muito *ouso*, vinhos e *moussaka*, seguida de uma longa viagem de despedida até o aeroporto internacional de Estocolmo, que Mikis Theodorakis, sem perder sua aura de gênio consumado, revelou-me alguns fatos que eu próprio desconhecia de sua atribulada vida de músico, boêmio e militante político.

- JLA: Compositor consagrado e respeitado, por que sua vida se complicou tanto?
- THEODORAKIS: Em 1967, uma junta fascista tomou o poder na Grécia. Fui para a clandestinidade e fundei a Frente Patriótica, que tinha como objetivo derrubar o regime dos coronéis. Tratava-se de uma luta política para a restauração da democracia no meu país. Foram tempos muito difíceis. Os coronéis baixaram um decreto banindo todas as minhas músicas e me proibindo inclusive de tocar. Fui preso em agosto de 1967 e cumpri pena de quase seis meses de encarceramento. Saí da prisão em 1968, mas em seguida fui internado num campo de concentração, em Oropos, cidade portuária ao norte de Atenas. Só depois de muita pressão internacional consegui ser libertado. Devo isso à intervenção de um movimento de solidariedade formado por personalidades como Dmitri Shostakovitch, Arthur Miller, Leonard Bernstein e Harry Belafonte, entre outros. Logo em seguida, em abril de 1970, graças a um pedido do governo francês, permitiram que eu partisse para o exílio.

- JLA: Sua militância política reflete-se na sua música. O que você quer explicar quando diz e repete que "todo o poder que oprime é inimigo de sua música"?
- THEODORAKIS: Sou um homem político e creio que a música é a consciência que serve de meio para colocar em harmonia as relações entre os homens. Para mim, harmonia significa igualdade de possibilidades e também necessidade de liberdade e responsabilidade. Acredito na existência de uma política de massa, uma política revolucionária, cujo objetivo é acabar com todo o poder que oprime. Vivemos num período da história da humanidade em que, apesar dos avanços, o regime escravagista continua existindo, camuflado pela lógica oportunista, pela tecnologia e pela tecnocracia.

- JLA: Você crê que isso pode ser revertido?
- THEODORAKIS: Penso que é preciso modificar as perspectivas da nossa civilização. Temos que construir uma civilização que não repouse somente na lógica e na tecnologia, mas também na poesia, na dança, na música. Aliás, quase todas as obras de arte caracterís-

ticas das grandes civilizações foram extravagantes, motivadas pelo não-lógico, pelo não-útil. Em minha opinião, a grande arte serve à necessidade profunda de nos completar perante outros homens. A comunhão entre os homens, a festa popular, a dança e a música são expressão da liberdade e do amor. É por isso que digo que o poder que oprime é inimigo de minha música. Estou convencido de que, hoje, somos manipulados por dois poderes: o econômico e o do Estado. No fundo, essa manipulação é um problema de ordem cultural. Os homens que querem a todo preço subjugar os outros pela manipulação, pela violência e pela força são, na realidade, seres incultos, primitivos. São os mesmos espécimes que habitavam a Terra há mais de 10 mil anos. Só que, obviamente, não carregam a pureza do homem pré-histórico.

JLA: Esta é a primeira vez que você apresenta o *Canto geral*, de Pablo Neruda, fora da Grécia. Quando resolveu musicar o poema?
THEODORAKIS: Foi durante o exílio. Eu não conhecia bem a obra de Neruda. Entrei em contato com ela quando visitei o Chile, em 1973. Foi vivendo entre o povo chileno que aprendi a apreciar melhor o poeta. É evidente que eu também conhecia a luta do próprio Neruda. E fiquei imensamente feliz ao constatar que não existia contradição entre uma obra artística de grande qualidade e uma obra popular de massa. Chegou um momento em que não resisti e comecei minhas pesquisas para musicar o oratório popular. Nessa época, encontrava-me exilado da Grécia dos coronéis, e o que mais me emocionou quando estive na América Latina foi a semelhança entre nossos povos, separados geograficamente por mais de 15 mil quilômetros. Gregos e latinos têm o mesmo coração, o grande coração de uma criança, que crê em tudo e é traído por tudo e por todos. Somos um povo que só deseja viver livremente, numa sociedade justa. Musicar o poema de Neruda foi a forma que encontrei de mostrar meu apoio também à causa do povo latino-americano.

JLA: O *Canto geral* entusiasmou os próprios gregos?
THEODORAKIS: Os gregos se entusiasmaram pelo *Canto geral* de Neruda por várias razões: coincidiu com minha volta à Grécia, com o fim da ditadura e com o reconhecimento do fato inegável de que há semelhanças e paralelos entre o golpe ocorrido no Chile, em 1973, e o golpe na Grécia, em 1967. O que aconteceu com os presos políticos no estádio de Santiago do Chile foi de certa forma semelhante ao que sucedeu no hipódromo de Atenas.

- JLA: Em sua opinião, *Canto Geral* é uma obra mais grega do que chilena?
- THEODORAKIS: Não creio. A meu ver, respeitando-se o original (em espanhol), a obra não poderia fazer parte da cultura popular grega, porque não poderia ser cantada por todos os gregos. Por outro lado, apesar do ritmo latino-americano, o texto brilhante de Neruda não pertenceria também apenas à cultura popular do Chile. Em certo sentido, é uma obra mais universal.

- JLA: Pode-se dizer que existe música de esquerda e música de direita, música engajada e música reacionária?
- THEODORAKIS: Discordo. Não existe senão um tipo de música: a música bela, profunda e verdadeira. Assim, se quisermos, ela será sempre revolucionária, sempre progressista. Toda música ruim, que seja somente construção ou sofisticação, é reacionária. Uma música pode ter etiqueta revolucionária, ser de um compositor revolucionário, mas, se for ruim, é também reacionária. Pode ocorrer o contrário. Temos o exemplo de grandes poetas conservadores por temperamento, tradição ou até por razões históricas, que fizeram obras verdadeiramente revolucionárias.

- JLA: Soube que o político francês François Mitterrand pediu que você escrevesse um hino para o Partido Socialista. Não se trataria aqui de música política?
- THEODORAKIS: Política, sim, mas não partidária. Não estaria fazendo um hino para o Partido Socialista Francês ou para o senhor François Mitterrand. Estaria fazendo um hino dedicado ao socialismo. Não acredito em música partidária de propaganda.

- JLA: A restauração da democracia na Grécia levou vários anos e causou muito sofrimento. Como você avaliou a participação dos intelectuais nesse processo?
- THEODORAKIS: No período que antecedeu a democracia, os intelectuais gregos criaram um movimento espiritual-cultural-ideológico de tamanha importância que a adesão popular foi total. Esse movimento, do qual tive a honra de fazer parte desde o início, foi responsável pelo isolamento dos coronéis no poder. Isolados, eles passaram a ser vistos como seres primitivos, pertencentes a outra civilização. Na Grécia, tínhamos duas alternativas para reconquistar a liberdade: a luta armada e a luta democrática. No início, pensei que a luta armada seria a única solução e confesso que dei meu apoio aos que nela acreditaram. Cheguei a mobilizar

gente... até ser traído pelos próprios comunistas. Mas, felizmente, a luta armada não foi necessária. O povo grego, mesmo desarmado, venceu os coronéis graças ao seu nível espiritual e político-ideológico. Na verdade, os militares apodreceram no poder e caíram por si próprios. Quando um povo é determinado e quer libertar-se, qualquer tirano perde o poder.

Maio de 1977

....

UM COMPOSITOR EM CENA
Música para cinema
Perigo nas sombras(*I'll Met by Moonlight*, Michael Powell & Emeric Pressburger, 1957)
Lua-de-mel ou *Os amantes de Teruel* (*Honeymoon, Les amants de Téruel*, Raymond Rouleau, 1960)
A sombra do gato (*The Shadow of the Cat*, John Gilling, 1961)
Uma sombra em nossas vidas (*Five Miles to Midnight*, Anatole Litvak, 1962)
Electra (Michael Cacoyannis, 1962)
Phaedra (Jules Dassin, 1962)
Zorba o grego (*Zorba the Greek*, Michael Cacoyannis, 1964)
"Z" (Constantin Costa-Gavras, 1969)
Estado de sítio (État de Siège, Constantin Costa-Gavras, 1972)
Serpico (Sidney Lumet, 1973)
Iphigenia (Michael Cacoyannis,1977)
The Man with the Carnation (Nikos Tzimas, 1980)

Balés
Carnaval grego (1953)
Operação dinamite (1958)
Os amantes de Téruel (1958)
Antígona (1959)
Electra (1963)
Sete danças gregas (1985), coreografia de Maurice Béjart
Zorba (1987-1988)

Óperas
Kostas Karyotakis (1984)
Medéia (1988)
Electra (1992)
Antígona (1995)
Lisístrata (1999)

MARCEL MARCEAU
A VIDA PINTADA EM MOVIMENTOS

NINGUÉM MELHOR que Marcel Marceau para tornar visível o invisível e transformar o silêncio absoluto na arte da comunicação total. Com suas calças de riscas negras e brancas, colete encarnado e uma rosa vermelha no chapéu, ele incorpora um personagem sublime inspirado em Charles Chaplin – um de seus heróis – para, de forma satírica, explorar em cena a poesia, as esperanças e as contradições da sociedade moderna.

"A mentira é, talvez, a única manifestação humana que necessita de palavras. O resto, a alegria, a tristeza, o espanto, as desilusões ou as esperanças, são emoções que não necessitam de palavras. Fazem parte de uma linguagem universal compreendida sem barreiras, em quase todo o mundo", dizia.

Nascido em Estrasburgo, na França, em 22 de março de 1923, filho de pais franco-judeus, Marcel Mangel fez do teatro seu destino desde a infância. Ao contar a história de sua vida, lembrava que praticamente todos os membros de sua família tinham inclinações artísticas. Aos 7 anos, já alegrava a vizinhança com seu talento cômico ao imitar Carlitos e seu concorrente americano do cinema mudo, Buster Keaton. Mas os dias de inocência acabaram logo. Aos 15 anos, sua vida descarrilou. Quando a França entrou na Segunda Guerra Mundial e os alemães invadiram Paris, a família Mangel recebeu ordens para fazer as malas. Destino: o campo de concentração de Auschwitz, na Polônia. Marcel e Alain, seu irmão mais velho, fugiram para Limoges. Alain alistou-se na resistência clandestina e Marcel, sem alternativa, teve que segui-lo.

Para esconder suas origens judaicas e escapar dos campos de concentração nazistas, Marcel e Alain adotaram um sobrenome bastante francês: Marceau. E mesmo durante a guerra, Marcel já desempenhava com desembaraço o papel de ilusionista. Com lápis vermelho e tinta preta, alterava a idade de jovens franco-judeus, falsificando documentos para que escapassem aos trabalhos forçados em campos de concentração. Fantasiado de escoteiro, chegou mesmo a salvar centenas de crianças judias, ajudando-as a fugir da França para os horizontes neutros da Suíça.

Posteriormente, como falasse bem inglês, foi escolhido para o posto de *liaison officer* – oficial de ligação, espécie de assessor de comunicação – do general George S. Patton, comandante supremo do Terceiro Exército dos EUA na Segunda Guerra Mundial.

– Meus personagens foram em grande parte inspirados nos dramas que enfrentei durante a Segunda Guerra Mundial, disse-me ele, após uma apresentação de *Bip recorda*.

Quando a guerra acabou e Paris foi libertada dos nazistas, Marcel Marceau pôde finalmente realizar seu sonho: em 1946, ingressou na Escola de Arte Dramática Charles Dullin, no Teatro Sarah Bernhardt, onde estabeleceu relação especial com seu mestre, o professor Etienne Decroux. Ali aprenderia os mistérios da arte mímica e a gramática dos movimentos e dos gestos.

Identificando-se no início com a tradição da *Commedia dell'Arte* dos séculos XVII e XVIII, estreou em 1947 no Théatre de Poche e no ano seguinte fundou sua companhia teatral. Mas foi somente em 1951, no Festival de Berlim, que Marcel Marceau ganhou reconhecimento internacional. Sua participação marcou o início de um importante relacionamento com o Berliner Ensemble e seu fundador, o dramaturgo alemão Bertolt Brecht.

Mesmo sozinho e em absoluto silêncio, Marcel Marceau tornou-se um milagre no domínio da comunicação. Em 1968, participou ao lado de Jane Fonda do filme *cult* de Roger Vadim, *Barbarella*, e, em 1976, de *Silent Movie*, que passou no Brasil com o título *A última loucura de Mel Brooks*, comédia muda na qual o mímico pronuncia uma palavra: "Não".

Sem precisar de monossílabo algum em cena, Marcel Marceau visitou praticamente todos os países e tornou-se um dos artistas mais conhecidos do mundo, especialmente nos Estados Unidos, onde seu *petit ballet Marcha contra o vento* marcou uma revolução na cena teatral e inspirou a Michael Jackson seu extravagante *Moonwalk*, isto é, o passo de dança que provoca uma espécie de ilusão de ótica, na qual a pessoa parece estar deslizando de costas...

Marcel Marceau ilustrou livros, ajudou instituições de caridade, recebeu títulos honorários de grandes universidades, como Princeton e Michigan, por exemplo, ganhou dois Emmys, foi condecorado com uma das mais prestigiadas comendas da Europa, a Medalha da Legião de Honra da França, e com a Medalha Raoul Wallenberg por seus trabalhos humanitários. Casou-se três vezes, teve três filhos e criou a Escola Internacional de Mimodrama de Paris Marcel Marceau e a Marceau Foundation, nos Estados Unidos, para divulgar a arte da mímica. Em 2002, foi nomeado pelo secretário-geral da Organização das

Marcel Marceau

Nações Unidas (ONU), Kofi Annan, embaixador honorário das Nações Unidas para questões da terceira idade.

Por ocasião de sua morte, em 22 de setembro de 2007, o presidente francês, Nicolas Sarkozy, afirmou: "Com seu desaparecimento, a França perde um de seus mais notáveis embaixadores".

Foi ainda na década de 1970, quando visitava o Marionetteatern de Estocolmo, que Marcel Marceau concordou em quebrar o silêncio e contar-me um pouco de sua vida e de sua arte. Após tê-lo visto atuar completamente calado, surpreenderam-me o volume de sua voz e seu desembaraço narrativo ao responder à minha primeira pergunta.

- JLA: O que é a mímica?
- MARCEAU: É uma linguagem universal que não necessita de tradução ou de tradutores. Não é como uma peça de teatro, cujas palavras precisam estar no idioma de cada audiência. A mímica, não. Ela deve ser compreendida não apenas como a arte de se comunicar em silêncio, mas como a arte que envolve todo o processo mental: abrange o que vemos, sentimos ou compreendemos. Eu, por exemplo, não atuo apenas por meio de gestos. A mímica, repito, é também a arte de se comunicar através do pensamento ou da idéia que envolve cada gesto e cada movimento corporal. É dessa forma que consigo capturar a imaginação do público que assiste ao meu espetáculo. É uma arte que transcende a palavra e o som. Enquanto os cantores cativam as audiências com suas vozes, os escritores e poetas com a palavra escrita e os bailarinos com seus movimentos, os mímicos impressionam pelo silêncio. A mímica é a arte do silêncio como meio absoluto de comunicação.

- JLA: Isso significa, então, que o mímico não tem problemas lingüísticos. Sua mensagem pode ser compreendida sem barreiras em qualquer parte do mundo?
- MARCEAU: Como disse, a mímica é uma linguagem mundial. As expressões de dor ou de alegria são as mesmas em todos os lugares, em todos os cantos do mundo. Isso demonstra a pureza da mímica como forma de comunicação total entre os seres humanos. Não há códigos a serem decifrados. A emoção não conhece fronteiras. Alguns sinais convencionais podem variar de um país para outro, mas, em geral, não há códigos difíceis de decifrar na arte da mímica. Para comediantes como eu, não existem barreiras de comunicação lingüística. Compreendo perfeitamente a emoção e o riso de dife-

rentes audiências no mundo inteiro, na Europa, na América Latina, na Ásia, na África. Elas se confundem na mesma racionalidade e na mesma leitura do exercício artístico.

- JLA: Que públicos são mais receptivas à mímica?
- MARCEAU: As crianças. Elas compõem, indiscutivelmente, a mais receptiva das platéias. Aliás, a capacidade de concentração das crianças com relação à mímica é extraordinária. Trata-se de uma audiência que compreende, talvez muito mais que os adultos, as histórias "contadas" em silêncio. Não estaria exagerando ao dizer que elas têm um poder de imaginação superior ao dos adultos.

- JLA: Críticos europeus de teatro sustentam que seu grande trunfo artístico é fazer o "invisível visível". Concorda?
- MARCEAU: Considero-me, no fundo, um artista que tenta fazer um pouco de magia, que faz o invisível viver, tornando-o "visível". Daí o conceito de "visibilidade do invisível". Nas pantomimas de meu personagem Bip, chego ao social através do cômico e do trágico, com a magia do invisível/visível. Essa técnica me permite tocar de maneira satírica as questões políticas, sociais e filosóficas. Em sua arte, um mímico não pode ser apenas um acrobata, um contorcionista. Ele deve conhecer também nuances de diferentes culturas e, por introspecção corporal, transformar-se num pintor dos movimentos.

- JLA: Foi com seu personagem Bip, criado em 1947, que a celebridade o alcançou. Quem é Bip?
- MARCEAU: É um personagem autobiográfico. Um ser marcado pela poesia e pela sensibilidade, que me permitiu explorar, sob a ótica de sua dimensão trágica, a sociedade moderna em que vivemos. Vestido de marinheiro, Bip é também meu alter-ego: um sublime perdedor em busca de amor e justiça. Através de Bip, pude recordar um passado: meus 20 anos de inocência, quando entrei para as filas da Resistência, durante a Segunda Guerra Mundial. Bip é um personagem antibélico, pacifista. É um símbolo criado para combater as ameaças, para mostrar que as guerras não podem aniquilar a humanidade e para ressaltar que, apesar das bombas, das metralhadoras e das máquinas mortíferas, a paz sempre acaba vencendo a guerra. Bip luta contra o homem robotizado, contra aqueles que não reagem à violência. Com essa mensagem de Bip, viajei o mundo todo. E foi com seus recitais que consegui ganhar algum dinheiro para financiar meu teatro.

Marcel Marceau

- **JLA:** Qual a origem do personagem?
- **MARCEAU:** Bip é uma síntese da pantomima representada por Jean-Louis Barrault no filme dirigido em 1945 por Marcel Carné, *Les enfants du Paradis* (*O boulevard do crime*) e realizado durante a ocupação nazista na França. Bip é filho caçula de Pierrot, o herói do silêncio.

- **JLA:** Por que Arlequim é o mensageiro?
- **MARCEAU:** Porque, apesar de parecer fanfarrão com seus chistes e bufonadas, o Arlequim é capaz de transmitir melhor do que qualquer personagem os mistérios da vida. O palhaço é uma simbologia que nos obriga a refletir sobre aquilo que nos faz rir ou chorar, o trágico e o cômico. Mantendo a tradição do Pierrot, acabo mostrando um símbolo da humanidade. Ao encarnar Bip sou, ao mesmo tempo, uma figura concreta e abstrata.

- **JLA:** Quando decidiu ser mímico?
- **MARCEAU:** Desde criança, eu gostava de teatro. Mas decidi consagrar minha carreira ao teatro do silêncio somente depois que fui desmobilizado, em 1946, após o fim da guerra e da liberação de Paris. Era impossível fazer teatro durante a guerra, que já era um tipo horrível de teatro. Foi nesse ano que ingressei na Escola de Arte Dramática e pude estabelecer uma relação muito rica com Etienne Decroux, o maior de todos os gramáticos da mímica, meu grande mestre e amigo. Devo muito a Etienne Decroux, que foi também professor de Jean-Louis Barrault. Depois de ter trabalhado mais de um ano com Barrault, resolvi criar minha própria companhia, em 1948. Do final da década de 1940 até 1964, fui relativamente bem-sucedido. Montei mais de 25 peças de mímica, às quais dei o nome de "mimodramas".

- **JLA:** Conseguiu financiar todas essas produções?
- **MARCEAU:** Esse é outro capítulo doloroso da história. Naquela época, a França não reconhecia os mimodramas como uma forma de arte teatral, de modo que eles estavam excluídos de qualquer subsídio do governo. Para conseguir manter vivas minhas produções, fui obrigado a levantar fundos me apresentando cada vez mais no exterior. Acabei viajando por todos os continentes e fiz enorme sucesso nos Estados Unidos e no Japão. Mesmo assim, passei momentos difíceis e tive que me desfazer de minha companhia por falta de dinheiro. Foi a partir dessa crise que comecei a aparecer sozinho no palco.

■ JLA: Graças à sua contribuição, a arte da mímica acabou se expandindo por todo o mundo e se transformou num grande sucesso. Você acredita que as gerações futuras continuarão mantendo a tradição da mímica?

☐ MARCEAU: Talvez. Muitos afirmam que minha mímica transformou-se numa arte clássica do teatro. Mas, à medida que o tempo passa, as pessoas tendem a esquecer as coisas. Nas artes cênicas, o mais importante é continuar sendo clássico, mesmo depois da morte. Uma das maneiras de manter uma arte viva é disseminá-la constantemente entre os jovens.

Outubro de 1978

....

FRASES DE UM POETA DO SILÊNCIO

Nunca faça um mímico falar... Ele não vai parar nunca mais.

O silêncio é infinito como o movimento, não tem limites. Para mim, são as palavras que impõem os limites.

O silêncio não existe... Em cena, minha alma fala; a esse respeito, o silêncio é capaz de tocar as pessoas mais profundamente do que qualquer palavra.

O mimodrama é a gramática e a linguagem em silêncio dos mímicos.

ALBERTO MORAVIA
TODA LITERATURA É ANTI-SOCIAL

EM 1976, com quase 70 anos, o escritor italiano Alberto Moravia era apontado com insistência como forte candidato ao Prêmio Nobel de Literatura. Ele próprio negava peremptoriamente que postulasse à premiação. Preferia desempenhar as funções de jornalista do *Corriere della Sera*, um dos maiores matutinos independentes da Itália. Romancista, dramaturgo e crítico de cinema, Moravia tinha, mais do que qualquer um, currículo suficiente para receber o galardão na época. Com seu romance *Gli indifferenti* (*Os indiferentes*), de 1929, ele foi precursor do neo-realismo italiano, movimento que ganharia força na década de 1940, sobretudo depois da queda do fascismo.

Considerado *persona non grata* pelo regime comandado por Benito Mussolini, Moravia foi obrigado a trabalhar como roteirista de cinema e ensaísta com nome fictício. Nervoso, conferia às suas histórias o ritmo acelerado da vida. Seus enredos emprestavam papel desproporcional ao acaso e ganharam a admiração dos nobelistas. Polêmico, chegou a proclamar que não queria fazer literatura, mas "antiliteratura".

– Toda literatura é anti-social, assegurou-me com olhar colérico.

Mas nem tudo é perfeito no mundo dos escritores europeus, principalmente no dos italianos célebres, sejam eles Pasolini ou Moravia. Quando o encontrei, a crítica lobista de outros candidatos denunciava em sua obra a intromissão de elementos autobiográficos perturbadores, que inspiravam ódios, rancores e náusea, referindo-se às suas recordações da adolescência desolada e à sua obsessão por problemas econômico-sexuais. Talvez por isso sua candidatura não tenha vingado entre os que compunham a falange latina da Academia Sueca, liderada pela visão luterana de Arthur Lundkvist.

A despeito disso, Moravia contribuiu para o neo-realismo com títulos "magistralmente inventados", apontaria o crítico literário Otto Maria Carpeaux: "Em Moravia, as ambições frustradas, os desejos e os ideais são meras máscaras no baile à fantasia da sociedade moderna". Esses elementos, assim como a desobediência, a paixão, o desprezo e o conformismo, foram motes para o filme *O conformista*, de Bernardo Bertolucci, em 1970. Moravia não escondia seu desprezo pelo desenvolvimento político e social da sociedade européia do século XX, que ele qualificava de hedonista e hipócrita.

O romance *Desprezo – Il disprezzo* – também inspirou outro grande mestre do cinema, Jean-Luc Godard, que a partir dela fez, em 1963, uma das melhores fitas do ciclo da *Nouvelle Vague*. Nascido em novembro de 1907 em Roma e falecido em 26 de setembro de 1990, aos 83 anos, Moravia influenciou fortemente a literatura universal e sobreviveu a si mesmo, apesar de não ter recebido o Nobel.

Em 1976, Moravia foi enviado a Estocolmo para ouvir o primeiro-ministro Olof Palme, derrotado nas eleições de setembro daquele ano, fato que colocou a social-democracia na berlinda, depois de quatro décadas no poder. Secamente, atendeu à minha solicitação de entrevista.

- JLA: Podemos falar em inglês?
- MORAVIA: Se falasse tão bem inglês quanto sugere, teria sido porteiro de edifício em Nova York. Prefiro falar italiano (risos).

- JLA: Sua obra é hoje um monumento, uma referência mundial. Seus críticos, contudo, assinalam que muitos dos temas explorados em seus trabalhos, como o casamento e a busca frustrada da felicidade na sociedade moderna, têm como alvo apenas a patologia da classe média. Você se considera um moralista?
- MORAVIA: Jamais. Nunca me considerei um moralista. Artistas como nós, escritores, nos preocupamos em representar a realidade ou talvez criar uma realidade mais absoluta e completa do que a própria realidade. Isso não é ser moralista. Aquilo em que os escritores acreditam ou aquilo que escrevem evidentemente não significa toda a verdade. Para mim, isso tem até importância secundária. Acontece que, às vezes, o escritor consegue sobreviver apesar de suas idéias e de suas crenças. Vladimir Nabokov, que escreveu uma história de amor quase patológica sobre uma criança, *Lolita*, continuará sendo lido por muitos, em qualquer época, independentemente de suas noções sobre sexo. Moralismos de época não podem subverter clássicos, que são eternos.

- JLA: De acordo com sua teoria, a arte na vida coletiva tem a mesma função do sonho na vida individual. Não se trata de uma teoria freudiana?
- MORAVIA: Sim, claro. Significa que a função da arte é ser anti-social. Em outras palavras, a arte exprime geralmente aquilo que se encontra reprimido em qualquer sociedade. É a expressão do inconsciente social, tal como o sonho, que exprime o inconsciente individual.

- JLA: Não obstante, o que parece fasciná-lo é o poder da consciência na formação de uma sociedade, não?

Alberto Moravia

☐ MORAVIA: A consciência é necessária para a construção de qualquer sociedade baseada na razão, e não na mitologia, em irracionalidade, sonhos, enfim.

■ JLA: Sua tese é que a ficção moderna é existencial. Como tem visto o desenvolvimento do romance no mundo socialista?

☐ MORAVIA: Participei há algum tempo de um congresso de escritores em Moscou e tive a oportunidade de me pronunciar sobre esse problema. Todo esforço de se criar uma literatura socialista na Rússia resultou em estrondoso fracasso. Nenhum dos escritores do período stalinista poderia ser considerado bom. E por quê? Em minha opinião, a resposta está ligada à primeira parte da questão: a ficção moderna é existencial. Ocorre que o realismo socialista foi imposto aos escritores russos pela força. A literatura na URSS, no período stalinista, era considerada o pilar do regime. Era repressiva, e não expressiva. Tinha que ser educativa, moralizante, otimista e, em última análise, um produto exclusivo de propaganda. O resultado, como se sabe, não foi positivo.

Estou inteiramente convencido de que a função social da arte é ser anti-social. Mesmo porque todas as sociedades, sejam elas capitalistas, sejam socialistas ou comunistas, são sociedades reprimidas e repressivas. A função da arte é exprimir o que está reprimido e, portanto, é anti-social. Noutro sentido, e porque muito útil, a arte é também social, já que exprime o consciente coletivo. Na Rússia de Stalin e pós-Stalin, essa função da arte não pôde ser encarada como possível ou válida. Criou-se, em substituição, a teoria do realismo socialista que, em minha opinião, foi um erro enorme.

■ JLA: Alguns poucos autores foram "reabilitados" na URSS e, à mar-
☐ gem do circuito oficial, outros até foram tolerados. Que pensa disso?
MORAVIA: Veja que triste realidade! Considero a reabilitação de certos autores soviéticos um dos capítulos mais dramáticos da história das artes na URSS. Boris Pasternak, que sempre teve lugar de destaque na literatura russa, é aceito parcialmente. Um exemplo é seu romance *Doutor Jivago*, que não foi publicado até agora no país e muitos duvidam que saia do *index* nos próximos anos. Enfim, os escritores encontram-se permanentemente ameaçados pela fúria dos "conselhos oficiais de redação", pelos vários níveis de censura e pela autocensura. Apesar disso, de toda essa crise imposta ao mundo das letras, a vida continua.

- JLA: E quais as perspectivas futuras, a seu ver?
- MORAVIA: Algumas tentativas de alterar esse quadro podem ser percebidas. Já estão ressurgindo na Rússia alguns escritores bons. Tive oportunidade de encontrar-me com alguns deles. Mas esses escritores não são, absolutamente, autores "realistas socialistas". São totalmente diferentes: escrevem pensando em liberdade.

- JLA: Alguns intelectuais europeus alertam para a explosão de obras meramente comerciais e para uma crise que, segundo eles, ameaça a verdadeira literatura de arte. Acredita nessa tendência?
- MORAVIA: Não, de jeito nenhum. Digo mais: nem mesmo na União Soviética a literatura entrou, digamos, "em crise terminal". Apesar de todos os atropelos, ela continuará sua trajetória. A literatura é, na verdade, talvez a única arte que não tenha entrado em crise total, no sentido correto do termo.

- JLA: Então, não acredita que a repressão pode diminuir o poder de criatividade, gerando crises?
- MORAVIA: Pode, mas jamais abolirá a capacidade humana de criar. O poder humano de criatividade é algo espantoso. Uma das coisas mais chocantes e estranhas na ditadura soviética foi justamente isso. Lá, apesar dos horríveis anos de guerra e, depois, das revoluções, do bolchevismo, do stalinismo e das mais cruéis repressões, a literatura continuou viva e até hoje, apesar dos altos e baixos, é considerada uma grande instituição.

- JLA: Seu interesse pela política é tão forte quanto pela literatura?
- MORAVIA: Considero-me um animal aristotélico. Meu interesse político é instintivo. A literatura, entretanto, não é uma atividade que possa ser deslocada da realidade política. Nunca me interessei pela carreira política, porque ela requer muita seriedade e eu jamais seria um senador para efeitos decorativos.

- JLA: Como viu o surgimento do eurocomunismo?
- MORAVIA: Vi como um movimento novo na Europa, que deveria ser favorecido pelas democracias européias. Mas precisamos aceitar o fato de que ainda acontecerão coisas no campo político que nunca ocorreram antes.

- JLA: O quê, por exemplo? Você prevê mais ventos de direita no processo político europeu, a exemplo do que acenam os analistas?

Alberto Moravia

☐ MORAVIA: Não estou certo sobre esses "ventos de direita". Tampouco sei se o resultado das eleições na Suécia, que vim cobrir, significou uma autêntica vitória da burguesia. Na Itália, na década de 1970, as eleições revelaram dois fatos contraditórios: o grande sucesso eleitoral do Partido Democrata Cristão e o grande sucesso do Partido Comunista. Também não podemos afirmar que ventos de direita sopraram sobre a Espanha, onde ocorreu o contrário: houve uma tentativa de liberalizar o país. O mesmo acontece em Portugal e na França. Não digo que a hipótese dos ventos de direita deva ser inteiramente desprezada. Se isso viesse a acontecer, os resultados, a meu ver, não seriam nada bons. Pela minha experiência entre duas guerras, posso dizer que já conheço muito bem esses "ventos de direita". E eles não foram nada favoráveis à Europa. Criaram apenas o fascismo.

■ JLA: Pier Paolo Pasolini era considerado um dos seus mais íntimos amigos. Sua morte inesperada o chocou tanto que teria até cogitado realizar um filme sobre ele. É verdade?

☐ MORAVIA: É. É verdade. Eu e Bernardo Bertolucci estudamos a possibilidade de realizar esse projeto. Pensamos em fazer um filme curto, reconstituindo sua morte no local onde ele foi assassinado. A idéia era elucidar alguns fatos que não foram esclarecidos até hoje. O caso Pasolini me toca profundamente. Foi uma grande perda.

■ JLA: Como avalia as obras de Pasolini?

☐ MORAVIA: Pasolini foi o maior de todos os poetas italianos dos tempos modernos. Foi ele quem deu voz à geração do pós-guerra na Itália. Tive a oportunidade de conviver com ele. Viajei com ele pela África na década de 1960, realizando os preparativos para um filme que se chamaria *O Édipo Negro*, mas o projeto nunca foi materializado. Pier Paolo era um crédulo apaixonado. Acreditava que o proletariado um dia salvaria o mundo. Toda sua obra era fundada na originalidade e na crença na Justiça. Acabou sendo assassinado por suas próprias idéias. Em 1975, uma semana antes de sua morte, aqui mesmo na Suécia, ele afirmara que provavelmente seria morto muito em breve. Ele começava a investigar as relações da Máfia com a prostituição.

■ JLA: Críticos que tentam definir sua obra apontam a intromissão de elementos autobiográficos em muitos de seus livros. Seus romances seriam, em certo sentido, autobiográficas?

☐ MORAVIA: Minha obra não é autobiográfica no sentido usual da palavra. O aspecto autobiográfico será visto somente por um ângulo muito indireto. Escrevo apenas sobre o que penso saber. Autobiografia significa uma coisa completamente diferente. Eu jamais seria capaz de escrever uma verdadeira autobiografia. No meu caso, confesso, sempre acabo falsificando a realidade ou, como diria, "ficcionando" a verdade. No fundo, sou um mentiroso... Sou apenas um romancista.

JLA: E por que escreve?

MORAVIA: Escrevo para me divertir, desabafar, entreter os outros e para expressar um pouco do que sou. Há diferentes formas de se expressar. Eu próprio prefiro fazer isso por meio das letras.

JLA: Várias vezes seu nome foi cogitado para o Prêmio Nobel de Literatura. Que pensa de uma eventual candidatura?

MORAVIA: Não me considero candidato a nada. Cometem um grande erro quando mencionam meu nome como candidato. Candidato é um cidadão aspirante a um cargo, um caçador de votos. Não sou candidato a nada, a nenhum prêmio. É claro que meu nome como escritor tem sido mencionado com certa freqüência nos últimos quarenta anos. Mas são os jornalistas que promovem essas coisas: oferecem o prêmio e depois o tomam de volta.

Outubro de 1976

DEZ FILMES BASEADOS EM MORAVIA

Insatisfeita (La provinciale, 1937), de Mario Soldati, 1953

A romana (La romana, 1947), de Luigi Zampa, 1954

Um dia de enlouquecer (*La giornata balorda*), de Mauro Bolognini, 1960

Duas mulheres (*La Ciociara,* 1957), de Vittorio de Sica, 1960 / refilmado como *Mãe coragem,* por Dino Risi, em 1988

Vidas vazias (*La noia,* 1960), de Damiano Damiani, 1963 / refilmado como *O tédio,* por Cédric Kahn, em 1998

Os indiferentes (*Gli indifferenti,* 1929), de Francesco Maselli, 1963

O desprezo (*Il disprezzo,* 1954), de Jean-Luc Godard, 1964

O conformista (*Il conformista,* 1951), de Bernardo Bertolucci, 1970

Eles me querem (*Io e lui,* 1969), de Doris Dörrie, 1987

O voyeur (*L'uomo che guarda,* 1985), de Tinto Brass, 1994

MARIO VARGAS LLOSA
A LITERATURA É UMA FORMA DE INSURREIÇÃO

DESDE A DÉCADA de 1970, quando escreveu *Pantaleão e as visitadoras*, uma de suas obras mais bem-sucedidas, Mario Vargas Llosa vinha sendo também apontado como um possível ganhador do Prêmio Nobel de Literatura. Aliás, as letras hispano-americanas contam, desde aquela época, com alguns "candidatos eternos", como o espanhol Juan Goytisolo e o mexicano Carlos Fuentes. Ninguém sabe exatamente por que o "nobelizável do Peru" ficou de fora todas essas décadas. Escritor plural e acadêmico, dono de uma literatura de caráter realista e universal, Vargas Llosa foi traduzido em quase todos os idiomas, tendo conseguido as maiores láureas literárias do mundo, entre elas o Prêmio Cervantes, da Espanha, e o Prêmio da Paz, conferido por livreiros da Alemanha. Durante todo esse tempo, uma das explicações para ele não ter sido agraciado era que, desde a morte do escritor Arthur Lundkvist – ex-presidente da Academia Sueca e principal expressão da "falange latina" da instituição –, as premiações não favoreciam escritores da região. Verdade ou não, o fato é que muitos dos agraciados com o Prêmio Nobel de Literatura foram saudados pelos próprios suecos como "ilustres desconhecidos" e com críticas e condenações cada vez mais ferozes da comunidade literária mundial.

Autor de grande imaginação, por vezes quase biográfico, Vargas Llosa nasceu na cidade de Arequipa, no Peru, em 28 de março de 1936. Só conheceu o pai, de quem a mãe estava separada, quando tinha 10 anos. O episódio desse reencontro afetou profundamente sua vida e sua formação, repercutindo no que qualificou como sua "ânsia de liberdade". Esses conflitos da infância são magistralmente refletidos numa de seus mais destacados romances, *Batismo de fogo* (*La ciudad y los perros*), com a qual ganhou o prêmio Biblioteca Breve e o Prêmio da Crítica Espanhola, em 1963.

Convencido de que seu mundo era o das palavras, Mario Vargas Llosa, formou-se em literatura na Universidade de San Marcos, em Lima, em 1953. Galante, entabulou desde cedo uma relação amorosa com sua "tia política", Júlia Urquidi, com a qual se casou em 1955. Com ela viajou por toda a Europa em busca de "um terreno mais estimulante" para sua carreira de escritor e de homem enamorado. Em 1977, em conseqüência dessa aventura, escreveu a obra *Tia Júlia e o escrevinhador*, uma polêmica ficção autobiográfica sobre seu primeiro casamento.

Depois da separação, o peruano se instalou em Paris, casando-se logo em seguida com sua prima Patrícia Llosa, em 1965. Com a nova companheira – e sua grande paixão – iniciou uma nova trajetória, passando a residir em Paris, Londres e Barcelona. Dessa união nascem Álvaro (1966), Gonzalo (1967) e Morgana (1974). Em 1986, recebeu uma das mais importantes honrarias européias, o Prêmio Príncipe de Astúrias, e em 1994 seria eleito para a Real Academia de Língua Espanhola.

Ainda na década de 1990, cometeu seu "primeiro erro político": candidatou-se à Presidência da República do Peru, à frente de uma coalizão liberal-conservadora, mas perdeu para Alberto Fujimori – que depois foi acusado de corrupção, fugiu do país e foi condenado a seis anos de prisão. Suas experiências como escritor e candidato presidencial derrotado estão relatadas na autobiografia *Peixe na água*, de 1991.

Admirador do Brasil e amigo dos brasileiros, Vargas Llosa recontou no épico *A guerra do fim do mundo* a Guerra de Canudos – o massacre dos seguidores de Antonio Conselheiro no sertão da Bahia em 1896-1897 pelas tropas republicanas –, o mesmo episódio que Euclides da Cunha cobriu para o jornal *O Estado de S. Paulo* e depois retrabalhou no ensaio *Os sertões*, uma obra-prima publicada em 1902.

Com seu agudo faro jornalístico, publicou em 2005 uma série de sete grandes reportagens no jornal *El país* sobre a preocupante situação do Oriente Médio, trabalho que foi posteriormente reunido em livro. Vargas Llosa, que percorreu pontos-chaves de Israel e da Palestina, demonstrou ser também um esmerado repórter investigativo no enfrentamento da realidade.

É de 2006 seu livro *Travessuras da menina má*, obra que, além de contar uma curiosa história de amor, mostra o panorama de transformações da segunda metade do século XX, com o aparecimento dos *hippies*, a revolta dos jovens contra o *"status quo* conservador", a música *pop*, a Aids e a máfia japonesa.

Foi ainda em 1978, por ocasião do encontro do Pen Club Internacional, que Mário Vargas Llosa, com incrível modéstia e amabilidade, me concedeu uma entrevista na porta do Grand Hotel de Estocolmo. Recordo que estava acompanhado pela escritora brasileira Nélida Piñon, que, como eu, escutou com religiosa atenção a magia das palavras do escritor peruano durante quase uma hora.

Mario Vargas Llosa

- JLA: Seus romances e contos já foram traduzidos em todo o mundo. Que atenção tem dado ao teatro?
- VARGAS LLOSA: A primeira obra que escrevi, quando era ainda muito jovem, foi uma peça de teatro. Minha família materna é toda da região de Tacna, na fronteira com o Chile: minha avó, minha tia-avó e minha bisavó. Por todos esses vínculos, sempre tive muitas recordações de minha juventude em Tacna. Escrevi essa obra de teatro buscando inspiração em imagens de infância vivida naquela região peruana de rara beleza. Mesmo assim, cultivo com mais profundidade os contos e romances, embora goste muito de teatro.

- JLA: Alguns críticos afirmam que você é um autor meio-nômade, já que permanece longo tempo fora de seu país. Como se defende dessa crítica?
- VARGAS LLOSA: De tempos em tempos, costumo fazer uns parênteses. Mas, desde 1973, me considero novamente residente no Peru. Na realidade, voltei a me radicar no Peru e vou continuar vivendo nesse país, que é minha pátria. Passei muitos anos fora da América Latina devido a minha opção pelo exílio voluntário. Mas necessitava voltar por muitas razões, inclusive as literárias: estava procurando regressar às minhas raízes. Estive sem contato direto com meu próprio mundo, meu próprio povo, para o qual oriento minha literatura. O Peru é minha bússola, o universo que alimenta minhas obras e meus sonhos.

- JLA: Você tem abordado a importância da linguagem codificada na literatura moderna. Que peso tem isso dentro de sua própria criação?
- VARGAS LLOSA: Não sei se a literatura realmente explica a realidade de maneira objetiva. Parece-me que ela propõe interpretações da realidade e, às vezes, amplia a realidade, vai além. Aproveita-se dos objetos verbais que são os romances, os contos e os poemas. Parece-me que a função da literatura é, talvez, sensibilizar as pessoas, os leitores, para que possam perceber melhor a realidade. Mas não lhes oferecendo interpretações feitas *ad hoc*, compreende?

- JLA: Como poderia explicar o processo criativo por trás de sua obra literária?
- VARGAS LLOSA: Nunca pude compreender exatamente toda a mecânica existente por trás do processo criativo. Cada vez que um livro meu fica pronto, tenho uma sensação de surpresa. Acho que esse processo é ao mesmo tempo estimulado pela razão e por outro lado

talvez mais obscuro, o da irracionalidade. É uma espécie de equação em que o escritor pouco a pouco vai descobrindo certas coisas que ignorava. Como um leque, que vamos abrindo lentamente.

- JLA: Uma das características da sua obra é a introdução do humor no seu universo literário. Isso ajuda o escritor a contar sua história?
- VARGAS LLOSA: No início, procurei evitar o humor nos meus romances. Temia que a realidade fosse deformada. Acabei descobrindo que certas histórias poderiam ser mais bem-contadas por meio do humor. Uma das vantagens de utilizar o humor é que o trabalho do escritor torna-se menos angustiante. O humor me faz bem e, como resultado, posso terminar um livro em prazo mais curto. Outra vantagem é que escrevo rindo.

- JLA: Acredita que os escritores devem subverter as normas da linguagem e alterar, por exemplo, o dirigismo do poder da linguagem convencional?
- VARGAS LLOSA: Creio que a literatura constitui sempre uma crítica ao poder. Essa é uma das poucas certezas que tenho a respeito dela. Penso que a literatura genuína, autêntica, está sempre, de alguma maneira, cavando as bases sobre as quais o poder se assenta. Na medida em que a imaginação e a fantasia das pessoas são estimuladas, essas "duas armas" estarão permanentemente na origem das formas de rebelião, porque são também dois grandes instrumentos de insatisfação. Isso me parece claro e bastante evidente na literatura. Agora, as formas por meio das quais o escritor consegue isso, creio eu, são muito diversas, quase infinitas. Pelo menos enquanto existirem escritores engajados.

- JLA: Exorcizar demônios é uma forma de protesto. O escritor é um rebelde por excelência?
- VARGAS LLOSA: Prefiro dizer que há escritores que se calam e que se acomodam em relação ao mundo exterior. Acham que não precisam contestar nada. Outros estão cercados de projetos e continuam protestando, de uma forma ou de outra, durante toda a vida. Minha idéia de morte em vida seria justamente aquela de não ter mais projetos, de acabar com todas as formas de rebeldia.

- JLA: Todos os escritores teriam a obrigação de ser também politicamente engajados?
- VARGAS LLOSA: A política é uma atividade muito ingrata, na maioria das vezes. Uma vez, embarquei numa aventura política e senti isso na

própria carne. Fui objeto de muitos ataques. Por ser jovem, creio que na época não tinha suficiente experiência para sair incólume dessas afrontas. Mas, hoje, esqueci praticamente todas essas experiências infelizes. No meu caso, naturalmente, prefiro fazer as coisas por opção, e não por obrigação.

- JLA: Que lugar o leitor ocupa em sua literatura?
- VARGAS LLOSA: Olhe, quando escrevo um livro, francamente não tenho presente um determinado público. Para mim, escrever é uma operação muito solitária, que constitui, sobretudo, um processo exploratório. Traduzo isso como investigação de uma certa experiência pessoal, algo que estou tratando de materializar em palavras, por meio de uma estrutura imaginária. Mas, é claro, esse objeto, uma vez materializado, se converte em algo de domínio público e chega ao leitor... Imagino que todos os escritores querem atingir o maior número possível de leitores, o maior público possível.

- JLA: Como você vê o desenvolvimento da literatura na América Latina? Por que, por exemplo, a literatura brasileira tem, num certo sentido, sofrido um isolamento universal? Por que não repercute no exterior de forma mais ampla?
- VARGAS LLOSA: Não creio que isso seja exato. Hoje em dia, parece-me que é o fenômeno contrário que acontece. Creio que, nas últimas décadas, a literatura latino-americana tem conseguido romper as barreiras que mantiveram as letras do continente encerradas em si próprias. Atualmente, a impressão que tenho é de que um número cada vez maior de autores latino-americanos figura entre os mais traduzidos e publicados em outros países, entre eles os brasileiros. Creio que autores, alguns naturalmente já falecidos, como Guimarães Rosa e outros, incluindo escritores populares como Jorge Amado, mais experimentais como Clarice Lispector e Nélida Piñon são hoje muito conhecidos internacionalmente. São escritores conhecidos e lidos nos chamados "países desenvolvidos ocidentais", como os europeus, que são também consumidores expressivos de literatura estrangeira. São obras de autores latino-americanos, que continuam sendo publicadas, traduzidas e estudadas. Nesse sentido, sou muito mais otimista do que a maioria dos analistas a respeito do que vem sucedendo com a literatura latino-americana no mundo.

- JLA: A literatura está sofrendo uma revolução, mesmo quando as novas tecnologias da informação parecem a cada dia roubar os leitores potenciais de seus escritores? Como as modernas tecnologias da comunicação – a televisão, por exemplo – podem colaborar com o trabalho do escritor?

□ VARGAS LLOSA: Creio que a resposta está simplesmente no tipo de administração dos grandes meios de comunicação. Se esses meios chamarem e incentivarem os escritores a escrever e divulgarem suas obras – pela televisão, por exemplo –, isso pode estimular a literatura e ampliá-la como fenômeno de massa. Se, em vez disso, chamarem escritores para criar um tipo de pseudoliteratura para seus programas, então, só estarão substituindo a boa literatura por uma pseudoliteratura dirigida ao grande público. Eu até daria um exemplo: passei um bom tempo na Inglaterra como professor visitante da Universidade de Cambridge e pude constatar o funcionamento da televisão naquele país. Minha conclusão, após algum tempo de observação, foi que a televisão inglesa deve ser uma das melhores do mundo em termos de programação. Uma das razões é porque participam da televisão inglesa os melhores escritores, assim como os melhores cineastas ingleses, trabalhando de maneira muito ativa na divulgação da cultura. Os programas de teatro na televisão inglesa, por exemplo, são de altíssimo nível, assim como os programas sobre literatura. Há um esforço enorme para difundir a boa literatura e o bom teatro entre o público telespectador. Trata-se de um caso típico de perfeita sintonia entre as tecnologias modernas e a arte.

■ JLA: Que desafio você vê na sua vocação literária?
□ VARGAS LLOSA: Mais do que um desafio, escrever representa uma espécie de vício. É uma entrega. O labor literário é um tipo de atividade que cada vez mais se torna uma compulsão, uma necessidade não só espiritual como também física. A vocação literária e a vocação artística são parecidas: no início, ocupam uma parte da vida, mas depois vão se convertendo em mero pretexto para que esse tipo de trabalho se perpetue. É parecido com o que ocorre com os vícios.

■ JLA: O sentido de liberdade é fundamental para o escritor?
□ VARGAS LLOSA: A liberdade é absolutamente fundamental. Representa tudo para que os seres humanos desenvolvam suas vidas, seus talentos, suas potencialidades. O motor da civilização situa-se na combinação entre a liberdade e a legalidade. As sociedades que sabem harmonizar a liberdade com as instituições da legalidade avan-

çam mais – inclusive economicamente. O respeito pelos direitos humanos é fundamental. Sei que não há sociedade perfeita. Mesmo assim, estou convencido de que o sistema democrático foi o que mais avançou na luta contra a opressão, a injustiça e a violência.

Novembro de 1976

....

A LITERATURA É FOGO

As mesmas sociedades que exilaram ou rejeitaram o escritor podem pensar agora que convém assimilá-lo, integrá-lo, conferir-lhe uma espécie de estatuto oficial. Por isso, é preciso lembrar a nossas sociedades o que as espera. Adverti-las de que a literatura é fogo, que ela significa inconformismo e rebelião, que a razão de ser do escritor é o protesto, a contradita e a crítica.

(...)

As coisas são assim, e não há escapatória: o escritor foi, é e continuará sendo um descontente. Ninguém que esteja satisfeito é capaz de escrever, ninguém que esteja de acordo, reconciliado com a realidade, cometeria o ambicioso desatino de inventar realidades verbais. A vocação literária nasce do desacordo de um homem com o mundo, da intuição de deficiências, vazios e escórias ao seu redor. A literatura é uma forma de insurreição permanente e não admite camisa-de-força. Todas as tentativas de submeter sua natureza furiosa, irrequieta, fracassarão. A literatura pode morrer, mas nunca será conformista.

(...)

Nestes anos em que começa a descobrir, aceitar e apoiar a literatura, a América Latina deve saber também a ameaça que se fecha sobre ela, o duro preço que terá que pagar pela cultura. Nossas sociedades devem estar cientes: repelido ou aceito, perseguido ou premiado, o escritor que mereça esse nome continuará a lançar sobre os homens o espetáculo nem sempre grato de suas misérias e tormentos.

MARIO VARGAS LLOSA
Discurso de recepção do Prêmio Internacional de Romance Romulo Gallegos, Venezuela, 1965, pelo livro *A casa verde*.

OLOF PALME
PRINCÍPIOS DE UMA SOCIEDADE MAIS JUSTA

EM JUNHO de 1975, tive a rara chance de entrevistar o primeiro-ministro sueco Olof Palme. Naquele momento, jamais suspeitaria que ele pudesse perder as eleições no ano seguinte, criando o primeiro abalo sísmico nas estruturas da social-democracia, o mais poderoso partido político da Escandinávia, que estava no poder havia quase meio século na Suécia.

Pois os social-democratas foram derrotados em 1976. Foi a primeira vez desde que seu grande líder se aposentara. Ao sair, Tage Erlander, um dos pais da sociedade do bem-estar social, que assegurou consecutivas vitórias socialistas, havia confiado a direção do partido a seu jovem e carismático sucessor, Olof Palme.

Para os mais de 3 milhões de membros da social-democracia, a derrota de Palme deveu-se unicamente à campanha emocional empreendida pelo Partido do Centro, pequena agremiação que, desde 1974, abraçara a "causa verde", pregando a abolição da exploração da energia nuclear na Suécia. Para outros, tinha causas mais profundas. Gosta Bohman, líder conservador e eterno rival de Palme, sustentava que a derrota era conseqüência da saturação de um partido monolítico e sem visão do futuro. "Crescente onda de socialização, altíssima carga fiscal, asfixiante expansão da burocracia e interferência do Estado no terreno da livre iniciativa", dizia Bohman, "tinha enfastiado o eleitorado".

Mas esse raciocínio da direita sueca provou-se falacioso. Pouco tempo depois, em 1982, Olof Palme retornaria triunfalmente ao poder para dirigir uma nação que atravessava severa crise econômica: o desemprego atingia 150 mil pessoas (numa população economicamente de não mais de 4 quatro milhões), o déficit orçamentário superava a cifra de US$ 10 bilhões, a inflação chegava perto dos 10% (extremamente alta para os padrões escandinavos). Ao mesmo tempo, registrava-se queda acentuada dos investimentos e déficit na balança comercial. Em 1982, Palme estava diante de uma situação bem mais grave do que a de 1976...

Com os social-democratas novamente no governo, conservadores e liberais voltaram a se inquietar, indagando se Olof Palme pretendia transformar a Suécia num país inteiramente "socialista", seguindo o modelo falido do Leste Europeu. Político hábil, Palme excluiu sumariamente essa hipótese, lembrando que não aceitara o apoio dos comunistas e nem estava governando o país do lado deles. Mais do que isso, declarou que sua doutrina, um desdobramento da adotada pelos seus antecessores no partido – Hajlmar Branting, Albin Hanson e Tage Erlander –, tinha como modelo os ideais europeus de Bruno Kreisky, da Áustria, e de Willy Brandt, o ex-chanceler da Alemanha Ocidental, que defendiam o "capitalismo com face humana".

Internamente, porém, Olof Palme continuou enfrentando problemas políticos sérios. No centro dos debates estava o projeto de criação de um "fundo dos assalariados", que daria aos sindicatos o direito de controlar o destino econômico das empresas. A oposição e uma parte da opinião pública viram a proposta como uma espécie de monstro capaz de ameaçar os fundamentos da economia de mercado no país "mais justo da Europa" e alijar novamente do poder a social-democracia, num revés talvez mais sério que o de 1976.

Esse prognóstico jamais chegaria a se materializar: Em 28 de fevereiro de 1986, para enorme assombro dos suecos, dos europeus e do mundo, Olof Palme, 59 anos, foi brutalmente assassinado no centro da capital sueca com um tiro nas costas.

Até hoje não há certeza sobre a identidade de seu assassino, nem quanto às razões pelas quais Olof Palme foi morto. Teorias conspiratórias nunca faltaram: o crime foi debitado aos serviços secretos dos Estados Unidos e da África do Sul, aos movimentos curdos, ao triângulo Irã-Iraque-Turquia e às conexões das vendas de armas suecas para a Índia.

Filho de família abastada, Olof Palme nasceu em Estocolmo, em 30 de março de 1927. Ingressou na carreira política quando ainda era estudante de direito, tendo sido eleito deputado em 1958 e servido no governo de Tage Erlander como ministro dos Transportes e das Comunicações (1965-1967) e ministro da Educação (1967-1969). Em 1969, Palme foi eleito primeiro-ministro, permanecendo no cargo até 1976. Voltou ao poder somente em 1982.

Apesar de todas as críticas que lhe fizeram, ele entrou para a história como um dos maiores políticos da Suécia e líder histórico da social-democracia escandinava. Tendo levado mais longe do que qualquer outro estadista europeu a idéia de conciliar a economia de mercado com o *welfare state*, ele angariou fama também como um dos maiores opositores ao regime de *apartheid* na África do Sul e da guerra do Vietnã, posicionamento que lhe causou graves colisões com o governo de Washington.

Minha entrevista com Olof Palme, em junho de 1975, em pleno verão sueco, foi coordenada por Pierre Schori, um de seus assistentes mais talentosos, que posteriormente se tornou embaixador da

Suécia nas Nações Unidas e me agradeceu pessoalmente pela publicação da entrevista no Brasil.

- JLA: Primeiro-ministro, como avalia a situação mundial e o desempenho do modelo econômico sueco nos dias atuais?
- PALME: Infelizmente, a enorme expansão industrial registrada nos últimos cem anos não vai se repetir. A indústria americana está trabalhando bem abaixo de sua capacidade, e a produção industrial está aquém do potencial existente nas nações industrializadas. Devo dizer que, em certos países, tentou-se uma doutrina neoconservadora na esperança de debelar as dificuldades econômicas, mas a situação só piorou. A Grã-Bretanha se constituiu no maior exemplo desse fracasso, com alto índice de desemprego e modesto desempenho econômico. O ideal seria que a economia sueca e a mundial se expandissem de forma conjunta. Sem significativa expansão econômica, o resultado será a estagnação.

- JLA: Suas propostas indicam preocupação com o crescimento qualitativo, tendo em vista uma sociedade mais justa para todos. Como explicar esse fato?
- PALME: Todos os sistemas econômicos estão baseados no crescimento, mas seria interessante saber se esse crescimento não deveria ser mais de ordem qualitativa do que quantitativa. Numa perspectiva de longo prazo – 50 ou 60 anos – a questão fundamental será como incorporar os aspectos qualitativos ao crescimento da economia. Não estou aqui fazendo a apologia do crescimento zero. Mas o progresso e o bem-estar social de uma sociedade não podem ser medidos unicamente em termos de índices de crescimento da produção. Para mim, o que caracteriza uma sociedade boa é o fato de ela não ser injusta com seus próprios cidadãos. A educação e os cuidados médicos devem ser colocados à disposição de qualquer indivíduo na sociedade.

- JLA: É necessário, então, buscar um ponto de equilíbrio para que a economia funcione bem internamente?
- PALME: Para o futuro, deveremos considerar que será justamente o setor de serviço que irá gera novas oportunidades de emprego. O problema principal é encontrar esse ponto de equilíbrio entre uma produção industrial eficiente e as necessidades dos indivíduos na sociedade.

- JLA: O desemprego é um inibidor do progresso que ameaça muitos países, incluindo as nações altamente industrializadas. Como analisa essa situação?

Olof Palme

☐ PALME: O desemprego nos países industrializados é uma ameaça à democracia. A existência de milhões de pessoas sem trabalho pode criar uma perigosa subcultura que, por sua vez, pode provocar uma séria explosão. Tal como o desemprego, os problemas enfrentados pela sociedade podem ser resolvidos através do bom senso. Não é possível que milhares de pessoas continuem morrendo de fome nos países pobres ou em desenvolvimento, enquanto se fabricam armas nucleares sofisticadas ou se tolera o próprio desemprego. Fome, corrida armamentista e desemprego deixam de ser ameaças quando constatamos que existem também possibilidades de modificar esse estado de coisas.

■ JLA: Como vê a situação da América Latina em suas relações de troca com os países desenvolvidos?
☐ PALME: Ninguém pode negar que os países em vias de desenvolvimento enfrentaram, e continuam enfrentando, relações desfavoráveis de troca com o mundo industrializado. A América Latina não é exceção. Um dos principais impeditivos do desenvolvimento na América Latina é a dependência política e econômica imposta por forças externas. Por essa razão, é essencial que os países latino-americanos passem das palavras e declarações a uma ação verdadeira no sentido de estabelecerem uma nova ordem econômica baseada na eqüidade, na cooperação e, sobretudo, na igualdade de soberania de todos os países. Nesse contexto, a América Latina tem importante papel a desempenhar. Somos, aliás, testemunhas dos esforços empreendidos para a unificação, a integração do continente.

■ JLA: Acha que o fato de os países latino-americanos terem conseguido unanimidade na condenação da lei do comércio dos EUA representa o início de uma nova etapa nas relações entre Washington e os governos latino-americanos?
☐ PALME: Como afirmei antes, uma nova relação é necessária. Cabe aos próprios povos latino-americanos, no entanto, escolher os métodos que julguem mais adequados para essa mudança. Eu mesmo pretendo ouvir e aprender mais a respeito dessa questão durante visita que farei à América Latina.

■ JLA: A América Latina tem condições de diversificar seu mercado externo, reduzindo sua dependência econômica?
☐ PALME: Tenho notado que muitos países latino-americanos demonstram grande interesse em incrementar suas relações com a Europa.

Este será, sem dúvida, um dos temas que muito me interessam e que figuram na agenda dos países que visitarei.

- JLA: Em 1975, o modelo peruano ganhou destaque no continente latino-americano. Esse modelo, em sua opinião, constituiu alternativa viável para outros países da região?
- PALME: Cada país deve escolher seu próprio modelo de desenvolvimento, adaptado às suas próprias condições originais. Como social-democrata, é natural eu dar ênfase sobretudo às metas que se relacionam com justiça social e independência nacional. No Peru, o governo empreendeu sérios esforços para atingir esses objetivos.

- JLA: Como situar corretamente a Suécia entre os blocos mundiais existentes?
- PALME: Trata-se de um fato geográfico a Suécia estar situada entre duas alianças militares. Na Escandinávia, entretanto, vivemos numa área de poucas tensões, de estabilidade. Há quase dois séculos preservamos uma paz absoluta na região. No que se refere à política de segurança, criou-se nas últimas décadas, também no norte da Europa, uma espécie de "arranjo" – a Noruega e a Dinamarca optaram por se filiar à Organização do Tratado do Atlântico Norte (Otan) –, ao passo que a Suécia e a Finlândia se definiram pela neutralidade. Portanto, apesar de estarmos na linha fronteiriça entre o Leste e o Oeste, conseguimos criar uma situação positiva nesta região do globo, sobretudo se levarmos em consideração que uma grande potência, a União Soviética, é nossa vizinha. Nessa geografia política, o que a Suécia almeja é viver em paz e participar de maneira positiva dos esforços mundiais em torno da liberdade, da segurança coletiva e da cooperação internacional.

- JLA: Mesmo tendo optado pela neutralidade, a Suécia às vezes critica acidamente o comportamento de algumas nações. Não há nisso uma contradição?
- PALME: Não, absolutamente. Neutralidade não significa tudo aceitar ou silenciar diante do que acontece no mundo. Neutralidade não significa "voto de silêncio" perante ilegalidades, crimes, desmandos ou violações de direitos humanos. A Suécia protestou contra a Guerra do Vietnã, contra as investidas soviéticas na Hungria e na Checoslováquia e também com relação ao Muro de Berlim, que separou os alemães. Achamos que o grande perigo reside no fato de as superpotências ameaçarem a independência e o direito de existir de países menores, menos poderosos. A Suécia simples-

mente procura defender o direito das nações de construírem seu próprio futuro.

- JLA: Seu governo tem procurado dar apoio a um número cada vez maior de refugiados políticos do Chile, acompanhando com grande atenção o desenrolar dos acontecimentos naquele país depois da queda do presidente Salvador Allende. Como avalia o problema chileno?
- PALME: É evidente que o regime militar ilegal do Chile está se isolando cada vez mais, tanto na esfera nacional quanto no cenário internacional. Estou plenamente convencido de que, um dia, a Junta desaparecerá e poucos lamentarão esse fato.

- JLA: Outro país que desperta a atenção dos políticos europeus é a Venezuela. A seu ver, ela tem condições de desempenhar papel de liderança na América Latina?
- PALME: Pelo que tenho lido e ouvido, ela tem papel importante a desempenhar no futuro da América Latina e no mundo. Estou muito interessado em conhecer melhor a realidade venezuelana.

- JLA: México e Suécia gozam de excelentes relações. A política externa mexicana tem sido comparada à sueca. É correta essa comparação?
- PALME: A opinião pública sueca contempla com grande simpatia os esforços latino-americanos no sentido de lograr a libertação continental e fortalecer a autonomia nacional. Esses princípios também formam a essência da política externa da Suécia. Acompanhamos com muita simpatia a política externa de países como o México.

- JLA: Na ótica da Suécia, que papel o Brasil pode desempenhar no contexto da América Latina?
- PALME: O papel do Brasil não está ligado, evidentemente, apenas à América Latina, embora seja uma nação extremamente importante para o continente latino-americano. Do ponto de vista da Suécia, o Brasil não é apenas uma potência original, mas, sobretudo, uma potência mundial, que durante muitas décadas tem contribuído para o fortalecimento da cooperação internacional no comércio, na cultura e nos esportes. O Brasil tem estreitado sua cooperação com a Europa e, em conseqüência disso, também com a Suécia. Da nossa parte, queremos dinamizar ainda mais esses vínculos.

- JLA: A Suécia é considerada um dos países mais ricos e desenvolvidos do mundo. Que critérios que adota para oferecer ajuda externa a outros países? Por que na América Latina somente Cuba recebe essa ajuda atualmente?

☐ PALME: Como a Suécia é um país pequeno, nossos esforços se concentram em oferecer ajuda externa somente a um pequeno número de nações. Por outro lado, as nações com as quais cooperamos devem estar efetivamente trabalhando pelo progresso econômico, pela igualdade social e pela soberania nacional. Na América Latina, cooperamos com Cuba porque Cuba corresponde aos princípios pelos quais nos guiamos e que estruturam nossa política de ajuda externa. Durante o período do presidente Salvador Allende, a Suécia também oferecia ajuda ao Chile. Essa ajuda, todavia, foi suspensa depois do golpe militar.

■ JLA: A Suécia é um país pequeno, mas com centenas de companhias multinacionais. As multinacionais desempenham papel positivo na Europa? E nos países em desenvolvimento?

☐ PALME: Algumas têm desempenhado papel bastante positivo. Contudo, torna-se necessário exercer sobre essas companhias um controle correto, quer através de leis, quer por meio de cooperação internacional entre governos e organizações sindicais. No Terceiro Mundo, é possível encontrar muitos exemplos da influência negativa das multinacionais. Todos nos lembramos do caso do Chile. O poder das multinacionais pode ser ainda mais ameaçador nos países de economia fraca.

Junho de 1975

UM LÍDER AO ALCANCE DE UM TIRO

Fazia 200 anos que os suecos não testemunhavam qualquer tipo de violência política quando o primeiro-ministro Olof Palme foi morto a tiros ao sair de um cinema com a mulher. O crime revelou uma peculiaridade do país: nenhum outro governante europeu ousaria expor-se em público sem seguranças. O líder social-democrata nunca imaginou que corresse risco. Adepto da sociedade aberta, democrática, ele gostava da proximidade com o povo.

Em seus discursos pacifistas, condenou a proliferação de armas nucleares e a injustiça social no mundo, atacou a política de *apartheid* da África do Sul e apoiou a Organização para a Libertação da Palestina (OLP) para a criação de um Estado árabe ao lado de Israel.

Em 1989, o principal suspeito pela sua morte, Christian Petterson – um criminoso comum, reconhecido pela própria mulher de Palme como o assassino –, foi posto em liberdade devido a irregularidades processuais no julgamento. Uma comissão governamental chegou à conclusão de que o caos e a incompetência cercaram a apuração do caso, tendo constatado que várias pistas não tinham sido investigadas, tais como a venda de armas para a Índia por um esquema de corrupção e a possível existência de uma rede de extrema direita na polícia de Estocolmo.

FELIPE GONZÁLEZ

O HOMEM QUE REIVENTOU A ESPANHA

"O NOVO LÍDER DA ESPANHA. Um jovem leão da esquerda." Foi com essa manchete "leonina" que o jornal *The New York Times* saudou, em sua edição de sábado, 30 de outubro de 1982, a esmagadora vitória do socialista Felipe González nas primeiras eleições democráticas realizadas na Espanha. Considerada um fato histórico, a vitória de González deixou definitivamente para trás os quase quarenta anos de regime ditatorial do generalíssimo Francisco Franco, que tomou o poder em 1939.

"Dentro de poucas semanas, Felipe González se tornará o mais jovem primeiro-ministro da história da Europa Ocidental: ele tem apenas 40 anos, mas, de perto, parece ainda mais jovem", destacou o matutino, insinuando talvez que ele fosse, politicamente, um iniciante, um *naïf*.

Para muitos americanos que não acompanhavam com atenção o andamento do processo político na Espanha – mais preocupados com os efeitos da recessão e com os altos índices de desemprego em seu país –, a chegada do jovem González ao poder constituía um acontecimento curioso. E não sem razão: sete anos antes ele não era muito conhecido nem mesmo na Europa, onde militou boa parte de sua vida na clandestinidade.

Nascido em 5 de março de 1942 no seio de uma família modesta, Felipe González formou-se em direito pela Universidade de Sevilha. Em 1963, com apenas 20 anos, entrou para o Partido Socialista Operário Espanhol (PSOE), agremiação política centenária fundada clandestinamente por intelectuais e operários em 1879.

Nos tempos de clandestinidade, durante a ditadura franquista, Felipe González chamava-se "Isidoro", nome de guerra de um militante incansável, que se converteu logo depois no "Furacão González", o jovem socialista que chegou de forma fulminante à cúpula do PSOE.

Líder do partido desde o início da década de 1970, Gonzalez foi eleito secretário-geral em 1974. Sob sua direção, a agremiação tornou-se ágil e bem-estruturada, um poderoso e convincente movimento de formação de massa, que atraiu o apoio significativo de milhões de trabalhadores espanhóis.

Em 1979, ainda secretário-geral do partido, ele abandonou as teses marxistas e encaminhou o PSOE na direção do modelo da social-democracia escandinava. Com a histórica frase "O marxismo ou eu", deu um ultimato aos seus correligionários mais rebeldes, saindo-se ainda uma vez vitorioso.

Por fim, em 28 de outubro de 1982, o Partido Socialista Operário Espanhol chegou ao poder com expressiva vitória eleitoral e Felipe González, como conseqüência, assumiu no início de dezembro a Presidência do governo.

Ele permaneceria no poder como primeiro-ministro durante 14 anos, cumprindo um dos mais longos mandatos da moderna história da Espanha democrática. Sob sua direção o PSOE alcançou maiorias absolutas consecutivas no Parlamento e, segundo maioria dos analistas europeus, González governou a Espanha com absoluta eficiência e competência. O chefe do governo socialista transformou radicalmente seu país, que era uma economia apenas emergente, subdesenvolvida para os padrões clássicos europeus.

"Quero criar na Espanha um mercado eficiente, que faça crescer a economia, para podermos criar a real oportunidade de redistribuir renda", disse ele no discurso de posse em 1982. E seguindo também as diretrizes de seu partido, colocou em prática um arrojado programa de política externa, integrando a Espanha na moderna história da Europa.

"O governo da Nação abordará, sem mais demora, uma política exterior que reforce o papel da Espanha no conceito internacional, afirme sua presença em pé de igualdade ali onde os interesses nacionais estejam em perigo e permita ao nosso país contribuir ativamente para a causa da paz, da liberdade, da justiça e do progresso do mundo", assegurou ao jornal *Le Monde*.

Durante seu governo, abriu-se uma etapa gloriosa de relançamento da política espanhola como protagonista da comunidade internacional. Sob a chancela de González, a Espanha desencadeou uma política voltada para a América Latina, cujas conseqüências se fazem sentir mesmo na primeira década do século XXI.

As diretrizes da política externa acabaram influenciando os parâmetros de sua política de Estado. Em 22 de outubro de 1983, oito dessas diretrizes foram apresentadas às Cortes Gerais – as duas câmaras do Parlamento espanhol:

1. Não introduzir elementos desestabilizadores em um mundo dominado pelas idéias de conflito potencial.
2. Tentar obter a maior margem de autonomia possível, de forma a possibilitar a consecução de nossos objetivos sem fomentar instabilidade.

3. Definir uma política claramente ocidental, com liberdade suficiente para que não se produza um alinhamento mecânico a interesses que podem não coincidir com os nossos.
4. Intensificar o processo de integração na Comunidade Européia.
5. Promover substancial melhora das relações com vizinhos.
6. Converter a tradicional política ibero-americana do plano retórico ao da realidade.
7. Potencializar a ação exterior em todos os aspectos que conformam as relações internacionais (culturais, sociais, trabalhistas, econômicas).
8. Utilizar plenamente os foros internacionais, de modo a contribuir para o estabelecimento de uma nova ordem econômica internacional.

Criticado porque, durante seu governo, não se levantou contra os horrores cometidos pelo fascismo franquista, que fez milhares de vítimas na Espanha, Felipe González foi suficientemente humilde para autocriticar-se, assumindo parte da culpa "pela política de impunidade e pela perda da memória histórica da Espanha" em entrevista concedida ao jornalista e escritor Juan Luis Cebrian, que a incluiu em seu livro *El futuro no es lo que era* ("O futuro não é o que era").

Nessa ocasião, confessou: "Sinto-me responsável por não ter impulsionado um debate sobre nosso passado histórico, o franquismo e a Guerra Civil, na altura em que isso era provavelmente mais oportuno. Fui presidente do governo, com maioria absoluta, na altura do qüinquagésimo aniversário do início da Guerra Civil Espanhola e também da mesma efeméride de seu fim. Teria sido até 'conveniente' abrir o debate sobre o tema nos momentos em que nós, os socialistas, estávamos em posições difíceis. Não o fiz, apesar de assistir com mágoa que o Vaticano continuava a beatificar dezenas, às vezes centenas, de pessoas do lado dos vencedores, exaltando as vítimas da 'Cruzada', como ainda a chamam. Entretanto, não houve nenhuma exaltação, nem sequer reconhecimento, das vítimas do franquismo. Por isso, sinto-me responsável por uma parte da perda da nossa memória histórica – o que permite agora que a direita se negue a reconhecer o horror representado pela ditadura e o faça sem sofrer castigo eleitoral ou social, sem que os jovens se comovam, porque nem sequer sabem o que ocorreu".

Felipe González visitou a Suécia a convite da social-democracia de Olof Palme em 20 de novembro de 1975, poucos dias depois da morte do generalíssimo Francisco Franco – caudilho de Espanha *"por la gracia de Dios"* – e durante o período de transição democrática tanto da

Espanha quanto de Portugal, que também acabara com a ditadura em abril de 1974, na Revolução dos Cravos. Naturalmente, ele estampava uma fisionomia ainda mais jovem do que a observada pelo jornalista do The New York Times em 1982. E naquela época, com apenas 32 anos, ele já não tinha absolutamente nada de *naïf*.

JLA: Por que o PSOE duvida da sinceridade do novo governo e não acredita na política de redemocratização da Espanha seguida pelo rei Juan Carlos?

GONZÁLEZ: Trata-se de um problema de base. O governo está servindo aos interesses da direita e da extrema direita, que, durante quarenta anos, ficaram abrigadas sob o manto do generalíssimo Franco e utilizaram o poder político de forma ditatorial, porque isso convinha a seus interesses. No momento, o governo espanhol tenta modificar esse marco político para adaptá-lo ao marco europeu, sobretudo porque acredita que essa tomada de posição servirá melhor aos seus objetivos. Não obstante, esse mesmo governo teme – e teme de maneira quase desesperada – tudo aquilo que, na dinâmica das transformações, possa representar a perda do controle do poder político. Além disso, continua mergulhado em enorme contradição, isto é, fundamenta seu poder político em instituições ditatoriais que precisam ser liquidadas para a Espanha poder passar para uma situação nova, autenticamente democrática. Em outras palavras, liquidar essas instituições significa, evidentemente, participar dos mecanismos das forças políticas democráticas, o que não é tarefa exclusiva do governo, mas de todo o povo espanhol. Não creio que o governo possa realizar sozinho o projeto de plena redemocratização do país.

JLA: Que condições seriam então necessárias para que os socialistas começassem a dar crédito a esse processo?

GONZÁLEZ: Não podemos falar de democracia de forma abstrata. Segundo penso, quase todo mundo na Espanha quer concretamente a democracia, quer vivê-la na prática, no dia-a-dia. Para atingir tal estágio, no entanto, é necessário pôr fim a essa dialética do "tudo ou nada". Para nós, socialistas, meras declarações de intenções não têm valor específico, não são substanciais. A partir dessas condições mínimas, poderíamos então afirmar que o país caminha para a democracia. Na realidade, a aspiração política da Espanha, de se integrar ao Mercado Comum Europeu, pode ser enquadrada no que já dissemos. Para isso, a Espanha tem que inaugurar novas diretrizes de política externa. A direita crê que o método mais estável para a defesa de seus interesses econômicos está precisamente em substituir a superestrutura política ditatorial por uma superestrutura política democrática, com o livre jogo de todas as forças políticas. É o preço que a direita terá que pagar para incorporar-se à Europa do Mercado Comum. E aqui está o grande trunfo para a esquerda – justamente o preço da ruptura de um sistema para outro, o preço da transformação em profundidade de todas as instituições políticas do país.

- JLA: Crê numa aproximação dos social-democratas e socialistas em relação aos comunistas europeus?
- GONZÁLEZ: É necessário fazer muitas distinções. Em alguns lugares, a evidência de que essa aproximação está em curso é total. Na França, por exemplo, existe um programa comum da esquerda; em Portugal, há divergências, mas, de qualquer maneira, os socialistas tiveram e têm necessidade de defender a participação dos comunistas no governo; na Itália, mesmo antes das últimas eleições – e, sobretudo, através do movimento dos trabalhadores italianos, que condicionou esse processo –, a aproximação também está em curso. Na Espanha, podemos dizer que existe um clima satisfatório de relacionamento. Todavia, o que quero ressaltar, dentro desse processo, é que a aproximação européia não se está consumando pelo fato de os socialistas estarem buscando o apoio dos comunistas. Ao contrário, os comunistas europeus é que mais necessitam do apoio dos socialistas e social-democratas. O que acontece é que a ideologia excludente dos comunistas está se modificando. Sua própria concepção de tomada do poder – de certa forma superada e totalitária – está mudando. Eles começam a admitir o jogo pluralista e ingressam numa dialética mais inteligente e mais profunda, que sempre foi própria dos partidos socialistas.

- JLA: Pensa então que socialistas e comunistas, aparadas as diferenças, podem formar uma força relativa de oposição na Espanha?
- GONZÁLEZ: É muito difícil estabelecer a dimensão dessa força relativa entre socialistas e comunistas enquanto não houver eleições gerais na Espanha, um pronunciamento do povo em clima de liberdade total. Contudo, creio que a relação de força poderia ser semelhante à de Portugal, ainda que não queiramos estabelecer comparação entre a situação socioeconômica e política dos países.

- JLA: Líderes governamentais da Europa ocidental parecem apoiar abertamente o programa político do PSOE. O senhor sente o apoio dos social-democratas, no que diz respeito ao futuro do poder político na Espanha e, em particular, ao seu partido?

☐ GONZÁLEZ: Nossas relações não se estabelecem em nível de governo, mas em nível de partidos socialistas e social-democratas, como o sueco. Cada dia se torna mais claro para esses partidos que o único projeto político com credibilidade para se atingir a democracia plena na Espanha é o projeto da oposição, representado agora pelo nosso Partido Socialista Operário Espanhol.

■ JLA: Socialismo e democracia são conceitos conciliáveis?
☐ GONZÁLEZ: Claro que sim. Socialismo e democracia são conceitos indissoluvelmente ligados. O socialismo, como alternativa política, não é possível sem o respeito à liberdade, sem assumir conscientemente o conceito de democracia.

■ JLA: Qual a melhor receita para a democracia plena?
☐ GONZÁLEZ: Incorporar as massas no processo político e mobilizá-las em torno dos projetos nacionais mais prioritários, de forma a mudar, na prática e em tempo hábil, o *status quo* desfavorável. Além disso, as instituições democráticas e a imprensa livre podem servir também para construir uma consciência coletiva. Nessa pauta, é necessário dar alta prioridade à consecução de uma ordem social justa.

Janeiro de 1976

....

QUANDO A ARTE IMITA A VIDA

No filme *Gal* – sigla de Grupos Antiterroristas de Liberación – dirigido pelo espanhol Miguel Courtois, o ator Bernard Le Coq interpreta o presidente de um país indeterminado, mas a situação política que emoldura a trama e sobretudo o sotaque andaluz do personagem sugerem tratar-se da Espanha e de Felipe González. O próprio nome do filme reforça essa tese: o último mandato de González foi marcado pelo terrorismo de Estado e pela corrupção, que envolveu membros de seu governo.

O filme baseia-se em fatos reais para contar a investigação levada a cabo por dois jornalistas espanhóis – Manuel Mallo e Marta Castillo – sobre as atividades de milícias antiterroristas que, entre 1983 e 1987, desencadearam em território francês mais de 30 atentados contra os guerrilheiros bascos do ETA, resultando em 27 mortos e 50 feridos. O Gal se movia pela crença de que, ameaçado, o governo francês começaria a colaborar na luta contra o ETA – o que de fato ocorreu.

A investigação jornalística revelou à justiça espanhola que os atentados tinham sido organizados e financiados por uma parte do governo espanhol. A denúncia levou à condenação de toda a cúpula do Ministério do Interior por homicídio, seqüestro, associação criminosa, falsificação de documentos e malversação de dinheiro público.

13

MÁRIO SOARES
O OTIMISMO DE UM SOCIALISTA INCANSÁVEL

A EXEMPLO DO que aconteceu na Espanha, o ano de 1975 foi decisivo também para Portugal. Após a queda do regime autoritário, em 25 de abril de 1974, a tentativa de golpe do general Antonio Spínola, em março de 1975, resultou num contragolpe que conduziu a Revolução dos Cravos ainda mais para a esquerda. Em difícil situação econômica e enfrentando profunda crise de autoridade, Portugal vivia seus piores dias de confusão e revolta. A imprevisibilidade provocava pesadelos nos defensores europeus da economia de mercado. Em Londres, o jornal *The Times* concluía de forma alarmante: em Portugal, "o capitalismo está morto".

O socialista Mário Soares, um dos fundadores da Associação Socialista Portuguesa (ASP), que tivera *soi disant* o "mérito" de ser preso treze vezes e mesmo deportado pela Polícia Internacional e de Defesa do Estado (Pide), a polícia política portuguesa, regressou a Lisboa em 1974, sendo imediatamente reconhecido como um dos maiores líderes da oposição. Com razão: ativíssimo no exílio, ele estivera também à testa da transformação da ASP em Partido Socialista Português – uma refundação da antiga agremiação, que existira entre 1875 e 1926. Naquela época, porém, o clima para o Partido Socialista Português era cada vez menos favorável, porque as forças da extrema esquerda, e sobretudo o Partido Comunista, radicalizaram a situação a ponto de Soares ter que buscar apoio fora do país. Foi assim que bateu na porta da Internacional Socialista e prontamente recebeu apoio do primeiro-ministro da Suécia, Olof Palme, e do líder da Social Democracia Alemã (SPD), Willy Brandt.

Já em 1974, um ano depois da retomada do Partido Socialista Português, em Munstereiffel, na Alemanha Ocidental, Palme trabalhava energicamente para que a Internacional Socialista realmente apoiasse Soares em sua tentativa de estrangular os radicalismos de Lisboa. Por iniciativa do primeiro-ministro sueco, líderes da social-democracia européia decidiram, em agosto de 1975, numa conferência em Estocolmo, criar uma "comissão de apoio e solidariedade para a democracia e o socialismo em Portugal". O encontro reuniu dez chefes de governo e pelo menos 15 outros dirigentes socialistas e social-democratas. Embora Portugal, na bancarrota, estivesse atravessando um dos períodos de maior convulsão de sua história, tanto Palme quanto

Soares – em contraste com o britânico Harold Wilson, cujo ceticismo era visível – pareciam otimistas. Acreditavam no futuro desenvolvimento do socialismo lusitano: um socialismo democrático e com "face humana", naturalmente, em nada semelhante ao dos países do bloco de Leste, satélites da União Soviética.

Convencido de que o caminho do socialismo democrático seria a melhor alternativa para uma nação que viveu quase um quarto de século sob o atraso da estagnação política, Soares assegurava em seus prognósticos que o povo português terminaria por impor sua vontade, ou seja, daria a vitória ao Partido Socialista Português e, conseqüentemente, a ele próprio. Profético na sua visão política, Mário Soares tampouco errou nas previsões sobre seu próprio desempenho no poder: participou de quatro governos provisórios entre 1976 e 1985, como ministro de Negócios Estrangeiros e ministro sem pasta, negociou com pleno sucesso, entre 1977 a 1985, a entrada de Portugal na Comunidade Européia e foi presidente da República em dois mandatos sucessivos, de 1986 a 1996.

Pelo conjunto de suas ações – de acordo com avaliação feita pela Universidade de Oxford –, Mário Soares foi o mais destacado de todos os políticos portugueses do século XX.

Em outubro de 2007, aos 83 anos, inquirido pela revista francesa *Le Nouvel Observateur* – a propósito de um livro de Bernard Henry Levy, um dos líderes da *nouvelle philosophie* – "se ainda fazia sentido ser de esquerda", esse paladino incansável do socialismo português respondeu, imperturbável: "Mais do que nunca! Ser de esquerda, a meu ver, para um europeu, não é só ter um passado coerente, antifascista, anticolonialista, a favor dos direitos humanos e da igualdade entre homens e mulheres; é ser a favor de uma democracia econômica e social – não de uma democracia liberal –; é lutar contra as desigualdades sociais e ser a favor de uma Europa política e socialmente capaz de ser solidária com todas as outras regiões do mundo onde se sofre; é ser a favor das grandes causas de defesa do meio ambiente, dos direitos humanos e da igualdade de todos os indivíduos, independentemente de sexo, opção sexual, raça, religião ou condição social; é ser pelo primado da política sobre a economia, da ética contra a mistura explosiva do negocismo e da política; é ser tolerante e aceitar o outro como diferente de nós, partidário do multiculturalismo e da laicidade, ou seja, a favor da separação do Estado e da Igreja; a favor de um sistema capaz de corrigir as desigualdades de um Estado de Direito, interveniente, mormente no campo da saúde, da justiça, do ensino, do conhecimento e do aproveitamento dos melhores. Seria tudo isso, pouco?"

Mário Soares

Foi em agosto de 1975, ainda sob o impacto do encontro de socialistas e social-democratas europeus em Estocolmo, que entrevistei Mário Soares pela primeira vez. Na época, ele era ministro dos Negócios Estrangeiros de Portugal.

- JLA: O Partido Socialista parece agora menos pessimista com relação ao futuro da democracia em Portugal. A que se deve essa mudança de percepção?
- SOARES: O Partido Socialista não está nem mais nem menos otimista do que antes. O PSP pretende ser realista. Precisamos agora fazer uma análise da relação de forças existente na sociedade portuguesa. Naturalmente, essa relação de forças é para nós mais importante do que as composições no seio do exército – sempre mutáveis. O que importa é a vontade das massas populares. O Partido Socialista Português não é somente um grande partido – é o maior partido do país, conforme provaram as eleições. Ele deve ser considerado também pela sua capacidade de mobilização das massas populares, de fazer o povo descer às ruas e lutar por aquilo que considera justo.

- JLA: Mas, diante do atual quadro político, qual seria o caminho a ser seguido pelos socialistas? Você estaria disposto a novas negociações com o "Triunvirato"?
- SOARES: O Partido Socialista acaba de fazer uma proposta para a formação de um "governo de salvação nacional" constituído em torno de um programa comum de ação, discutido por todas as forças políticas, incluindo as diferentes correntes do Movimento das Forças Armadas (MFA). Isso quer dizer, portanto, que a nossa posição é encontrar um compromisso entre as forças revolucionárias do nosso país no sentido de descobrir uma saída para a atual crise. Esperamos, naturalmente, uma resposta de outras facções políticas.

- JLA: Pensa que a criação dos comitês populares representa uma ameaça ao pluralismo partidário?
- SOARES: O Partido Socialista não se opõe à formação dos comitês populares. O PSP se opõe, isso sim, a que esses comitês se transformem em organização paralela ao aparelho do Estado, substituindo a verdadeira representação popular. O que o PSP exige é que esses comitês populares sejam dirigidos por representantes eleitos pelo voto secreto.

- JLA: Qual então o grande dilema que separa socialistas de comunistas?
- SOARES: Para os comunistas, o dilema que existe em Portugal é o da revolução e da contra-revolução. Para nós, socialistas, a realidade é outra. Nós nos preocupamos com o tipo de revolução. Será que vamos fazer de Portugal uma ditadura comunista, em estilo de democracia popular? Ou marcharemos para um tipo de sociedade socialista, em liberdade, preservando a democracia política? Essa é a opção entre as duas formas de revolução. Como já disse antes, o que nos divide não seria nem Marx nem, talvez, Lênin. O que nos divide é Stálin.

- JLA: Em declarações transmitidas pela Rede Eurovisão, o senhor afirmou que um governo presidido por uma personalidade militar seria sempre um governo minoritário. Confirma essas palavras?
- SOARES: Não foi propriamente isso que declarei. O que afirmei foi que, se houvesse um governo como o presidido atualmente pelo general Vasco Gonçalves, e uma vez que os partidos majoritários se comprometem a não participar desse mesmo governo, assim como outras forças e correntes políticas, esse governo, se constituído, seria certamente minoritário. Um governo apoiado apenas pelo Partido Comunista e atrelado a seus satélites representaria, quando muito, apenas 18% do eleitorado português.

- JLA: O general Otelo Saraiva de Carvalho, chefe do Comando Operacional do Continente (Copcon) advertiu que não serão mais toleradas manifestações que alterem a ordem pública em Portugal. Afirmou que usará, se necessário, forte repressão. Não lhe parece que essa advertência foi dirigida ao senhor em particular e ao Partido Socialista Português?
- SOARES: Prefiro não comentar essas declarações do general, que foram feitas logo após seu regresso de Cuba. Na minha opinião, foram declarações circunstanciais, isto é, feitas apressadamente em resposta a perguntas da imprensa. De qualquer maneira, ainda terei uma entrevista com ele. Só depois de um contato pessoal poderei saber qual o verdadeiro pensamento que está por trás dessas declarações. Penso que não existe razão nenhuma para dramatizarmos essas declarações dele.

- JLA: Por trás da crise política portuguesa há, inegavelmente, a crise econômica. A esse respeito, o que pensa das nacionalizações, para ficarmos com um exemplo mais significativo dos problemas existentes nesse campo?

Mário Soares

☐ SOARES: Já antes de 25 de abril, o Partido Socialista Português tinha um grande programa de nacionalizações. Resta agora saber como vamos gerir as empresas nacionalizadas. É o problema da autogestão. O Partido Socialista é favorável, em princípio, à autogestão, ao poder democrático dos trabalhadores das empresas nacionalizadas. Não queremos transformar um capitalismo monopolista num capitalismo de Estado, de fachada socialista. Queremos, isso sim, construir uma verdadeira sociedade socialista, com liberdade.

■ JLA: De acordo com um jornal brasileiro, o general Spínola esteve na França em negociações com o Partido Socialista Português para a elaboração de uma estratégia comum de oposição. O senhor confirma essas negociações?

☐ SOARES: Desminto categoricamente tais informações, que são completamente falsas e representam mesmo uma especulação com fins políticos evidentes. Nunca houve contato direto ou indireto entre o Partido Socialista e o general Spínola. O jornal *Tribuna da Imprensa*, do Rio de Janeiro, que publicou a notícia, não me parece ter reputação de seriedade. De qualquer maneira, já encarreguei um advogado de processar esse órgão, juntamente com um jornal português, que reproduziu essa notícia inteiramente falsa. Soube também, com grande surpresa, que até um correspondente do jornal *Le Monde* no Rio de Janeiro disse que o general Spínola havia confirmado esses contatos. Isso é ainda mais grave. Mesmo que o general Spínola queira manter contato conosco, direta ou indiretamente, nós não desejamos fazê-lo. O Partido Socialista Português não tem interesse nesse contato. Portanto, não sei que fontes são essas e, por isso, as nego em absoluto.

■ JLA: Quais foram os dividendos da reunião com os líderes dos partidos social-democratas da Europa, em Estocolmo?

☐ SOARES: Recebi o convite para participar do encontro por meio do primeiro-ministro sueco Olof Palme. A iniciativa foi também dos líderes dos partidos socialistas e social-democratas da Europa. Foi um encontro informal, fundamentalmente sobre os problemas da social-democracia e do socialismo na Europa. Discutimos também a crise econômica mundial e, particularmente, os problemas da Conferência de Segurança Européia, realizada em Helsinque, na Finlândia. Dessa troca de pontos de vista nasceu a idéia de criar um comitê de solidariedade dos diferentes partidos socialistas e social-democratas da Europa, em relação à democracia socialista que meu país experimenta no momento. Penso que o encontro trará resultados futuros bastante positivos.

■ JLA: E sobre a ajuda incondicional defendida pelo senhor nesse encontro? Terá algum efeito junto ao governo de Portugal?

□ SOARES: Sim. Penso que produzirá algum efeito. Fiz o que pude no sentido de conseguir ajuda econômica para Portugal. Meu país depende basicamente da Europa. Mais de 1 milhão de trabalhadores portugueses vivem e trabalham em diferentes países europeus. Se houvesse isolamento de Portugal na Europa, isso seria uma catástrofe. A função do Partido Socialista tem sido justamente a de se bater no sentido de que isso não venha a acontecer.

Agosto de 1975

....

DIFICULDADES DA DESCOLONIZAÇÃO PORTUGUESA

É preciso começar por dizer que não existia uma visão política homogénea no seio do governo provisório. Na ausência de coordenação, cada um fazia mais ou menos aquilo que entendia. Quando aceitei a pasta dos Negócios Estrangeiros, tinha uma idéia para levar a bom termo a descolonização. Pretendia fazer assinar rapidamente um cessar-fogo nos territórios em guerra, para acabar com ela localmente. Mas tinha de respeitar o presidente Spínola, o qual possuía os seus próprios pontos de vista nessa matéria. Ele desejava a constituição de um processo sob controlo armado, para chegar a uma espécie de "*Commonwealth* portuguesa". Numa altura em que a opinião pública apelava à manifestação nas ruas a favor das independências, da fraternidade e da paz, isso era claramente impossível. A população reclamava o regresso dos seus soldados ao país. As tropas portuguesas estacionadas no Ultramar começavam, também elas, a confraternizar com os nacionalistas. A política de Spínola era, por conseguinte, irrealista. Do lado oposto, havia a visão do Partido Comunista. Convém lembrar que, naquela época, nos aproximávamos do período da máxima expansão da União Soviética no mundo. Os comunistas portugueses desejavam fazer entrar as antigas colónias portuguesas na esfera de influência soviética, uma vez que elas albergavam no seu seio movimentos de tendência comunista. Estávamos então em 1974. Finalmente, uma terceira tendência era a que preconizava Melo Antunes, um tenente-coronel do Exército português e ao mesmo tempo um intelectual, que me sucedeu no Ministério dos Negócios Estrangeiros. A sua idéia de descolonização negociada estava mais próxima da minha, sem ser exactamente a mesma. Ele era muito "terceiro-mundista". Então, cada um começou a trabalhar para seu lado.

MÁRIO SOARES
no livro *Memória viva*, 2003

14

MELINA MERCOURI
A ÚLTIMA DEUSA DO OLIMPO

ENTRE AMIGOS íntimos e intelectuais de Nova York, ela era conhecida como "a última deusa do Olimpo", talvez porque, para além de sua extraordinária beleza e *glamour*, Melina Mercouri era uma mulher poderosa, que, como poucos, dominou magistralmente três difíceis carreiras: a de cantora, a da política e a de atriz de cinema e teatro.

Nascida em Atenas em 18 de outubro de 1940, Melina Mercouri ficou internacionalmente conhecida depois de sua estréia em *Nunca aos domingos* (1968), filme dirigido por Jules Dassin, que lhe rendeu a Palma de Ouro no Festival de Cannes, uma indicação ao Oscar e um sucesso extraordinário para sua interpretação da canção-tema. Nesse filme, Melina desempenha o papel de uma prostituta generosa, que acaba transtornando a cabeça de um filósofo.

Pertencente a uma família de políticos famosos – seu pai foi membro do Parlamento grego e seu avô, prefeito de Atenas –, Melina enveredou cedo pela trilha das artes cênicas meio a contragosto da família.

– Naquela época, trabalhar em teatro ou cinema era considerado uma aventura temerária. A classe média, que queria ver seus filhos bem-empregados e com o futuro garantido, via a profissão de ator como algo frágil, perigoso e decadente. Na Grécia, era também uma atividade associada à vagabundagem, aos boêmios irresponsáveis, aos homossexuais, disse-me ela em tom confidencial, tentando explicar suas dificuldades iniciais para convencer a família.

A exemplo de tantos outros intelectuais e artistas gregos perseguidos pelo "Regime dos Coronéis", Melina Mercouri também abandonou a Grécia, exilando-se na França entre 1967 e 1974.

Ao perder seus direitos civis, em 1968, a mais célebre atriz do cinema grego comprometeu-se ativamente na luta contra a ditadura, fazendo uma longa turnê internacional em defesa da democracia. Cantou em favor da liberdade de seu país em mais de 30 capitais e tornou-se representante por excelência da resistência grega no exterior.

– Durante o regime dos coronéis, percebi que minha carreira estava ameaçada e que havia terminado o tempo de permanecer calada, sob pena de, indiretamente, fazer propaganda de um governo que repudiava, recordou com a voz rouca de quem fuma muito.

Quando a democracia foi restaurada na Grécia, Melina Mercouri retornou ao seu país, consciente de que abraçaria a carreira política. De fato, casada com um dos mais consagrados diretores de cinema do mundo, Jules Dassin, ela foi eleita membro do Parlamento grego pelo Movimento Socialista Pan-Helênico, mais conhecido como Pasok, e, em 1981, tornou-se ministra da Cultura, cargo que ocupou por vários anos, até praticamente sua morte, ocorrida em 1994, em Nova York, vítima de um câncer pulmonar. Durante toda sua vida, ela fumou pelo menos 60 cigarros por dia.

Seu funeral, em Atenas, comparável ao de um chefe de Estado, foi comovente, com cerca de 2 milhões de gregos acompanhando as cerimônias fúnebres.

– O exílio ensinou-me muitas coisas. Entre elas, aprendi a deixar de ser uma grega chauvinista. Antes, confesso que era uma grega profissional, porque fui usada para desempenhar esse papel. No exílio, tive a oportunidade de viver com outros exilados, de conhecer outros problemas. Foram anos terríveis os que passei fora de meu país, mas tenho consciência de que não fui eu quem mais sofreu.

A confissão foi feita em 1978, quando o Movimento Pan-Helênico, de esquerda, se reuniu na Escandinávia com outros partidos europeus integrantes da Internacional Socialista. Encontrei-a receptiva e radiante. Com um cigarro entre os dedos, naturalmente.

- JLA: Você se transformou na mais célebre atriz de cinema que a Grécia já produziu. Crê que sua carreira cinematográfica foi eclipsada pelas funções políticas que assumiu?
- MELINA MERCOURI: Óbvio que, como membro do Parlamento, não tive mais flexibilidade de tempo para dedicar-me totalmente ao cinema e ao teatro. Assim, meu tempo passou a ser dedicado integralmente ao programa do meu partido. Optei por ficar à frente de um movimento político-cultural. Mas não diria que abandonei por completo o cinema e o teatro. Durante o recesso parlamentar, no verão, sempre aproveito para participar de um filme ou de uma peça teatral. Algumas pessoas já me criticaram por esse duplo desempenho, qualificando-me como "musa do Parlamento grego" ou "socialista de salão". Mas uma coisa eu garanto: nunca fiz as coisas pela metade. Assumi o cargo político com todo o respeito, jurando não desiludir meu eleitorado. Continuo fazendo cinema e teatro nas horas vagas, e o resultado tem sido bastante aceitável.

Melina Mercouri

- JLA: Apesar das funções parlamentares assumidas, há ainda os que a tratam como uma atriz famosa?
- MELINA MERCOURI: Certas pessoas freqüentemente perguntam se eu continuo sendo artista de cinema, uma atriz. Respondo que sempre fui artista e o serei durante toda a minha vida. É tarde demais para mudar. Mas estou convencida de que hoje não me tratam simplesmente como atriz, sobretudo no exterior, pelo fato de muitos terem testemunhado o combate que travamos pela redemocratização da Grécia – o que, certamente, não foi feito apenas nos palcos, nos festivais ou nas telas dos cinemas internacionais...

- JLA: Como define seus interesses prioritários na política?
- MELINA MERCOURI: Minha prioridade são as pessoas que votaram em mim, meus eleitores. Eles depositaram na minha pessoa uma confiança extraordinária. Meu eleitorado é composto de pessoas simples, representantes da região que, ainda hoje, enfrenta talvez os problemas mais graves da Grécia moderna. Meu eleitorado é constituído pelo povo do Pireu (principal porto da Grécia, na região metropolitana de Atenas), não aquele de fachada, conhecido pelos turistas, mas o da região empobrecida e oculta. Priorizei também – e julgo importante esse tema, que levantei no Parlamento – a questão da censura na televisão. Na Grécia, durante muito tempo, a televisão transformou-se num instrumento de propaganda do governo. Levantou-se a censura à imprensa escrita, mas o rádio e a televisão permaneceram ameaçados. Notícias importantes continuaram sendo proibidas e alguns pronunciamentos políticos só eram veiculados se estivessem dentro da linha de pensamento do governo e dos donos das emissoras. A auto-censura imperou também durante longo tempo, como uma herança do regime dos coronéis. Acho isso um absurdo em qualquer nação que se diga democrática. Outra questão que considero prioritária é o apoio à luta feminina.

- JLA: A propósito disso, seu último filme *The Cry of a Woman* (*Kravgi gynaikon*, também traduzido em inglês por *A Dream of Passion*; em português, *Gritos de mulher*), dirigido por seu marido, Jules Dassin, e apresentado no Festival de Cannes, é um filme feminista?
- MELINA MERCOURI: Quando uso o termo "feminista", é como se dissesse "libertação" ou "democracia". São palavras que, pelo uso constante e mecânico, começaram a cansar. O filme é uma mensagem de amor a todas as mulheres como *Nunca aos domingos* foi uma mensagem de amor à Grécia.

■ JLA: Julga difícil o desempenho de uma mulher em cenários políticos majoritariamente dominados pelos homens?
☐ MELINA MERCOURI: No Parlamento grego, as tradições masculinas sempre imperaram. É extremamente difícil a intervenção feminina. Imagine que, entre 300 deputados homens, existem hoje apenas 11 mulheres. E elas se encontram divididas, porque não pertencem ao mesmo partido. Mudanças de tratamento e de respeito político da parte dos homens são difíceis de serem sentidas na Grécia. Mas isso será inevitável no futuro, como em qualquer sociedade democrática. Estamos lutando para isso.

■ JLA: Após tantos anos no exílio, qual foi sua sensação ao regressar à pátria?
☐ MELINA MERCOURI: Certamente, não foi uma sensação de triunfo. O fim da ditadura militar foi apenas mais uma mudança e nós – que fizemos parte da resistência – sabíamos disso. Não esquecemos a invasão de Chipre, o massacre da Escola Politécnica de Atenas, etc. Voltamos em sinal de respeito ao sacrifício e ao sangue derramado por muitos de nossos companheiros, que ficaram no país e, por isso, sofreram todos os tipos de atrocidades e injustiças. Mas, naturalmente, quando regressamos a Atenas, meu Deus! Era o sonho que se tornava realidade: o povo nos recebia com flores, com uma explosão de emoções e lágrimas!

■ JLA: Você sempre se preocupou com os problemas urbanos e sociais da capital grega. Por que, ao regressar, ficou chocada com a situação da Atenas histórica?
☐ MELINA MERCOURI: Quando um célebre compositor, amigo meu, deu uma entrevista afirmando que Atenas tinha se transformado numa cidade feia, fiquei furiosa. Sempre considerei nossa capital uma das cidades mais belas que vi na Europa. Depois de alguns anos, contudo, pude compreender o que ele quis dizer. Os coronéis, que assumiram o poder pela força, destruíram Atenas. A nova arquitetura irregular, o total desprezo pelo trabalho de preservação das antiguidades, o tráfego e a poluição criaram um quadro caótico numa cidade que já havia sido maravilhosa. O pobre Parthenon tranformou-se num monumento de honra à poluição; a Acrópole foi praticamente abandonada. Fiz até um filme cujos fundos reverteriam para a preservação dos notáveis monumentos históricos da Grécia. Não foi, porém, somente a modificação física de Atenas que me abalou. Alguns velhos amigos e outras pessoas me causaram grandes desapontamentos. Qualquer

tipo de ditadura deixa feridas profundas. Os gregos, que foram traídos pelos seus próprios amigos e aliados na luta pela sobrevivência, tornaram-se um pouco cínicos e mesquinhos pela força das circunstâncias. O *slogan* é mais do que conhecido: "O que tenho a ver com isso? A culpa não é minha". E isso partiu principalmente de pessoas acomodadas ou indefinidas, desiludidas por não terem sido punidas e que, repetidamente, dão de cara com os "arrogantes torturados, que circulam livremente pelo país" depois da queda da ditadura.

JLA: Não crê que o exílio modifique também a visão do exilado sobre seu próprio país?

MELINA MERCOURI: Creio que, em geral, o exilado sofre uma série de profundas transformações internas. Eu disse que aprendi a não ser chauvinista... Nunca acreditei que pessoas adultas poderiam modificar-se. Foi para mim uma grande lição ser uma mulher estrangeira, vivendo em outro país, sem passaporte, transformada numa mendiga de amor.

Julho de 1978

....

OS MÁRMORES DO PARTHENON

Como ministra da Cultura da Grécia (1981-1989), Melina Mercouri lutou incansavelmente para que a Grécia recuperasse os chamados "Mármores de Elgin", levados para Londres em 1806 e vendidos ao governo por Thomas Bruce, sétimo Conde de Elgin.

Eram partes dos maravilhosos frisos do Parthenon – o monumento mais conhecido do mundo helênico, erguido entre 447 e 443 a.C. e considerado uma das maiores obras-primas da arquitetura mundial.

Ao pedir ao governo de britânico que considerasse a possibilidade da devolução dos mármores do Parthenon, Melina Mercouri assinalou:

"Senhores, compreendam o significado da História. Os mármores do Parthenon significam o orgulho do povo grego. Representam nosso sacrifício através dos séculos. São um tributo à filosofia democrática. São a essência do helenismo e, por tudo isso, devem ser devolvidos."

Em 2000, uma pesquisa de opinião contou mais de 65% dos deputados britânicos já favoráveis à devolução das peças, que passaram a ser chamadas, corretamente, de "Mármores do Parthenon". Uma grande manifestação pela devolução das obras foi feita por ocasião dos Jogos Olímpicos de Atenas, em 2004, mas elas ainda podem ser vistas no Museu Britânico.

GRETA GARBO

A IDENTIDADE SECRETA DE GRETA GARBO

NUNCA VI Greta Garbo em pessoa. Nem mesmo quando, em 1975, ela visitou a Suécia após dez anos de ausência. Alguns colegas correspondentes alimentaram então fantasia de entrevistar a maior estrela da idade de ouro de Hollywood. Pensavam que, sendo ela sueca, deveria sentir-se mais à vontade e receptiva em seu país de origem. Eu mesmo sonhei fazer uma matéria exclusiva com a "divina" e talvez desvendar alguns dos mistérios que silenciaram quase definitivamente uma das mais fascinantes atrizes da história do cinema. O desafio teria enorme valor jornalístico, julgava eu, não apenas pela celebridade que ela era, mas sobretudo pelo que ardilosamente havia ocultado ao longo de toda sua existência.

Mas Greta Garbo não deu mais do que dez entrevistas ao longo da carreira cinematográfica, que abandonou com apenas 36 anos... e só oito concedidas de boa vontade, registraram alguns críticos de cinema carentes de intrigas e rumores.

Nascida em 18 de setembro de 1905, Greta Lovisa Gustafson (Keta, para os íntimos) era, desde criança, extremamente recatada e tímida. E isso não mudou nem mesmo quando debutou como atriz, aos 19 anos, ainda no tempo do cinema mudo. Filha de família modesta, estudou só até os 14 anos e passou a trabalhar como *tvalflicka* (moça do creme de barbear) numa barbearia da parte sul da capital sueca e, depois, na seção de chapelaria da Pub, loja de departamentos no centro de Estocolmo.

Descoberta pelo diretor Mauritz Stiller, Garbo saiu do anonimato graças ao filme *A lenda de Gosta Berling*, dirigido por ele em 1924. Louis B. Mayer, poderoso magnata do cinema americano e chefe da Metro Goldwyn Mayer, encantou-se com o desempenho de Garbo no filme de Stiller e ofereceu um contrato para ambos trabalharem em Hollywood. Foi assim que a recatada atriz sueca entrou para a história do cinema americano, transformando-se numa das mulheres mais poderosas e admiradas de sua época.

Preocupada com a interiorização do espírito e com detalhes perfeccionistas – como uma típica nativa do signo de Virgem –, não suportava desordem e evitava a qualquer o preço aproximar-se de pes-

Greta Garbo

soas estranhas. Reclusa e de convicções rígidas, mas decidida a fazer valer sua vontade, Garbo tinha a mania de expulsar do *set* todos os visitantes que não conhecesse, fossem eles importantes ou não. Só permitia que técnicos, figurantes e pessoas diretamente envolvidas na produção a vissem atuar ao vivo. Luis Buñuel, o mestre do cinema surrealista, conta na sua autobiografia, *Meu último suspiro*, a vergonha que passou num dos estúdios da Metro quando Garbo, histérica, pediu que o "desconhecido" fosse colocado no olho do rua pelos seguranças. No filme *Grand Hotel*, de 1932, uma de suas frases tornou-se célebre, tipificando seu temperamento egocêntrico: "*I want to be alone*".

Garbo, que queria ficar só, era conhecida também por se negar terminantemente a dar autógrafos, desprezando um poderoso recurso do marketing hollywoodiano. A recusa, segundo uma de suas fiéis amigas, a atriz e roteirista Salka Viertel, se prendia ao fato de Garbo achar sua caligrafia feia demais e julgar que as pessoas que pedem autógrafos se diminuem, colocando-se em posição de subserviência. Conhecida também por suas tendências bissexuais (com maior predileção por mulheres), Garbo era uma pessoa avançada para seu tempo, mas também uma personalidade complexa e desconfiada.

"Nas raras vezes que tiveram poder em Hollywood, mulheres como Garbo amedrontaram os homens, principalmente aqueles em cargos de chefia", analisou Louise Brooks, atriz americana que abandonou o cinema mudo em 1936. "Na época de Garbo, o poder era mais importante que o sexo e o dinheiro, embora o dinheiro estivesse sempre no coração do poder", disse.

Em 1926, Greta Garbo, dava mais um sinal de independência: deixou seu noivo, o ator John Gilbert, sozinho no altar, mas continuou a usá-lo como uma espécie de escudo contra os comentários sobre seu lesbianismo. Após a morte de Gilbert, em 1936, a vida amorosa de Garbo voltou a concentrar-se abertamente no sexo feminino e em companheiras "fiéis e confiáveis", como Barbara Kent, Paulette Duval e Mercedes de Acosta. Durante toda sua vida, a "divina" procurou cercar-se apenas de pessoas "amigas e fiéis", razão pela qual, naquele verão de 1975 na Suécia, recusou todas as gentilezas e hospedou-se na propriedade do conde Carl Johan Bernardotte, tio do rei Carlos XVI Gustavo.

Nessa viagem, Garbo estava tão distraída e relaxada que se deixou fotografar pela anfitriã, a condessa Kerstin. Esta, também deslumbrada e abstraída pelo *glamour* da hóspede, acabou revelando sua verdadeira paixão: a fotografia. Testemunhas do episódio, segundo revelou o vespertino *Expressen*, sugeriram que Greta Garbo não sabia que

Kerstin Bernardotte era jornalista com contatos diretos na imprensa diária de toda a Europa. A surpresa veio somente em abril de 1976, quando Garbo viu suas fotos estampadas no *Ladie's Home Journal* antes de se espalharem pelo mundo inteiro.

A essa altura, a atriz de *Ninotchka* chegou à amarga conclusão de que nem mesmo a aristocracia sueca bem-comportada resistia à tentação de explorá-la, fosse por vaidade, fosse "por um punhado de dólares". Magoada, nunca mais botou os pés na sua amada terra. Só voltou à Suécia quando suas cinzas foram transferidas para o Cemitério de Skogskyrkogarden, em Estocolmo.

E eu não vi Greta Garbo, nem mesmo quando ela se encontrava tão próxima de nós, naquela Suécia bucólica e tranqüila. Em 1989, por mero acaso, quando já havia esquecido completamente da "pauta Garbo", acabei escrevendo a sonhada matéria exclusiva, que intitulei *Uma Mata-Hari de verdade*. O "gancho" foi um livro lançado pelo embaixador e historiador Leif Leifland, que conheci numa recepção na embaixada da Grã-Bretanha e que gentilmente me falou sobre sua obra.

Longe de ser uma biografia de Greta Garbo, o livro de Leifland é um estudo histórico sobre a Suécia – neutra, numa época em que a Europa era palco de grandes tensões, suspeitas e desconfianças, assassinatos, prisões, torturas, mortes em massa e, sobretudo de traições e espionagens. Após a leitura atenciosa da obra de Leifland, o que se deduz é que, por trás do silêncio da divina Greta Garbo, se ocultavam histórias tão espantosas quanto comprometedoras, nunca antes reveladas.

Leifland, que pesquisou durante mais de 30 anos o assunto, sugere que, além de aplicar talento, *glamour* e beleza em sua carreira, a consagrada estrela da MGM dedicou-se a atividades muito mais sérias. Para além dos domínios da sétima arte, diz ele, Garbo foi também uma hábil e perigosa agente do serviço secreto britânico, uma informante paga, espécie de James Bond de saias na década de 1940. Essas surpreendentes informações foram detalhadas pela primeira vez pelo embaixador Leifland em *Svartlistningen av Axel Wenner-Gren* ("A incriminação de Axel Wenner-Gren"), obra publicada pela editora sueca Akelin & Hagglund, que devorei em apenas três dias em outubro de 1989.

- ■ Como Greta Garbo se transformou numa "Mata-Hari" de verdade?
- □ O cenário das espionagens de Greta Garbo é desenhado no verão de 1940, numa Europa já asfixiada pela guerra, com as tropas nazistas vencendo nos campos de batalha e os Estados Unidos, do outro lado

Greta Garbo

do Atlântico, articulando os preparativos para entrar no conflito e socorrer as forças aliadas. E é exatamente nessa época que Garbo faz sua *entrée* triunfal como agente secreta, repetindo na vida real o papel que desempenhara no cinema dez anos antes, em 1932, quando interpretou com grande êxito o papel central da melhor película dirigida por George Fitzgerald, *Mata-Hari*. De acordo com Leifland, o envolvimento da *megastar* com o serviço secreto britânico e sua conversão em espiã de Sua Majestade começou em setembro de 1940, quando o industrial e magnata Axel Wenner-Gren, fundador da empresa sueca Electrolux, a maior vendedora mundial de geladeiras e aspiradores de pó, visitou os Estados Unidos. Convencido de que Wenner-Gren era um espião a serviço da Alemanha nazista, o Federal Bureau of Investigation (FBI), que mantinha contato com o serviço secreto britânico, considerou a visita como um problema prioritário para investigações da agência e colocou-a no mais alto plano político. Alertado pelo serviço de segurança americano, o presidente Franklin D. Roosevelt exigiu que o "espião sueco" fosse atentamente observado e que tudo sobre ele fosse detalhadamente relatado.

- Wenner-Gren era mesmo um perigoso espião nazista ou apenas um bode expiatório de Garbo?
- Quando Wenner-Gren chegou aos Estados Unidos, em 14 de setembro de 1940, o primeiro contato que fez foi com sua velha amiga Greta Garbo. Íntima da família dele desde o início da década de 1930, quando ainda não tinha sido consagrada pelo cinema, Garbo circulava pelos corredores do poder e por festas suntuosas, regadas ao melhor *champagne*, nos recintos mais luxuosos de Estocolmo, ao lado de políticos famosos, industriais e agraciados com os prêmios Nobel. E tudo isso na companhia da família Wenner-Gren, grandes anfitriões. Nos Estados Unidos, o magnata sueco, apontado por muitos como um burguesão ingênuo e despreocupado, queria simplesmente desfilar ao lado da maior atriz de cinema de todos os tempos. O que ele ignorava era que a "querida amiga" era um lobo em pele de cordeiro: uma terrível espiã a serviço do MI6. Como fazia com seus melhores *scripts*, Greta Garbo seguiu à risca as instruções que recebeu: apurou tudo além do muito que já sabia da vida privada de Wenner-Gren, tendo lido inclusive seu diário, que ele mesmo, orgulhoso, lhe oferecera. Três dias após a visita do industrial a Nova York, as autoridades de Londres já tinham um relatório completo sobre ele. Garbo e Wenner-Gren encontraram-se várias vezes em Nova York e Los Angeles como convidados de outro gênio do cinema, que curiosamente en-

trou também para a lista negra dos serviços secretos americanos: Charles Chaplin. Além de Wenner-Gren, várias personalidades suecas, norueguesas e dinamarquesas foram sistematicamente espionadas por Greta Garbo, tendo quase todos eles caído em desgraça.

- ■ Quem recrutou Garbo e por quê?
- ☐ Ninguém sabe ao certo como Garbo foi recrutada para o serviço de espionagem britânico, mas o embaixador Leifland concluiu que ela teria sido aliciada por um "amigo íntimo": o diretor húngaro-britânico Alexandre Korda, fundador da London Films, que desde o início da guerra trabalhava como informante para a Grã-Bretanha. Verdade ou não, o fato é que Greta Garbo passou, no início da década de 1940, a ser informante direta de *sir* William Stephenson, chefe da central de informações britânica, The British Security Coordination (BSC), com sedes em Nova York e nas Bermudas. Segundo outra teoria, ela teria sido contratada pela BSC porque, durante a guerra, outra atriz sueca já tinha desempenhado muito bem esse "papel" – ninguém menos do que Ingrid Bergman, que, aliás, participou de vários filmes americanos de propaganda. Para que Ingrid Bergman não ficasse muito "exposta", o serviço secreto resolveu aliciar mais uma atriz. E teria sido pelo fato de não ser nem americana e nem inglesa que Garbo aceitou o desafio de mostrar sua revolta contra a guerra. Boa parte das informações sobre atividades atípicas e pouco divulgadas da atriz sueca, Leifland encontrou em outra obra muito rara, *A Man Called Intrepid*, de autoria de William Stevenson, que narra a vida de *sir* William Stephenson, codinome "Intrepid", um dos chefes do MI6 britânico e inspirador de alguns traços de James Bond, o agente 007. Em seu livro, Stevenson discorre em vários capítulos sobre os serviços prestados por "uma bela atriz de cinema, que entregou aos Aliados valiosos espiões nazistas". Essa mulher era, naturalmente, a divina Greta Garbo.

- ■ Por que o serviço secreto achava importante recrutar atrizes suecas?
- ☐ Devido a sua neutralidade na Segunda Guerra Mundial, a Suécia transformou-se num viveiro de espiões de todas as partes do mundo, e a máquina de guerra de Hitler, principalmente nos primeiros anos do conflito, dependia da assistência da indústria sueca e de seus agentes. O serviço secreto britânico revelou, alguns anos depois da morte de Greta Garbo, que, de fato, ela havia identificado para agentes ingleses e americanos importantes colaboradores nazistas de Estocolmo. O escritor Charles Higham, após examinar milhares de arquivos abertos ao público pelo governo americano, destacou que ela

Greta Garbo

colaborava com o serviço secreto britânico desde 1939; tinha sido "recrutada" por Alexandre Korda, especialista em aliciar celebridades para o esforço de guerra; e intermediava os contatos dos ingleses com o magnata naval Axel Johnson e com membros da família real sueca. Nos últimos anos, Greta Garbo teria feito referências intrigantes ao diplomata sueco Dag Hammarskjold, secretário-geral das Nações Unidas, morto em 1961 num misterioso desastre aéreo na África, que conhecia intimamente as operações do serviço secreto dos Aliados na Escandinávia. Documentos recentes implicaram o MI6, a CIA e o serviço de inteligência da África do Sul no desastre que matou Hammarskjold. O bispo Desmond Tutu, Prêmio Nobel da Paz de 1984, destacou que os documentos sobre a teoria conspiratória não eram substanciais, enquanto o British Foreign Office culpou a KGB, o serviço secreto da URSS, por propalar a desinformação.

- Era Greta Garbo uma verdadeira espiã aliada ou tinha outras simpatias?
- No início da Segunda Guerra Mundial, contaram a Greta Garbo que Adolf Hitler gostava de seus filmes e admirava tanto *A dama das camélias* que decidira autorizar sua exibição em toda a Alemanha, apesar da "impureza racial" de George Cukor, diretor da película. Por sua vez, rumores da época sugeriam também que Garbo, lisonjeada, manifestou o desejo de se encontrar com o *Führer* e tentar convencê-lo a parar com a guerra. Alimentava a firme convicção que sua personalidade poderia alterar o curso da história. Em tom de brincadeira, teria também afirmado: "Se ele não me escutasse, eu poderia abatê-lo com um tiro". Naturalmente, esse encontro nunca ocorreu e o tiro em Hitler não passou de piada.

- Por que Garbo se recusava a participar, como outros artistas americanos e britânicos, da venda de bônus de guerra?
- Em dezembro de 1939, Greta Garbo fez um cheque no valor de US$ 5 mil para o Fundo Finlandês de Assistência, destinado ao programa de órfãos da Guerra do Inverno (*Vinterkrig*), confronto em que o ditador russo, Josef Stálin, arrasou a pequena Finlândia. A doação foi feita sob a condição de absoluto anonimato. Quando a Segunda Guerra Mundial se ampliou, a imprensa criticou seu aparente descaso e o fato de não ter se reunido aos demais artistas na venda de bônus de guerra e no entretenimento das tropas aliadas. Um jornal de Washington chegou a insinuar que ela recusara um autógrafo até mesmo a um soldado mutilado. Salka Viertel, amante e amiga fiel de Garbo, saiu em sua defesa. "Há pessoas que não conseguem enfrentar multidões. Garbo é uma delas. Em troca, ela mesma compra muitos bônus de guerra e faz o possível para ajudar a resgatar refugiados antifascistas da Europa", afirmou resoluta.

O livro do embaixador Leif Leifland, que me inspirou a escrever a matéria especial sobre a "divina", não é uma obra dedicada inteiramente ao levantamento das atividades de Garbo como uma Mata-Hari de verdade. É mais um amplo apanhado histórico sobre a Suécia durante a Segunda Guerra Mundial e a corajosa reabilitação de Axel Wenner-Gren, que, na realidade, nunca foi ou nunca pensou em ser espião, um agente da Alemanha nazista. Ele simplesmente teria sido vítima da paranóia de Greta Garbo, obrigada mostrar serviço à central de inteligência britânica.

Evidentemente, toda a verdade sobre Greta Garbo ainda não foi revelada ou escrita. Apesar da generosidade dos serviços secretos americanos e ingleses, os arquivos sobre sua vida só foram parcialmente abertos após sua morte. Garbo, mesmo depois de desaparecer, continua guardando importantes segredos.

Em decorrência do insistente hábito de fumar e com grandes dificuldades respiratórias, ela morreu às 11h30min do dia 15 de abril de 1990, um domingo de Páscoa, em seu imenso apartamento de sete quartos em Nova York, onde durante muitos anos se isolou para evitar a todo custo contatos com desconhecidos. Sobretudo os da imprensa.

Setembro de 1989

....

FRASES SOBRE GARBO

Alastair Forbes, jornalista e editor: *"A escandinava mais melancólica desde Hamlet."*

Barry Paris, jornalista e biógrafo: *"A Mulher do Século, que passou metade dele tentando se esconder".*

Bette Davis, atriz: *"Seu instinto, seu domínio sobre a máquina, era pura feitiçaria. Não posso analisar a interpretação dessa mulher. Sei apenas que ninguém trabalhou com tanta perfeição frente à câmera."*

Georg Wilhelm Pabst, cineasta: *"Um rosto assim só se vê uma vez num século".*

Kenneth Tynan, escritor e crítico de teatro: *"Exceto fisicamente, sabemos tanto de Garbo quanto de Shakespeare".*

Marlene Dietrich, atriz e cantora: *"Invejo Garbo. O mistério é o maior charme de uma mulher. Gostaria de poder ser tão misteriosa quanto ela. Não quero que as pessoas saibam tudo sobre mim! Garbo nunca dá entrevistas. Adoraria fazer o mesmo."*

Mercedes de Acosta, poetisa e roteirista: *"Eu a via acima de mim, face e corpo recortados contra o céu, como fusão gloriosa de deus e deusa, radiante, elemental".*

Silvia Renate Sommerlath, rainha da Suécia: *"Ela é mágica!"*

SIMONE VEIL
A TRANSFORMAÇÃO SOCIAL DA MULHER

QUANDO COMPLETOU 80 anos, em 2007, Simone Veil continuava sendo considerada uma das mulheres mais influentes da França. Tanto que, ainda postulante à Presidência da França, Nicolas Sarkozy pediu seu apoio para enfrentar nas urnas outra feminista francesa de grande porte, Ségolène Royal, que se apresentou como candidata do Partido Socialista. O apoio a Sarkozy rendeu-lhe severas críticas, sobretudo dos centristas franceses, que qualificaram sua inclinação política como "antipática e insultante".

A popularidade de Simone Veil vem de longa data. Já em 1978, seu nome foi cogitado para o cargo de primeira-ministra, mas acabou ocupando o terceiro posto na hierarquia governamental da França. Conservando sempre certa isenção político-partidária (apesar de muitos a identificarem com a "direita inteligente"), Simone Veil desempenhou os cargos de ministra da Saúde (1974-1979) no governo do presidente Valéry Giscard d'Estaing, ministra de Assuntos Sociais no governo de Edouard Balladur (1993-1995), além de ser a primeira mulher a assumir a Presidência do Parlamento Europeu (1979-1982). Em 1998 foi nomeada membro do Conselho Constitucional da França, cargo que ocupou até 2007.

Entre suas mais importantes realizações figura a polêmica "lei da despenalização da interrupção voluntária da gravidez" – a lei do aborto. A Lei Veil, considerada uma das legislações mais avançadas da Europa na época, lhe rendeu, porém, tanto elogios quanto críticas. Em janeiro de 1975, quando o aborto foi legalizado na França, até os rabinos ortodoxos dos Estados Unidos e do Canadá dispararam impiedosamente sua ira contra ela:

– Por legalizar e promover o aborto, Simone Veil deveria ser responsabilizada pelos assassinatos em massa, que excederiam inclusive aqueles praticados pelos nazistas durante a Segunda Guerra Mundial, sentenciaram os religiosos.

Mais que repreensão, a crítica dos ortodoxos chegava a ser ofensiva para quem sobreviveu ao campo de concentração de Auschwitz-Birkenau e lá perdeu toda a família, salvo a irmã, Madeleine. Mas os ataques contra sua pessoa não lhe roubaram a glória. Em 1997, ela recebeu uma das maiores honrarias do governo britânico, a *Honorary Damehood*, por sua contribuição à humanidade. Em 2005, era mais uma vez homenageada com o Prêmio Príncipe de Astúrias para a Cooperação Internacional.

Nascida em Nice, na França, em 13 de julho de 1927, Simone Veil – Jacob quando solteira – estava com apenas 17 anos quando foi presa pela Gestapo e deportada com o resto da família para o campo de concentração no sul da Polônia, onde ficou presa até janeiro de 1945. De volta à França, retomou os estudos jurídicos, casou-se com um colega de faculdade e abraçou a carreira pública como magistrada, na qual sua ascensão teve início em 1969, quando de sua nomeação como conselheira técnica do Ministério da Justiça. Em 1970, já era secretária-geral do Conselho Superior da Magistratura.

Todos os que escreveram sobre sua vida costumam perguntar por que essa sobrevivente de Auschwitz se tornou tão popular. Por que tantos franceses de origens políticas, culturais e religiosas tão diferentes se identificam com essa mulher? O fato – diz um de seus biógrafos – é que, ao analisar o destino trágico e ao mesmo tempo soberbo de Simone Veil, acabamos compreendendo a história do século XX – uma trajetória de sacrifícios, mas também de grandes esperanças.

Em entrevista feita em final de abril de 1978, ocasião em que recebeu na Universidade de Upsala, na Suécia, mais um prêmio por sua contribuição à luta pela igualdade feminina, Simone Veil revelou-me, com modéstia, algumas das razões que a tornaram tão respeitada.

- JLA: Como você analisa a situação política da mulher numa Europa ainda bastante dominada pelos homens?
- SIMONE VEIL: Se considerarmos a maioria dos países europeus, é óbvio que a participação e o papel político da mulher estão ainda enquadrados em plano secundário. Mas também é inegável que há algumas décadas vem ocorrendo uma transformação extremamente rápida em todos os países ocidentais, sobretudo nos mais adiantados, no que diz respeito à posição da mulher na sociedade. Isso deverá levar a mulher, cada vez mais, a assumir posição de destaque na esfera política. Em minha opinião, o papel que lhe está reservado é diferente daquele hoje desempenhado pelo homem – mas ele sem dúvida vai alterar um universo que, por longos anos, tem estado quase exclusivamente sob competência masculina.

- JLA: Acredita que as mulheres são mais honestas do que os homens no campo da política?
- SIMONE VEIL: Até agora, elas têm sido mais honestas, porque as

Simone Veil

motivações que as conduzem à política são freqüentemente diferentes das predominantes no universo masculino. As mulheres têm reivindicações mais específicas e, de certa forma, estão mais engajadas em determinada luta. Sua convicção é dominada por sentimentos mais profundos e, portanto, talvez seja mais completa em sua dimensão.

- JLA: Segundo a escritora Françoise Giroud, que foi secretária de Estado para Assuntos Femininos da França – a atração dos homens pelo poder está ligada a motivações de ordem sexual. Concorda?
- SIMONE VEIL: Não creio em tal correlação. Julgo que tanto no plano sexual quanto no plano político, os homens certamente têm comportamentos bastante diferentes, mas não é possível reduzir as aspirações humanas mais nobres a um simples contexto de motivações sexuais. Considero essa tese um absurdo.

- JLA: Sua tese é de que a mulher experimenta uma revolução de seu *status* social. Quais seriam algumas das tendências dominantes que poderiam explicar essa transformação?
- SIMONE VEIL: A primeira evidência é que, há dois séculos, e sobretudo nas últimas décadas, a mulher tem participado muito mais da vida política e social do que no passado. E isso representa uma revolução radical. Julgo ser necessário explicar essa revolução, porque é ela que fundamenta a legitimidade das aspirações individuais e coletivas, conscientes ou não, de todas as mulheres em torno de um processo que gradualmente vem modificando seu *status* social.

- JLA: O modelo antigo está desmoronando?
- SIMONE VEIL: Sim. No modelo antigo, a mulher dedicava a maior parte de sua vida aos afazeres da maternidade. Consagrava vinte ou trinta anos de uma existência relativamente breve à procriação, colocando no mundo seis ou sete filhos – quando não mais – para salvar apenas três ou quatro. O controle da natalidade era praticamente inexistente. Hoje, o tempo dedicado à maternidade foi bastante reduzido e a esperança de vida, nos países desenvolvidos, já está além dos 70 anos. Ao contrário do que ocorria no passado, hoje, antes mesmo da menopausa, a mulher já testemunhou a puberdade de seus filhos. Conquistou, em outras palavras, 45 anos de vida – tempo suficiente para acompanhar a trajetória dos filhos e ver o nascimento dos netos. Outro indicador de natureza biossocial importante diz respeito ao período de amamentação para cada nas-

cimento, que se reduziu de 18 meses no passado para dois meses e meio na época atual. O controle da fecundidade e o prolongamento da duração da vida levaram as mulheres a procurar novas tarefas produtivas e, nesse sentido, sua luta é para eliminar obstáculos que impedem seu acesso a vários setores da sociedade, embora estejam plenamente capacitadas para ocupá-los. Um segundo elemento que julgo importante nessa evolução é a substituição e a socialização da função parental, que se tornou mais educativa do que biológica, isto é, deixou de ser um monopólio da mãe.

JLA: O papel e a responsabilidade do homem foi também ampliada nessa revolução?

SIMONE VEIL: Sem dúvida. Hoje, a responsabilidade do pai, além de tornar-se cada vez mais significativa, porque a sobrecarga das atividades fora do lar diminuiu, as creches, as escolas maternais e até mesmo a televisão – fatores ao mesmo tempo concorrentes e liberalizantes da mulher – assumem conotação socializante, interferindo no cotidiano feminino em maior ou menor grau. O terceiro elemento, sem dúvida um dos mais importantes no processo de transformação social da mulher, é a entrada maciça das mulheres no sistema educacional. A partir do momento em que a mulher se educa, se descobre e toma consciência de realidades diversas daquelas que lhe foram habitualmente reveladas, começa a fazer novas exigências, disposta a reivindicar sem concessões. O quarto elemento dessa evolução é a transformação das estruturas econômicas, que passam a valorizar o trabalho doméstico da mulher ou introduzem novos produtos para reduzir em grande escala o tempo antes perdido com limpeza e manutenção do lar. Assim, libertada do contrato biológico que a obrigou por muito tempo a articular sua existência em torno da maternidade e do circuito doméstico, a mulher entra na vida social e econômica consciente dos entraves existentes, mas afirmando de maneira irredutível sua natureza verdadeiramente nova. Apesar desse avanço formidável, creio que vivemos ainda a aurora do feminismo, justamente o período de transição em que repousam as contradições mais evidentes.

JLA: Não lhe parece que um dos principais problemas é o preconceito em relação a essa libertação?

SIMONE VEIL: De fato, apesar dos progressos alcançados, a mulher continua sendo encarada como um fenômeno de contradição social, isto é, incompreendida na sua dimensão mater-

Simone Veil

nal e, por vezes, discriminada como ser de terceira categoria. Vivemos num período de crise, na medida em que a sociedade evita aceitar a nova imagem da mulher e não se organiza para atender a suas exigências. É preciso acabar com os estereótipos culturais que minimizam a capacidade de empreendimento feminino com leis discriminatórias, ofensivas a sua dignidade, e outras tantas barreiras herdadas do modelo antigo. A responsabilidade política servirá para tirar a mulher do isolamento e, sobretudo, para dar a ela uma ideologia coerente, que lhe garanta igualdade de *status* e de oportunidades. E, quando maiores avanços forem alcançados na implementação dessas aspirações, será mais fácil analisar o conceito dos que julgam que "a mulher é mulher desde o momento do nascimento" frente àquele defendido por Simone de Beauvoir, para quem "a mulher não nasce mulher, torna-se mulher".

- JLA: Por que você evita ser considerada uma militante feminista?
- SIMONE VEIL: Eu não nego que seja feminista. Em todas as ocasiões tenho procurado assinalar meu caráter profundamente feminista, de defensora dos direitos plenos da mulher. O que não me agrada é a expressão "militante feminista", na medida em que pode ser compreendida como uma luta que separa os homens das mulheres.

- JLA: Feminismo é contracultura?
- SIMONE VEIL: Há vários tipos de feminismo. Entre eles, o feminismo da diferença, identificado na alteridade da mulher, muito ligado à questão do corpo e do sexo. Há o feminismo universalista, que justamente alerta sobre esse fechamento da luta feminina. Mas, na sua essência, o feminismo não está no caminho da contracultura, embora para muitos isso pareça acontecer.

- JLA: E a luta da mulher nos países em desenvolvimento?
- SIMONE VEIL: Creio que nesses países os problemas são mais graves. Na África negra, por exemplo, a mulher já tem papel bastante engajado, pelo fato de algumas nações terem fortes tradições matriarcais. Mas em outros países do Terceiro Mundo, onde as mulheres foram secularmente dominadas pela sociedade patriarcal, forçadas a aceitar basicamente o papel de mãe e doméstica, a evolução, a meu ver, será bastante difícil. Trata-se de um sério problema a ser enfrentado por essas nações no futuro.

- JLA: Sua indicação para ocupar o Ministério da Saúde, um cargo tão alto na França, se prende ao fato de a senhora ser também mulher?
- SIMONE VEIL: Sim, estou convencida disso. O presidente da República quis que o posto fosse ocupado por uma mulher.

Abril de 1978

EM DEFESA DA LEI DO ABORTO

"Se tantas mulheres correram o risco de uma pesada condenação judicial, se tantos médicos foram contra a lei (praticando abortos) e explicaram o porquê, foi porque a opinião pública percebeu como é iníqua uma lei que nunca atingiu o objetivo que dizia perseguir – o de impedir os abortos. Mas, para além dessa ineficácia, há outras fortes razões para mudar nossa legislação. Razões tão sérias que, na realidade, são bem poucos os que desejam sua manutenção ou que ainda acham uma explicação possível para isso.

A primeira razão é a desigualdade insuportável das mulheres frente a uma gravidez indesejada. Tal desigualdade resulta evidente não só das estatísticas judiciais – são sempre as mulheres de meios mais modestos que estão envolvidas (com o aborto clandestino) –, mas também daquilo que todos podemos ver hoje sem margem para dúvidas: para quem tem meios, a angústia e a solidão são muito menos difíceis. O sofrimento – porque se trata sempre de um sofrimento para qualquer mulher – é suavizado pela segurança que oferece uma clínica, seja na França, seja em outro país."

SIMONE VEIL
Discurso no Senado francês, 1974

ESTHER WILLIAMS

A SEREIA DE HOLLYWOOD

DEPOIS DE Johnny Weismuller, campeão de natação que conquistou cinco medalhas de ouro nas Olimpíadas e se converteu no melhor intérprete de Tarzan nas telas dos anos 1930 e 1940, ninguém no mundo cinematográfico de Hollywood podia considerar-se um astro da natação. A não ser uma única pessoa: Esther Williams.

Nascida na Califórnia, em 8 de agosto de 1921, Esther Williams confessa ter sido uma das muitas crianças que enfrentaram os tempos cruéis da depressão dos anos 1930 nos Estados Unidos. Última filha de uma família de cinco crianças, Esther Williams sempre sentiu a necessidade de ajudar seus pais e todos aqueles que dela necessitavam.

Aos 8 anos já nadava como um peixe, escreveu em suas memórias. Em 1939, bateu o recorde de nado borboleta, fazendo 100 metros em apenas 1min8seg.

Casou-se quatro vezes. Em 1942, divorciou-se do Dr. Leonard Kouner para casar-se com o cantor e ator Ben Gage, com o qual teve três filhos. Na sua autobiografia *A million dollar mermaid* ("A sereia de um milhão de dólares"), Esther William define Gage como "um parasita bêbado", que acabou com suas finanças. De fato, Ben Gage perdeu mais de US$ 10 milhões em jogos de azar e maus investimentos, deixando Williams em sérias dificuldades perante as autoridades fiscais.

Os últimos anos que viveu com Ben Gage foram os mais difíceis de sua vida. Apesar do *glamour* e da *extravaganza* de seus musicais, ela ocultava frustrações e profundas dores emocionais. Após envolvimentos amorosos com atores como Victor Mature e Jeff Chandler, Williams casou-se com Fernando Lamas, protótipo do *latin lover* daqueles anos, que a dirigiu pela primeira vez em 1963, no filme *The Magic Fountain* (*A fonte mágica*). Seu quarto marido foi Edward Bell, com o qual se associou no mundo dos negócios – fábricas de roupas de banho e piscinas, que vendem inclusive pela internet.

Esther Williams estreou no cinema ao lado de Mickey Rooney, na série *Andy Hardy*, mas sua consagração ocorreu somente em 1943, com *Beauty Bathing* (*Escola de sereias*), filme que lhe assegurou dezoito anos contínuos de sucesso absoluto em "musicais aquáticos", dos quais os mais célebres foram *A filha de Netuno*, *A favorita de Júpiter* e, em *Zigfeld Follies*, o quadro "Um balé aquático".

No filme *Festa brava*, um *cult* considerado de alto nível, o diretor Richard Thorpe, além de reunir atores famosos, a fez contracenar com outra musa dos musicais hollywoodianos – a bela morena e extraordinária dançarina Cyd Charisse.

Em 1950, Esther Williams foi apontada como uma das estrelas mais lucrativas do cinema americano. Ao lado do apelido de "sereia de Hollywood", que lhe haviam colado por razões óbvias, ganhou prontamente outro título – o de" rainha dos musicais da Metro".

Durante toda sua carreira, sua beleza e sua vida amorosa atraíram a atenção de milhares de jornalistas nos Estados Unidos e no mundo. Foi talvez por isso que sua autobiografia se transformou igualmente em *best-seller*.

Curiosamente, foi nessa autobiografia que Esther Williams confessa ter experimentado ácido lisérgico (LSD) como forma de terapia, surpreendendo muitos de seus fãs e admiradores mais fiéis. Tudo teria se iniciado quando leu uma entrevista do consagrado ator Cary Grant na revista *Look*, na qual ele revelava ter se recuperado da depressão e fortalecido sua auto-estima com um tratamento à base de LSD, supervisionado por seu médico.

Segundo Esther Williams, antes de ser medicado com a droga – uma das drogas dos *beatniks* e *hippies* –, o ator preferido de Alfred Hitchcock havia declarado à revista que sofreu por longo tempo "crises de depressão e ansiedade" que lhe roubaram o sossego e o significado da vida. Identificando epidemia de sintomas parecidos em si mesma, Esther Williams – após ter entrado em contato com Cary Grant – passou a experimentar também LSD, sob prescrição médica. O resultado, para ela, foi "uma cura milagrosa". Curada de ansiedades e depressões, escreveu em sua autobiografia: "Foi a viagem mais espetacular que fiz em toda a minha vida e um magnífico exercício de purificação".

Numa entrevista ao produtor e apresentador de TV Larry King, da CNN, Esther Williams, defendeu-se da insinuação de que fosse "viciada em drogas". E saiu-se brilhantemente:

– Para quem não sabe, eu digo: a droga psicodélica LSD, que pode ser utilizada clinicamente, permite aliviar um trauma reprimido e ajudar a combater a ansiedade e a depressão. Naquela época, quando usei essa substância, o LSD ainda não era conhecido como "droga recreativa". Nos anos 1950, ela era classificada por médicos e farmacêuticos como "remédio para psiquiatria instantânea".

Verdade ou não, o fato é que, na segunda metade da década de 1960, o LSD – glorificado pelos Beatles na canção *Lucy in the Sky with Diamonds*, no álbum *Sgt. Pepper's Lonely Hearts Club Band*, de 1967 –

Esther Williams

perdeu sua utilidade médica para ser inteiramente proibida nos Estados Unidos e na Europa.

Foi em 1988, quando ela já estava com 65 anos, que tive a oportunidade de falar rapidamente com Esther Williams. A convite da rainha Sílvia, da Suécia, ela participava em Estocolmo de uma cerimônia de gala do Unicef em benefício de crianças portadoras de deficiências.

Bem conservada, ela estava longe de parecer uma velhinha aposentada. Munida de um sorriso meigo, porém desafiador, a antiga "sereia de Hollywood" enfrentava a imprensa internacional com a elegância e a atenção das sexagenárias satisfeitas. "Nadar faz bem para o corpo e para o espírito", disse a um colega da imprensa internacional, enquanto arrumava o cabelo grisalho e curto, antes de responder às minhas primeiras questões.

- JLA: Obrigado pela entrevista, Mrs. Williams.
- ESTHER WILLIAMS: Sinto-me honrada.

- JLA: Como começou sua carreira no cinema?
- ESTHER WILLIAMS: Fui descoberta quando me preparava para as Olimpíadas de 1940 por um empresário chamado Billy Rose. No início, relutei, porque tinha um bom emprego numa renomada loja de Berverly Hills, mas depois acabei aceitando. Rose era um empresário com grande poder de persuasão. Mas, na verdade, nunca me entusiasmei por teatro ou pela carreira de atriz. Cheguei a escrever algumas peças na escola, quando menina, mas nunca quis atuar. Nunca sonhei que um dia me transformaria numa estrela de musicais. Mas acabou acontecendo. Veja como a vida é cheia de surpresas!

- JLA: Durante mais de quinze anos a senhora foi uma das atrizes que mais deram lucro a Hollywood. Como compara as produções gloriosas de seu tempo com as de hoje?
- ESTHER WILLIAMS: Acho que a era dos elegantes filmes musicais do passado, cheios de *glamour*, terminou. Ninguém sabe mais produzi-los com a mesma autenticidade. Não quero parecer saudosista, mas, hoje, as películas são completamente diferentes. Não gostaria de participar delas. Antes, o cinema orientava-se por uma certa continuidade; atualmente, isso não existe mais. Posso até dar um exemplo: na década de 1950, os grandes estúdios não apenas financiavam o ator, como também davam todo o apoio que o artista contratado precisasse para enfrentar a vida. Hoje, cada ator é obrigado a virar-se por si próprio. Por vezes, tem de se autofinanciar ou converter-se em seu próprio agente. É muito raro uma estrela manter hoje uma carreira de

18 anos de sucesso ininterrupto, como consegui. Agora, as regras do jogo são outras. Ganha-se mais, mas as regras são mais duras.

- JLA: Sempre gostou de fazer "musicais aquáticos"?
- ESTHER WILLIAMS: Eu francamente teria preferido fazer comédias fora da água e com roupas, sem me molhar. No meu caso, isso não foi possível. De qualquer forma, não era eu quem decidia, mas os manda-chuvas de Hollywood. Os "musicais aquáticos", como você mesmo recordou, transformaram-se também num enorme sucesso de público e bilheteria. E foi por isso que a Metro Goldwyn Mayer passou quase duas décadas investindo na idéia. Imagine que fiz um único filme sem precisar me encharcar... E, em 1961, com *The Big Show*, resolvi cair fora: encerrei definitivamente meu expediente como estrela de cinema.

- JLA: Mas com sucessos tão grandes, não gostaria de ter feito outros filmes?
- ESTHER WILLIAMS: Musicais de piscina, nunca mais! Você já imaginou algo mais ridículo que uma "sereia" de 65 anos? Isso está fora de qualquer cogitação.

- JLA: Por que recusou uma proposta vantajosa para participar de uma conhecida série da TV americana?
- ESTHER WILLIAMS: Porque não me fascinou. Não tinha nada a ver comigo. Para começar, era uma produção inteiramente voltada para as gerações jovens, e eu faria apenas o amargo papel de uma senhora frustrada, vendedora de biquínis. Apareceria de vez em quando, em algumas seqüências, para dizer coisas mais ou menos imbecis. Embora me pagassem muito bem pela participação, isso não teria sido bom nem para minha imagem e nem para meu *status* de mulher empreendedora, de empresária.

- JLA: Recusou também ceder os direitos para as filmagens de sua vida. Por quê?
- ESTHER WILLIAMS: Porque esse projeto também me pareceu temerário, funesto e mal-elaborado. Ademais, não se contentariam em retratar apenas o sucesso de minha carreira; iriam mais longe, em busca de algo que pudesse me desmoralizar. Por outro lado, quando as pessoas decidem fazer um filme sobre sua própria vida, é porque já estão com o pé na cova. Não cheguei a esse ponto ainda. Ao contrário de algumas insinuações, nada tive contra a bela Brooke Shields, que faria o papel principal.

Esther Williams

- JLA: Voltando à questão do marketing cinematográfico, como explica o grande sucesso dos "musicais aquáticos"?
- ESTHER WILLIAMS: Sempre questionei por que os musicais aquáticos fizeram tanto sucesso durante tanto tempo. Dificilmente posso explicar a razão de terem sido tão populares, de terem sido sucessos incontestáveis de bilheteria e conquistado um número incalculável de fãs. Havia alguma coisa nesses filmes que cativava as pessoas. Depois da Segunda Guerra Mundial – como era natural –, o público que ia ao cinema não queria ver tristezas, histórias deprimentes, dramas pesados. Queria ver filmes alegres, que destacassem o lado bom da vida e, obviamente, queria ver mulheres jovens e bonitas em trajes de banho. Era um pouco o ressurgimento da *pin-up girl*, cujas fotos eram idolatradas pelos soldados nos campos de batalha.

- JLA: Como conseguiu durante 18 anos mergulhar, nadar e não deformar nunca o penteado?
- ESTHER WILLIAMS: A técnica utilizada era a mais simples do mundo: antes de todas as filmagens, me aplicavam no cabelo grandes quantidades de *shampoo* infantil e vaselina. O resultado era que o cabelo ficava como pena de pato, resistente à água. Apesar de esse método ser um pouco primitivo, funcionou perfeitamente durante quase duas décadas. Era só mergulhar de um lado e sair do outro, perfeita.

- JLA: Como vive hoje, longe das telas?
- ESTHER WILLIAMS: Continuo sendo uma mulher extremamente ocupada. Diria que, atualmente, sou uma mulher de negócios, uma *business lady*, uma empreendedora. Aliás, sempre fui uma mulher de negócios, porque sabia que o "eldorado dos musicais aquáticos" iria acabar um dia. Mudei de *métier* na hora certa. Apesar disso, não rejeitei a água completamente. Continuo trabalhando dentro da área da minha especialidade: maiôs. A alternativa foi a melhor possível, porque essa indústria nunca envelhece e continuará sempre dando lucro.

- JLA: E sua grande paixão, a natação?
- ESTHER WILLIAMS: Continuo nadando. Nadar é como andar de bicicleta. Uma vez que você aprendeu, nunca mais esquece. Também dou aulas de natação para crianças cegas ou com problemas físicos. As crianças cegas são limitadas por uma série de coisas, mas são excelentes nadadoras.

Dezembro de 1988

NINA HAGEN

A DEUSA *PUNK* DA JUVENTUDE REBELDE

QUEM SE LEMBRA de Nina Hagen? Poucos, provavelmente. Mesmo porque a sensacional queda do Muro de Berlim, o fim do império soviético e, conseqüentemente, o fim da Guerra Fria, parecem ser episódios que se retraíram na memória, sumindo do registro mental das novas gerações. Até professores de História lamentam hoje o desinteresse pelo assunto nos bancos escolares. Portanto, não podemos culpar os universitários do século XXI por desconhecerem pessoas e acontecimentos de quando tinham apenas 6 ou 7 anos... Mas, apesar disso, o fato é que Nina Hagen, *punk* dissidente da antiga Alemanha comunista – que atualmente se esconde por trás de um *blog* na internet –, foi um extraordinário fenômeno quando o *new wave* era uma das tendências musicais mais expressivas no mundo.

Rebelde por excelência, sua originalidade e talento mobilizaram milhões de jovens em todos os continentes e lhe renderam dois títulos nada desprezíveis: "a Marlene Dietrich dos anos 1980" e "Mãe do *punk*". Seu *rock* duro a transformou numa das deusas da juventude rebelde da Europa e seu nome se confundiu rapidamente com as aspirações da geração jovem de sua época. Mesmo cantando em alemão, conseguiu conquistar a América, um feito inédito, que rompeu uma tradição dos Estados Unidos e mesmo da Grã-Bretanha, de reservar virtualmente todos os prêmios dos *"top of the pops"* apenas aos intérpretes de língua inglesa.

Hagen, um dos grandes fenômenos musicais da época, venceu todos os testes do Ocidente com fé e coragem, ultrapassando barreiras ainda mais difíceis de serem rompidas, como o próprio Muro de Berlim.

Filha de Eva Maria Hagen, atriz alemã, Nina nasceu em 11 de março de 1955, em Berlim. Na seqüência da morte precoce de seu pai, Hans Oliva, sua mãe casou-se com Wolf Biermann, um músico e escritor rebelde, que se encontrava na lista negra da Stasi, a temida polícia secreta da República Democrática da Alemanha de então. Considerada uma *drop out*, nunca terminou seus estudos colegiais, preferindo na adolescência associar-se ao grupo musical autorizado pelo governo, a Fritzens Dampferband. Ainda na década de 1970, decidiu formar sua própria banda, a Automobil, e converteu-se numa das intérpretes mais conhecidas do Leste Europeu, a região que ficou sob controle da União

Nina Hagen

Soviética desde o fim da Segunda Guerra Mundial até sua degringolada, simbolizada justamente pela Queda do Muro de Berlim, em 1989.

A canção mais famosa da primeira fase de sua carreira foi *Du hast den Farbfilm vergessen* ("Você esqueceu seu filme colorido"), gravada em 1974. Sua carreira artística na Alemanha Oriental, entretanto, foi subitamente eclipsada quando, em 1976, ela e sua mãe deixaram Berlim Oriental às pressas, logo depois da expulsão de seu padrasto, Wolf Biermann.

Nina Hagen conta que as circunstâncias que envolveram a atormentada saída da família foram excepcionais para a época da Guerra Fria. Ela recordou que seu padrasto conseguira "milagrosamente" uma permissão para se apresentar num concerto televisionado em Berlim Ocidental. A polícia concedeu-lhe o visto de saída, mas não permitiu seu regresso a Berlim Oriental para juntar-se à sua família. "Parecia uma espécie de vingança contra sua dissidência", declarou posteriormente à revista *Der Spiegel*.

Num período da história em que a burocracia estatal era norma e sua família encontrava-se dividida pelo Muro, Nina submeteu às autoridades um pedido para deixar o país, justificando ser filha biológica de Wolf Biermann. Ao pedido, anexou também uma ameaça – tornar públicas para o mundo as injustiças cometidas pelas autoridades comunistas contra artistas e intelectuais. Quatro dias depois, seu pedido foi deferido, e ela partiu para Hamburgo, assinando quase imediatamente seu primeiro contrato com a companhia fonográfica CBS. Tinha vencido o grande teste contra o regime autoritário e triunfado perante o primeiro desafio ocidental.

Aclimatada ao ambiente cultural de Londres, na aurora do movimento *punk*, Nina Hagen foi envolvida rapidamente por um círculo de músicos que também se tornaria célebre, entre eles os Sex Pistols, por exemplo. Em 1977, ela formou o grupo The Nina Hagen Band, com o qual se consagraria em todo o mundo. Sua voz frenética e gutural, de extraordinário volume, tornou-se marca registrada da "cantora que escapou do frio."

Em 1985, seu concerto em Tóquio foi acompanhado pela Orquestra Filarmônica do Japão, dirigida por Eberhard Schoener. E, nesse mesmo ano, ela se apresentou ao vivo para mais de 1 milhão de pessoas no festival *Rock in Rio*, no Rio de Janeiro.

Convertida ao budismo e tendo como mestre absoluto o Dalai Lama, Nina Hagen realizou diversos concertos em benefício do povo e das crianças do Tibete. Como tantos artistas no mundo, ela defendeu com paixão a causa política tibetana e os esforços de advocacia do Dalai Lama em torno da não-violência para a solução dos conflitos.

Mãe de dois filhos, Cosma Shiva, nascida em 1981, e Otis, de 1990, Nina Hagen vive tranqüilamente em Los Angeles, Califórnia, distante dos dias em que a Stasi atirava para matar quem tentasse escapar na direção do *Checkpoint Charlie*, um dos principais postos de passagem entre as duas Alemanhas durante a Guerra Fria.

Meu encontro com ela deu-se em Copenhagen, quando ela ainda estava com 23 anos.

- JLA: Dizem que você foi a única dissidente da Alemanha comunista que conseguiu escapar para o mundo ocidental sem precisar escalar o Muro de Berlim ou transitar pelas comissões de censura do Leste Europeu. Por que deixou seu país?
- NINA HAGEN: Não deixei meu país... Nunca abandono nada. Poderia explicar de muitas maneiras minha passagem para o sistema artístico ocidental, mas prefiro simplesmente resumir os fatos. Devido a impulsos incontroláveis, resolvi acompanhar meu padrasto, o escritor e poeta Wolf Biermann, que, em 1976, foi deportado para a Alemanha Ocidental. Ou melhor, permitiram sua saída do país e depois, impediram-no de voltar e se reunir a sua família. Biermann, que viveu dez anos com minha mãe, foi sempre um homem abertamente contrário ao regime, ao sistema imposto à República Democrática Alemã (RDA). Como poeta, escreveu canções fascinantes e, naturalmente, críticas. Por isso, o sistema decidiu livrar-se dele. Caso você me perguntasse se me sinto marcada pelo que ocorreu, diria que consegui minha catarse, porque passei a ter fé e superei a tese de que os indivíduos não podem ser autênticos se forem obrigados a obedecer às leis de um tribunal autoritário e hediondo de Justiça, cuja estranha missão é massacrar o desejo de liberdade dos cidadãos. Hoje, estou consciente de que esse tribunal não tem legitimidade nenhuma. Esse tribunal não existe, embora muitas pessoas continuem repetindo suas tragédias, como se suas almas ecoassem vozes lamentosas reproduzidas por um gravador. Não. Não abandonei meu país, fui simplesmente movida pelo poder da fé.

- JLA: Mas toda essa transformação que experimentou não ocorreu justamente depois de ter deixado a Alemanha Oriental?
- NINA HAGEN: Para mim não existe antes nem depois. Não me preocupo mais com o problema "onde estar". Sou feliz no lugar onde sou mais útil e onde mais me querem.

- JLA: Houve quem sugerisse que você era mais necessária justamente lá, na RDA.

Nina Hagen

☐ NINA HAGEN: Eu já estive "lá" e também não me atormenta o fato de não estar presente em determinado lugar. Onde estiver, luto pela liberdade. Meu mundo, hoje, é o território total do deus universal, sem fronteiras, sem passaportes, sem demônios.

■ JLA: Como define o papel de sua música? Acredita que ela cria um laço entre a juventude do mundo?
☐ NINA HAGEN: A idéia é essa. Minha mensagem é o amor universal e sei que meus fãs adoram isso. Simbolicamente, tenho podido dar-lhes boas informações no sentido talvez de chegarmos juntos ao bom caminho. E, como é preciso fazer o que se ensina, sou rigorosa quanto às fraquezas: não me envolvo mais com drogas, não bebo bebidas alcoólicas e evito – ainda com o poder da fé – todas as vibrações negativas. Cultivo, em resumo, os astrais positivos.

■ JLA: Em função do poderoso volume de sua voz, alguns a apontam como uma intérprete *pop* que poderia ter sido cantora de ópera. Como comenta isso?
☐ NINA HAGEN: De certa forma, eu me considero "cantora de ópera". Posso cantar Brecht e Weil (Bertolt Brecht e Kurt Weil foram parceiros na *Ópera dos Três Vinténs*). Quando era bem jovem, escrevi meus próprios textos líricos. Cresci sob a tradição de Brecht, Weil e também do mundo *hippie*. Quando tinha apenas 11 anos, já era fã de Jimmy Hendrix e Janis Joplin. Na minha puberdade, eles eram meus verdadeiros heróis.

■ JLA: Acredita ter multiplicado o número de fãs na Alemanha Oriental?
☐ NINA HAGEN: Se já eram muitos no passado, são agora um verdadeiro exército de jovens. O fato mais irônico é que, quando eu estava lá, me pintavam apenas como uma estrelinha *pop* divertida, uma palhacinha louca. Jamais me permitiram cantar meus textos num palco e, quando comparecia a espetáculos de *rock*, multidões organizadas me vaiavam, porque eu não era "suficientemente *rock*" para elas. Depois, as coisas tornaram-se radicalmente diferentes, porque me tornei mais forte do que as coisas mais fortes da Alemanha Oriental.

■ JLA: Você dá alguma margem de crédito ao sistema socialista?
☐ NINA HAGEN: Acredito na sinceridade dos iludidos, nos que discutem com tanta paixão e empenho a teoria dogmática e na juventude pobre que se manifesta contra a guerra e a miséria. Mas estou consciente de que essa mesma juventude está presa a teses que atormentavam Karl Marx há mais de cem anos. Nesse sentido, eles não apren-

deram nada de novo após um século. Eles foram obrigados a acreditar no marxismo como alguns cientistas acreditam na segurança dos reatores nucleares, apesar de ainda não terem descoberto, definitivamente, o melhor destino para o lixo radioativo...

- JLA: Após seu grande sucesso mundial, pensou em voltar a Berlim Oriental para cantar?
- NINA HAGEN: Tenho a esperança de começar pela URSS, seguindo via Iugoslávia, onde tenho bons contatos, e, principalmente, Polônia. Por esse caminho, se tudo der certo, um dia eu chego lá.

- JLA: Quais as principais dificuldades de uma artista como você, que não está disposta a colaborar com governos autoritários?
- NINA HAGEN: Quando uma pessoa descobre seu talento, automaticamente se torna uma artista, mesmo que as autoridades constituídas ou o governo criem obstáculos para sua apresentação em público, na TV, no rádio ou em disco. Na RDA, existem alguns grupos que, sob a alegação de não terem nenhuma identificação com "artistas autorizados", não conseguem receber permissão para aparecer sequer em programas de rádio. É necessário aguardar na fila, passar por uma prova de reeducação e esperar o sinal verde. Como na Alemanha Oriental ninguém pode ser artista profissional sem ir à escola, entrei numa academia musical do Estado, na qual estudavam os alunos mais talentosos. Em resumo, apresentei-me diante de uma comissão julgadora, passei em todos os testes e escapei do sistema.

- JLA: Você canta em inglês, francês, mas, sobretudo em alemão. A reação do público americano é muito diferente da que têm os europeus?
- NINA HAGEN: Não, absolutamente. Penso que cada indivíduo é único e que todas as pessoas têm talentos diferentes para compreender e aceitar a arte. Essa diferença individual, a meu ver, é obra de Deus. Mas a excitação, a alegria e a habilidade de aprender são as mesmas em todos os cantos do mundo.

- JLA: Chego à conclusão que você gosta de agradar a todos.
- NINA HAGEN: Qual o artista que não quer? Há qualquer coisa dentro de mim que me obriga a fazer isso. Não massifico ou generalizo as coisas, mas é uma lei natural querer ir ao encontro das pessoas, porque tudo de que necessitamos é comunicação, informação e amor. O respeito mútuo é também um fator fundamental.

Junho de 1984

Nina Hagen

A MÚSICA *PUNK*

Por volta de 1975, o movimento *punk* surgiu como manifestação cultural juvenil semelhante às das décadas de 1950 e 1960, caracterizada quase totalmente por um estilo baseado em música, moda e comportamento. No qual, segundo os estudiosos, era parte absolutamente indispensável o caráter de crítica social.

Considera-se a banda americana *The Ramones*, que procurava reativar a cultura do *rock and roll* (músicas curtas, simples e dançantes) e o estilo *rocker/greaser* (jaquetas de couro, calças *jeans*, tênis, culto à Juventude Transviada, à diversão e à rebeldia), uma das fontes do estilo nos Estados Unidos. Em pouco tempo o *punk rock* chegou à Inglaterra, influenciando milhares de jovens de diferentes segmentos sociais. Como fruto dessa agitação cultural, surge o Sex Pistols, que deixa de ser uma banda de *rock* comum com a inclusão de um vocalista inventivo e provocador, Johnny Rotten.

Quando Nina Hagen lançou seu álbum de estréia *TVGlotzer* ("Consumidor de TV"), em 1978, ela já havia percorrido uma agitada carreira de atriz e cantora na Alemanha do Leste. A marca registrada de Hagen, que a todos impressionou, foi justamente seu jeito *punk*, seus textos diretos e agressivos, bem como – naturalmente – o marcante poder de sua voz. Até hoje, Nina Hagen venera a cantora de origem sueca Zarah Leander, tendo dado novas interpretações a várias de suas músicas.

Como Rotten, na Inglaterra, Nina Hagen sempre manteve em sua arte elementos de confronto e provocação. E nunca aceitou de bom grado qualquer tipo de crítica.

STAN GETZ

UM SOPRO DÁ ALMA À BOSSA NOVA

CHEGUEI ATÉ Stan Getz, no oitavo andar do Strand Hotel, em Estocolmo, graças uma gentil recomendação feita por minha amiga Birgitta, fotógrafa do jornal sueco *Aftonbladet*. Ela era íntima amiga do músico americano e de sua ex-mulher, Monica Silfverskjold, com quem Getz teve dois filhos. Aristocrata sueca, Monica ficou com a custódia de todos os seis filhos de Getz depois do divórcio, alegando que o deixou por não conseguir livrá-lo da dependência de drogas.

Birgitta funcionava como canal de comunicação entre os dois. Então, pedi a ela que fosse minha intermediária com o músico. A precaução não era sem fundamento: tinham me advertido repetidas vezes que Stan Getz era homem temperamental e imprevisível, que entrevistá-lo poderia não ser tarefa muito fácil. "O sujeito é de lua", diziam.

Recordo-me de que, no dia da entrevista, tomei o elevador do hotel cheio de receios, prometendo a mim mesmo um encontro rápido, para não "incomodá-lo". Contudo, toda essa preparação caiu por terra quando Getz – em pessoa e com um sorriso meigo – abriu a porta de sua pequena suíte e gentilmente disse:

– *Welcome, João, please sit down. Let's talk*!

– Bem-vindo, João, sente-se, por favor. Vamos conversar!

Um pouco envergonhado por causa das idéias preconcebidas, expliquei a ele que tinha sido recomendado por sua amiga e que não ocuparia muito seu tempo.

– *Ok, João, don't worry about time. Take it easy.*

– Ok, João, não se preocupe com o tempo. Fique à vontade.

Stan Getz pronunciava meu nome como um brasileiro nato, suavizando e arredondando esse terrível "ão" da língua portuguesa. Soava tão perfeito que não me acanhei de perguntar se ele falava português. A resposta veio enquanto ele se acomodava no sofá e foi surpreendentemente breve:

– *Nope*!

– Neca!

Mesmo com a confiança de que nada devia temer, resolvi cortar algumas perguntas que poderiam alterar seu estado de espírito, como as que se referiam a problemas com drogas, álcool e com a

Stan Getz

polícia americana, ou ainda as relacionadas a acusações de ser "encrenqueiro" – um *trouble maker*, conforme alguns órgãos de imprensa dos Estados Unidos e da Europa.

Nascido em 2 de fevereiro de 1927 em Filadélfia, o saxofonista teve, de fato, uma vida atribulada na década de 1950 pelo consumo de drogas e bebidas alcoólicas, problemas que resultaram em sua prisão em 1954. Doente e deprimido, ele tentou combater o vício mudando-se, em 1958, para a Dinamarca. Mas o tratamento teve curta duração. Em 1961, Stan Getz regressou aos Estados Unidos, iniciando uma curiosa parceria com o guitarrista Charlie Byrd, que o convenceu a explorar a fusão *jazz*/bossa nova, aventura musical que lhe rendeu enorme sucesso e prestígio.

Após a glória alcançada com suas parcerias no Brasil, ainda nos inícios dos anos 1960 – quando trabalhou com Tom Jobim, João Gilberto e Astrud Gilberto –, Stan Getz voltou a ter problemas com a Justiça americana, razão pela qual, em 1969, decidiu mudar-se para a Espanha. Nesse novo período de transição, ele deixou de tocar por quase dois anos. Durante cerca de uma década, esse "monstro do sax", que ajudou a construir a história do *jazz*, isolou-se de tudo e de todos.

Na década de 1980, contudo, Getz retomou sua força musical com absoluta grandiosidade, tendo gravado mais de 300 peças até o ano de sua morte, em 1991, vítima de câncer. Foi ainda durante essa gloriosa década de 1980 que o encontrei em Estocolmo, em plena forma, mas consciente de que não sobreviveria por longo tempo.

- JLA: O que o trouxe, desta vez, às paragens nórdicas?
- GETZ: Participo de mais uma edição do Festival de Jazz de Estocolmo ao lado de músicos de grande renome, como Dizzy Gillespie, B.B. King, Nina Simone e Chuck Berry. Aceitei com grande prazer o convite feito pelos organizadores do festival, porque gosto muito da Escandinávia, em particular de Estocolmo e Copenhague, onde vivi por algum tempo. Tenho aqui pessoas muito próximas e também vários amigos, entre americanos "expatriados" e músicos locais, que cultivam praticamente todos os estilos de *jazz*. Além disso, Estocolmo é uma excelente cidade para a gente refrescar a cabeça depois de um festival. Aqui, sinto certa paz interior. Evidentemente, depois desse festival, pretendo ainda me apresentar em outras cidades européias durante o verão. Neste ano, minha agenda está bem carregada.

- JLA: Músicos dinamarqueses e suecos parecem contaminados com o *jazz* e os festivais se multiplicam. Em sua opinião, o que distingue o *jazz* do norte da Europa do *jazz* americano, tocado em Nova Orleãs ou em Nova York?
- GETZ: A meu ver, o que distingue o *jazz* nórdico – se acrescentarmos também a Finlândia a essa lista – é o panorama histórico-musical desses países, e não necessariamente o caráter da música em si. Outro dia, discuti essa questão com um colega de Helsinque, que insistia em me convencer de que as diferenças existem, mas são muito sutis. Para mim, ocorreu que, nas últimas décadas, o *jazz* nórdico deixou de ser "cópia" ou "plágio" do de outros países, tendo alcançado padrões artísticos originais de alto nível. E isso é inegável. Penso que a música, em geral, é assim: independentemente do estilo, ela pode ser estimulada domesticamente e atingir outros patamares de qualidade por meio de experiências e influências externas. Hoje, nesta segunda metade dos anos 1980, o *jazz* sueco, por exemplo, tem representantes altamente respeitados em todo o mundo. Gente que se apresenta regularmente em Nova York ou Chicago.

- JLA: Como definiria sua própria música?
- GETZ: Não gosto muito de definir o que faço. *Jazz*, para mim, significa espontaneidade. É também improvisação. Mas, sobretudo, espontaneidade. Por isso eu gosto de *jazz*... por essa sensação de desprendimento e liberdade que ele nos dá.

- JLA: Você se ouve muito?
- GETZ: Estou cansado de ouvir a mim mesmo. Aliás, para ser sincero, eu não ouço muito *jazz* nos meus momentos de folga. Prefiro música clássica. É excelente para a meditação e purifica a alma, se é que posso purificar a minha. Quando visitei Israel, encontrei-me com o maestro Leonard Bernstein e lhe disse isso. Ele ficou muito contente e me respondeu: "Isso é um grande avanço, Stanley. Vamos ver se escrevemos alguma coisa clássica juntos".

- JLA: Você escreve música?
- GETZ: Não, de jeito nenhum. Não escrevo música e só escolho aquilo que gosto de tocar. Confesso que nunca aprendi ou estudei a arte de escrever música. Até hoje me arrependo por essa enorme lacuna. Me arrependo, porque você não imagina o que significa depender

dos outros para escrever coisas para nós. Às vezes é humilhante. Não consigo me perdoar por essa falha.

- JLA: Parece que foi ontem, mas já faz um quarto de século que você estabeleceu uma das parcerias mais bem-sucedidas de sua carreira. No Brasil. Como recorda os tempos com João Gilberto, Astrud Gilberto e Antônio Carlos Jobim? O que significou esse passado?
- GETZ: Recordo com grande emoção, como uma experiência extraordinária e gratificante. A parceria com Tom Jobim, Astrud e João Gilberto foi uma etapa que consagrou minha carreira artística. Essa parceria teve tanto impacto que, em 1964, como você sabe, a música *The Girl from Ipanema* se encontrava em primeiro lugar em todas as paradas de sucesso. Ganhamos também dois Grammys em 1965. O álbum *Getz/Gilberto* ganhou o prêmio de Melhor do Ano e a canção-título, *Garota de Ipanema*, ganhou o prêmio de *Best Single*. Quer mais?

- JLA: Há quem diga que foi você quem levou a bossa nova para os Estados Unidos e convenceu Jobim e Gilberto da importância da fusão do *jazz* com a bossa nova. Isso é verdade?
- GETZ: Não, de jeito nenhum. Não fui eu quem levou a bossa nova para lá. O sucesso da bossa nova fora do Brasil se deve ao esforço conjunto de várias pessoas e, sobretudo, de Antônio Carlos Jobim, Astrud e João Gilberto. Os três foram fundamentais nesse empreendimento histórico-musical. Posso ter ajudado no projeto, mas não sou autor do milagre. Ou, como dizem no Bronx, onde cresci, "Eu não sou o pai da criança"! Aliás, existem outros que também participaram do início da fusão *jazz*/bossa nova, mas raramente são mencionados, como Charlie Byrd, Bud Shank e o maestro Laurindo de Almeida. Estes também ajudaram a popularizar a bossa nova nos Estados Unidos e no mundo.

- JLA: Por que sua parceria com João Gilberto não continuou?
- GETZ: Digamos que tudo é questão de tempo. Quando senti que minha fase de bossa nova estava passando, optei por desacelerar um pouco esse estilo musical e abraçar um tipo de *jazz* mais desafiador. Trabalhar com João Gilberto era outra coisa. Ele é um compositor e intérprete extremamente talentoso, mas seu ritmo é mais lento do que o meu. João poderia ficar dias ou semanas para tomar decisões. Já eu me considero uma pessoa mais despachada. Quando era jovem, pegava meu saxofone, me fechava num quarto e ensaiava oito horas sem parar, todos os dias. Hoje, não ensaio mais. Não tenho necessidade dessas precauções. Creio que me tornei, talvez,

uma pessoa menos tolerante, porém mais rápida. Mas foi gratificante trabalhar ao lado de João Gilberto enquanto a parceria durou.

- JLA: E a bela Astrud Gilberto?
- GETZ: Ah! Astrud! Aquela garota era pura magia! Ela deu alma a *Garota de Ipanema*. Sempre adorei Astrud. Tenho grande admiração por ela e a respeito demais por seus talentos musicais. Foi Astrud Gilberto quem expôs aos outros países a sensualidade da música brasileira. Sua capacidade de interpretação vocal é também única no mundo. E ela não é somente uma intérprete, uma cantora. Ela tem outros grandes talentos: é uma atriz, uma artista e uma boa compositora. Depois da consagração que alcançou, Astrud conseguiu tornar-se independente e até formar um grupo de grande sucesso – The Gilberto Sextet. É uma artista completa.

- JLA: Muitos já perguntaram sobre a qualidade de seu som, do som que empresta a suas músicas. Como conseguiu aperfeiçoá-lo?
- GETZ: Uns dizem que se trata de uma questão de embocadura e de como eu exploro o ar dentro do instrumento. Eu, porém, acho que essa qualidade de som vem da influência dos grupos com os quais toquei durante sete anos, entre meus 15 e 23 anos de idade. Aprendi muito com Jack Teagarden, que tocava trombone, mas acabou me influenciando muito. Teagarden foi um verdadeiro pai para mim. Quando estava com apenas 18 anos, toquei também com Benny Goodman e depois com Lester Young, que igualmente me influenciaram bastante. Com músicos desse calibre, só tinha mesmo que melhorar o som do meu sax. E, como disse antes, durante muitos anos, cheguei a treinar oito horas por dia.

- JLA: Alguns de seus críticos afirmam que sua carreira adquiriu, nos dias atuais, certo sentido de "urgência emocional". Concorda?
- GETZ: Talvez... talvez isso venha ocorrendo pelo fato de eu estar doente, de estar sendo atacado por um câncer incurável e de os médicos sistematicamente me desenganarem, criando com isso toda essa sensação de urgência, insegurança e ansiedade. Naturalmente, esse estado não afeta apenas meu espírito, mas também a trajetória da minha música.

Junho de 1987

Stan Getz

PARCEIROS AZEDOS

Sendo 2008 o ano do jubileu de ouro da bossa nova, o jornalista Daniel Faria, editor da *Revista Wave*, resolveu selecionar para seus leitores os 10 discos fundamentais para entender o gênero que pôs o Brasil no mapa-múndi musical. *Getz/Gilberto* ficou entre eles. Em seu texto, Faria conta uma cena de bastidores que confirma a fala de Stan Getz sobre João Gilberto nesta entrevista.

Stan Getz, João Gilberto e Antônio Carlos Jobim
Getz/Gilberto Featuring A.C. Jobim (1963)

João, em português: "Tom, diga a esse gringo que ele é um burro". Tom, em inglês: "Stan, o João está dizendo que o sonho dele sempre foi gravar com você".

Stan, em sacanês: "*Funny*, pelo tom de voz, não parece que é isto que ele está dizendo...".

A gravação do álbum entre o saxofonista americano e os brasileiros pode não ter sido exatamente agradável, mas o resultado é um dos grandes discos do século passado. A participação de Astrud Gilberto, na época mulher de João, em *Garota de Ipanema*, com versos em inglês, transformou a música em sucesso popular, rendendo dois prêmios Grammy para o disco (Melhor Álbum e Melhor *Single*), superando os Beatles. Era o que de mais sofisticado e criativo se fazia na música. Em todo o mundo.

DANIEL FARIA
"Ah, a beleza que existe", 20/02/2008, www.revistawave.com

Para quem não se lembra, o disco dos Beatles da época era *A Hard Day's Night*, disco e filme que no Brasil tiveram o título de *Os reis do iê, iê, iê*.

Apesar de "parceiros azedos", Stan Getz e João Gilberto voltariam a gravar juntos o álbum *The Best of Two Worlds Featuring João Gilberto* (1975). Consta que as relações azedaram ainda mais.

LUCIANO PAVAROTTI
NEM SÓ DE ÓPERA VIVE UM TENOR

NO ENCALÇO de Luciano Pavarotti, se não me falha a memória, me acompanharam Alain Debove, correspondente do *Le Monde*, e Françoise Nieto, da Rádio Suécia Internacional, ambos excelentes companhias para esse tipo de aventura, justamente pelo espírito crítico e pelo engajamento emocional que emprestavam a cada matéria, a cada entrevista. Mas o que deveria ter sido um encontro exclusivo sobre música erudita acabou se transformando numa espécie de monólogo sobre comida e pintura. Ou seja, gastamos tempo e nosso rico dinheirinho para encontrar um homem de comportamento imprevisível, extremamente burlesco, porém determinado a eleger seus próprios temas de discussão.

– Tenham a santa paciência, vocês vêm a um estábulo para discutir música erudita? Afinal, nem todo o cantor lírico pode viver só de ópera. Somos seres humanos também, com outras ocupações. Lembrem-se, estou aqui para fazer equitação, para montar cavalos, e não para falar de *Aída* ou de Verdi...

Verdade. Fora de cena e com um *look nonchalant* – boné de *tweed*, *jeans* pretos desbotados, tênis e um enorme lenço vermelho estampado no pescoço –, Luciano Pavarotti, considerado o maior cantor erudito de todos os tempos, sustentava ser um homem inteiramente feliz, em agosto de 1988, a data do nosso encontro.

Casado, pai de três filhas e meio milhão de dólares mais rico depois de sua turnê pela Escandinávia, Pavarotti não escondia seu deslumbramento com o resultado de uma dieta que, em menos de dois anos, o havia deixado 50 quilos mais leve.

– É isso mesmo, um cantor de ópera deve também ser um atleta. Estou atravessando a melhor fase de minha vida.

Completamente comprometido com concertos pelas próximas décadas, Pavarotti, aos 52 anos na época, assegurava não ter planos para aposentar-se. Mas, se porventura alguém perguntasse qual sua maior paixão, ao lado da música, ele diria:

– A pintura, *ecco*!

De fato, a César o que é de César. Seu estilo *naïf* mostrado em uma exposição em Detroit, Estados Unidos, já havia lhe rendido grandes elogios da crítica americana. E nós não sabíamos de nada!

Luciano Pavarotti

— Passei dez anos sem pintar... Só comendo, bebendo e cantando. Agora, retomei o pincel com seriedade e passo horas em Pesaro trabalhando com cores e formas. Aprendi a gostar das cores que utilizo. Às vezes, encontro motivos em cartões postais que recebo de meus fãs e amigos. Outras vezes, dou inteira vazão às minhas fantasias.

Para quem se desloca de um canto do mundo para outro como uma espécie de caixeiro-viajante internacional, que necessita de pelo menos duas horas para concentrar-se a cada concerto para públicos cada vez mais exigentes, era natural que Luciano Pavarotti fosse buscar na pintura um pouco de tranqüilidade, de repouso físico e mental. Não é verdade, *maestro* Pavarotti? Alisando com a mão esquerda a barba cerrada e lançando um olhar penetrante e medieval ao repórter, o mestre que magnetizara por um dia o público de Estocolmo com a apresentação de *Una furtiva lacrima* na abertura do concerto e com *O sole mio*, ao final, vociferou:

— Nunca, jamais pintei para descansar ou como terapia. Se fosse o caso, abandonaria a pintura para sempre. Entenda bem: não me apoio em qualquer tipo de arte para descansar. O que estou fazendo é abrir espaço dentro de minha alma para outra forma de expressão artística, que amo e respeito. Em menos de quatro meses, pintei 30 quadros. E durante esse período também cantei. E como cantei!

Sobre detalhes de sua pintura, confessou que preferia não discutir. De qualquer forma, talvez nem fosse preciso. Dois meses antes de nosso encontro, uma revista italiana qualificou os quadros de Pavarotti como "desvios privados" do tenor – inteiramente privados, até que Adua Veroni, sua primeira mulher, teve a idéia de organizar uma exposição.

— Quando decido pintar, levanto a qualquer hora da noite e me transformo em uma espécie de monge, de religioso, totalmente entregue a um ato de devoção. Posso também passar um dia inteiro absorto nesse exercício, sem comer, dormir ou cantar. Quer saber? Sinto-me mais artista quando pinto do que quando canto. Para mim, a pintura é algo definitivo, para sempre. A música é algo que desaparece no ar.

A voz é suave e clara. Flui de sua boca como a correnteza de um riacho que escoa suas águas num mar de tranqüilidade. Não há nada de vulcânico. A ausência de impostação no seu discurso contrasta notavelmente com o vigor de seu canto nos salões da Konserthuset, onde um público seleto pagara, horas antes, US$ 500 para ouvi-lo. Mas o mais impressionante era que aquela barriga volumosa, aquele ventre protuberante, que lhe rendia a alcunha de "pançudo", desaparecera quase totalmente.

— Não, ainda não desapareceu de todo, mas vai desaparecer. Em dois anos, já perdi mais de 45 quilos e pretendo perder outros 10 até o final do ano.

– Mas como, *maestro*?

– Com rigorosa disciplina. Caminhando, andando a cavalo, que é meu *hobby* favorito, e evitando o álcool. Ah, e pasmem, bebendo Coca-Cola! Dei adeus também às massas suculentas e aos soberbos molhos de nhoque.

– Então, viva a dieta sr. Pavarotti!

– Escute, imbecil – a palavra é dura, mas o tom é carinho, porque o *maestro*, um gênio das relações públicas, prefere tratar membros da imprensa com a maior das intimidades –, mais do que uma dieta rígida e cruel ou uma punição orgânica, a técnica que utilizo é um pouco mais inteligente. Não se trata de deixar de comer, e sim de escolher o que se come. Depois de dois anos, já me tornei um verdadeiro computador vivo: lanço um olhar para o prato e sei exatamente quantas calorias existem ali. Baseio essa dieta em 1.800 calorias por dia. O álcool e o açúcar foram definitivamente cortados. Evito todo o tipo de gorduras. O importante é comer regularmente, de preferência, mais cedo que o normal. Almoço ao meio-dia e janto às seis da tarde. Quando como *spaghetti*, só como *spaghetti*, sem molhos. E, quando faço isso, como também um pedaço de carne, à noite.

Acompanhado de um cozinheiro profissional, que qualificava de "amigo inseparável", Luciano Pavarotti anunciava também outra novidade em seu comportamento: não freqüentava mais restaurantes.

– Para não parecer tão fanático, diria: já não visito com freqüência tais ambientes.

Durante sua turnê pela China, no primeiro semestre de 1988, a TV italiana, RAI, mostrou uma geladeira instalada no quarto de Pavarotti, abarrotada de *pesto* – um molho concentrado e oleoso para acompanhar massas. Para muitos, uma droga, por conter alto teor de colesterol, mas ele se sente orgulho em explicar:

– Na intimidade do meu lar, costumo preparar pacientemente minha própria comida. Durante as turnês, meu cozinheiro entra em ação, e a cozinha do meu quarto de hotel converte-se num pequeno laboratório de gastronomia – um centro de "bruxaria contra a obesidade" se preferirem. E, por favor, não me peçam. Todas as receitas são secretas!

Conselhos são para os outros, mas endocrinologistas, nutricionistas e outros *experts* advertem que quedas bruscas de peso podem alterar mecanismos vitais do organismo. E o *maestro* não vem de Marte. Quando recordamos o que aconteceu com Maria Callas, Pavarotti entra em ebulição:

– Mas que bobagem... Uma das piores coisas é ser obeso. O corpo reage a tudo com dificuldade, torna-se mais fácil contrair enfermidades e mais difícil curar-se. Sei perfeitamente que muitos sustentam que Maria Callas perdeu sua voz após rigorosa dieta que fez. Ela pesava 120 quilos e perdeu 60 – foi dose para leão. Mas não creio que ela tenha se prejudicado por isso.

Luciano Pavarotti

Mesmo muito magra, Maria Callas continuou cantando maravilhosamente por vários anos. Por outro lado, seu afastamento do mundo da ópera é ainda hoje cercado por muitas interrogações. Fazer do caso Maria Callas uma regra geral para quem faz dieta é uma temeridade. Um cantor de ópera é um atleta vocal, se ele puder ser também um atleta físico, melhor ainda.

Estamos ainda no Kungliga Hovstallet, o Estádio Real de Equitação de Estocolmo, e os empregados de coudelaria do rei, briosos e pontuais, já consultavam os relógios. Eram quase 6 horas da tarde e já havíamos falado durante mais de uma hora sobre dieta e pintura. Nada de música erudita! Nada de concertos ou gravações!

Também, a culpa era nossa. Luciano Pavarotti combinara que falaria conosco após cavalgar um potro sueco de 174 centímetros de altura, demonstrando na prática suas habilidades físicas. Vai ou não vai, *maestro*?

– Vocês são de morte... Querem que eu trepe num cavalo furioso como este? Não, hoje eu e ele vamos descansar. Além do mais, já está quase na hora do meu jantar. Desculpem.

Ajustando na cabeça o boné de *tweed*, Luciano Pavarotti caminha com passos curtos para sua *petite voiture* e desaparece do Estádio Real, como se nunca tivesse passado por ali e sem dizer adeus.

Só voltei a lembrar-me dessa cena em 1990, quando o Kungliga Hovstallet sediou o campeonato mundial de equitação. Em 1988, durante a turnê escandinava de Pavarotti, o *maestro* cumpriu um programa de concerto quase inteiramente clássico, salvo por duas canções napolitanas e seis outras de seu disco *Mamma*. Em outubro do mesmo ano, ele se apresentou nos Estados Unidos, onde interpretou pela primeira vez *Adriana Lecouvreur*, de Francesco Cilea, e *Werther*, de Jules Massenet, uma ópera em quatro atos baseada no romance *Os sofrimentos do jovem Werther*, de Wolfgang Goethe. Depois, em janeiro de 1989, ele era ovacionado em pé no Metropolitan Opera House, em Nova York, onde cantou magnificamente *Il trovatore*, de Giuseppe Verdi, a mais popular de todas as obras desse compositor romântico.

Luciano Pavarotti, que debutou no Met em novembro de 1968, dele se despediu em março de 2004, tendo computado 378 apresentações nessa grande casa de ópera. Morreu aos 71 anos, na Itália, em 6 de setembro de 2007, depois de uma longa e difícil batalha contra um câncer do pâncreas. Pavarotti descobriu que tinha um tumor maligno em julho de 2006, tendo sido submetido a uma cirurgia de emergência em Nova York. Na época, a empresária do cantor, Terri Robson, assegurou que o tumor havia sido inteiramente removido, que o tenor se sentia bem e planejava gravar um novo álbum com músicas religiosas. Mas a doença fez com que o *grande maestro* cancelasse, muito a contragosto, todas as datas remanescentes de sua turnê de despedida, iniciada em 2004.

Considerado o mais popular e completo cantor operístico desde Enrico Caruso, Luciano Pavarotti transformou-se em sinônimo de música clássica acessível a todos e inteiramente consagrado pela crítica. Durante mais de 46 anos de carreira, despertou as atenções de um público enorme na Itália, sua pátria, e ao redor do mundo. E continuou provocando mexericos mesmo depois de morto: divorciado em 1996, ele se casou com a ex-secretária, Nicoletta Mantovani, com quem teve gêmeos, mas só a menina, Alice, sobreviveu. Nos funerais, comentava-se que ele teria desejado se separar da segunda mulher e tinha voltado a se encontrar com a primeira...

Valeu a pena tê-lo conhecido nos estábulos do rei da Suécia, em 1988. Infelizmente, não nos deu o prazer de vê-lo cavalgar *Speed*, o cavalo real, que tão bem escolhera.

Agosto de 1988

....

ADEUS COM VERDI

Inesquecível como Des Grieux em *Turandot* e Cavaradossi em *Tosca*, duas entre as óperas de Giacomo Puccini que ele estrelou; fantástico em *I pagliacci*, de Ruggiero Leoncavallo, fazendo Canio em 1988 e em 1992; Pavarotti cantou os grandes compositores do auge da ópera do século XIX, como Gioacchino Rossini, Jules Massenet, Pietro Mascagni. Até Mozart (Idomeneo), Donizetti e Amilcare Ponchielli, autores do século anterior, exigindo outro tipo de técnica vocal, ele fez bem. Mas o compositor com maior número de óperas em seu repertório foi o grande Giuseppe Verdi – e o seu preferido, conforme o tenor espanhol Placido Domingo, que dirigiu em Los Angeles o *Requiem* do compositor como homenagem de despedida ao tenor italiano, três dias depois de seu falecimento. "Lembraremos a beleza de sua voz, a extraordinária carreira que teve e o grande amigo que perdemos", declarou Domingo. Desse compositor, Pavarotti interpretou os papéis que aparecem entre parênteses:

Giuseppe Verdi
Aida (Radamès) 1985 e 1986
Un ballo in maschera (Gustavo III) 1970, 1971, 1972, 1982 e 1983,
Don Carlos (Don Carlos) 1992
I lombardi alla prima crociata (Oronte) 1969
Luisa Miller (Rodolfo) 1969 e 1975
Macbeth (Macduff) 1970
Otello (Otello) 1991
Rigoletto (il Duca) 1966, 1967, 1971 e 1989
La traviata (Alfredo) 1965, 1970,1979 e 1991
Il trovatore (Manrico) 1975, 1977 e 1990

21

DALAI LAMA
O CALCANHAR-DE-AQUILES DA CHINA

– TODOS OS QUE FORAM mordidos por serpente suspeitam até de um pedaço de corda! Voltarei ao Tibete assim que meu povo tiver reconquistado seus direitos fundamentais e quando os chineses tiverem compreendido o significado das tradições e da filosofia religiosa do lamaísmo. Para nós, tibetanos, o tempo é totalmente irrelevante.

Quando tais palavras, proferidas com humildade, saem da boca pequena e sorridente de Tenzin Gyatso e ecoam nas imediações da sede da ONU, em Nova York, ou em Copenhague, Oslo, Paris, Estocolmo, a impressão que se tem – pela imediata reação que provocam – é que os dirigentes chineses, a braços até hoje com grande número de problemas herdados do maoísmo, gostariam de ver o Tibete subermergir, com todo o seu povo, nas águas leitosas do lago Yak, de onde – segundo a tradição – o país se originou. Isso porque tanto Tenzin Gyatso, o respeitado líder espiritual Dalai Lama (o sábio vasto do oceano), quanto o próprio Tibete continuam representando um dos mais sérios problemas geopolíticos e culturais já enfrentados pela China moderna.

Até sediar os Jogos Olímpicos de 2008, o país ainda não havia conseguido formular uma política cultural adequada para enfrentar as minorias populacionais que domina. Consciente de seus erros e na tentativa de redimir-se das agressividades e violações dos direitos humanos cometidas no Tibete durante os anos da Revolução Cultural, a China "desmaoizada" dos dias atuais já convida o chefe supremo do lamaísmo a reassumir, em Lhasa, suas funções de líder espiritual dos tibetanos. Mas sob uma condição: seu regresso não estaria associado a qualquer possibilidade de o Tibete conquistar sua independência. Em outras palavras, o Dalai Lama poderia voltar à sua terra como o simbólico "deus reencarnado", mas jamais com poderes políticos.

Desde que Pequim anexou o Tibete, mais de 100 mil monges foram executados, presos ou forçados ao exílio. Numa tentativa de atenuar os ressentimentos, o governo demonstrou também, há alguns anos, interesse em manter entendimentos com o Dalai Lama, tendo em vista seu regresso negociado ao Tibete. Tanto o líder espiritual quanto o governo chinês sinalizaram interesse de levar adiante a proposta, mas nada disso frutificou.

No início da década de 1990, as autoridades chinesas confirmaram que o Dalai Lama poderia regressar ao Tibete se não insistisse em exigir a independência da região. Numa rara admissão, o governo "reconheceu", na época, que o Dalai Lama funcionava como uma "espécie de deus" para os tibetanos. Três pontos orientavam, então, a proposta chinesa:

1. O Dalai Lama poderia regressar ao Tibete na data que desejasse, mas teria que comunicar antes sua decisão a Pequim.
2. O governo chinês entenderia esse regresso como "uma contribuição para a unidade da China e seu programa de modernização."
3. O *status* do Dalai Lama não seria alterado. Seu posto de "vice-presidente da China" seria mantido, uma vez que esse era seu título antes do exílio. Ele poderia escolher onde morar, em Pequim ou Lhasa, mas, como vice-presidente, o ideal seria que permanecesse na capital chinesa.

Num pronunciamento feito em junho de 1988 no Parlamento Europeu, em Estrasburgo, o líder espiritual propôs a autonomia religiosa e cultural do Tibete em união com a China. Desde então, um dos caminhos aventados por Pequim é a instituição de um modelo semelhante ao de Hong-Kong: um país e dois sistemas. A liberdade religiosa e cultural seria garantida, enquanto a China continuaria dominando todos os "destinos mais altos" da região tibetana.

Mas, entre a teoria e a prática, a inflexibilidade chinesa com relação ao Tibete continua produzindo surpresas ao longo dos anos. Recordo-me de um evento de 2003, quando eu ainda desempenhava as funções de diretor da Rádio das Nações Unidas, em Nova York. Foi um encontro mundial de líderes religiosos, que reuniu na sede da Assembléia Geral da ONU representantes de todas as tendências e partes do mundo: espíritas, budistas, católicos, judeus, muçulmanos e até índios brasileiros e americanos. Tratava-se de uma gigantesca reunião ecumênica, por assim dizer, que foi bruscamente interrompida dentro do edifício da organização mundial e passado para outro local.

Muitos não compreenderam, mas a razão principal da rápida transferência do encontro para o hotel Waldorf Astoria – apesar de Kofi Annan, o então secretário-geral da ONU, achar que a instituição deveria estar sempre aberta à sociedade civil – foi a chegada do Dalai Lama para juntar-se aos demais líderes religiosos. Pressionado pela China, membro permanente do Conselho de Segurança, Kofi Annan não teve outra alternativa senão convidar discretamente os líderes religiosos a buscar outro local para sua conferência.

Em 1988, quando o Dalai Lama visitou Oslo, na Noruega, o líder espiritual do Tibete foi surpreendido por outro imprevisto semelhante: as au-

Dalai Lama

toridades governamentais do país, que haviam organizado um programa de homenagens a ele, cancelaram na última hora toda a agenda oficial de boas-vindas. O que deveria ter sido uma visita serena e sem problemas acabou se convertendo num episódio atropelado e embaraçoso para o Ministério das Relações Exteriores da Noruega e para o próprio Dalai Lama, que perdeu de vista as personalidades que iria encontrar.

Explicação: a repentina decisão foi tomada depois que a Embaixada da China em Oslo, num severo protesto junto ao governo norueguês, deu a entender que "esfriaria" as boas relações com o país caso o Dalai Lama fosse recebido com "honras de chefe de Estado". Pelo programa original, ele seria recebido no aeroporto de Oslo pelo presidente do Parlamento e pela ministra da Educação, figuras destacadas do Partido Trabalhista. A pressão chinesa foi tão grande que as autoridades recuaram, reduzindo as tratativas a um magro encontro com o bispo de Oslo e alguns representantes do conselho religioso do país. Mas nem por isso o "Buda reencarnado" se deixou abalar. Além de escrever livros que são publicados e traduzidos com grande sucesso em vários países – no Brasil, são quase 30 títulos disponíveis – ele continua cumprindo até hoje uma impressionante agenda de palestras e visitas pelo mundo afora.

- JLA: Durante meio século, o Tibete foi um território independente, até que na década de 1950 as tropas de Mao Tsé-Tung entraram em Lhasa, a capital, acabando com um Estado teocrático feudal que mantinha as características de treze séculos passados. Como avalia as conseqüências dessa intervenção?
- DALAI LAMA: Os tibetanos, que viviam pacificamente, foram barbaramente massacrados. Durante apenas duas décadas de administração comunista, a cultura única do povo tibetano não morreu, mas foi tragicamente abalada. A desintegração provocada pela intervenção abarcou todos os aspectos da vida tibetana: social, econômico, cultural, político e educativo. Cerca de 2.700 templos foram destruídos, bibliotecas e documentos históricos incendiados e mais de 100 mil tibetanos tiveram que fugir para o exterior. O mosteiro de Drepung, que antes de 1950 abrigava 10.300 monges e era o maior centro lamaísta do mundo, ficou com menos de 300 religiosos. Os jovens aprenderam a conviver com o analfabetismo; a escassez de alimentos levou grande parte da população a viver à beira da inanição. As rodovias e os aeroportos, construídos depois da Revolução Cultural, são, em grande parte, utilizados para fins militares. Monumentos históricos e objetos de arte foram impiedosamente destruídos em nome do marxismo.

■ JLA: Depois de tanto tempo no exílio, acredita ainda num Tibete livre?
☐ DALAI LAMA: Enquanto a fé e o poder de determinação existir, as possibilidades são sempre válidas. Lembre-se de que o tempo se encarrega também de modificar as coisas. Acredito fortemente no futuro do Tibete, sobretudo porque o povo tibetano é ainda mais determinado do que eu. Por outro lado, um povo que quer vencer suas dificuldades jamais pode assumir uma visão negativa das coisas.

■ JLA: Aprendeu alguma coisa no exílio?
☐ DALAI LAMA: Aprendi muito no exílio. A experiência ajudou-me a dinamizar ainda mais meu trabalho espiritual. Mas, numa situação de desespero, ninguém pode esperar que tudo seja correto e que tudo dê certo. Em todas essas décadas em que tenho permanecido fora do Tibete, tornei-me mais realista. Por mais paradoxal que pareça, o exílio fez com que eu me aproximasse mais de meu povo.

■ JLA: Na década de 1970, o governo no exílio exigia a independência total do Tibete. Hoje, essa exigência parece que deixou de existir. Por quê?
☐ DALAI LAMA: Porque, apesar da irrelevância do tempo no lamaísmo, também temos pressa no mundo dos homens. Se não encontrarmos logo uma solução para a questão tibetana, o que resta de nossa cultura corre o risco de desaparecer. No plano metafísico, o tempo não é importante para o budismo, mas em nível prático, é necessário encontrarmos um caminho. Por isso, já aceitamos a idéia de que o Tibete se torne uma região autônoma dentro da China. Minha proposta, e as autoridades chinesas já tomaram conhecimento dela, seria a instalação de um governo tibetano voltado basicamente para o comércio, a educação, a cultura, os esportes e a religião. Manteríamos, por assim dizer, o controle das atividades "não-políticas". O governo chinês se encarregaria da defesa e da política externa.

■ JLA: Mas todos os tibetanos estariam de acordo com tal plano?
☐ DALAI LAMA: Alguns não concordaram com esse tipo de solução. Em virtude de não ter ocorrido progresso nenhum na solução dos problemas internos do Tibete, muitos militantes, fora e dentro do território, buscam outras saídas. Sei perfeitamente que muitos me criticam, afirmando que não tenho a devida coragem para enfrentar as autoridades chinesas como seria necessário. Claro que eles prefeririam que eu trilhasse os caminhos da rebelião e da luta armada!

- **JLA:** E isso estaria inteiramente fora de cogitação?
- **DALAI LAMA:** Sou contra a violência de todos os tipos. Posso compreender como as pessoas oprimidas se sentem... Mas, para mim, a violência é ilógica. Além disso, seria puro suicídio tentar enfrentar com armas uma das maiores nações do mundo. Se 6 milhões de tibetanos se levantassem contra Pequim, a China poderia facilmente invadir o Tibete com apenas 60 mil soldados e esmagar a população. É necessário ser realista! A prudência e a compreensão constituem, para mim, os únicos caminhos viáveis para um Tibete livre. Nesse sentido, admiro muito o trabalho de Mahatma Gandhi, que, mesmo frente à campanha que emancipou a Índia, nunca perdeu a cabeça, pregando sempre a não-violência como instrumento ideal para a solução dos conflitos.

- **JLA:** Mesmo assim, a violência por vezes não pode ser evitada no Tibete. Em 1987, várias pessoas perderam a vida em conflitos no interior do território. O senhor considera a hipótese de a rebelião derrubar a tese da não-violência?
- **DALAI LAMA:** Se essa situação porventura ocorresse no Tibete, eu, como monge, renunciaria. Alguém, não eu, ficaria com a responsabilidade das decisões. Mas isso é apenas uma especulação. É uma hipótese que me ocorre, embora não esteja qualificado para adivinhar o futuro...

- **JLA:** Depois que o Tibete encontrasse uma solução para seus problemas, que funções estariam reservadas para o Dalai Lama? A chefia do governo?
- **DALAI LAMA:** Já repeti isso inúmeras vezes: sou um líder religioso, espiritual, que sonha com um sistema democrático para meu país e meu povo. Jamais poderia aceitar um cargo político ou apresentar-me como candidato a eventuais eleições. O compromisso que tenho com o povo tibetano está situado no plano de guia espiritual. Nada mais. O poder temporal não faz parte da missão do Dalai Lama.

- **JLA:** O Dalai Lama é considerado "o deus reencarnado" dos tibetanos, mas, em 1963, o governo no exílio determinou que seus poderes talvez sejam inteiramente suspensos no futuro. Como interpretar isso?
- **DALAI LAMA:** É natural que o Dalai Lama tenha que desaparecer um dia. A introdução da democracia no Tibete já é um passo na direção de uma mudança do poder. Quem pensar que pretendo, com minha influência, instalar no Tibete um sistema feudal similar que existia antes de 1959 está profundamente enganado. Quando a democracia chegar e minha pessoa nada mais representar em termos úteis, a instituição do Dalai Lama desaparecerá. Trata-se de um processo evolutivo. Algumas

espécies continuarão, outras desaparecerão. É uma lei que domina todas as sociedades, inclusive a sua. O mais importante para mim é que o Tibete se converta numa democracia, numa zona livre de violência, com uma cultura, uma religião e um povo respeitados.

- JLA: Qual sua maior preocupação no momento?
- DALAI LAMA: O êxodo populacional dos tibetanos. Cada ano que passa, um número cada vez maior de pessoas abandona o território. Se o êxodo continuar nessa proporção, dentro de algumas décadas os tibetanos serão minoria dentro de seu próprio país. Na província onde nasci, isso já acontece. Ali, a população chinesa ultrapassou a cifra dos 3 milhões de pessoas, contra apenas 700 mil tibetanos.

- JLA: Como a China poderia verdadeiramente facilitar o processo de harmonia no Tibete?
- DALAI LAMA: Com boa vontade. Nós, tibetanos, perdemos tudo. Não podemos dar ordens a ninguém. Se a China retirasse seu exército de ocupação do Tibete, respeitasse nossa cultura e controlasse melhor o número de colonos que se instala em nossas terras, isso provocaria grande impacto favorável nos tibetanos. Somos um povo humilde, e esse tipo de atitude seria visto como uma generosidade da parte dos chineses.

Outubro de 1988

....
A INSOLÚVEL SITUAÇÃO DO TIBETE
Apesar de o Dalai Lama recomendar a não-violência no Tibete, a região tem sido palco de inevitáveis revoltas. Em março de 2008, centenas de pessoas foram mortas em confronto com as forças chinesas de repressão, de acordo com relatos do governo tibetano no exílio. Os protestos começaram no dia 10 daquele mês, quando centenas de monges foram às ruas para pacificamente lembrar o 49º aniversário do levante de Lhasa de 1959, uma rebelião mal-sucedida contra o mandato chinês, que teve como conseqüência o exílio de mais de 100 mil tibetanos – entre eles, o Dalai Lama.

A última "grande insurreição" no Tibete contra o governo chinês datava de 1989, pouco antes do massacre da Praça da Paz Celestial, em Pequim. O protesto de 1989 deixou dezenas de mortos e o governo chinês declarou lei marcial na região. Para acabar com a insatisfação dos tibetanos, o governo chinês tem feito também grandes investimentos no Tibete, mas a população sustenta que isso beneficia somente os cidadãos da etnia chinesa Han que trabalham na região.

Em âmbito internacional, por outro lado, os principais líderes mundiais não têm o poder nem o interesse de pressionar a China – um dos cinco países com poder de veto no Conselho de Segurança da ONU – para que haja uma resolução justa do conflito.

ANDREI SAKHAROV
A ESPLÊNDIDA TEIMOSIA DE UM DISSIDENTE

EM 1976, fui destacado para escrever um documento especial sobre o futuro da União das Repúblicas Socialistas Soviéticas. Organizei então uma detalhada lista de tarefas que realizaria na antiga União Soviética, tendo em vista ilustrar com originalidade meu texto e dar mais autoridade à matéria. Uma das metas era entrevistar o físico nuclear Andrei Sakharov, pai da bomba de hidrogênio, um intelectual que, na década de 1970, se dispunha a falar com correspondentes estrangeiros por ângulos mais realistas do que as autoridades do Kremlin.

Após esperar por mais de três meses pelo visto de entrada na potência comunista e de superar outras tantas lides burocráticas, desembarquei em Moscou em pleno mês de novembro, num momento em que o "general inverno" ameaçava sua população apressada e pouco receptiva aos estrangeiros. De qualquer forma, chegava ao meu destino com a determinação de cumprir todos os objetivos daquela lista de tarefas, razão pela qual já havia também estabelecido alguns contatos valiosos, entre eles com um amigo, Bill Preston, ex-correspondente da United Press International (UPI) em Estocolmo, que se tornara chefe da agência em Moscou e me havia me alertado sobre o "tema Sakharov".

A idéia era de que ele mesmo me ajudaria a marcar um breve encontro com o cientista, tão logo eu regressasse a Moscou depois de uma jornada de 45 dias pelo território soviético, que me levaria a Leningrado (hoje São Petersburgo), Novosibirski (na Sibéria), Kiev, Tibilise, Yeravan, Azerbaijão e Vladivostok. Na volta à capital soviética, após a canseira de percorrer grande parte do "império", minha decepção não poderia ser maior: Meu amigo da UPI não quis nem mais tocar no assunto, tendo me recomendado a não falar sobre dissidentes no interior dos escritórios da UPI, porque todas as dependências da agência estavam "grampeadas": "As paredes escutam", disse-me ele, abatido.

Não consegui me encontrar com Andrei Sakharov durante minha permanência na URSS. Pude apenas com sua mulher ao telefone, oito anos depois ele ter recebido o Prêmio Nobel da Paz, em 1975. Mesmo assim, publiquei na revista *Visão*, na edição de 29 de agosto de 1983, um documento especial sobre a luta desse magnífico cientista e ativista de direitos humanos, que abriu mão de todos os privilégios para desafiar o regime soviético e partir para a defesa da liberdade. Para tanto, utilizei várias de suas mensagens que me chegaram clandestinamente no exterior. Foi assim que "nosso encontro" se materializou.

Um dissidente e suas razões
"A militarização da economia, elogio à loucura, não é apenas um ato de insensatez de homens incapazes de manifestar idéias construtivas... Constitui, mais que isso, uma afronta e um perigo mortal à política interna e externa de uma nação, pois viola a democracia, a lei, o direito à informação, todas as liberdades individuais e o direito de viver em paz... Aqui na URSS, onde vivo, tecer críticas à lógica de raciocínio dos dirigentes do país, ainda que no plano teórico, é considerado crime gravíssimo contra o Estado. Daí meu confinamento, que não é apenas uma clara afronta à razão, mas um insulto à cidadania. E, se você me perguntar do que reclamo, minha resposta seria clara e sucinta: liberdade e o início de uma campanha realmente universal para deter a tempo a ameaça de uma guerra termonuclear."

Esse pequeno trecho de Andrei Sakharov sintetiza com clareza as preocupações de um dos mais destacados cientistas soviéticos, detentor das mais altas honrarias da URSS, mas que foi condenado ao confinamento e ao silêncio em Gorki, na nostálgica confluência do Volga, pela audácia de discordar do poder central. Tendo perdido todos os seus títulos e privilégios, Andrei Sakharov foi proibido de deixar seu país, acusado de converter-se num dos mais perigosos líderes dos dissidentes soviéticos e, portanto, um indesejável colaborador do imperialismo americano. Ele foi punido sobretudo por insistir na necessidade de Moscou aceitar um controle de armamentos estratégicos, um tratado de não-proliferação de armas nucleares, pondo fim ao risco permanente de um conflito que poderia erradicar de vez todo e qualquer vestígio de vida no planeta.

Até 1968, ano em que divulgou um documento intitulado "Reflexões sobre o progresso, a coexistência pacífica e a liberdade individual", Sakharov, "pai" da bomba de hidrogênio soviética, já recebera todas as honrarias máximas de seu país e do Bloco do Leste. Citado três vezes como "herói do trabalho", detentor da Ordem de Lênin e de um Prêmio Stálin, tornou-se, em 1953, o mais jovem membro da exclusiva e fechada Academia de Ciências da URSS, por suas relevantes pesquisas na área de fissão e fusão nuclear.

Nascido na capital soviética, em 21 de maio de 1921, ele ingressou na Universidade de Moscou em 1945. Em 1947, depois de realizar notáveis

Andrei Shakarov

pesquisas no Instituto de Física de Lebedev como assistente de Igor Tamm – que seria agraciado com um Prêmio Nobel –, recebeu seu título de doutorado, defendendo brilhantemente uma tese sobre radiação cósmica. A partir de 1948, integrou um programa científico cujo objetivo era alcançar os Estados Unidos na área da produção de armas nucleares. No ano seguinte, fez parte da equipe que conseguiu fabricar a primeira bomba atômica soviética e, em 1953, apenas alguns meses depois dos americanos, projetou a primeira bomba de hidrogênio da URSS.

A essa altura, porém, já manifestava sua discordância do regime político imposto na chamada "Cortina de Ferro". Foi a partir de 1950 que essa discordância se tornou cada vez mais clara e radical. Em 1958 e novamente em 1961, dirigiu cartas ao então líder Nikita Kruschev, sugerindo a suspensão provisória dos testes nucleares da URSS, para não criar obstáculos às negociações sobre desarmamento que se desenvolviam nos Estados Unidos. Em 1964, entrou em contato com os irmãos Medvedev – Jaures e Roy, que também condenavam a orientação política soviética. A partir de então, Sakharov não deixou mais de contestar publicamente o Estado soviético e o regime por ele representado.

A revolta

Abrindo mão das honrarias com que o tinham cumulado, o cientista convertido à causa do pluralismo e da paz engajou-se de corpo e alma na missão de denunciar as falácias totalitárias do *establishment*. Até 1972 – Nikita Kruschev já tinha sido substituído havia oito anos por Leonid Brezhnev –, as autoridades do Kremlin fecharam os olhos às atividades políticas de Sakharov, levando em conta sua reputação nacional e internacional. Mas, em fevereiro de 1973, ele foi duramente atacado pela primeira vez por um órgão oficial do governo, o *Literaturnaya Gazeta*, que o qualificou de "inocente útil" e de "perigoso inimigo da sociedade soviética". A partir de então, passou a ser perseguido pela polícia política, a KGB. Não se deixou intimidar nem mesmo pela expulsão, em 1974, do mais conhecido dos dissidentes soviéticos – o escritor Alexander Soljenítsin.

Mais que este – denunciante do *Arquipélago Gulag* e autor de obras de extraordinário valor literário e político –, Andrei Sakharov era um homem que gozava de grande notoriedade e prestígio internacional. Foi, porém, a decisão unânime do Comitê Nobel do Parlamento norueguês de outorgar-lhe o Prêmio da Paz, em outubro de 1975, que provocou um furor incontrolado das autoridades soviéticas contra Andrei Sakharov. As perseguições de que era alvo redobraram em 1980, quando ele se propôs fiscalizar a observância, por parte de Moscou, dos acordos de Helsinque sobre a livre circulação de idéias e de pessoas. Não conseguindo dobrá-lo, os dirigentes soviéticos resolveram silenciá-lo, isolando-o totalmente no interior do país.

No exílio

Na manhã do dia 24 de janeiro de 1980, a KGB invadiu o apartamento de Sakharov em Moscou e, à noite, em vôo especial da Aeroflot, transferiu-o junto com sua esposa, Yelena Bonner, para Gorki, a 400 quilômetros da capital. Essa cidade – grande porto fluvial e centro industrial, assim com a região circunvizinha – não podia na época ser visitada por quem não tinha permissão da polícia. Até aquele momento, como integrante da *nomenklatura* – a "nova classe", que desfrutava de todos os privilégios na URSS –, Sakharov contava ainda com algumas regalias: salário elevado, uma casa de campo (*dacha*), apartamento em Moscou e carro com motorista. Como era esperado, seu confinamento em Gorki alterou seu *status*: sofreu uma substancial redução de seus honorários como acadêmico e teve que viver num apartamento bastante modesto. Embora sofresse de enfermidade cardíaca, que só poderia ser tratada numa das clínicas especializadas em Moscou, o cientista foi também proibido pelas autoridades de deixar a prisão domiciliar, fosse qual fosse o pretexto.

No começo de 1983, afastado dos jornalistas estrangeiros e privado de contacto até com seus amigos mais próximos, Sakharov manifestou pela primeira vez o desejo de deixar a URSS, atendendo a um convite da Universidade de Viena, que queria contratá-lo para a cátedra de Física. Contudo, sob a alegação de que, como cientista envolvido no programa nuclear da União Soviética e detentor de "importantes segredos de Estado", as autoridades soviéticas, se recusaram a atendê-lo, proibindo-o definitivamente de sair do país. Isso significava que Gorki seria, com toda a segurança, não apenas o local do exílio permanente de Sakharov, mas também sua sepultura.

No rápido depoimento que pude colher de sua mulher, em 1983, Yelena Bonner afirmou que seu marido ficara profundamente perturbado com o veto das autoridades ao convite formulado pela Universidade de Viena.

Andrei Sakharov acenava com o fato de que os alegados "segredos científicos de Estado" eram de conhecimento universal, uma vez que a técnica de produção de armas atômicas e nucleares já tinha sido mais do que divulgada. O que na realidade se evidenciava era que Moscou temia a atuação política do confinado, um vigoroso ativista de direitos humanos, que poderia desempenhar no Ocidente papel ainda mais crucial do que o de Soljenítsin como denunciador das verdadeiras condições registradas na URSS, revelou Yelena Bonner.

Andrei Shakarov

Ainda assim, Sakharov não se deixou intimidar. Não se sabe como, iludindo a vigilância estabelecida pela polícia secreta – que mantinha agentes em regime de plantão permanente junto à porta de seu apartamento –, ele conseguiu a proeza de redigir e passar para o Ocidente um documento no qual alertava o mundo para os riscos de um confronto nuclear final, ante a recusa da URSS a manter qualquer entendimento prático sobre a redução de armas estratégicas de destruição em massa.

"Por maior e mais poderosa que seja a nação, ela perde toda sua respeitabilidade quando nega aos cidadãos os direitos e liberdades fundamentais. Uma nação não pode ser considerada desenvolvida se os seus cidadãos não têm ao menos o direito de reunião, de expressão, de livre circulação, de a deixarem quando bem entenderem. O sonho soviético de 1917 converteu-se num terrível pesadelo. Apesar do desenvolvimento de sua tecnologia e de seu poderio militar, a URSS, desrespeitando os mais rudimentares princípios universais, situou-se fora da civilização. E essa simples verdade corre o risco de ser esquecida numa época como a nossa, em que todos os pretextos são válidos para ocultar a realidade."

O risco da guerra

E foi após denunciar o caráter totalitário e opressivo do regime soviético que Andrei Sakharov, convertido em campeão do humanismo e da liberdade, evocou o maior risco que, em sua opinião, pesava sobre a humanidade: a hipótese de uma "guerra atômica limitada".

"É tolice pretender, como querem alguns, que uma guerra atômica "limitada" poderia ser travada sem conseqüências catastróficas. O emprego de uma única arma nuclear provocará um cataclismo. Uma guerra nuclear provocará a destruição da humanidade e de todas as formas de vida no planeta. Uma vez iniciada uma conflagração desse tipo, dificilmente o desenrolar dos trágicos acontecimentos poderia ser controlado. Isso tanto poderia ocorrer sob a forma de ataque preventivo quanto de retaliação ou mesmo de um mero acidente".

■ Sobre como evitar a hecatombe

☐ "Como evitar a hecatombe que nos ameaça a todos? Só vejo um caminho. Estabelecer a paridade dos arsenais nucleares, para que nenhuma das partes se veja tentada a embarcar na aventura de uma guerra limitada ou supostamente regional. Com isso, poderíamos ganhar tempo para evitar que o pior aconteça. Enquanto a primazia no setor das armas nucleares intercontinentais permanecer nas mãos da URSS, contudo, poucos progressos poderão ser obtidos. Tal preponderância justifica os sacrifícios com que o Ocidente terá de arcar para produzir os novos mísseis MX, que custam bilhões de dólares. Mas, se os soviéticos fossem induzidos a adotar medidas concretas e verificáveis de redução do número de seus mísseis, o Ocidente também deveria empreender um programa de desarmamento estratégico. De qualquer forma, as negociações de desarmamento em curso devem prosseguir, quer durante os períodos mais críticos das relações internacionais, quer nos momentos de menor tensão. Convém lembrar, a propósito, que os movimentos pacifistas que se registram no Ocidente não têm contrapartida na URSS nem nos países satélites sob sua influência. É evidente que os povos do mundo querem viver em paz – mas acontece que, desde 1954, tem ocorrido uma inexorável expansão da esfera de influência soviética, fato que assumiu proporções assustadoras em relação ao equilíbrio internacional e que, como resultado, gerou uma política temerária que apenas estimula conflitos."

■ Sobre o que anima um homem a desafiar o sistema e a defender com convicção seus ideais

☐ "Pessoalmente, nunca tive medo do autoritarismo, talvez por ter iniciado minha vida numa posição privilegiada. Sei que, na minha terra, quem se envolve em questões de guerra e paz, ou se atreve a criticar a política oficial, corre o risco de ser condenado a longas penas de prisão ou ver-se confinado em clínicas psiquiátricas, como se fosse um louco, um desvairado. Nada disso me intimida. Não me importo com as acusações que tenho recebido dos altos escalões do sistema, segundo as quais eu seria "um perigoso agente das forças imperialistas", um "deturpador das idéias socialistas" ou um "traidor da pátria".

■ Sobre as posições que defendeu na juventude e a fonte de inspiração que o levou a enfrentar sozinho o formidável poderio opressor do Kremlim

☐ "Quando era jovem, pensei que poderia compreender a mensagem e a essência do socialismo, tal como foi estabelecido em meu país. Foi um erro. Hoje, estou convencido de que me deixei iludir, como tantos, por palavras vazias e sem sentido, pura propaganda para consumo interno e externo. Hoje, posso afirmar com convicção que não sou socialista, não sou marxista-leninista e nem tampouco comunista. Com todas as minhas limitações, considero-me, em primeiro lugar, um homem livre."

Andrei Dmitrievich Sakharov só pôde regressar a Moscou em 1986, quando Mikhail Gorbatchev iniciou suas políticas de *Perestroika*

Andrei Shakarov

(reestruturação, com o sentido de reconstrução econômica) e *Glasnost* (transparência, na acepção de liberdade de expressão). Morreu em 14 de dezembro de 1989, aos 68 anos, de ataque cardíaco. Seu corpo encontra-se enterrado no Cemitério de Vostryakovkoye, em Moscou.

Em sua memória, a União Européia instituiu, em 10 de dezembro de 1988, Dia dos Direitos Humanos, o *Prêmio Sakharov* para homenagear indivíduos que se notabilizaram na defesa dos direitos e da liberdade de expressão no mundo. O primeiro agraciado com o *Prêmio Sakharov* foi Nelson Mandela.

Agosto de 1983

....

BISBILHOTICES DA KGB

Encontram-se acessíveis *on line*, para quem quiser verificar o nível de intromissão de uma polícia política na vida de um cidadão, os documentos sobre Andrei Sakharov coletados no arquivo da KGB. Basta entrar no endereço URL e depois clicar no título do documento de interesse. O material está em inglês e em russo, podendo ainda ser impresso.

The KGB File of Andrei Sakharov. (edited by Joshua Rubenstein and Alexander Gribanov), New Haven : Yale University Press, 2005; ISBN 0300106815

http://www.yale.edu/annals/sakharov/sakharov_list.htm

Quanto aos documentos do arquivo pessoal do cientista, eles foram reunidos por sua viúva, Yelena Bonner, também premiada ativista de direitos humanos, para compor o Arquivo Sakharov em Moscou e o Arquivo Sakharov nos Estados Unidos, hoje depositado na Universidade Harvard.

PHILIP AGEE

O ESPIÃO DA CIA QUE SE APOSENTOU EM CUBA

O ANO DE 1975 não foi muito propício para os espiões da Agência Central de Inteligência (CIA), do governo americano. Seus colegas soviéticos da KGB – sigla russa para Komitet Gosudarstvennoy Bezopasnosti, o comitê de segurança do Estado soviético – estavam levando vantagem, pelo menos na Europa e na América Latina.

Naquele ano, diversos escândalos relacionados com as atividades da CIA vinham sendo revelados não apenas pela imprensa mundial, mas também por diferentes comitês de inquérito, entre elas o Church Committee, cujo relatório criticou severamente o papel desempenhado pela agência numa série de atividades consideradas criminosas.

As acusações contra a CIA eram múltiplas: violação de correspondência, escutas telefônicas não-autorizadas, planejamento de assassinatos, falsificações, roubos de identidade, ligações com o mundo do crime organizado, apoio a ditaduras militares, espionagem doméstica e industrial... Tudo isso vinha comprometendo seriamente os trabalhos da agência, cujos segredos mais recônditos vinham sendo escancarados, inclusive por alguns de seus próprios agentes.

Um deles era Philip Agee, autor de *Inside the company: a CIA diary* (no Brasil, *Diário da CIA. Dentro da "companhia"*), livro que nominava publicamente centenas de agentes com atuação sobretudo na Europa Ocidental. Com a publicação, Agee também pôs em situação particularmente embaraçosa algumas empresas multinacionais americanas, cujos nomes e ligações faziam parte do vasto índice de referências de sua obra de denúncia, com mais de 700 páginas.

Em decorrência de problemas legais nos Estados Unidos, o livro foi inicialmente publicado na Grã-Bretanha, onde Agee morava na época. Mais tarde, alcançaria o mundo todo, sendo traduzido em 27 idiomas.

Quando a obra foi finalmente lançada nos Estados Unidos, transformou-se de imediato em *best-seller*. Em agosto de 1975, a revista *Playboy* publicou vários excertos do livro num amplo artigo intitulado *"What you still don't know about the CIA ex-company man Philip Agee tells all"* ("Tudo o que você ainda não sabe sobre a CIA, o ex-agente Philip Agee conta).

Diário da CIA ganhou também excelentes críticas de publicações internacionais como a do *The Economist*, que qualificou a obra como

Philip Agee

"leitura obrigatória". O *Evening News*, de Londres, destacou que o livro era "um retrato assustador de corrupção, pressões, assassinatos e conspirações". Até mesmo outros agentes, como Miles Copeland, ex-chefe do *bureau* da CIA no Cairo, Egito, opinou positivamente: "A obra de Agee oferece uma visão completa de como os espiões da CIA operam. Além de revelador, é educativo".

Naturalmente, o autor foi acusado de trabalhar para a KGB e de participar ativamente das operações de desinformação da União Soviética – incriminações que nunca ficaram devidamente provadas. Oleg Kalugin, ex-chefe do serviço de contra-inteligência da KGB, sustentou, em 1973, que Philip Agee havia oferecido seus serviços a Moscou quando ainda trabalhava na Cidade do México, mas que o próprio serviço de espionagem soviético recusou a oferta, considerando-a por demais suspeita.

Embora em dimensão menor, Philip Agee converteu-se numa celebridade na Grã-Bretanha após sua façanha literária. Expôs publicamente dezenas de agentes que trabalhavam em Londres, lançando sérias suspeitas sobre a integridade do Home Office – o Ministério das Relações Exteriores – e do respeitado Security Service (Serviço de Segurança Britânico), comumente denominado MI-5, que era responsável sobretudo pela segurança interna do Reino Unido e pelas operações de contra-espionagem.

Fazendo as contas, Agee revelou nomes de mais de 250 espiões da CIA no mundo – todos obrigados a abandonar suas atividades a toque de caixa. Causou tanta convulsão no mundo da espionagem, da diplomacia e entre governantes da Europa que acabou sendo expulso da Grã-Bretanha e de mais quatro países da Organização do Tratado do Atlântico Norte (Otan). Somente em 1978 conseguiu "exilar-se" em Hamburgo, na Alemanha, onde passou a viver com sua esposa e de onde partia freqüentemente para Cuba e outros países latino-americanos. Nascido em Takoma Park, na Flórida, em 19 julho de 1935, Agee morreu em Cuba, aos 72 anos, em 7 de janeiro de 2008. Com ele morreram também vários segredos jamais revelados da CIA. Philip Burnet Franklin Agee foi o primeiro e único espião da CIA que entrevistei.

- JLA: Como e por que você se tornou agente da CIA?
- AGEE: Tudo começou em 1956, quando a própria CIA entrou em contato comigo, tentando recrutar-me. A oferta, na época, foi discreta: um posto oficial na agência, com um bom salário. Naquela época, a situação política internacional era muito diferente da que temos atualmente. Nesse mesmo ano de 1956, também terminei meus estudos universitários e, como todo o estudante que deixa a universidade, pensava obviamente em organizar a minha vida. Quan-

do a CIA apresentou pela primeira vez sua proposta, rejeitei-a de imediato, porque não era exatamente o que queria. Em 1957, entretanto, fui convocado para prestar o serviço militar obrigatório. Como nunca tive inclinação para a carreira militar e como os estudos que acabava de concluir eram de natureza jurídica, lembrei-me do que me havia informado o recrutador daquela organização – se eu porventura quisesse, poderia prestar o serviço militar na própria CIA, sem abandonar o campo de minha formação universitária. Por isso, escrevi à CIA, pedindo que reexaminassem minha admissão.

JLA: E, então, foi admitido?
AGEE: Sim. Seis meses depois, já estava na companhia.

JLA: Assim, a Agência Central de Inteligência convocou seus trabalhos sem que você suspeitasse dos verdadeiros propósitos da CIA?
AGEE: Sim. Parece incrível, mas foi exatamente isso que aconteceu no meu caso. Pensei que estava cumprindo o serviço militar obrigatório.

JLA: Mas não estava.
AGEE: Não. Não estava.

JLA: De qualquer forma, porém, você exerceu, por mais de dez anos, a função de agente secreto da CIA, trabalhando muito tempo na América Latina, não é mesmo?
AGEE: No total, foram quase cinco anos na América Latina.

JLA: Em que países?
AGEE: Estive em Montevidéu, no Uruguai, onde permaneci desde o começo de 1964 até o outono de 1966. Em seguida, mandaram-me para o México, onde trabalhei de junho de 1967 até o final de 1968. Mas visitei também São Paulo e o Rio de Janeiro.

JLA: Como você definiria os propósitos da CIA na América Latina, na época em que você trabalhou para o governo de Washington?
AGEE: Nos anos 1960, quando fui destacado para operar na América Latina, o propósito central da CIA era forçar ou induzir rompimentos de relações diplomáticas e comerciais com Cuba. A percepção de Washington na época era que a América Latina poderia abraçar ideologias contrárias aos interesses do hemisfério ocidental. O objetivo, portanto, era isolar de todas as formas a revolução cubana e o regime de Fidel Castro. Nossas operações tinham também o

propósito de apoiar os chamados "governos e partidos tradicionais", penetrando nas organizações de esquerda e extrema esquerda para enfraquecê-las e destruí-las.

- JLA: Analistas sustentam que os diferentes golpes de estado na América Latina confirmam um fenômeno de geopolítica continental orientada pelos Estados Unidos. Qual sua opinião sobre essa análise?
- AGEE: A intervenção das forças armadas no processo político de vários países latino-americanos, apoiada pelo governo de Washington, visou quase sempre alterar as diretrizes da política exterior e ditar decisões diplomáticas alinhadas aos objetivos estratégicos dos Estados Unidos no hemisfério ocidental. Washington era contra todos os governos que mantivessem relações diplomáticas ou que se recusassem a cortar laços com Cuba.

- JLA: Por ocasião do lançamento de seu livro *Inside the company*, você salientou que a CIA tinha também outros objetivos nos países em desenvolvimento. Quais?
- AGEE: Nos países em desenvolvimento, a CIA adotou também operações com o objetivo de criar condições favoráveis, diria até ótimas, para o livre estabelecimento e desempenho das companhias multinacionais.

- JLA: E nos países desenvolvidos?
- AGEE: Nos países desenvolvidos, a CIA especializou-se em espionagem industrial e também penetrou nas organizações de esquerda. Nos países do Bloco do Leste, a função era a contra-espionagem clássica.

- JLA: Como descreve a estratégia da CIA nos países de língua portuguesa, particularmente no Brasil?
- AGEE: Seja em Portugal, seja no Brasil, a CIA opera dentro dos partidos políticos, das organizações sindicais, nas universidades, nos meios estudantis e dentro do movimento das forças armadas. Posso até citar nomes, se é que eles continuam lá depois que os denunciei. O chefe da CIA em Lisboa, por exemplo, é John S. Morgan, que trabalhou no Brasil em 1966 e, em seguida, foi transferido para o Uruguai, onde permaneceu até 1973. Seu braço direito era James Lawler, que trabalhou em Lisboa e em São Paulo. No começo da década de 1970, o agente mais atuante passou a ser Robert Hayes, que trabalhou no Brasil sob a supervisão de John Hull, outro agente da CIA. Além de planejar seqüestros e assassinatos, Robert Hayes era especializado em colher informações

comprometedoras sobre políticos, sindicalistas e intelectuais brasileiros. Ele conseguiu infiltrar-se em várias organizações brasileiras de esquerda, inclusive estudantis, no eixo São Paulo-Rio-Belo Horizonte. Ainda no Brasil, durante todo o período do presidente Castelo Branco (1964-1967), a CIA manteve uma relação de trabalho muito íntima com os serviços brasileiros de segurança, tanto civis como militares. Essas atividades tinham sido ainda mais intensas na primeira metade da década de 1960, quando o presidente Jânio Quadros foi forçado a renunciar e os militares se mobilizaram para impedir a posse de Jango Goulart, que era o seu vice-presidente. Depois de uma viagem à China, Goulart passou a ser visto pelo governo de Washington como um político com forte inclinação comunista. Portanto, a CIA colaborou com a repressão política antes e depois do golpe de 1964.

JLA: Por que você deixou a CIA?

AGEE: Quando deixei a CIA, queria ficar livre de qualquer compromisso político. Mas, quando comecei a trabalhar no meu livro, compreendi que estava exercendo outra missão: a de colaborar com os movimentos pacifistas, dentro de meu país, e de provar que as operações da CIA não estavam relacionadas apenas com a URSS e com a guerra do Vietnã. Por outro lado, minha consciência social e minha formação católica já não permitiam que eu continuasse com esse tipo de trabalho. Minhas funções como agente da CIA estavam em desacordo com minha consciência. Fiquei também extremamente desiludido com o apoio dado pela CIA aos governos autoritários da América Latina. Um dos eventos que também precipitaram minha saída foi o massacre de Tlatelolco, no México, em 1968, quando centenas de jovens estudantes foram mortos, espancados ou presos de forma indiscriminada pelas forças militares e policiais do governo, que invadiram o *campus* da maior universidade da América Latina, a Universidade Nacional Autônoma do México. Toda essa brutalidade ocorreu por determinação do presidente Gustavo Bolano, um homem autoritário e sem escrúpulos, que contava com o pleno apoio da CIA e do governo de Washington. Depois desse episódio, decidi que iria colaborar com os movimentos pacifistas.

JLA: Isso que aconteceu no México em 1968 ainda a ponta do *iceberg*? Outros países latino-americanos atravessariam crises ainda maiores?

AGEE: Sim. Denuncio toda essa situação no meu livro. Horrores inimagináveis ocorreram em toda a América Latina: na Argentina, no Brasil, no Chile, no Uruguai. As ditaduras militares, com seus esquadrões da morte e seus torturadores, eram todos apoiados pela CIA e pelo governo dos Estados Unidos.

- JLA: Seu livro vem sendo publicado em vários idiomas. Como quer que essa obra seja verdadeiramente interpretada?
- AGEE: Meu livro pode ser interpretado como um ato de solidariedade a todas as vítimas da CIA. É parte de uma ampla campanha contra organizações americanas que tentam tomar o poder, passar por cima das instituições democráticas e transformar os Estados Unidos da América num estado policial.

Dezembro de 1975

A CIA E OS NOVOS TEMPOS

No início da Guerra Fria e diante do avanço do comunismo, fatos como a espionagem inimiga, o perigo de roubo de projetos de tecnologia e armamentos, o risco de fuga de informações estratégicas impunham que o presidente dos Estados Unidos se mantivesse informado sobre todos os assuntos referentes à segurança nacional. E foi para isso que o presidente Harry S. Truman criou a Agência Central de Inteligência (CIA) em 1947, com atividades coordenadas pela Diretoria Central de Inteligência, cuja função é assessorar a Presidência quanto a estratégias e suas conseqüências, de forma a intervir, quando necessário, em organizações ou Estados que possam causar prejuízo ao país.

Ante as novas realidades globais de segurança nacional, a CIA está atuando por meio de grupos multidisciplinares, priorizando o contra-terrorismo, cuidando da contra-informação, coibindo e combatendo o crime organizado internacional, o tráfico de drogas, analisando e monitorando agressões ao meio ambiente, entre outras atividades, com o objetivo de criar condições para segurança estável ao povo dos Estados Unidos.

24

OLIVER TAMBO

EMBAIXADOR ITINERANTE DA LUTA CONTRA O *APARTHEID*

NA SEGUNDA METADE da década de 1970, o problema da independência de algumas nações africanas e a questão do *apartheid* começaram a sensibilizar a Europa e o mundo. Enquanto Nelson Mandela, líder do Congresso Nacional Africano (ANC na sigla em inglês) cumpria pena de prisão perpétua – que, por pressão internacional, acabou reduzida a 26 anos –, um homem de aparência frágil, escondido por trás de óculos de grau e de uma barbicha aparada na ponta, percorria os países do mundo em busca de apoio para uma causa aparentemente impossível de solucionar pelas vias normais da negociação: o fim do regime de *apartheid* na África do Sul. Seu nome era Oliver Tambo.

Nascido em 27 de outubro de 1917 na província do Cabo Oriental, Oliver Tambo passou a maior parte de sua vida servindo à luta contra o regime racista de Pretória. Conforme ele mesmo me explicou, tudo começou na Universidade de Fort Hare, quando se envolveu pela primeira vez em política e se tornou íntimo amigo de Nelson Mandela. Em 1940, aliás, ele e Mandela foram expulsos da universidade por participação em uma greve estudantil. E foi juntamente com Nelson Mandela e Walter Sisulu que, em 1943, Tambo se tornou membro fundador da Liga Juvenil do Congresso Nacional Africano.

A organização, formada por "jovens negros arrojados", propunha uma mudança de tática no movimento anti-*apartheid* – em vez de petições e manifestações pacíficas, sugeria ações mais contundentes, como boicotes, desobediência civil, greves e não-cooperação, que poderiam provocar grande impacto na luta de liberação nacional. E de fato provocaram.

Em 1955, Oliver Tambo tornou-se secretário-geral do ANC e, logo em seguida, seu presidente. Em 17 de março de 1960, houve o Massacre de Sharpeville – manifestação pacífica que foi atacada pela polícia, deixando 69 mortos e quase 200 feridos e despertando pela primeira vez a atenção internacional para o problema dos negros da África do Sul. Logo depois, Tambo foi designado para representar a ANC no exterior e mobilizar a opinião pública internacional contra o sistema do *apartheid*, criado pelos brancos africânderes.

CONVERSAÇÕES 195

Oliver Tambo

Graças a seu incansável e bem-sucedido trabalho de "embaixador itinerante", em 1990, um ano antes de Nelson Mandela ser posto em liberdade, Oliver Tambo já tinha conseguido abrir representações do ANC em 27 nações, incluindo os países membros do Conselho de Segurança da ONU, com exceção da China.

De todos os líderes africanos negros, Tambo foi, inquestionavelmente, o que conseguiu inspirar maior respeito em todos os países e continentes – África, Europa, Ásia, América Latina e mesmo nos Estados Unidos –, ao longo das décadas de militância contra o governo racista da África do Sul. Durante seu período como presidente da ANC, Tambo teve prestígio internacional tão elevado que, ainda que como alternativa ao governo de Pretória, era recebido com o mesmo protocolo reservado a chefes de Estado em diferentes partes do mundo.

Em 1991, depois de três décadas de exílio, Tambo retornou à África do Sul. Na primeira conferência nacional e legal do ANC em território sul-africano, foi eleito *chairperson* da organização com *status* de herói nacional. Morreu inesperadamente de um ataque cardíaco em 24 de abril de 1993, um ano antes de o ANC ter vencido com mais de 63% dos votos a primeira eleição em seu país. Monitoradas pela ONU, as eleições da África do Sul mobilizaram o mundo e resultaram na vitória retumbante de Nelson Mandela, que se tornou o primeiro presidente negro do país de maioria negra.

Foi em 1977 que falei com Oliver Tambo, 17 anos antes de o sonho da ANC tornar-se realidade. Parecia cansado de tanto lutar pela causa dos negros sul-africanos, mas seus olhos se iluminaram quando lhe perguntei inicialmente sobre a afinidade que tinha com Nelson Mandela.

- JLA: Como avalia seu grau de afinidade com Nelson Mandela e as razões que o levaram à prisão perpétua?
- TAMBO: Essa pergunta daria um livro. Nelson é antes de tudo um irmão e um grande amigo. Por coincidência, ambos nascemos no Transkei. Sempre fomos fiéis companheiros. Como colegas na Universidade de Fort Hare, fundamos a Liga Juvenil do Congresso Nacional Africano. Participamos juntos da campanha de desobediência, em 1952. Fizemos de tudo juntos. Participamos de greves gerais contra o governo e enfrentamos juntos o mesmo processo por "traição". Depois que fomos expulsos de Fort Hare, separamos nossos caminhos. Fui dar aulas de matemática na St. Peter's

School, em Joanesburgo, e Nelson fugiu para o Transkei para escapar de um casamento tribal arranjado por seus tios. Só o vi novamente em 1944, durante um encontro promovido pelo Congresso Nacional Africano.

Como ser humano, Nelson deixou em mim a convicção de que é uma pessoa equilibrada, sensível, emotiva e que reage rapidamente a todos os tipos de insultos ou tratamentos injustos. Para isso, ele é dotado de uma autoridade natural, qualidade que magnetiza as massas. Exemplo: consegue identificar-se com os jovens negros, porque reflete exatamente aquilo que eles pensam e sentem. Ele conhece suas ansiedades. Nelson nasceu para ser líder. Naturalmente, pessoas como ele, dotadas de tais qualidades, são perseguidas e atacadas pelo governo. Por isso, foi proibido de falar em público, de participar de qualquer tipo de reunião, política ou não, de deixar a região de Joanesburgo e de se filiar a qualquer tipo de organização.

Deixei a África do Sul em 1961 para abrir escritórios de representação do ANC no exterior. Enquanto isso, Nelson Mandela encontrava-se preso, inicialmente em conseqüência do estado de emergência decretado em Sharpeville. Para minha surpresa, contudo, voltei a encontrá-lo em Adis Abeba, na Etiópia, no mesmo ano de 1961. Ele, como o Pimpinela Escarlate – o misterioso personagem do romance da Baronesa Orczy, que, sob os olhos de Robespierre, resgatava condenados à guilhotina durante a Revolução Francesa –, havia conseguido sair clandestinamente da África do Sul! Naturalmente, Nelson voltou e foi preso mais uma vez. Até hoje, como todos sabem, cumpre uma pena cruel na prisão de Robben Island. Apesar disso, ele vive no coração de todos os africanos patriotas. Ele é o símbolo vivo do líder sacrificado. Não foi preso por desafiar pessoalmente o sistema ou as leis do *apartheid*. Compreenda isso. Ele foi preso por ter abraçado e defendido as reivindicações de todo um povo, que vive e morre sob condições brutais e intoleráveis, impostas pelo mais hediondo de todos os regimes raciais existentes na face da Terra.

■ JLA: O senhor é o presidente do Congresso Nacional Africano. A organização, anteriormente de expressão pacifista, prega hoje a luta armada contra o regime do *apartheid*. Como esse despertar de luta armada se desenvolveu?

☐ TAMBO: O Congresso Nacional Africano teve início em 1912, como um grande movimento popular pacífico, que desejava reunir diferentes raças e grupos étnicos. Mais tarde, em 1955, conseguimos finalmente formar um congresso popular multirracial, no qual todos os movimentos revolucionários foram aceitos e representados. O conceito que prevaleceu em seguida foi o de que, para lutar contra o inimigo comum – o regime racista dos brancos sul-africanos –, era necessário articularmos uma "combinação de alianças". O ANC sempre acreditou que a "a união faz a força" e que era possível manter alianças com o Congresso Pan-Africano e com o Movimento Inkatha, entre outros organismos representativos. Sempre tivemos, aliás, o mesmo objetivo à nossa frente. Mas, evidentemente, enfrentamos ao longo dos anos, alguns problemas graves. Por exemplo: nunca concordamos com a estratégia do Movimento Inkatha, do chefe Mangosuthu Buthelezi (presidente do partido), de apoiar a chamada "resistência pacífica". Pela experiência, chegamos à conclusão – e estamos convencidos disso – de que o regime do *apartheid* não pode ser combatido e derrubado com conversas ou negociações. Tentamos isso durante 70 anos. Utilizamos todos os mecanismos pacíficos com bons argumentos, pressões morais, sem quaisquer resultados. O único caminho agora é a luta armada. Trata-se de um processo irreversível!

- JLA: O ANC tem alertado seus membros para o fato de o governo de Pretória tentar criar antagonismos para enfraquecer o processo de unificação multirracial contra o *apartheid*. Há riscos?
- TAMBO: O processo de unificação de nosso povo diante da causa que abraçamos não corre risco. Naturalmente, poderíamos sair enfraquecidos se caíssemos vítimas das armadilhas criadas pelo inimigo – como, por exemplo, o encorajamento de falsas divisões e antagonismos entre um grupo étnico e outro, entre uma nacionalidade e outra, entre habitantes das zonas rurais e dos centros urbanos, entre jovens e velhos ou ainda entre o movimento de liberação dentro e fora do país, entre os exilados e as forças patrióticas que internamente combatem o regime. É natural que os representantes do *apartheid* tentem promover esses antagonismos. Já registramos muitas tentativas do governo de ganhar vantagens temporárias sobre nosso movimento, procurando fomentar e explorar falsas divisões e antagonismos. A unificação e a resistência das forças democráticas nunca foram tão necessárias como hoje! Nossa unidade se baseia na honestidade do nosso povo, na coragem de enfrentar a realidade, na adesão à defesa de nossos princípios e objetivos, ou seja, na erradicação da herança do colonialismo, na destruição do *apartheid* e na construção de uma sociedade melhor e mais digna para todos os sul-africanos.

- JLA: O governo de Pretória acusa também o ANC de estar praticando um tipo de "terrorismo urbano" que vem vitimando grande número de civis inocentes. Tais acusações podem abalar a imagem do Congresso Nacional Africano?
- TAMBO: Todas as vezes que as autoridades governamentais falam de vítimas civis, elas se referem a cidadãos "brancos". Minha pergunta é a seguinte: quantos civis negros já foram mortos pela polícia racista da África do Sul em quase um quarto de século de regime de *apartheid*? As milhares de pessoas que morreram em Sharpeville e em Soweto não eram soldados. Steve Biko (morto pela polícia em 11 de setembro de 1977) não era um soldado, um militar, era um líder civil. Todas as pessoas que foram enforcadas ao longo desses anos eram civis. Esse não é o verdadeiro problema. A verdade é que estamos engajados numa luta armada que nos foi imposta. É óbvio que, quando uma mulher ou uma criança morre porque estavam próximas da cena de uma explosão, nossos corações ficam partidos de tristeza. Claro que tais acontecimentos nos amarguram profundamente. Nós não combatemos mulheres ou crianças, combatemos um exército poderoso e cruel. Nosso alvo são as forças inimigas, o regime do *apartheid*.

- JLA: A palavra de ordem é então a intensificação da luta armada. Acredita que novos distúrbios ocorrerão fatalmente daqui por diante?
- TAMBO: Nossas manifestações e atos de resistência não devem ser interpretados como simples "distúrbios" realizados por elementos anti-sociais. O momento para a intensificação dos atos de resistência contra a estrutura racista do nosso país está apenas começando. Estudantes, jovens heróis e as massas, nas mais diferentes partes do país, levantaram-se contra o massacre total e desafiaram os disparos policiais numa ofensiva sustentável contra a opressão, a exploração e a humilhação racial. Levantaram-se em favor da dignidade humana, política e econômica de uma África do Sul liberada da dominação da minoria branca. Já conseguimos atacar com sucesso muitos símbolos e instrumentos da dominação branca. Portanto, as manifestações populares e os atos de resistência em Soweto e em outras partes do país não são "distúrbios" provocados por elementos anti-sociais, mas pontos para a liberação da população negra oprimida, escravizada. Os jovens, aliás, elevaram o nível da resistência em todo o país! Eles enriqueceram nossa revolução. Não há volta atrás na grande batalha de liberação nacional.

- JLA: A independência de Angola teve algum impacto na luta do ANC contra o *apartheid*?
- TAMBO: A vitória dos angolanos contra o colonialismo português constitui também uma vitória para todos os movimentos de liberação da África e para a luta que ainda travamos contra o imperialismo internacional. Isso significa dizer também que a *"buffer zone"* (zona de separação) do *apartheid* da África do Sul entrou em colapso. A queda do colonialismo português em Angola criou um novo equilíbrio de poder. Uma vitória portuguesa em Angola teria sido não só uma derrota fulminante para o Movimento Popular de Libertação de Angola (MPLA), mas para todos os movimentos de liberação africanos e para todas as forças progressistas em todo o mundo. Comprometeria até mesmo o futuro da Organização de Unidade Africana (OAU), criada justamente para apoiar a luta contra o racismo e o colonialismo. Afortunadamente, prevaleceram as forças realistas e progressistas da África. Depois da independência de Angola, o povo sul-africano compreendeu que a máquina militar dos brancos poderia ser vencida. Angola foi uma lição, tanto para os explorados quanto para os exploradores na África do Sul.

- JLA: O senhor costuma afirmar que as propostas em torno de mudanças pacíficas na África do Sul escondem manobras políticas para manter o *status quo*. Por quê?
- TAMBO: O imperialismo mudou sua tática, mas não sua estratégia básica. Na África do Sul, há a tentativa de desarmar o povo e forçá-lo a aceitar a tal "mudança pacífica". Em outras palavras, isso significa a perpetuação do colonialismo. Por estarmos conscientes disso, continuaremos lutando, com armas nas mãos, até a vitória final. Sabemos perfeitamente que, enquanto as potências ocidentais falam em paz e transição pacífica, essas mesmas potências fornecem mercenários, armas e financiam, por exemplo, uma guerra de repressão contra o povo do Zimbábue. As intervenções diretas da Europa Ocidental no nosso continente ameaçam toda a estabilidade da África. O ANC sente que a África deveria perceber esses perigos e apoiar, por isso, a luta armada no Zimbábue, na Namíbia e na África do Sul.

- JLA: A despeito de reiterados desmentidos de Pretória, as informações sobre o iminente teste de armas atômicas sul-africanas provocou impacto em todo o mundo. Quais os fundamentos de tais informações?

☐ TAMBO: Periodicamente, várias organizações, entre as quais o ANC, têm divulgado notícias sobre a colaboração do governo da Alemanha e de Pretória no campo militar. Em 1975, o ANC publicou um documento especial denominado "Conspiração Nuclear", ilustrado com telegramas, cartas e fotografias, além de relatórios confidenciais. O governo alemão, em Bonn, viu-se obrigado a desmentir, em numerosos comunicados oficiais, essa cooperação. Algumas de nossas informações, contudo, não foram desmentidas. A partir daí, continuamos levantando provas dessa cooperação. Em agosto de 1977, por exemplo, sob o título "The Conspiracy to an Apartheid Continues", divulgamos documentos inéditos que justificam com clareza nossas denúncias. Não nos move o propósito de fazer acusações injustas ou absurdas contra o governo da Alemanha Ocidental. Tanto é assim que estamos dispostos a retificar nossas informações contra provas concretas. Mas, recentemente, fontes francesas anunciaram que a África do Sul estava fazendo os derradeiros preparativos para detonar uma arma atômica. É o que vínhamos prevendo há dois anos. Confiamos que a Alemanha Ocidental negue essa cooperação. De qualquer forma, porém, mais cedo ou mais tarde, saberemos "onde" a África do Sul obteve ajuda para produzir artefatos nucleares.

■ JLA: São muitos os que responsabilizam a França pela entrada da África no clube nuclear. A cooperação militar da França com Pretória é antiga e amplamente comentada. Representantes do próprio Ministério do Exterior da França afirmam não ver obstáculos morais para a venda de armamento convencional a Pretória. O que pensa a respeito?

☐ TAMBO: A França tem adotado uma atitude muito negligente em relação à África. Vende armamentos ao governo de Pretória atendendo a todas as encomendas solicitadas, a despeito do embargo determinado pelas Nações Unidas. Paris não se desculpa e nem procura justificar sua atitude. Seus helicópteros, metralhadoras e outras armas têm sido sistematicamente empregadas contra o povo do Zimbábue, contra o povo da Namíbia, contra a África do Sul e até mesmo contra as crianças de Soweto. Tudo isso, com a complacente autorização de Paris há vários anos. Repentinamente, o glorioso governo da França anuncia, agora, que vai deixar de fornecer essas armas, exceção feita aos contratos já aprovados. Isso tudo só aconteceu quando Pretória já se considerava auto-suficiente e até mesmo em condições de apoiar o governo racista da Rodésia. Agora, ironicamente, Paris decide suspender novas vendas de armas aos sul-africanos... Essa política cínica suscitou violenta reação da juventude africana em Dar es Salaam, na Tanzânia, por ocasião da visita do chanceler francês Louis de Guiringaud, assim como uma dura advertência do presidente daquele país, Julius Nyerere. O surpreendente é que o chanceler nem se deu ao trabalho de justificar a posição da França, interrompendo sua visita oficial e regressando a Paris. Na verdade, o que a França vinha fazendo abertamente era feito secretamente, em maior ou menor grau, por outras nações. Entretanto, na conferência de Lagos, na Nigéria, tive a impressão de que outras nações – não todas, infelizmente – se dispõem também a embargar o fornecimento de armas à África do Sul. Mas Pretória tem boas relações com Israel, que obtém dos Estados Unidos todo o equipamento militar que deseja. Assim, pelo menos por essa fonte, o governo sul-africano continuará recebendo os armamentos. Esse tráfico só poderá ser suspenso por meio da cooperação internacional. O mundo deve compreender que as armas fornecidas estão sendo usadas não apenas contra o povo da África do Sul, mas contra os povos de várias outras nações do continente.

■ JLA: Se uma bomba atômica sul-africana fosse realmente detonada, quais seriam as conseqüências?

□ TAMBO: Se Pretória dispuser de uma bomba atômica, ela certamente será usada para intimidar as demais nações africanas e mantê-las afastadas daquilo que o governo sul-africano considera mero "conflito doméstico". Além disso, situaria a África do Sul entre as grandes potências, em termos militares. Nada podemos fazer a respeito. Aliás, para nós, nacionalistas, pouco importa se seremos mortos pelas radiações atômicas ou por balas disparadas de armas convencionais, como as usadas em Soweto ou Joanesburgo. Nada, absolutamente nada, nos convencerá a permanecer inermes sob o tacão racista, tratados como animais ou servos perpétuos. Tal comportamento político e moral não se coaduna, em hipótese alguma, com a história de nossa época... Os que auxiliarem os sul-africanos a produzir armas nucleares serão julgados como cúmplices e condenados pela comunidade internacional.

■ JLA: Que tipo de governo o ANC estaria preparado para exercer na África do Sul com o fim do regime de *apartheid*?

□ TAMBO: Um governo que não faria discriminação alguma. Não seria necessariamente um governo exclusivamente negro. Afinal, estamos interessados em mudar o sistema do país, e não simplesmente em invertê-lo. Todos os segmentos étnicos estariam representados, com o objetivo de destruir para sempre o racismo e estabelecer a democracia. A África do Sul, como temos reiterado, não pertence somente aos negros, mas também aos brancos que nela vivem. Com idênticas oportunidades para todos, garantiremos a paz e a prosperidade da nação. A África do Sul é uma nação riquíssima e todos nós, particularmente os negros, contribuímos para essa riqueza. Ela pertence ao povo e, no futuro, deverá ser dividida equitativamente, e não como agora, quando a maioria negra vive na miséria e a minoria branca, na opulência. Essa é uma situação extremamente injusta.

■ JLA: Em sua opinião, a maioria dos brancos sul-africanos é constituída por racistas?
☐ TAMBO: Os brancos pensam em termos racistas por serem produtos de uma sociedade racista. Entretanto, acreditamos que, à medida que a nossa luta se desenvolve, eles serão forçados a reconhecer princípios de humanidade. Quando perceberem que a transição é irreversível, terão que se compenetrar da realidade. Hoje, já contamos com considerável apoio da população branca. Trata-se de um apoio secreto, silencioso, mas sabemos que ele existe. No dia em que vencermos a batalha, muito do que consideramos hoje como intolerância desaparecerá. Mas, antes disso, teremos que lutar muito, de forma incansável.

Setembro de 1977

....

ÁFRICA DO SUL: CRONOLOGIA DA LIBERDADE

Apesar de ter sido freqüentada por navegadores portugueses desde o século XV, a África do Sul desperta para a história no século XVII com a ocupação permanente da região do Cabo da Boa Esperança pelos holandeses.

Consolidada como nação em 1909, com a unificação das colônias britânicas de Cabo, Natal, Transval e Orange River, tem atualmente pouco menos de 50 milhões de habitantes, sendo 80% negros oriundos de quatro grandes grupos étnicos. Os brancos representam menos de 10% e são descendentes dos colonos ingleses, holandeses, alemães e franceses. O restante da população é formado por mestiços descendentes de africanos, europeus e asiáticos, principalmente de indianos. As línguas oficiais são o inglês, o africâner – idioma derivado do holandês (flamengo) com influência do malaio e do inglês – e mais dez idiomas africanos: zulu, xhosa, suázi, ndebele, sotho meridional, sotho setentrional, tsonga, twana e venda.

O domínio político, econômico e social da minoria branca foi mantido de 1948 a 1994 com base no regime do *apartheid* – sistema legalizado de discriminação racial, que

Oliver Tambo

impedia negros e mestiços de exercer direitos políticos e civis. Nesse período, a oposição ao regime de *apartheid* era liderada pelo Congresso Nacional Africano (ANC), organização nacionalista fundada em 1912 por advogados, jornalistas, professores e líderes negros, que esteve na ilegalidade entre 1960 e 1990.

Foi a partir daí que o presidente Frederik de Klerk – conhecido como "O Reformador" – iniciou o desmantelamento do sistema do *apartheid*, que resultou na libertação de Nelson Mandela, na legalização do ANC e na promulgação da primeira Constituição democrática do país. Em 1993, foi criado um comitê executivo de maioria negra para supervisionar as primeiras eleições multipartidárias e multirraciais. No mesmo ano, Nelson Mandela e Frederik de Klerk recebiam em Estocolmo o Prêmio Nobel da Paz, "pelo seu esforço conjunto para acabar de forma pacífica com o *apartheid*".

Em 1994, Mandela venceu as eleições e assumiu a Presidência, formando um governo de unidade nacional. Atualmente, o Congresso Nacional Africano governa a África do Sul pelo terceiro mandato presidencial consecutivo.

BREYTEN BREYTENBACH
O SUL-AFRICANO BRANCO QUE RENEGOU SUA TRIBO

A TAREFA DE ENTREVISTAR o poeta Breyten Breytenbach, em março de 1988, quando África do Sul continuava ainda sob a inexorável tirania de apartheid, constituiu para mim uma experiência rica e bastante comovente. Seu discurso era o de quem não se deixara abater pelos longos anos de cárcere e de tortura psíquica e sua postura contra o apartheid e contra sua própria "tribo" – a minoria branca – permanecia desafiadora, mas seus olhos, a maneira de falar e as lembranças denunciavam a imponderabilidade da tristeza e da resignação que percorre a face dos homens marcados pelas injustiças e crueldades impostas por sistemas arbitrários.

Escritor, dramaturgo, pintor, aquarelista e professor de literatura e redação criativa da Princeton University, de Nova York, e na Universidade da Cidade do Cabo, na África do Sul, Breyten Breytenbach se converteu no mais expressivo poeta em língua africâner e em um dos mais incômodos oponentes do regime da minoria branca na África do Sul. À revelia de seus familiares – fervorosos defensores do ideário do *apartheid* e de suas leis racistas –, Breytenbach casou-se com uma mulher "não-branca" e optou por desafiar toda a intelectualidade oficial de seu país ao publicar, em inglês, duas obras arrebatadoras. A primeira, *The True Confessions of an Albino Terrorist* (1985), e a segunda, *End Papers*, dois documentos literários imprescindíveis para a compreensão da crise que atingiu uma das nações mais ricas do continente africano. Apontado por muitos, ao lado de Andre Brink – romancista sul-africano que também denunciou o *apartheid* –, como forte candidato ao Prêmio Nobel de Literatura de 1988, era natural que ele procurasse também divulgar suas obras nos países escandinavos.

Nascido em 1939, em Bonnievalle, 180 quilômetros da Cidade do Cabo, Breytenbach, frustrado e desapontado com sua própria família, abandonou a África do Sul nos anos 1960, rumo – segundo ele – a "paragens desconhecidas". Suas peregrinações levaram-no, inevitavelmente, até Paris, onde se casou com uma francesa de origem vietnamita. A passagem pela França, porém, acabou por transformar-se em exílio voluntário, visto que os casamentos inter-raciais eram expressamente proibidos na África do Sul. Em 1968, após encontros com Andre Brink, ainda em Paris, Breytenbach decide perfilar-se ao lado de escritores anglófonos, negros e brancos, que também passaram a condenar e a combater o regime de minoria branca de Pretória. Decide também fundar na França a organização Okhela, um grupo de resistência contra o regime do *aparheid* no exílio.

Em 1975, depois de ter sido contatado pelo Congresso Nacional Africano (CNA) – organização que defendia a luta armada contra o *apartheid* –, Breytenbach recebeu, inesperadamente, um convite para visitar a África do Sul, acompanhado de sua mulher. A polícia sul-africana advertiu-o de que conhecia suas atividades, mas não criou obstáculos ao seu regresso ao país.

Humilhado pelo vexame de não poder coabitar num hotel com sua própria mulher, o autor de *Confissões verídicas de um terrorista albino* perdeu a paciência durante um discurso na Universidade do Cabo e afirmou: "Nós, os sul-africanos brancos, somos um povo bastardo, com uma linguagem bastarda e um governo bastardo. Nossa natureza é uma natureza bastarda. Veja a maravilha em que nos metemos". Pela coragem, Breytenbach recebeu uma ovação extraordinária de um auditório superlotado.

O protesto ecoou rápido na África do Sul e no mundo. Breytenbach foi preso no aeroporto de Joanesburgo, quando já embarcava para a Europa, comprometendo uma dezena de pessoas que havia contatado durante sua visita.

Condenado a nove anos de prisão, cumpriu "apenas" sete, dois dos quais em celas de isolamento, na conhecida "Beverly Hills", sombrio cárcere sul-africano mais conhecido pelos dissidentes negros como "a casa da morte". Em 1982, libertado graças a intensas pressões internacionais, Breyten Breytenbach voltou a Paris, optando pela cidadania francesa. Desde então, vem escrevendo vivos relatos de seus vários "regressos" a seu país de origem. Entre eles, *Return to Paradise* (1993) e *Dog Heart* (1999).

De acordo com muitos críticos, Breytenbach é um autor de peso, que transcendeu a poesia e a prosa para integrar-se talvez num novo tipo de *"littérature d'action"*. Acrescentes-se a isso outras virtudes: é respeitado também por suas pinturas surrealistas, muitas das quais retratam animais e seres humanos, freqüentemente em cativeiro.

Seus editores descrevem sua "poesia livre" como resultado de uma poderosa imaginação visual e "ricamente eclética pelo uso das metáforas". Seus mais importantes temas estão ligados à necessidade da decomposição e da morte no mundo real, às dificuldades e sofrimentos a que foi submetido e à ansiedade do poeta exilado, desejando retornar a um país destruído pela sua própria tribo – os africânderes.

- JLA: Por que o mais expressivo de todos os poetas em língua africâner, um branco, tornou-se um dos mais incômodos dissidentes do regime de minoria branca da África do Sul?
- BREYTENBACH: Porque sou contra o racismo e porque estou convencido de que não há soluções negociadas para acabarmos com o regime do *apartheid*. A África do Sul é uma realidade e um símbolo. São duas verdades tão próximas uma da outra como o espelho e a memória, que se confundem simultaneamente. Não creio em "processos pacíficos" para a solução do racismo. A "paz" seria o mais terrível *status quo* para o futuro dos negros sul-africanos. O racismo deve ser esmagado, mesmo ao preço de uma nova forma de ditadura. Só alcançamos a liberdade se lutarmos por ela. A guerra civil é um fato na sofrida e desesperada África do Sul dos nossos dias.

- JLA: Você passou mais de sete anos preso por ter desafiado o regime. Como sobreviveu?
- BREYTENBACH: Não consegui sobreviver. Um homem nunca é o mesmo após ter cumprido uma pena de vários anos de encarceramento num sistema penitenciário como o da África do Sul. Em sentido figurado, foi necessário que eu mascarasse a verdade, "morresse várias vezes" para continuar sobrevivendo. Com isso, quero dizer que me despreendi do meu próprio ego, abandonei minha própria alma e reencarnei numa não-pessoa. No interior de uma cela isolada, quanto mais nos apegamos à nossa própria identidade, mais sofremos e mais forte é o poder de controle absoluto que os algozes exercem sobre nós. A ressalva é que, no interior de uma prisão sul-africana, não basta ser apenas uma "não-pessoa" para os que, sistematicamente, nos martirizam. Temos que ser uma "não-pessoa" para nós mesmos, caso contrário, escorregaremos pelo declive irreversível da insanidade.

- JLA: Como visualiza o futuro da África do sul?
- BREYTENBACH: Da forma mais realista possível, sem quaisquer ilusões. Confesso que sou sinceramente avesso a psicologismos desnecessários ou frases de efeito para responder a essa questão. Não acredito que o sistema do apartheid possa ser reformado ou abandonado pelo concerto das idéias. Ilusões como essas devem ser definitivamente abandonadas. Ser africânder é uma definição política. É uma doença crônica. Uma espécie de peste, um desafio à humanidade. Não existe hoje forma alguma de modificar a lógica de pensamento da minoria branca sul-africana, seja através de conversações, seja de pressões ou mesmo de sanções. Os brancos

Breyten Breytenbach

só se libertarão desse atavismo quando os negros conseguirem libertar-se por si próprios.

- JLA: E como se libertará a maioria negra, em sua opinião?
- BREYTENBACH: A luta de libertação, no meu entender, percorrerá caminhos certamente muito complicados. Não será através de uma revolução do tipo das ocorridas na Rússia ou em certos países do Terceiro Mundo. A balança do poder e a balança do terror estão totalmente a favor da minoria branca, e ela continuará utilizando suas potencialidades até o fim. Ninguém poderá convencê-la do contrário. Os brancos de meu país estão programados para se perpetuar no poder, mesmo sabendo que um dia o perderão.

- JLA: O senhor afirmou que existe em tudo certo sentimento de suicídio coletivo. Como explica esse sentimento?
- BREYTENBACH: Sim, existe um sentimento de suicídio coletivo. Prevalece entre os brancos um conceito de desespero: se não mantivermos o poder, destruiremos tudo. As idéias reformistas de Peter Botha (ex-presidente sul-africano, que autorizou a libertação de Nelson Mandela, em 1994) não deram resultados. A África do Sul também não se modificará através de uma única revolta sangrenta, como ocorreu no Irã. Em longo prazo, os problemas continuarão a avolumar-se, exigindo decisões urgentes. Eu desejaria uma África do Sul unida, um Estado cuja riqueza seria constituída também pelo capital humano, diversificado por sua pluralidade cultural.

- JLA: Como se sente com o fato de escrever obras que condenam tão severamente o sistema e ter, ao mesmo tempo, um irmão que se orgulha de comandar uma tropa de elite, treinada e especializada para esmagar movimentos de oposição, e outro que defende abertamente o regime de apartheid?
- BREYTENBACH: Já não tenho quaisquer contatos com meus irmãos. Não faço a menor idéia se leram minhas obras. Ou melhor, acho que leram, porque alguém me escreveu dizendo que eles ficaram "estarrecidos" com meus últimos livros. Pouco me importa, não os odeio. É preciso considerar que a África do Sul vive um pesadelo, um grande período de anormalidade. Em africâner temos até uma palavra especial para esse tipo de conflito entre irmãos brancos: brudervist. As "guerras entre irmãos" são tantas na África do Sul que já se tornaram um fato comum em todo o país. Imagine que o termo foi até dicionarizado!

■ JLA: Suas peregrinações – ou, se quiser, seu exílio – o levaram até Paris, onde se casou com uma francesa de origem vietnamita. Por que optou pela França?
☐ BREYTENBACH: A permanência na França foi um exílio voluntário, visto que os casamentos inter-raciais são ainda expressamente proibidos na África do Sul. Em matéria de "casamentos e relações", a legislação sul-africana do regime do apartheid atinge aspectos abomináveis. Um branco que tenha relações sexuais com uma mulher de outra raça – diz a Lei da Imoralidade, de 1957 – é culpado de delito criminal, passível de pena de prisão por período não inferior a sete anos.

■ JLA: Em 1964, o senhor recebeu um importante prêmio pelas suas primeiras obras, particularmente por seus Poemas metafóricos, de estilo muito minucioso. Sente-se ainda africânder, mesmo excluído de sua "tribo"?
☐ BREYTENBACH: De 1964 para cá, muitas águas rolaram. Hoje, já não posso considerar-me um africânder. Defino-me como um africano de origem sul-africana, que continua a utilizar a língua materna para pensar e exprimir-se, literalmente. Mas, mesmo vivendo na Europa, as experiências passadas nunca me abandonarão. Uso a literatura como uma arma.

■ JLA: Qual o peso dos escritores africânderes para os brancos sul-africanos?
☐ BREYTENBACH: À beira do genocídio, no início do século XX, os africânderes fizeram de seu idioma – um derivado do crioulo holandês – o estandarte da conquista do poder. Nessa ótica, os escritores passaram a ser vistos como "grandes sacerdotes" do povo. Em nome da lealdade grupal, os dirigentes do Partido Nacional, vencedor das eleições de 1948, obrigaram os intelectuais a aceitar uma série de leis raciais denominadas apartheid. Os escritores africânderes dos anos 1960 passaram a considerar, então, que mudança de estilo e mudança de sociedade eram fenômenos convergentes, embora nem todos pensem da mesma forma. Após minha exclusão e a de Andre Brink da "tribo", houve uma importante fissura entre os escritores africânderes e o governo de Pretória.

■ JLA: Como foi preso?
☐ BREYTENBACH: Fui diversas vezes humilhado durante a visita que fiz à África do Sul, em 1975. A polícia havia autorizado minha entrada no país para uma série de palestras literárias, mas fui impedido de coabitar com minha própria mulher, que me acompanhava. Fui também abertamente provocado e desrespeitado. Um dia, na Universidade do Cabo, perdi a paciência e gritei durante

um discurso: "Nós somos um povo bastardo, com uma língua bastarda. A nossa natureza é uma natureza bastarda." Pela audácia, fui aplaudido de pé num auditório superlotado. As conseqüências vieram pouco depois. Já estava no aeroporto, pronto para embarcar, quando recebi voz de prisão. Fui condenado a nove anos de encarceramento. Cumpri apenas sete, dois dos quais permaneci incomunicável em celas solitárias.

JLA: Como conseguiu escrever na prisão memórias tão duras contra o sistema vigente?

BREYTENBACH: Muita coisa foi, digamos, "contrabandeada". Muitas vezes, não podia escrever absolutamente nada, porque lápis, canetas e papéis não eram permitidos nas celas. Escrever na prisão, nessas condições, é praticamente impossível. Para mim, contudo, escrever na prisão funcionou mais ou menos como uma experiência de "ir ao espaço". Ou seja, apoiei-me parte na memória e parte na imaginação. Há um livro que escrevi intitulado *Mouroir*, em que procuro justamente explicar como foi possível "contrabandear", de uma prisão supercontrolada, textos dessa natureza. Tudo o que fiz esteve ligado à memória. Foi, em parte, o consciente trabalhando de um lado de meu subconsciente.

Março de 1988

....

AFRICÂNER

O africâner é a primeira língua de aproximadamente 60% dos brancos da África do Sul e de cerca de 90% da população mestiça do país. Grande número de negros, indianos, anglo-sul-africanos também o têm como segunda língua. Pela Constituição de 1994, nove outros idiomas têm o mesmo *status* oficial do africâner, que vem paulatinamente perdendo importância para o inglês.

Ela foi reconhecida em 1925 e sua origem é colonial. Ela foi um dialeto surgido na região sul-africana do Cabo, como resultado da interação entre colonos calvinistas europeus – conhecidos como africânderes – e a força de trabalho não-européia trazida à região pela Companhia Holandesa das Índias Orientais. A maioria desses colonos provinha dos Países Baixos (Holanda), mas havia também muitos alemães e franceses.

O vocabulário holandês do Cabo diferenciou-se do falado nos Países Baixos depois de absorver palavras usadas pelos colonizadores europeus falantes de outros idiomas e ainda pelos escravos trazidos do sudoeste da Ásia – além, naturalmente, da influência dos idiomas africanos nativos. Pela sua origem histórica, o africâner é linguisticamente semelhante ao flamengo do século XVII e, por extensão, ao holandês moderno.

RUUD GULLIT
A FORÇA POLÍTICA DO FUTEBOL

EM 1987, RUUD GULLIT levantou o título de melhor jogador do ano na Europa e dedicou a honraria a Nelson Mandela – preso por mais de um quarto de século na prisão de Robben Island, na África do Sul. Na ocasião, sua face expressava a convicção de que o esporte pode exercer uma função política extremamente eficiente. Seu gesto me fez lembrar de nosso querido Pelé, que uma vez me contou – com grande pureza e simplicidade – ter conseguido a façanha de interromper uma guerra na África, pelo menos por um dia.

Edson Arantes do Nascimento recordou, numa cerimônia na sede da ONU, em Nova York, que quando o time local enfrentou a Seleção Brasileira num amistoso em Kinshasa, no antigo Zaire, a guerrilha e o exército suspenderam o conflito que vinham travando havia dez meses e só recomeçaram os combates 48 horas depois da partida. Como Pelé, consciente da força do futebol para a mobilização das massas, o holandês Ruud Gullit, um mulato esbelto, de cabelo encaracolado, com 1m90cm de altura, transformou-se, na década de 1980, num dos jogadores mais assediados pela imprensa mundial.

Tão famoso ficou que, após duas campanhas espetaculares no PSV Eindhoven, da Holanda, foi levado para o Milan, da Itália, em 1987. Silvio Berlusconi adquiriu seu passe por uma soma extraordinária na época: 6 milhões de libras esterlinas. O preço foi visto por muitos como exorbitante e pelos seus fãs como bastante razoável. Ruud Gullit não era, porém, "apenas" um dos melhores e mais caros jogadores de futebol do mundo. Responsável pela vitória da Holanda no campeonato da Europa, ele era dono também de uma série de outras virtudes que jogadores tão bons quanto ele nunca cultivaram.

No auge de sua carreira, aos 25 anos, Gullit já era casado, pai de duas filhas e também um respeitado compositor, cantor e guitarrista, com vários discos gravados. Para o cantor britânico David Bowie, fã do atleta, Gullit não era apenas autor de um "futebol total", mas também "um artista total". De fato, sua banda, Revelation Time, conseguiu ocupar os primeiros lugares nas paradas européias de sucesso por vários meses. Filho de pai latino-americano – nascido no Suriname, antiga Guiana Holandesa – e de mãe holandesa, ele se destacou também por outro perfil igualmente nobre: o de feroz ativista contra o *apartheid* e todas as formas de racismo e discriminação.

Encontrei-me com ele em agosto de 1984 em Oslo, na Noruega, durante a abertura da Conferência Internacional do Alto Comissariado das Nações Unidas para Refugiados (Acnur), que discutiria a situação de refugiados, desabrigados e flagelados da África austral. Com um sorriso seguro, Ruud Gullit confessou-me que seu grande sonho era poder um dia encontrar-se com Nelson Mandela numa África do Sul liberada da opressão exercida pela minoria branca.

- JLA: O que, na realidade, um jogador de futebol como você pode fazer contra o *apartheid*?
- GULLIT: Se conceder mais tempo a esse problema e utilizar a influência de meu nome nos meios esportivos da Europa e do mundo, creio que despertarei a atenção de milhares de pessoas sobre o horror que representa o regime do *apartheid*. Estou perfeitamente consciente de que me levanto contra um sistema repugnante, indefensável e desumano. Tenho tido a sorte de contar com grande atenção da imprensa internacional e pretendo utilizar esse trunfo. Estou disposto a sensibilizar meus fãs e, se necessário for, ir até as escolas e falar diretamente com a juventude sobre a gravidade desse problema. E o que ganho nessa luta contra o *apartheid* é o fortalecimento de uma postura que já cultivo há longos anos.

- JLA: Como sente o fato de ter sido convidado para participar de uma das maiores conferências internacionais já realizadas sobre o drama do continente africano, ao lado de personalidades como o secretário-geral da ONU e líderes do Congresso Nacional Africano e da Swapo (sigla em inglês da Organização do Povo do Sudoeste Africano)?
- GULLIT: Sinto-me imensamente feliz. Nunca tive antes a oportunidade de encontrar tantos representantes dos países africanos como na conferência de Oslo. Uma coisa é você inteirar-se dos problemas africanos por meio da televisão. Outra, bem diferente, é debater pessoalmente com eles os problemas reais que enfrentam. Nesse sentido, foi uma experiência enriquecedora.

- JLA: Desde quando as questões anti-*apartheid* passaram a interessá-lo?
- GULLIT: Desde criança, na escola, quando comecei a freqüentar conferências, ler sobre essas questões nos jornais e conversar com professores e jovens universitários.

■ JLA: Se fosse convidado para ser embaixador da boa-vontade do Alto Comissariado das Nações Unidas para Refugiados, aceitaria o desafio?
☐ GULLIT: Não sei. Minha profissão é jogar futebol. Fui convidado para participar do encontro porque tenho pública e abertamente condenado o sistema do *apartheid* da África do Sul e defendido em público a libertação total de Nelson Mandela. Isso é tudo. Não posso me comprometer com outros engajamentos, mesmo que eles sejam muito nobres.

■ JLA: Como jogador, você também tem sido discriminado?
☐ GULLIT: Encontro-me numa situação bastante diferente daquela a que muitos negros se encontram submetidos. Como sabe, alcancei algumas glórias e por isso tenho sido aplaudido e admirado. Mas tenho muitos amigos que ainda sofrem tais tipos de discriminação na Europa. Em Milão, na Itália, alguns amigos etíopes abriram um centro cultural e enfrentaram problemas incríveis. Só para que tenha uma idéia do absurdo, esse centro cultural foi identificado como "esconderijo de drogados". Quando Bob Marley visitou a Itália pela última vez, a imprensa só publicou fotos do cantor fumando maconha. Em conseqüência disso, hoje na Itália, praticamente todo mundo que é negro, venha da Etiópia ou da Jamaica, passou a ser considerado viciado em drogas. Comigo isso não ocorre, porque a fama, num certo sentido, me ampara.

■ JLA: A partir de agora, que mensagens pretende passar aos seus fãs?
☐ GULLIT: Que o sistema de *apartheid*, o racismo, é algo terrivelmente desumano, um insulto à humanidade; e que a África do Sul tem um governo repugnante, que não respeita os direitos humanos e a liberdade dos indivíduos. Todos nascem livres e é necessário respeitar esse direito em todos os cantos do planeta. Precisamos informar os jovens sobre esses problemas. Lembre-se de que a juventude é o futuro e que é a ela que as coisas devem ser esclarecidas.

■ JLA: Condena os atletas que continuam viajando para a África do Sul e lá se apresentando?
☐ GULLIT: Uma das maiores propagandas para o governo de Pretória tem sido conseguir convencer alguns bons atletas internacionais a participar de competições na África do Sul. Condeno totalmente que um atleta consciente do que se passa naquele país aceite esses convites. Considero isso uma vergonha para o esporte e não vejo outra saída a não ser colocá-los numa "lista negra", como já vem ocorrendo.

Ruud Gullit

- JLA: Poucos atletas de seu calibre envolvem-se em política...
- GULLIT: Não estou me envolvendo em política. Não estou fazendo política, porque não considero "política" denunciar o sistema do *apartheid*. Defino o *apartheid* como um insulto à humanidade, algo repugnante, muito distante daquilo que deveríamos chamar de "política". Eu não creio que sejam tão poucos os atletas que condenam o racismo no planeta. O problema é que os jornalistas não perguntam muito aos atletas o que eles pensam sobre as injustiças que existem no mundo. Em geral, querem saber sobre resultados de jogos, sobre a possibilidade de vitória de um time sobre outro etc.

- JLA: Nesse sentido, os jogadores de futebol estão melhorando de nível?
- GULLIT: Não é isso. Ser jogador de futebol não é sinônimo de burrice, não é assinar um certificado de imbecilidade. Existe muita gente qualificada nos meios esportivos. É necessário acabar com o mito de que quem joga futebol, automaticamente, assinou um atestado de estupidez.

- JLA: Exortaria seus colegas, que se encontram em silêncio, a serem mais ativos nesse domínio?
- GULLIT: Também não. Porque penso que isso deve ser feito a partir do plano individual. Cabe a cada um decidir o que deve ou não dizer.

- JLA: A direção dos clubes nos quais você tem jogado não faz qualquer crítica a essas atividades?
- GULLIT: Até agora, não. E creio que continuarão me respeitando, como eu mesmo os respeito.

- JLA: Não se sente deslocado na Europa, onde muitos imigrantes negros trabalham em condições não muito favoráveis?
- GULLIT: Não me sinto deslocado na Europa pelo simples fato de que nasci na Europa. Meu pai é do Suriname e minha mãe é holandesa. Sou, portanto, filho de pai negro e de mãe branca. Mas nasci na Holanda. Pertenço à cultura européia, embora não negue que tenha tido forte influência latino-americana. Quanto à situação dos migrantes negros, não posso lhe afirmar exatamente como se sentem vivendo na Europa, porque eles pertencem a uma cultura diferente da minha. Porém, sou absolutamente contra qualquer tipo de exploração que coloque um homem – em função de sua procedência, cor ou origem – em posição de rebaixamento perante outros homens.

- JLA: A luta contra o *apartheid* justifica o uso da violência?
- GULLIT: Sou contra qualquer tipo de violência.

- JLA: Condena então o movimento ANC pelo uso da violência na luta contra o sistema que oprime os negros da África do Sul?
- GULLIT: Não identifico o Congresso Nacional Africano como um movimento que se apóie apenas na violência.

Agosto de 1984

....

O BOB MARLEY DO FUTEBOL

Ruud Gullit, o "Bob Marley do futebol europeu" – porque, além de adepto e intérprete do *reggae*, usava o cabelo à maneira de Bob Marley – foi o grande destaque mundial do "futebol força" da década de 1980. Iniciou sua carreira no Haarlem, time holandês, em 1979. Antes de se transferir para o Milan, em 1987, passou pelo Feyenoord, onde conquistou o primeiro campeonato holandês, e pelo PSV Eindhoven, clube que o projetou internacionalmente. Jogou também pelo Sampdoria, da Itália, e, em fim de carreira, pelo clube londrino Chelsea. De 1979 a 1998, tempo de sua carreira como jogador de futebol, participou de 662 partidas e marcou 251 gols.

Capitão da seleção campeã da Eurocopa, em 1988, foi bicampeão europeu, bicampeão da Supercopa Européia, bicampeão mundial interclubes, além de conquistar três vezes o campeonato da Série A italiana (*scudetto*). Em 1987, foi eleito o jogador do ano na Europa (Bola de Ouro). Foi eleito Melhor Jogador do Mundo pela revista inglesa *World Soccer* em 1987 e 1989. Neste último ano, foi eleito também Atleta do Ano pelo Comitê Olímpico da Holanda.

JOAQUIM CHISSANO
O MENSAGEIRO DA ÁFRICA NEGRA

DE TODOS os presidentes africanos que conheci – exceção feita a Nelson Mandela –, o mais sereno e cortês foi Joaquim Chissano, de Moçambique. Durante minha passagem por Maputo, vi Chissano uma única vez. Isso foi em 1993, durante as conversações que manteve com o secretário-geral da ONU, Boutros Boutros-Ghali, sobre questões relativas à reconciliação nacional e às primeiras eleições gerais que seriam realizadas no país. Os rumores, na época, davam conta de que Chissano dedicava mais de 15 horas por dia aos seus afazeres de Estado, raramente aparecendo em cerimônias sociais.

Foram colegas angolanos em Nova York e amigos do embaixador de Moçambique junto às Nações Unidas, Carlos dos Santos, que se encarregaram de me apresentar a Joaquim Chissano em 23 de outubro de 1997, um dia depois de seu aniversário de 58 anos. Tínhamos todos sido convidados para a festa na residência do embaixador, muito distante de Manhattan, em uma rota que exigia laboriosa carta de orientação.

Conforme combinado, saímos de Manhattan às 3 horas da tarde e às 6 ainda estávamos perdidos no meio do caminho, discutindo como o mapa do embaixador Carlos dos Santos deveria ser interpretado. Da esquerda para a direita ou da direita para esquerda? Ou seria de cima para baixo?

Depois de argumentações infindáveis sobre se continuaríamos tentando "caminhos alternativos" ou se voltaríamos para trás, tive a lucidez de tomar um táxi, cujo chofer, um irlandês, com grande desconfiança, nos levou ao nosso destino final por um preço acima da tabela. Ao chegarmos, o próprio Chissano veio imediatamente ao nosso encontro:

– Excelência, perdoe-nos...

– Que excelência que nada, corja de irresponsáveis... Isso são horas de chegar? Já não respeitam mais nem os presidentes, hein? A comida agora acabou, disse Chissano em tom de brincadeira, abraçando cada um dos convidados superatrasados.

Foi uma noite magnífica, plena de alegria, música e danças, como só os moçambicanos sabem organizar. Joaquim Chissano conversou amigavelmente com todos e até contou discretamente algumas piadas. A festa terminou às 3 horas da manhã, mas, pelo sim pelo não,

não voltei para Manhattan com os angolanos. Um caboverdiano assegurou-me um regresso menos dramático.

Nascido em 22 de outubro de 1939 na província de Gaza, no sul de Moçambique, Joaquim Alberto Chissano, mostrou-se interessado na política e nos estudos desde a adolescência. Ainda durante os tempos de Moçambique como colônia portuguesa, foi o primeiro estudante negro a matricular-se, em 1951, no Liceu Salazar, localizado na capital, Maputo, onde fez o curso secundário.

Em 1960, com 24 anos, tentou estudar medicina em Portugal, mas, sendo partidário da independência política da colônia africana, foi obrigado a abandonar Lisboa às pressas para não ser preso pela temida Pide, a polícia secreta portuguesa. No exílio, em 1962, tornou-se um dos fundadores da Frelimo, Frente de Libertação de Moçambique, que, entre 1964 a 1974, organizou, a partir da Tanzânia, a guerrilha contra o domínio colonial português e, em setembro desse último ano, assinou com o Estado português os Acordos de Lusaka, pelos quais era reconhecido o direito de Moçambique à independência, estabelecendo-se um governo de transição até 25 de junho de 1975, quando se consolidaria o novo *status*.

Assim, com apenas 35 anos, Chissano tornou-se primeiro-ministro do governo de transição e, após a proclamação da independência, ministro dos Negócios Estrangeiros de Moçambique. Em 6 de novembro de 1986, inesperadamente, ele teve que assumir a Presidência devido a um misterioso acidente aéreo que tirou a vida do chefe de Estado moçambicano, Samora Machel. No início de seu governo, desenvolveu estreita colaboração com o bloco comunista. Posteriormente, colocou em prática a política de não-alinhamento, o que lhe garantiu ajuda dos países ocidentais. Em 1990, renunciou ao sistema econômico planificado e ao marxismo-leninismo como doutrina oficial do Estado, adotando uma constituição pluralista para Moçambique. Com o fim da guerra civil que assolava o país desde a independência e a assinatura de um acordo de paz entre a Frelimo e a Resistência Nacional Moçambicana (Renamo) – o segundo maior partido do país –, uma nova nação democrática e estável surgiu no leste da África.

O processo de desarmamento, a desmobilização das forças rebeldes, assim como a realização das primeiras eleições democráticas foram supervisionados pela Missão de Paz da ONU, da qual fui porta-voz e chefe de informação. O representante especial do secretário-geral em Moçambique, Aldo Aiello, da Itália, tornou-se amigo íntimo de Chissano, assim como o comandante militar da missão, o general brasileiro Lélio Rodrigues Gonçalves da Silva.

Joaquim Chissano

Joaquim Chissano manteve-se no poder até 2005, ano em que se recusou a aceitar um terceiro mandato. Nas eleições multipartidárias de 1994 e de 1999, derrotou seu principal rival, o líder rebelde Afonso Dhlakama, da Renamo, alcançando mais de 52% dos votos. Homem de confiança da ONU e dos estadistas africanos, Joaquim Chissano foi presidente da União Africana entre 2003 e 2004.

Em 4 de dezembro de 2006, o ex-presidente de Moçambique foi escolhido pela ONU para mediar e buscar uma solução política para as crises de Uganda e do Sudão. Em outubro de 2007, por sua "excelência em liderança", Joaquim Chissano foi agraciado com a primeira edição do Prêmio Mo Ibrahim, no valor de US$ 5 milhões. Ao entregar-lhe o prêmio numa cerimônia em Londres, o secretário-geral da ONU, Kofi Annan, destacou que Joaquim Chissano "contribuiu grandemente para uma democracia estável e para o progresso econômico de seu país." A escolha foi feita por um júri presidido por Annan e orientado pelo Índice Rotberg de Governança Africana, instrumento desenvolvido pelo professor Robert Rotberg, da Universidade Harvard.

A entrevista a seguir foi feita com Chissano na sede da ONU, em Nova York, em setembro de 1999.

- JLA: Ao participar da última sessão da Assembléia Geral das Nações Unidas no século XX, o senhor discursou como chefe de Estado de Moçambique, mas ressaltou que falava também na qualidade de "mensageiro da África", preocupado com a solução dos conflitos e com o desenvolvimento sustentável de seus povos. Como avalia a importância do encontro?
- CHISSANO: Foi nessa sessão que começaram os preparativos dos estados membros da ONU para a Cúpula do Milênio, abarcando todas as questões que deverão ser enfrentadas pelos povos do mundo no início da nova era: a agenda do século XXI. O encontro se realizou num momento em que grandes decisões deveriam ser tomadas ou analisadas pela comunidade internacional, tendo em vista o fim dos conflitos no mundo. O objetivo visionário era entrar numa nova era em que os conflitos seriam evitados ou, pelo menos, neutralizados pelos mecanismos de paz. Portanto, deste ano de 1999 até a Cúpula do Milênio, a realizar-se em setembro de 2000, os governos do mundo estão convidados a empreender todos os esforços para que, realmente, os maiores conflitos ainda enfrentados pela humanidade chegassem ao seu final por meio da diplomacia, dos acordos consensuais e do bom senso.

■ JLA: Naturalmente, além dos problemas relativos à solução de conflitos, a Assembléia Geral da ONU catalogou mais de 170 itens em sua agenda de debates – entre eles, a questão da globalização, o problema do desarmamento, a questão do meio ambiente, a economia dos países mais pobres, as mudanças climáticas e o desenvolvimento sustentável. Nem mesmo a questão de Timor-Leste foi esquecida, tendo mobilizado os países da Comunidade dos Países de Língua Portuguesa. Como os moçambicanos e os africanos em geral se solidarizaram com os irmãos timorenses?

☐ CHISSANO: O que aconteceu em Timor não foi apenas uma vitória para o povo timorense. Foi também uma vitória para o povo moçambicano. Isso porque Moçambique sempre esteve ao lado do povo de Timor na sua luta pela independência. Foi igualmente uma vitória para todos os povos amantes da paz. A firmeza e a determinação do povo de Timor-Leste foi elemento fundamental para que a esperança renascesse em todos os quadrantes do globo. Demonstrou ao mundo que não há apenas pequenos, médios e grandes países, mas que todos os povos são grandes, no melhor sentido do termo, quando a questão é defender a liberdade, os direitos humanos e a justiça. É a vontade inequívoca expressa pelo povo timorense no referendo que deve ser acatada por toda a humanidade em geral e pelas Nações Unidas em particular. Nossa contribuição tem sido moral e política. Começamos há muito tempo a trabalhar com nossos irmãos de Timor-Leste para preparar os caminhos do futuro no âmbito, por exemplo, da administração territorial, dos assuntos econômicos, da reconstrução, da estabilidade e da orientação em torno de uma diplomacia de alto nível, tendo em vista uma boa inserção de Timor no plano regional e global. O que sugerimos foi uma troca de experiências, utilizando como referência o exemplo moçambicano e observando o que acontece em outros quadrantes do mundo. Iniciamos cooperação com o líder timorense Xanana Gusmão e aprovamos o envio de 150 militares moçambicanos para engrossar a Força de Paz das Nações Unidas em Timor-Leste.

■ JLA: Na própria África, outros países, como Angola e o Congo, também foram alvos da ajuda moçambicana. Quais são as perspectivas para o futuro?

☐ CHISSANO: Continuamos a trabalhar com Angola no sentido de salvar vidas, que continuam em perigo. Temos contatado a comunidade internacional para encontrar uma forma de dar ajuda efetiva aos angolanos, sofridos por tantos anos de guerra, principalmente os que enfrentam as maiores carências, como crianças e mulheres. São necessários bons entendimentos para que essa ajuda realmente frutifique. Quando a crise humanitária é grande, não é possível esperar que todos os acordos sejam alcançados para só depois agir. Populações inteiras à beira da inanição e da morte não podem aguardar indefinidamente que acordos sejam aprovados. Há necessidade de ajuda imediata. Por isso, temos procurado soluções mais viáveis para aliviar o sofrimento das populações atingidas pela guerra. No plano da solução do conflito angolano, sempre achamos que a aplicação de sanções mais rigorosas contra a União Nacional para a Independência Total de Angola (Unita) poderia contribuir para que Jonas Savimbi tomasse outras iniciativas, tendo em vista os desejos de paz refletidos nas aspirações do povo angolano e da comunidade internacional. Fomos partidários de que o próprio governo de Luanda fosse mais flexível na mesa de negociações. Ambos os lados deveriam demonstrar que não estão mais interessados na guerra. No caso do Congo, demos passos largos, trabalhando em equipe no seio da Comunidade Econômica para o Desenvolvimento do Sul da África (Sadec), e conquistamos a assinatura de um acordo de paz.

■ JLA: A ONU fez um apelo para que seu continente não caia no "afropressimismo", indicando que, apesar de todos os problemas que a região enfrenta, progressos também estão sendo registrados. Concorda com essa visão?

☐ CHISSANO: Concordo, talvez até pelo meu feitio: sou mais otimista do que pessimista. No entanto, concordar que há progressos não significa, naturalmente, ignorar as imensas dificuldades que ainda enfrentamos. Não significa que os países africanos não tenham mais que manter clara a consciência dos problemas que têm pela frente. A África enfrenta hoje enormes desafios, e a comunidade internacional deve também encarar com seriedade a existência de dificuldades gravíssimas, que podem comprometer o futuro do continente. Se as crises na África não forem atenuadas, se o continente permanecer no estado em que se encontra, todo o mundo sairá prejudicado.

■ JLA: O senhor se refere também ao problema da globalização?
☐ CHISSANO: Claro que sim. E, quando me refiro à globalização, quero falar de uma globalização verdadeira, entendida como um "corpo único", que, no sentido figurado, deve também levar em conta os males que afetam algumas das suas partes. Qualquer negligência

com relação à África afetaria inevitavelmente todo esse "corpo único". Uma doença não tratada acaba afetando todo o organismo. Estou convencido de que, apesar de todos os problemas, a África acordou e começou a andar. Muitos países politicamente débeis acabaram aceitando a tese da boa governança, tendo adotado sistemas bem aceitáveis de administração pública. De maneira bastante convincente, vários países africanos também criaram nos últimos anos as bases para o desenvolvimento econômico sustentável, com vistas ao futuro. Havia países enfrentando conflitos internos e que encontraram os caminhos da reconciliação nacional. Poderia citar Libéria, Serra Leoa, Moçambique e República Democrática do Congo. Mas isso não significa dizer que tudo foi resolvido. A África continua enfrentando sérios problemas. Continuam existindo ainda enormes desafios a serem encarados no século XXI.

JLA: Mas, se alguns países africanos conseguiram superar algumas de suas crises mais sérias, outros, como Guiné-Bissau, Eritréia, Somália e Sudão, continuam com seus sistemas abalados, com poucas chances de melhorar. Qual sua reflexão sobre isso?

CHISSANO: É verdade. A situação da Guiné-Bissau, por exemplo, tornou-se ainda mais crítica após o golpe militar e, de novo, a guerra civil. Moçambique exortou a adoção de soluções urgentes para reconduzir o país, uma vez mais, aos caminhos da legalidade. Trabalhamos com o governo da Guiné no sentido de ajudar o país a superar suas dificuldades políticas e socioeconômicas. Reiteramos também nosso apelo para que a comunidade internacional prestasse sua valiosa assistência aos guineenses. Quanto ao Chifre da África (região do continente que engloba Etiópia, Somália e Djibuti e, no mapa, tem formato do chifre de um rinoceronte), temos procurado encorajar a Etiópia e a Eritréia a trabalhar juntas, com o apoio da ONU, no sentido de fortalecer a paz, a estabilidade e a boa vizinhança. Essa é, a meu ver, a única maneira de superar as dificuldades. Quanto ao Sudão e à Somália, nossa esperança é que até nesses países serão alcançados progressos em futuro próximo. Outro fato importante para o deslanchar africano foi o fim das sanções contra a Líbia do líder Muamar Kaddafi, fato que abriu novo caminho para a estabilidade no norte da África. Todos esses fatos somam progressos. A estabilização em Angola e em Serra Leoa constitui também um claro sinal de que a África constrói um continente de esperança. Naturalmente, o que a África mais necessita é de oportunidades – oportunidade de integrar nosso mundo à economia mundial; oportunidade de nos beneficiarmos com a globalização e de aumentarmos nossa interdependência; oportunidade para beneficiarmo-nos do comércio, dos investimentos e das finanças, em vez de permanecermos na linha da marginalização e da exclusão; e oportunidade, enfim, para o acesso à ciência e à tecnologia, em particular à tecnologia da informação.

- JLA: Para além dos problemas africanos, outras questões sérias afetam o conjunto da humanidade. Como Moçambique e a União Africana se posicionam com relação aos acontecimentos no Oriente Médio, particularmente em relação à questão Palestina?
- CHISSANO: A situação no Oriente Médio tem sido acompanhada com grande preocupação. Acreditamos que tanto Israel quanto o Estado da Palestina têm o direito e a obrigação de se acomodar a si próprios. A paz na região requer o máximo de moderação. Requer uma abordagem de dar e receber, ou, como dizemos na linguagem diplomática, *a given and taken approach*, sem vencedores ou perdedores. Requer a plena aceitação de que nenhuma das duas partes pode assegurar sua sobrevivência negando a existência do outro.

- JLA: A ONU, catedral do multilateralismo, criada para manter a paz e a segurança coletiva internacional, é apontada hoje por muitos como uma instituição anacrônica, que necessita ser reformada. Qual sua opinião sobre isso?
- CHISSANO: Com o tempo, todas as instituições, nacionais ou internacionais, necessitam de uma reflexão em torno de seu próprio desempenho, tendo em vista o enfrentamento de novas realidades. Precisam encontrar novas formas organizacionais que lhes permitam ser mais vigorosas perante novos desafios. Por tudo isso, defendemos a idéia de uma Conferência Especial que trate da reforma das Nações Unidas, na qual deveriam ser definidas claramente as prioridades da organização mundial. Ou seja, organizar a ONU de forma a que ela possa implementar decisões pertinentes para a realização dessas prioridades. As Nações Unidas têm hoje estruturas, como o Conselho de Segurança, que merecem reflexão para que a organização possa agir globalmente de forma mais expedita. As Nações Unidas foram criadas para manter a paz, e não para ficar apenas como espectadora em situações de guerra ou crises internacionais. Deve ser instrumentalizada para agir rapidamente no caso de conflitos e quando a segurança internacional se encontrar ameaçada. Portanto, há muito o que refletir sobre a reforma das Nações Unidas.

- JLA: O senhor tem defendido uma reestruturação do Conselho de Segurança, indicando que a África também deve conquistar um assento permanente.
- CHISSANO: Sim, porque o fortalecimento das Nações Unidas dependerá também da expansão do Conselho de Segurança, de sua transformação num órgão mais representativo. O continente africano merece melhor representação na estrutura de seus membros permanentes. Mas achamos também que a América Latina merece igual oportunidade. Queremos ver as nações em desenvolvimento, que têm demonstrado determinação na manutenção da paz e da segurança, representadas nesse órgão supremo da ONU. Nesse sentido, apoiamos a entrada do Brasil como membro permanente de um Conselho de Segurança reformado e alargado.

- JLA: Acredita que a ONU estaria predestinada a desempenhar papel relevante no século XXI e que um Conselho de Segurança "reformado e alargado", como o senhor diz, constitui prerrogativa indispensável para o sucesso da organização mundial no Terceiro Milênio?
- CHISSANO: Reitero, mais uma vez, o valor da globalização. Queremos uma globalização entre países cada vez mais iguais, e não um mundo globalizado em que alguns países são menos iguais do que outros. Não haverá certamente, ao longo do século XXI, a necessidade de pensar em termos de "países grandes" e "países pequenos" ou, ainda, de destacar países que merecem "mais voz ativa" do que outros. Nesse sentido, com a reforma, o Conselho de Segurança da ONU será um organismo coordenador de outro tipo de organismo, no qual o dinheiro deixará de ser o marco preponderante para determinar quem tem ou não tem mais poder de decisão no mundo. O que deveremos levar em consideração são as novas idéias que irão surgir. Chegaremos a um momento histórico em que até mesmo os países pequenos terão poder de influência no âmbito das idéias, da criatividade e da imaginação. Essa influência talvez seja até maior do que a dos países que hoje possuem armas atômicas ou outros poderosos artefatos de destruição em massa. Portanto, se falarmos de uma globalização verdadeira, em que todos devem ganhar e também repartir recursos, em que todos devem contribuir para que esses recursos sejam produzidos cada vez mais, então haverá também, como conseqüência, maior respeito pelo pensamento de cada um. Teremos, assim, no século XXI, as "novas Nações Unidas", até porque falamos em preparar um mundo para viver sem guerras e sem conflitos. Poderemos criar um mundo onde não haja receios de

um povo contra outro, de uma nação contra a outra, de um grupo contra outro, de um homem contra outro. Então, a ONU será o que a própria expressão diz – "nações unidas", e não "nações compartimentadas ou desunidas". Esse é o desafio do século XXI.

- JLA: E o que a África tem feito em relação à necessidade de todas essas reformas, presidente?
- CHISSANO: Nos últimos anos, a África tem indiscutivelmente assumido posições mais destacadas no contexto das Nações Unidas. Tanto a Assembléia Geral como o Conselho de Segurança já ficaram nas mãos de africanos. Isso, sem dúvida, nos fortaleceu. Nossa posição tem sido constante e coerente na defesa dessas reformas.

- JLA: Moçambique tem enfrentado condições climáticas desfavoráveis, obrigando o país a pedir assistência internacional. Esse apelo tem sido ouvido pelas instituições mundiais?
- CHISSANO: Moçambique, como muitos países africanos, enfrenta ainda uma séria crise humanitária resultante de condições climáticas desfavoráveis, que castigam o país continuamente ao longo de vários anos. Vítima das catástrofes naturais, Moçambique tem pedido resposta favorável da comunidade internacional aos apelos de assistência humanitária, não só para nosso país, mas para todo o Sudeste da África. Também estamos empenhados, nós próprios, em lutar vigorosamente para suplantar as dificuldades. Como parte desses esforços, o governo continua empreendendo um plano de ação para a erradicação da pobreza extrema, cujo objetivo é manter crescimento acima de 7% e reduzir a pobreza pela metade nos próximos dez anos. Foi com esse objetivo – criar uma visão nacional de desenvolvimento para os próximos 25 anos – que Moçambique lançou a Agenda 2025, uma iniciativa nacional baseada no diálogo construtivo com todos os partidos políticos, *stakeholders* e outros atores nacionais sobre o futuro de nosso país.

- JLA: O senhor é um chefe de Estado que tem se levantado em defesa da criança africana. O que é o conceito "Criança como zona de paz"?
- CHISSANO: A criança é, em princípio, um ser pacífico. Costuma-se dizer: "a criança é um ser inocente". Eu já não digo apenas isso, porque a criança africana, ante os desafios que enfrenta desde o início da vida, é obrigada a demonstrar grande responsabilidade. No meu próprio país, tenho tido a oportunidade de observar que

muitas crianças já podem responder e tratar de questões nacionais e até internacionais com os adultos. Constatei que crianças de 14 e até de 12 anos, já são donas de grande maturidade. Portanto, o mundo está mudando. As crianças já sabem o que querem, têm vontade própria, têm inteligência própria, mesmo que se encontre em formação. Podemos também facilmente constatar que elas têm grande amor pela paz. As crianças querem viver em paz e não gostam de conflitos. Penso que devemos também respeitar o pensamento desse segmento etário da humanidade, que é autenticamente pacífico. Devemos nos congratular com essa paz, e não produzir guerras ou outras formas de hostilidade. Por serem pacíficas por natureza, as crianças transmitem de forma inovadora um conceito seguro de paz para a humanidade, apontando com isso um futuro melhor para nosso planeta. Não podemos traí-las.

Setembro de 1999

28

XANANA GUSMÃO
LÍDER HISTÓRICO DA RESISTÊNCIA TIMORENSE

MINHA PRIMEIRA tentativa de entrevistar o líder histórico da resistência timorense, em fevereiro de 1999, foi inteiramente frustrada. Começamos muito cedo em Nova York, eu e uma colega americana, ligando repetidas vezes para Jacarta, onde Xanana Gusmão se encontrava preso. A idéia era trazer sua voz para dentro da ONU, colher um bom depoimento para o Departamento de Informação Pública e para a Rádio das Nações Unidas. Em Lisboa, colegas da Radiodifusão Portuguesa (RDP) já tinham conseguido falar brevemente com Xanana e nos ofereciam, sempre amáveis, "um corte" da matéria. Mas nós, em Nova York, queríamos algo "mais exclusivo", mais próximo dos interesses da organização mundial. Em resumo: quando conseguimos apanhá-lo do outro lado do mundo, após horas de tentativas, as únicas palavras que pudemos ouvir foram um trêmulo "Alô, de onde fala?" antes de cair a linha, abatendo por completo nossas esperanças.

Às vezes, o telefone pode resolver a vida de muita gente, inclusive dos entrevistadores que não querem ou não podem se deslocar até a fonte. Mas a verdade é que, quando tentamos o primeiro contato com Xanana, as autoridades da Indonésia já haviam transferido o líder timorense do cárcere de Cipiang para uma prisão domiciliar, em Salemba, no centro de Jacarta – fato intrigante, que dava novos contornos políticos à crise do Timor-Leste. E foi justamente a partir desse momento que a imprensa internacional, notadamente a americana, começou a "descobrir" quem era o homem por trás da luta de libertação do Timor; o homem que a Indonésia não conseguira silenciar após vários anos de repressão. Xanana Gusmão convertera-se num "Nelson Mandela do sudeste asiático". Era dever da ONU e da comunidade dos países de língua portuguesa resgatá-lo.

José Alexandre Gusmão – aliás, Xanana Gusmão –, nascido em 1946 na região timorense de Manatuto, filho de um professor primário, foi criado no campo ao lado de um irmão e cinco irmãs. Fez seus estudos primários e parte do secundário numa missão católica antes de partir para Dili, a capital. Após a invasão da Indonésia, em dezembro de 1975, e com a morte de Nicolau Lobato – o primeiro-ministro que virou guerrilheiro para lutar contra os invasores indonésios e foi morto em ação em 1978 –, Xanana Gusmão herdou a liderança da resistência timorense. Três meses depois, por ocasião da primeira conferência da Frente Revolucionária de Timor-Leste Independente (Fretilin), Xanana foi unanimemente eleito líder e comandante das Forças Armadas para a Libertação Nacional de Timor-Leste.

Em 1981, ele já se havia convertido em representante incontestável do povo timorense, com estatura suficiente para estabelecer as primeiras negociações com os invasores indonésios. Em função do relativo sucesso de sua política, Xanana criou em 1988 o Conselho Nacional da Resistência Maubere. Mas quatro anos depois, em 1992, logo após o massacre de Santa Cruz – quando o exército indonésio atirou contra manifestantes que homenageavam um estudante assassinado pela repressão, matando 200 pessoas –, Xanana foi capturado pelas forças militares da Indonésia, mantido incomunicável e submetido à tortura do sono com o objetivo de destruí-lo física e psicologicamente. Levado a um tribunal de Jacarta, Xanana Gusmão não se intimidou. Comportou-se como um estadista destemido, denunciando pela primeira vez perante a imprensa internacional o genocídio praticado pela Indonésia contra o povo maubere.

Entre 1975 e 1993, ataques sistemáticos contra a população civil no Timor resultaram na morte de mais de 200 mil pessoas. Com uma população inferior a 700 mil habitantes, a dimensão do genocídio poderia ser comparada somente ao ocorrido no Camboja, quando milhões de pessoas foram massacradas pelas forças do Khmer Rouge nos chamados "campos da morte".

No julgamento público, em 19 de maio de 1993, Xanana Gusmão foi condenado à prisão perpétua, pena comutada depois para 20 anos de reclusão num ato de "generosidade" do presidente Suharto. Com as intensas pressões diplomáticas, sobretudo de Portugal, dos Estados Unidos e dos esforços de José Ramos-Horta (o guerrilheiro da diplomacia), a Indonésia mudou radicalmente de rumo, concordando com a autonomia e até mesmo com a independência de Timor, desde que tudo isso ficasse decidido por *referendum* popular. Ademais, chefes de governo e de Estado exigiam sua libertação e ativistas de direitos humanos multiplicavam seus protestos por todos os quadrantes. Até mesmo a secretária de Estado americana, Madeleine Albright, instruída pelo então presidente Bill Clinton, intercedeu por ele junto ao governo de Jacarta.

Libertado na primeira semana de setembro de 1999, e visivelmente abatido pelas penúrias do cárcere, Xanana viajou à Austrália, aos Esta-

Xanana Gumão

dos Unidos e a diferentes países da Europa nos quais foi acolhido com grande respeito e honras de chefe de Estado. Finalmente, em 30 de agosto de 1999, sob supervisão internacional, foi realizado o referendo no Timor-Leste por meio do qual a maioria da população se manifestou pela independência do território. Diante dessa vitória, militares indonésio iniciaram uma campanha de retaliação que provocou na região uma seqüência de horrores. Apesar de os indonésios negarem veementemente que estivessem por trás das ofensivas, o governo de Jacarta foi condenado internacionalmente por não ter contido a violência das milícias e evitado os massacres.

Ainda como resultado da pressão internacional, o Conselho de Segurança das Nações Unidas aprovou o envio de uma força de paz da ONU ao Timor-Leste, que ficou conhecida pela sigla Unamet. Xanana Gusmão não foi esquecido pela organização mundial e, numa etapa posterior, foi convidado a governar com administração da ONU – chefiada pelo brasileiro Sérgio Vieira de Mello – até o ano de 2002. Durante esse tempo, promoveu continuamente campanhas pela reconciliação nacional, para a unidade e a paz no Timor-Leste, assumindo de uma vez por todas a liderança incontestável e "de fato" da nova nação que era criada.

Em 2002, como não podia deixar de ser, as eleições presidenciais confirmaram a vitória retumbante de Xanana Gusmão, que se converteu no primeiro presidente do Timor-Leste, quando o país foi formalmente declarado independente, em 20 de maio de 2002.

Durante minha visita a Dili, por ocasião das cerimônias de independência, consegui entrevistar quase todos os protagonistas da odisséia do Timor-Leste, menos Xanana Gusmão que, naturalmente, estava cercado de compromissos com outros chefes de Estado.

Só consegui falar com o presidente timorense em setembro de 2002, quando ele discursou pela primeira vez perante a Assembléia Geral das Nações Unidas. A tarefa, dessa vez, foi grandemente facilitada pela intervenção do embaixador do Timor-Leste junto as Nações Unidas, José Luiz Guterres, homem de grande alcance e um amigo sempre disposto a atender aos nossos pedidos. Eis alguns excertos do encontro.

- JLA: O senhor é o líder histórico da resistência timorense. O que mais o inspirou na luta pela independência de Timor-Leste?
- GUSMÃO: A busca de justiça, dignidade e respeito aos direitos inalienáveis do povo timorense. Desde a década de 1960, o Timor-Leste fez parte dos territórios sem governo próprio, mas com direito à autodeterminação e, finalmente, à independência. Essa vonta-

de de autodeterminação e de independência refletia fielmente as aspirações de liberdade de nosso povo. Vale lembrar que, desde a década de 1960, muitos países lograram sua independência, sobretudo na África. Creio que a fonte principal de inspiração, contudo, foram os princípios fundamentais consagrados na Carta das Nações Unidas. Foram esses princípios a máxima que guiou nossas ações, tanto na resistência dentro do país como ao longo dos esforços históricos empreendidos pelos timorenses, para os quais contaram com o apoio de angolanos, brasileiros, caboverdianos, guineenses, moçambicanos, santomenses, portugueses, ativistas do mundo inteiro que nos brindaram com sua confiança e determinação. A independência do Timor-Leste está intimamente ligada aos direitos humanos, aos direitos fundamentais dos povos de decidirem seu destino, de emanciparem-se como seres humanos, como sociedade e como nação.

JLA: A questão do Timor-Leste foi objeto de debates nas Nações Unidas desde 1973 e envolveu, como o senhor mesmo disse, diplomatas brasileiros, portugueses, indonésios e timorenses, que, guiados por José Ramos-Horta, Prêmio Nobel da Paz, trabalharam intensamente durante longos anos. Como avalia essa trajetória?

GUSMÃO: Foram muitas as forças envolvidas na luta diplomática pela independência do Timor-Leste. O Conselho de Segurança, o Comitê dos 24, a Comissão dos Direitos Humanos, todos abriram suas portas para ouvir a voz do povo timorense. Desde Kurt Waldheim (secretário-geral da ONU entre 1972 e 1981), Perez de Cuellar (secretário-geral entre 1982 e 1991), passando por Boutros-Ghali (secretário-geral de 1992 a 1996) e Kofi Annan (1997 a 2007), as portas da ONU estiveram sempre abertas para acolher as aspirações de nosso povo. Os representantes da ONU no Timor-Leste também são merecedores de todo o apreço. Não mediram esforços para promover o diálogo na busca de soluções duradouras para as crises que atravessamos. O acordo de 5 de maio de 1999 (que definiu o referendo popular) foi o corolário desses esforços em defesa da liberdade dos povos. O processo de autodeterminação e independência teve grandes momentos, que definiram as intenções e os objetivos dos timorenses. A consulta popular levada a cabo pela Unamet foi o primeiro ato democrático consciente do povo maubere – consciente porque se fez num clima totalmente adverso e incontrolável, de imensas dificuldades, mas que contou com a coragem dos timorenses, que souberam rejeitar a violência e, sobretudo, a idéia de um conflito entre irmãos, uma guerra civil. Lutamos mais de duas décadas pela liberdade. Recordo que o dia 30 de agosto de 1999 foi para nós outra importante data histórica: o dia da liberdade e o dia da democracia. A partir daí, com a Missão da ONU liderada pelo amigo brasileiro Sérgio Vieira de Mello, outros grandes esforços foram empreendidos para o fortalecimento da consciência democrática de nosso povo, instrumento essencial para a verdadeira independência. Como conseqüência, em agosto de 2001, tiveram lugar as primeiras eleições para a Assembléia Constituinte e depois, em abril de 2002, as eleições presidenciais supervisionadas pela ONU e por mais de 90 delegações mundiais. Finalmente, o dia 20 de maio deste ano transformou-se num dia memorável na nossa história e também na história das Nações Unidas. Nessa data, a ONU e a comunidade internacional fizeram justiça aos princípios da Carta das Nações Unidas e aos valores universais que legitimam a existência das nações e dos povos, pelo seu direito inalienável à autodeterminação e à independência nacional.

- JLA: O Timor-Leste foi admitido no seio das Nações Unidas como o centésimo nonagésimo primeiro Estado independente da ONU. Como descreve o impacto que esse fato provocou?
- GUSMÃO: O fato de Portugal, Austrália e Indonésia terem liderado o projeto de resolução que nos admitiu como o 191º Estado membro da ONU muito nos sensibilizou. Tive o enorme privilégio de poder representar meu país na Assembléia Geral das Nações Unidas, de representar um pequeno povo cheio de dignidade e extraordinária bravura, pleno de total cometimento no presente e imbuído de grande confiança no futuro. Mais do que como chefe de Estado, a maior honra que tive ao falar pela primeira vez na Assembléia Geral da ONU foi de representar também a coragem e o elevado espírito de sacrifício dos homens e mulheres timorenses; a determinação dos jovens, que representam o "país crocodilo", sem os quais não poderíamos ter vencido todos os obstáculos. Tal como diz a lenda, "estamos hoje firmemente na superfície de nosso mar" identificando-nos como país soberano e independente, membro pleno da comunidade internacional.

- JLA: Como visualiza o futuro do Timor-Leste, essa nova nação democrática de expressão portuguesa da Ásia?
- GUSMÃO: Estamos conscientes de que não haverá desenvolvimento social e econômico se não existirem as bases mais elementares

de democracia no país. O desempenho conjunto da mulher e do homem, que deve respaldar uma sociedade civil forte, é uma prioridade para que a democracia participativa sustente a justiça social e o direito dos cidadãos. Somos amantes da boa governança, combateremos a corrupção e lutaremos contra a miséria, a fome e as doenças que hoje, infelizmente, assolam mais da metade da população mundial. Estou convencido de que somente uma sociedade tolerante e justa pode criar o clima de estabilidade tão necessário para o futuro do Timor-Leste. Acredito que só uma sociedade tolerante e justa pode saber amar a paz e a prosperidade. O Timor certamente se orientará por esses princípios democráticos.

- JLA: O senhor tem reiterado a preocupação de levar o Timor a participar ativamente de encontros com outros países em desenvolvimento, objetivando discutir problemas de interesse comum.
- GUSMÃO: Sim. Temos muito a aprender com esses intercâmbios, com os grupos sub-regionais no seio da ACP (comunidade dos 79 países da África, Caraíbas e Pacífico). Mas, independentemente de nosso relacionamento com o Pacífico, estamos também geograficamente próximos do Sudeste Asiático e sentimos orgulho por fazer parte também dessa região. Hoje, testemunhamos com grande satisfação o trabalho empenhado e a dedicação inabalável de nossos irmãos asiáticos na reconstrução do Timor-Leste. Exaltamos também o trabalho das Forças de Manutenção de Paz da ONU e de seus numerosos postos técnicos especializados, nas três missões das Nações Unidas que serviram com grande dedicação em nosso país.

- JLA: E as relações com a Comunidade dos Países de Língua Portuguesa?
- GUSMÃO: Estamos felizes por hoje integrar a CPLP. Trata-se de um grupo de países a que nos unimos por laços históricos e culturais. Foram países que contribuíram grandemente para fortalecer nossa capacidade de resistência, mas são, sobretudo, países aos quais estamos unidos pelo afeto.

- JLA: O Timor-Leste nasceu no momento em que o mundo testemunhou atos de terrorismo que abalaram os povos. Qual sua reflexão sobre essa circunstância?
- GUSMÃO: Juntamo-nos às apreensões de todo o mundo quanto à intolerância entre culturas e religiões, contra a violência que aprofunda ódios e agrava as relações entre os povos. Por essa razão, juntamos nossa voz às do mundo no combate ao terrorismo. Apesar

das gigantescas exigências do processo de combater o subdesenvolvimento em nosso país, não abrandaremos jamais nossa vigilância e nem a determinação de cortar pela raiz os extremismos e radicalismos que favorecem ou criam condições para despertar ações de terror contra pessoas inocentes. Nesse sentido, o Timor-Leste nunca será um santuário para aqueles que desejam aterrorizar civis inocentes. Juntamo-nos também à luta mundial contra o tráfico de pessoas, de armas e de drogas. Jamais permitiremos que o território nacional ou a zona econômica do Timor-Leste seja utilizado para a perpetuação de crimes dessa natureza.

Setembro de 2002

....

O POETA-GUERREIRO

Xanana Gusmão, o mais carismático dos políticos do Timor-Leste, é também o maior nome da poesia de seu país. Enquanto esteve na prisão, escreveu poesia, pintou e ganhou o apelido de "poeta-guerreiro". Os versos saídos de sua pena somaram ao curioso folclore em torno desse herói de Manatuto, que, segundo uma das lendas populares, quando ainda vivia refugiado nas selvas, tinha poderes mágicos para transformar-se em animais e fugir da captura dos homens.

Premiado como Revelação da Poesia Ultramarina em 1973, sua obra reunida dos anos 1990 apareceu em 1998 no livro *Mar meu*, que assim canta no poema "Oh liberdade":

"Se eu pudesse
ao cantar dos grilos
falar para a lua
pelas janelas da noite
e contar-lhe Romances do povo
a união inviolável dos corpos
para criar filhos
e ensinar-lhes a crescer e amar
a pátria Timor!"

A obra literária de Xanana Gusmão conquistou a crítica literária em língua portuguesa, tendo sido bastante difundida em Angola, Guiné-Bissau, Moçambique e Portugal.

JOSÉ RAMOS-HORTA
GUERRILHEIRO DA DIPLOMACIA E NOBEL DA PAZ

QUEM CONHECE BEM José Ramos-Horta sabe que ele é um *ego tripper*, mas também um homem idôneo e competente, que dificilmente desiste dos desafios que tem pela frente.

Foi assim – encarnado nessa personalidade combatente – que ele seguiu seu caminho de luta constante, percorrendo com a fé e a teimosia dos iluminados milhares de quilômetros durante toda sua vida para defender uma causa que, para muitos, era totalmente utópica – derrotar nos foros internacionais um gigante muçulmano, a Indonésia, e criar, com a autodeterminação e a independência, um novo país democrático no sudeste da Ásia. Mas, contrariando essa percepção, Ramos-Horta provou que o mundo é dos sonhadores, dos visionários intrépidos e, talvez, até mesmo dos autocentrados. No final do processo, foi ele – ao lado de Xanana Gusmão e de Dom Carlos Ximenes Belo – que conseguiu colocar seu povo e seu país, o Timor-Leste, no mapa do mundo.

Porta-voz internacional da causa do Timor-Leste, Ramos-Horta nasceu em 26 de dezembro de 1949 e, desde a década de 1970, converteu-se no principal embaixador da causa timorense. Fundador da Associação Social-Democrata Timorense (ASDT), Ramos-Horta desempenhou inicialmente as funções de secretário para Relações Internacionais e Informação da Frente Revolucionária do Timor-Leste Independente (Fretilin).

Durante o breve período da independência de Timor-Leste, declarada unilateralmente pela Fretilin em 1975, após a saída de Portugal de seu território, Ramos-Horta ocupou o cargo de ministro das Relações Exteriores da ex-colônia. Dono de uma sorte providencial, em 7 de setembro de 1975, quando a Indonésia invadiu o Timor-Leste, Ramos-Horta encontrava-se fora de Dili. Saíra dias antes da capital timorense com destino a Nova York para representar a Fretilin na ONU. Foi o mais jovem diplomata a romper certos tabus da ONU e discursar com desembaraço perante o Conselho de Segurança das Nações Unidas.

Reconhecido como homem de confiança da resistência timorense, representou a Fretilin nas Nações Unidas durante dez anos. Após a prisão do líder Xanana Gusmão, Ramos-Horta converteu-se em seu primeiro representante. Forçado ao exílio, peregrinou incansavelmente durante longos anos, divulgando a causa timorense nos mais altos tribunais e instituições internacionais nos cinco continentes. Em 1992, apresentou perante o Parlamento Europeu um arrojado plano de paz do Conselho Nacional da Resistência Maubere para Timor-Leste, que previa um processo de transição gradual até a autodeterminação do território.

Quatro anos depois, em 1996, um acontecimento marcante iria mudar de todo o clima internacional em relação ao Timor-Leste: José Ramos-Horta e o bispo Ximenes Belo foram agraciados com o Prêmio Nobel da Paz. Láurea política e de forte impacto, o prêmio despertou a atenção da opinião publica mundial para um conflito por muitos considerado "uma guerra esquecida e sem grande importância". Em uma de suas mais raras justificativas, o Comitê Nobel do parlamento norueguês anunciou que esperava que a atribuição do prêmio a Ramos-Horta e Ximenes Belo "contribuísse sobretudo para a solução diplomática do conflito no Timor-Leste". Os nobelistas de Oslo caracterizaram Dom Ximenes Belo como "um autêntico representante do povo timorense na sua luta pela paz e pela autodeterminação", e José Ramos-Horta, como "o principal porta-voz internacional dessa causa".

Até aquela data, poucos sabiam onde ficava o Timor-Leste, uma ilha remota no arquipélago da Indonésia, mais próxima da Austrália do que de Jacarta. Até aquela data, poucos sabiam que, em 1975, Portugal abandonara a ex-colônia, cuja população é em maioria católica. No dia 10 de dezembro de 1996, Francis Segersted, presidente do Comitê Nobel da Noruega, informava: "De uma população de 700 mil pessoas, quase 200 mil morreram em decorrência direta ou indireta da invasão da Indonésia. As violações dos direitos humanos foram assustadoras", destacou, em tom condenatório, diante de centenas de representantes da imprensa internacional reunidos no salão nobre do Storting, o Parlamento norueguês, em Oslo. Sergested qualificou a situação no Timor-Leste como "uma forma excepcional e brutal de neocolonialismo", sustentando que "questões de *realpolitik* permitiram que todas essas violações tivessem ocorrido".

Perdi a conta do número de vezes que entrevistei Ramos-Horta, principalmente na sede da ONU, em Nova York. Mas preferi transcrever o resultado do primeiro encontro que tivemos nos estúdios da Rádio da ONU, no segundo andar do prédio do secretariado, ao lado do Conselho de Segurança. Impecavelmente vestido, com sua tradicional gravata borboleta, ele transmitia na voz e nos olhos castanhos uma indisfarçável sensação de inquietação, felicidade e vitória.

■ JLA: Após ter acompanhado sua luta de longos anos, o Comitê Nobel do parlamento norueguês lhe atribuiu o Prêmio Nobel da Paz, uma das comendas mais respeitadas do mundo. Acredita que o prêmio abre também novos caminhos para o povo timorense alcançar sua autodeterminação e independência?

☐ RAMOS-HORTA: Acredito que sim. O grande problema na questão do Timor-Leste, como em muitas outras questões mundiais, é o silêncio, a ignorância, o descaso da comunidade internacional. O Prêmio Nobel da Paz sensibiliza a comunidade internacional e os governos a ponto de forçá-los a mudar de posição. Por isso, estou seguro de que a láurea provocará um impacto muito grande na região. E o impacto será grande sobretudo na própria Indonésia, que tem violado sistematicamente os direitos humanos.

■ JLA: O senhor disse que o Prêmio Nobel de 1996 deve ser compreendido também como uma láurea a Xanana Gusmão e a todos os timorenses. Como comenta essa sua afirmação?

☐ RAMOS-HORTA: Penso que o prêmio deve ser atribuído também a Xanana Gusmão, um herói que merece a comenda muito mais do que qualquer um de nós. E é através de Xanana Gusmão, o líder histórico da resistência timorense, que também me inclino perante meu povo em profundo respeito, lealdade e humildade. Os timorenses são os mártires, os verdadeiros heróis e construtores da paz. O Nobel de 1996 pertence também, inequivocamente, a todos os timorenses.

■ JLA: A Indonésia tem criticado o Comitê Nobel do parlamento norueguês pela concessão do prêmio ao bispo Ximenes Belo e ao senhor. De acordo com um comunicado distribuído pela missão da Indonésia na sede da ONU, em Nova York, o Comitê Nobel teria cometido um erro, porque Ramos-Horta – segundo o governo de Jacarta –, pertence a um grupo político radical, responsável por muitas atrocidades no Timor. Como responde a essas insinuações?

☐ RAMOS-HORTA: Diante dessas insinuações, eu colocaria as seguintes perguntas: alguém levaria a sério se o regime dos aitolás, no Irã, criticasse o Comitê Nobel? Alguém levaria a sério se o regime de Pol Pot, no Camboja, criticasse o Comitê Nobel? A Indonésia encontra-se nesse mesmo grupo de regimes desprestigiados e autoritários de ditadores cruéis e não-confiáveis. A Indonésia faz parte desses estados violadores sistemáticos dos direitos humanos. Portanto, não me parece que o governo de Jacarta tenha credibilidade para emitir sentenças ou julgamentos sobre quem quer que seja.

- JLA: Quais suas esperanças em relação à situação do Timor-Leste? Que novos elementos entraram em cena?
- RAMOS-HORTA: Tenho esperanças, mas sou cauteloso por natureza, porque é preciso também ser realistas. Em junho de 1996, disse ao ministro português dos Negócios Estrangeiros, Dr. Jaime Fama, que, se não houvesse progressos nas próximas conversações ministeriais entre Portugal e Indonésia, em Nova York, deveríamos reconsiderar completamente nossas posições quanto ao atual formato do diálogo com o governo de Jacarta. A situação no Timor-Leste tem piorado acentuadamente. A tortura tornou-se um exercício comum, há grande presença militar Indonésia em nosso território, testemunhamos agressões constantes contra a população civil e, por isso, não me parece que seja útil dar continuidade ao diálogo no atual formato. Devemos, isto sim, levar o caso para o Conselho de Segurança ou para a Assembléia Geral das Nações Unidas.

- JLA: O bispo Ximenes Belo, que dividiu consigo o Prêmio Nobel da Paz, encontra-se protegido no Timor-Leste ou corre algum risco face à intervenção da Indonésia?
- RAMOS-HORTA: Ele está em boas mãos. Nas mãos dos fiéis, do povo do Timor, embora enfrente ameaças das autoridades indonésias à sua segurança física e à sua vida. Naturalmente, nós receamos pela sua vida e pela sua segurança. Por isso, fiz um apelo à União Européia e aos Estados Unidos para que tomem medidas preventivas para a proteção do bispo Ximenes Belo, inclusive no sentido de que ele possa sair de Dili para receber o Prêmio Nobel em Oslo, na Noruega e, depois, possa também regressar são e salvo ao Timor-Leste, sem maiores transtornos.

- JLA: Há uma condenação forte contra a ação da Indonésia no Timor. Mas vários países, que se dizem defensores dos direitos humanos, continuam vendendo armas ao governo de Jacarta em aberta contradição ao que pregam na tribuna das Nações Unidas. Qual sua reflexão sobre esse fato?
- RAMOS-HORTA: Trata-se de um algo profundamente lamentável. Ao venderem armas à Indonésia, esses mesmos países permitem que a opressão continue. A Indonésia ocupa o território

timorense justamente porque está de posse dessas armas. E elas são procedentes dos Estados Unidos, da França, da Alemanha e da Grã-bretanha, países membros do Conselho de Segurança, que deveriam desempenhar seu papel de guardiães da paz e da segurança coletiva internacional. Naturalmente, há reações do Congresso americano contra a venda de armas a Indonésia. Mas essa reação ainda não é suficiente, porque me parece mais cosmética do que eficaz.

JLA: Como um Prêmio Nobel da Paz avalia o comércio de armas?
RAMOS-HORTA: Sou totalmente contra o comércio de armas. Aliás, faço parte de instituições que desenvolvem campanhas contra o comércio de produtos bélicos e têm projetos que visam restringir a proliferação internacional de armas nucleares ou convencionais. Caracterizo esse comércio como um negócio ilícito, sujo e imoral. Com o comércio de armas, países como os Estados Unidos, a Rússia, a China, a França e a Grã-bretanha – os cinco membros do Conselho de Segurança – acabam apoiando ditaduras tão sanguinárias quanto a de Suharto, na Indonésia.

JLA: A seu ver, a situação dos direitos humanos é muito dramática no mundo?
RAMOS-HORTA: Em muitos países, o desrespeito aos direitos humanos deve ser visto como de extrema gravidade. Em outros países, vejo a situação como bastante positiva. Mas a lista dos que desrespeitam esses direitos é bastante longa...

JLA: Esta é a primeira vez que um Prêmio Nobel da Paz vai para personalidades do mundo de expressão portuguesa. Como vê a importância da Comunidade dos Países de Língua Portuguesa (CPLP)?
RAMOS-HORTA: O Nobel da Paz, concedido a Carlos Ximenes Belo, o primeiro bispo católico de língua portuguesa a recebê-lo, e a mim, o primeiro timorense de língua portuguesa a ser agraciado com a láurea, é um prêmio atribuído também a todos os esforços efetuados pelos países de língua portuguesa, que sempre apoiaram a luta pela audoterminação do Timor-Leste. É um grande tributo à diplomacia portuguesa. É um tributo também aos países africanos de língua portuguesa, que tiveram suficiente coragem, dignidade e força moral de lutar conosco ao longo de tantos anos. Mas é também um tributo àqueles que, no Brasil – e durante muito tempo –, têm defendido nossos direitos. Eu mesmo tenho contado com o apoio inusitado de

inúmeras personalidades brasileiras, desde o presidente da República até acadêmicos, universitários, políticos, congressistas, empresários, artistas de cinema e de teatro. Inclusive, acabo de ser convidado para fazer uma palestra na Universidade de Campinas (Unicamp), onde receberei o título de doutor *honoris causa*. Partilho também com os brasileiros o Prêmio Nobel da Paz de 1996.

- JLA: Os paises africanos de língua portuguesa aplaudiram a decisão do Comitê Nobel deste ano. Que mensagem envia a esses países – como Angola, por exemplo –, que, embora tenham conquistado a independência, ainda enfrentam grandes dificuldades?
- RAMOS-HORTA: No caso de Angola, sou muito amigo do presidente José Eduardo dos Santos. Conheço muitos dirigentes angolanos, desde o primeiro-ministro até o ministro dos Negócios Estrangeiros, e sei que todos eles têm desejado a paz. O governo do presidente José Eduardo dos Santos fez inúmeras concessões e muitos esforços no sentido de convidar seus irmãos da União Nacional para a Independência Total de Angola (Unita) a regressar a Luanda. Por outro lado, como se sabe, o presidente da Unita, Jonas Savimbi exigiu algumas condições, nomeadamente, o posto de vice-presidente. E os angolanos alteraram a Constituição para abrigar essa possibilidade. Mas, depois disso feito, a Unita já não aceitou mais essa alternativa. Enfim, penso que a paz não pode ser alcançada – em nenhum lugar do mundo – só com o esforço de uma parte. Na construção da paz, é necessária boa vontade de todas as partes em conflito. Por isso, meu apelo é sempre um apelo ao outro lado, à outra parte. No caso de Angola, um forte apelo à Unita para que abrace seus irmãos do Movimento Popular de Libertação de Angola (MPLA). Faço também um apelo ao próprio presidente José Eduardo dos Santos para continuar sua política de abertura e reconciliação. Angola é um país riquíssimo, um país mártir, que necessita de paz verdadeira e duradoura. Seu povo não pode continuar perpetuamente sofrendo, sendo impiedosamente sacrificado...

- JLA: Outros países africanos, como o antigo Congo Belga, hoje Zaire, enfrentam também sérios conflitos internos. Como o Prêmio Nobel da Paz de 1996 vê a eclosão desses novos conflitos, que afetam a vida de milhões de refugiados no continente?
- RAMOS-HORTA: Vejo com profunda consternação e com profunda tristeza todo esse sofrimento, envolvendo milhares de vidas inocentes, mulheres e crianças que tentam fugir de um lado para

outro e são massacradas pelo simples fato de pedirem abrigo e comida. Defino isso tudo como uma situação extremamente preocupante. Não é apenas o que se passa no Zaire, mas o que tem passado e continua passando na Somália, em Uganda, em Ruanda. São situações que tocam profundamente o coração de qualquer ser humano. Espero que o Conselho de Segurança não demore a tomar as devidas decisões sobre essas crises. Espero igualmente que os países industrializados, que têm meios logísticos para programar medidas humanitárias – pelo menos para impedir os massacres e a fome –, agilizem também suas ações imediatamente.

- JLA: Qual a principal mensagem de seu discurso na cerimônia de entrega do Prêmio Nobel?
- RAMOS-HORTA: É, sobretudo, uma mensagem de paz, esperança e de diálogo com a Indonésia. Não estamos utilizando a plataforma das cerimônias do dia 10 de dezembro para, desnecessariamente, atacar a Indonésia. Nos momentos de vitória – e a atribuição do Prêmio Nobel foi uma grande vitória para nós –, devemos ter maturidade suficiente para demonstrar responsabilidade no sentido de dar a mão ao adversário e promover o diálogo. A mensagem que transmito é uma mensagem de moderação, de flexibilidade, de busca de idéias para resolver o problema do Timor-Leste. Esta, aliás, é uma instrução que também recebi de nosso líder Xanana Gusmão. Meu discurso é um discurso que leva a mensagem, a orientação e a assinatura do líder histórico da resistência timorense, que hoje se encontra encarcerado na Prisão de Cipiang, na Indonésia.

- JLA: Algo muda na sua vida com a atribuição do Prêmio Nobel da Paz?
- RAMOS-HORTA: Em termos pessoais, o prêmio contribuiu para o excesso de *stress*, tanto sob o ponto de vista físico como emocional. Mas, evidentemente, é uma grande honra receber essa comenda e é minha responsabilidade aceitá-la. As expectativas e as pressões, contudo, são enormes.

Novembro de 1996

José Ramos-Horta

ATENTADO CONTRA RAMOS-HORTA

Em 11 de fevereiro de 2008, o presidente timorense José Ramos-Horta sofreu um atentado em sua própria casa enquanto fazia exercícios pela manhã. Miraculosamente, o Prêmio Nobel da Paz de 1996 sobreviveu, graças à ajuda de um enfermeiro português, que lhe prestou os primeiros socorros. Levado em estado grave para o Hospital Real de Darwin, na Austrália, Ramos-Horta foi submetido a várias intervenções cirúrgicas, permanecendo duas semanas em coma induzido.

O atentado contra Horta foi liderado pelo major Alfredo Reinaldo, que morreu durante o ataque, baleado pelos seguranças do presidente. Reinaldo, considerado um militar rebelde, foi chefe da polícia timorense, mas deixou o cargo em 2006, após ter denunciado atos de corrupção entre militares.

Xanana Gusmão, que também foi alvo de ataques no mesmo dia, mas saiu ileso, sustentou posteriormente que as ações foram uma "tentativa de golpe de estado".

XIMENES BELO
APÓSTOLO DA INDEPENDÊNCIA TIMORENSE

"Amai os vossos inimigos,
fazei bem aos que vos odeiam,
abençoai os que vos amaldiçoam,
orai por aqueles que vos injuriam.
A quem vos bater numa face,
apresentai também a outra.
Deveis dar a todo aquele que vos pedir.
E, ao que levar o que vos pertence, não reclameis.
Como quereis que os outros vos façam
fazei-lhes vós também..."

DOM CARLOS Ximenes Belo, Prêmio Nobel da Paz e ex-administrador apostólico de Dili, a capital do Timor-Leste, pronuncia esse canto, talvez o mais revolucionário do Evangelho, na sua minúscula igreja no centro da cidade – Dili. Ouvi-lo é como penetrar um pouco no espírito que move as idéias de um homem atormentado e corajoso, que se transformou, apesar de todas as perseguições e obstáculos, no apóstolo da independência de seu país. Escutando-o sussurrar sua homilia matinal de forma quase coloquial, deparamo-nos com a notável resposta da paz contra a lógica da guerra e da violência, do olho por olho, do dente por dente, que ainda hoje, no Terceiro Milênio, prolifera entre nações, grupos e indivíduos. Exaltado por natureza, lá estava ele, frente ao altar, impecavelmente de branco, abençoando um grupo de fiéis constituído quase inteiramente por mulheres.

Eu e meu acompanhante timorense, Agostinho, acomodados no fundo da igreja, seguramente sequer fomos notados!

Recordo que me levantei muito cedo no dia 19 de maio de 2002 por sugestão de Agostinho, justamente para entrevistar Dom Carlos Ximenes Belo. Seria a última reportagem para completar meu dossiê sobre a independência do Timor. O jovem Agostinho, que já havia trabalhado no Programa das Nações Unidas para o Desenvolvimento (PNUD) e conhecia todas as personalidades do país, advertiu-me que ir à missa de Dom Carlos era a única maneira de abordá-lo com êxito, uma vez que não tínhamos com ele nenhum encontro agendado. Agos-

Ximenes Belo

tinho havia me garantido inclusive que, como era ex-aluno do bispo de Dili no Colégio Salesiano, não teríamos maiores problemas. Quando a missa terminou e Dom Ximenes Belo encerrou uma "eternidade" de conversas com cada um de seus fiéis, entramos direto no assunto.

– Sua bênção, Dom Carlos, disse Agostinho, seguro de sua intimidade com o Prêmio Nobel da Paz de 1996.

– Ora, vejam só! Que alegria vê-lo aqui. Deus o abençoe, Agostinho! Andavas desaparecido!

Em seguida, sem rodeios, fui apresentado.

– Dom Carlos, o João Lins veio de Nova York só para entrevistá-lo. Podemos falar um pouquinho?

Mal a frase de Agostinho terminou, a expressão facial do religioso mudou completamente. Ao bater os olhos em mim e no gravador, pronto para disparar, vociferou em protesto, quase aos brados:

– Mas, meu Deus do céu! Eu já falei com todos esses jornalistas ontem! Dei uma longa entrevista coletiva à imprensa. Respondi tudo o que eles queriam. Uma chatice, disse ele, sem qualquer cortesia, me medindo da cabeça aos pés.

Foi aí que algo me iluminou. Sem me mostrar ofendido e aproveitando uma pausa mínima, investi na humildade. Encarei-o e disse diplomaticamente, com voz dócil:

– Pois é, Dom Carlos, compreendo perfeitamente a situação. Perdoe minha ousadia. Perdi o avião em Bali. Por isso, cheguei um dia atrasado. Mas o mais importante foi poder vê-lo nessa missa magnífica, ministrada pelo senhor com tanto amor e tanta espiritualidade. Deus certamente me beneficiou com essa oportunidade. Obrigado de qualquer forma, Dom Carlos, e muito sucesso na sua luta, finalizei.

Ainda com olhos penetrantes, como se fossem radares registrando a velocidade e o interior de meu pensamento, Dom Carlos replicou:

– Sabe que o senhor tem boa lábia? É ousado, mas está com sorte hoje. Vou lhe dar a entrevista. Agora, tem que ser rápido, porque ainda tenho que ir esta manhã ao aeroporto. Imagine para quê? Para buscar mais um representante do papa, do Vaticano. Como se eu não estivesse aqui!

Era assim o carismático e corajoso Dom Carlos Ximenes Belo – sem medo de falar ou de revelar o que pensava, sem receio de evidenciar suas neuroses. Uma personalidade magnífica, saída das cinzas de uma nação destruída para a glória dos mártires. Um religioso, quase um santo. Humilde e sentimental, mas também um homem que se exaltava facilmente, um estressado, que durante 19 anos de liderança da igreja católica no Timor-Leste sofreu todos os tipos de pressões e, milagrosamente, escapou do fogo cruzado das autoridades indonésias, dos guerrilheiros timorenses, dos bispos de Jacarta e até mesmo dos mais altos dignitários do Vaticano.

A história que o diga. Tinha ainda cara de menino, aos 35 anos, quando assumiu a chefia da Diocese de Dili, cargo para o qual foi nomeado pelo papa João Paulo II. Em 1983, substituiu um crítico feroz das violações dos direitos humanos praticadas pela ocupante Indonésia em território timorense, monsenhor Costa Lopes, que foi pressionado pelo Vaticano a renunciar. A idéia da Santa Sé era evitar "colisões improdutivas" entre uma Indonésia majoritariamente muçulmana e uma igreja católica minúscula naquele imenso Estado insular do Sudeste Asiático. Por algum tempo, Jacarta pensou que o jovem Dom Carlos Ximenes Belo seria um religioso mais fácil de controlar, associando-o a alguns setores conformistas da igreja católica na Indonésia pouco sensíveis à questão timorense. A emenda, porém, saiu pior do que o soneto.

Ao contrário de bispo submisso, Carlos Ximenes Belo converteu-se rapidamente num dos grandes símbolos da resistência, mantendo, no princípio, uma difícil relação com o clero local e a população pró-independência, que desconfiavam de sua convicção e integridade. A trajetória de Ximenes Belo, porém, tornou-se clara quando ele começou a denunciar publicamente as violações aos direitos humanos no Timor-Leste. Fez essas denúncias sem qualquer temor, nas festas de Nossa Senhora de Fátima e até mesmo perante a Conferência Episcopal da Indonésia. Sua "fase de resistência" propriamente dita começou no Colégio de Futumaca, onde passou a lecionar. O estabelecimento de ensino foi rapidamente identificado pelos indonésios como "um centro de subversão e de ameaça à segurança nacional".

Em 1989, levou a luta ainda mais adiante. Escreveu ao secretário-geral da ONU, Javier Perez de Cuellar, sugerindo um referendo sobre a autodeterminação do Timor-Leste e pedindo o apoio da comunidade internacional para os timorenses, que, segundo ele "estavam sendo aniquilados como povo e como nação". A igreja do Timor nunca foi tão foi ouvida. Sob a administração de Ximenes Belo, transformou-se num símbolo da identidade cultural e religiosa do Timor e, conseqüentemente, da resistência à ocupação. Quanto ao bispo, sua crescente militância em favor dos direitos humanos lhe garantiu maior respeito popular, mas instigou também o repúdio, as pressões críticas e até ameaças das autoridades governamentais da Indonésia.

Em 1989, o papa João Paulo II cumpriu sua programada visita à Indonésia e em seguida ao Timor-Leste. A visita papal, criticada por muitos, acabou favorecendo a administração apostólica de Ximenes Belo, dando maior visibilidade à luta que se travava pela independência do povo timorense.

Sua consagração, todavia, iria ser amplamente reconhecida em Oslo, na Noruega, em dezembro de 1996, quando – juntamente com o jurista José Ramos-Horta, porta-voz da luta do Timor-Leste no exílio – ele foi agraciado com o Prêmio Nobel da Paz "pela sua contribuição, justa e pacífica, para o conflito timorense" e "por ser porta-voz permanente da não-violência e do diálogo." Mesmo depois de agraciado com a láurea, porém, Ximenes Belo continuou enfrentando ameaças de todos os tipos. Em agosto de 1999, logo após a vitória dos independentistas no referendo sobre autodeterminação, ele quase foi morto quando as milícias pró-Indonésia incendiaram sua casa em Dili. Embora tenha escapado com vida de vários confrontos, o apóstolo da independência do povo maubere testemunhou momentos dramáticos durante toda sua vida.

Ainda criança, aos 5 anos, perdeu seu pai, que não resistiu aos ferimentos sofridos durante a invasão japonesa na Segunda Guerra Mundial. Em 1981, vários membros da família do bispo, incluindo seu irmão, foram usados como "escudos humanos" pelo exercito indonésio por ocasião das incursões militares contra a guerrilha. Alguns meses após a independência, em 1999, depois de tantas glórias e atropelos, Dom Carlos Ximenes Belo não encontrou o repouso de que necessitava. Em 26 de novembro de 2002, alegando problemas de saúde, renunciou ao seu posto de administrador apostólico de Dili, tendo sido substituído por Dom Basílio do Nascimento, que acumulou o cargo com a administração da diocese de Baucau. Foram muitos os que lamentaram sua decisão. Alguns poucos se sentiram aliviados. Outros até radiantes. Mas a verdade é que, seja qual for a versão histórica a prevalecer, Ximenes Belo será sempre lembrado como símbolo da independência do Timor-Leste e um apóstolo da luta contra a violência, a intolerância e a injustiça.

Ao deixar o Timor-Leste para trabalhar como simples missionário em Moçambique, o religioso desfez especulações que relacionavam sua renúncia a divergências com o Vaticano, mas teve a coragem de admitir a existência de diferenças de opinião com a Santa Sé a propósito da criação da nunciatura de Dili.

– O Timor-Leste é a segunda maior nação católica da Ásia, depois das Filipinas. O Vaticano achou que era cedo demais e decidiu pelas relações através da nunciatura de Jacarta. Quanto a mim, sou um homem de transição. Defendi pessoas num período difícil. Agora, entendo que é necessário encontrar outros atores, com idéias novas e mais convincentes, afirmou ele num gesto de humildade quando deixou de ser bispo para transmutar-se em um simples missionário.

- JLA: Então, depois de tantas lutas, como se sente agora, com a proclamação da independência do Timor?
- DOM XIMENES BELO: Sinto-me feliz, reconfortado. Agora, finalmente, o mundo, a comunidade internacional, reconhece que somos politicamente livres, que o Timor-Leste é um país soberano. Ficaram para trás muitos anos de sofrimentos, massacres, injustiças contra o sofrido povo timorense. Agora todo mundo reconhece nossa soberania. Recordo-me de que, quando em 1975 decidimos pela proclamação unilateral de independência, não tínhamos nada: não tínhamos governo, nem mesmo na clandestinidade. Nosso primeiro presidente, Xavier do Amaral, foi obrigado a render-se e Nicolau Lobato, o segundo, foi morto. Hoje nos reconhecem, mas naqueles tempos não tínhamos nada. Não tínhamos embaixadores, juristas, constituição ou instituições soberanas que representassem os timorenses. Não tínhamos qualquer apoio. Ninguém nos visitava e ninguém nos pedia entrevistas. O que havia era um povo miserável e uma nação empobrecida, abandonada, que lutava pela autodeterminação e pela independência. Nosso primeiro grito de liberdade, a declaração de 28 de novembro de 1975 (quando foi proclamada a República independente pela Frente Revolucionária do Timor-Leste, a Fretilin, à qual Portugal havia passado o poder por ocasião da Revolução dos Cravos, em abril), não foi reconhecido nem por Portugal e nem mesmo pela Organização das Nações Unidas. Permanecemos no limbo durante quase um quarto de século após a chamada descolonização portuguesa. É verdade: o reconhecimento veio agora, em maio de 2002, com o referendo da ONU.

- JLA: E como o administrador apostólico de Dili visualiza essa nova realidade?
- DOM XIMENES BELO: A independência é extremamente importante, mas não é tudo. É necessário agora promover o desenvolvimento do território timorense. A liberdade, a independência, a soberania são fatores fundamentais na edificação de uma sociedade,

mas não são tudo. Sim, agora somos livres politicamente, mas somos também dependentes econômicos e culturais, entre outros fatores. Temos que lutar contra a pobreza, contra as doenças, contra o analfabetismo. Temos que combater o pessimismo e a intolerância. No Timor, não temos indústrias, não temos empresas, e a grande maioria população, muito pobre, não tem empregos. Temos petróleo, mas não sabemos quando essa fonte se tornará rentável. É por isso tudo que tenho renovado meus apelos à solidariedade da comunidade internacional para que ajude o Timor-Leste a se tornar uma nação verdadeiramente viável.

- JLA: Como países irmãos, de que maneira Brasil e Portugal poderiam ajudar na criação dessa nação viável?
- DOM XIMENES BELO: Uma das prioridades do Timor-Leste é a educação. Tanto o Brasil como Portugal poderiam ajudar, enviando mais professores e mais material didático para nosso país. A própria experiência do Brasil no campo da alfabetização e da educação a distância poderia ser muito útil. Para sermos livres, temos que educar nosso povo, preparar nossos jovens para o futuro. Vale recordar que, no âmbito da educação, enfrentamos uma situação dramática depois que os militares invasores da Indonésia destruíram grande número de escolas, todos nossos arquivos, todos os nossos livros e acervos literários. Tudo foi destruído pelo ódio. Não restou nada.

- JLA: Com o surgimento de uma nova nação no Sudeste Asiático, outros tantos desafios devem ser encarados pelos timorenses. Qual sua reflexão a esse respeito?
- DOM XIMENES BELO: Um dos desafios mais importantes são nossas relações com os países vizinhos. Queremos manter boas relações com todos eles, inclusive com a própria Indonésia. Nesse sentido, precisamos ter uma diplomacia arrojada, que sensibilize todas as nações vizinhas e distantes do Timor-Leste.

- JLA: A Indonésia cometeu crimes hediondos no Timor-Leste. Será perdoada?
- DOM XIMENES BELO: Teremos que perdoar. Mas defendemos também instituições que possam responsabilizar adequadamente todos aqueles que cometeram crimes graves contra a humanidade. Não somos partidários da impunidade.

- JLA: Neste 20 de maio, data tão significativa para todos os timorenses que lutaram pela autodeterminação e independência, como avalia o papel desempenhado pela igreja?
- DOM XIMENES BELO: A igreja desempenhou um papel absolutamente decisivo na luta pela autodeterminação maubere. A igreja defendeu de forma inabalável a luta pela independência. Apoiamos, sem quaisquer equívocos, a resistência contra a opressão e contra todas as formas de injustiça praticadas pela Indonésia. Durante toda essa trajetória, reafirmamos sempre os valores espirituais e a paz, defendendo ao mesmo tempo a identidade religiosa, cultural e étnica.

- JLA: O senhor pregou também a necessidade de todos abraçarem uma cultura de paz, tendo em vista o fim da violência e a criação de um clima de tolerância.
- DOM XIMENES BELO: Sim, porque a paz não é somente ausência de guerra. À semelhança de Jesus, temos que pôr em prática os mandamentos do Senhor e ser, nós mesmos, os promotores da paz. Aliás, todos os países e nações devem reconhecer os direitos fundamentais dos seres humanos. Enfrentamos hoje uma crise de valores, uma crise de confiança. Os alicerces para a edificação da paz são a fraternidade, a concórdia, os valores humanos, a religião e a ética. Sem isso, a paz é inviável. É por isso que sempre faço um apelo em torno da solidariedade social, cultural e política.

- JLA: Passado o período dos conflitos e com a nova realidade, qual o caminho que a igreja do Timor deverá tomar?
- DOM XIMENES BELO: A igreja continuará desempenhando seu papel libertador. Mas, a partir de agora, deverá se orientar mais para a defesa da dignidade humana, para a defesa dos direitos humanos e pela luta contra todas as formas de injustiça. Teremos que dar mais ênfase ao nosso trabalho pastoral.

- JLA: E que apoio tem a igreja do Timor para exercer sua missão social e pastoral?
- DOM XIMENES BELO: A igreja tem feito o possível para desempenhar sua missão, mas enfrentamos grande escassez de meios e sérios problemas de recursos econômicos. A igreja vive uma situação extremamente precária. Vivemos na semimendicância. Além da falta de recursos econômicos, faltam também recursos huma-

nos. Recorde que tudo foi destruído em 1999. Além dos fiéis, morreram centenas de agentes católicos de evangelização, centenas de sacerdotes, catequistas e religiosas. Mas, mesmo assim, conseguimos manter algumas instituições de caridade nas dioceses de Dili e Baucau.

- JLA: E como a igreja deve reagir perante todos esses novos acontecimentos, tendo em vista cativar seus fiéis?
- DOM XIMENES BELO: Temos que continuar com o processo de evangelização, formando pessoas. Nesse sentido, já realizamos um programa inteiramente dedicado à juventude. Depois, nos dedicamos inteiramente à questão da criança e, em seguida, investimos no apostolado dos leigos. Em 2002, estamos realizando uma assembléia diocesana com a participação de padres, religiosos e uma centena de leigos para programar o trabalho pastoral que teremos por um período de dez anos. Temos que pensar seriamente sobre o que fazer em um país novo.

- JLA: Como deverão ser as relações entre a Igreja e o Estado?
- DOM XIMENES BELO: A maioria da população timorense é católica e a assembléia constituinte – o novo Estado – é laica. Por isso, ela deverá levar em conta a realidade sociológica do Timor-Leste. Queira ou não, terá que levar isso em consideração.

- JLA: Continua convencido de que o Timor-Leste é a terra da esperança?
- DOM XIMENES BELO: Sim. O Timor é e sempre será a terra da esperança. Confio num futuro melhor. "Mudam-se os tempos, mudam-se as vontades". Temos agora outros combates pela frente. Necessitamos agora do espírito do diálogo e da reconciliação para que possamos, todos juntos – sociedade civil, governo e igreja – construir o país que acabamos de criar.

Maio de 2002

UMA CANÇÃO PARA O POVO DO TIMOR

MAUBERE

Rui Veloso

Longe da vista longe da mão
Longe de tudo, mas perto do coração

Quando o sol se levanta no Timor-Leste
Há dor e medo atrás das portas
Fuzis M 16 vigiam as ruas
Mirando os corações, mirando os sonhos
Do povo Maubere

Mantenha o orgulho, Maubere
Você não está só, não desespere
A esperança é mais velha do que nós
Cedo ou tarde você se libertará
Quando o sol cai nos lares do Ocidente
Sua Ave-Maria perturba olhos e ouvidos
As telas da TV ficam sujas de sangue
E são lavadas pelas suas lágrimas
Povo Maubere

Resista e lute, bravo Maubere
Alguém se importa com você, não desespere
A esperança é mais velha do que nós
Cedo ou tarde você se libertará
Mas ainda me pergunto, quantos mais têm que morrer
Entre preces e gritos
Até o mundo parar de fechar os olhos...
Quem sabe? Quem poderá dizer?
Tocaias nas colinas,
Tocaias por todos os lados

Resista e lute, Maubere
Eles poderão acorrentar suas mãos
E com vendas cegar seus olhos
Eles poderão atirar em seu corpo
E enterrá-lo em buracos
Eles poderão prender você
Mas jamais acorrentarão sua alma

SÉRGIO VIEIRA DE MELLO

A PAIXÃO PELA PAZ

NAS ÚLTIMAS DÉCADAS em que trabalhei para as Nações Unidas, em Nova York, e em diferentes missões da ONU ao redor do mundo, jamais conheci alguém tão determinado, intrépido e cheio de esperanças quanto Sérgio Vieira de Mello. Foi em Phnom Penh, em 1992, que nos encontramos pela primeira vez. Na época, a ONU exercia o controle transitório do Camboja, depois que as tropas vietnamitas deixaram o território, onde o governo de Pol Pot e seu partido, o Khmer Rouge (Khmer Vermelho), deixou um saldo assustador de quase 2 milhões de mortos. Eu ocupava um cargo civil na Untac XII, na Divisão de Educação e Informação.

A sigla em inglês Untac correspondia a Autoridade Transitória das Nações Unidas no Camboja. Era a maior de todas as missões já organizadas pela ONU e também uma das mais complexas desde que a organização deu início às operações de manutenção de paz. A força multinacional destacada era composta por 25 mil soldados de 75 países e cerca de 5 mil civis.

Quando as primeiras tropas de paz da ONU entraram em Phnom Pen, surpreendidas com a beleza dos palácios, dos templos dourados do século XII e com a deslumbrante arquitetura colonial francesa (milagrosamente não destruída), a sensação era de que a paz chegara definitivamente ao antigo império Khmer. Quase todos sabiam, contudo, que era impossível enfrentar a realidade do Camboja sem se lembrar dos trágicos acontecimentos históricos que levaram o país à ruína e ao caos total.

Durante a guerra do Vietnã, o Khmer Rouge, facção armada inspirada no movimento maoísta, resolvera implantar um selvagem socialismo agrário como única solução para "salvar" uma realidade devastada por anos de invasões estrangeiras, guerras internas e bombardeios aéreos.

Nas mãos dos guerrilheiros de Pol Pot, o Camboja se transformou em Campucheia (antigo nome do país) Democrática, mergulhado numa revolução sangrenta de grandes proporções, sem precedentes na história da Indochina. Foi violentamente instalado um sistema agrícola coletivizado, que forçou a migração em massa da população para o interior: As cidades ficaram vazias, as instituições públicas, escolas, templos e propriedades privadas foram abandonados ou destruídos.

Nesse período, mais de 1 milhão de pessoas morreram de desnutrição e doenças contagiosas. Outras 500 mil, identificadas por Pol Pot como "sórdidos inimigos políticos do comunismo", foram assassinadas pelo regime. O Khmer Rouge adotou os mais violentos costumes políticos já vistos em toda a Ásia – o exercício do poder mais absoluto, com total intolerância a seus opositores.

Ao tentar explicar a necessidade do Khmer Rouge de empregar o terror na defesa do sistema, Pol Pot, morto em 1998, afirmava: "Se nosso povo pôde construir o grande império Angkor, nós agora podemos fazer o que quisermos".

Desde a década de 1980, as Nações Unidas vinham assumindo diversos papéis na guerra civil cambojana – atuou como mediadora das facções militares em conflito, auxiliou na implementação dos acordos de Paris para a retirada das tropas americanas do Vietnã, e assumiu, em seguida, a responsabilidade pelo controle do Estado e das estruturas existentes no territrório.

A principal proposta do mandato da ONU, porém, era a realização de eleições livres e justas a fim de decidir quem deveria ficar legitimamente no poder. Para isso, o Conselho de Segurança teve antes de aprovar a idéia, definindo também o financiamento de US$ 2 bilhões para a missão e os aspectos mais abrangentes de *peacekeeping*. As partes em conflito, auxiliadas pelas Nações Unidas e por outros países, somente conseguiram chegar a um acordo para acabar com a guerra civil em 1991. Após 12 anos de conflito armado, instituiu-se o cessar fogo permanente no país.

Como previsto no acordo de paz, todas as facções deveriam entregar suas armas e competir somente em eleições democráticas monitoradas e reconhecidas pela comunidade internacional.

A Untac devia, portanto, superar não só as dificuldades na organização das eleições, mas igualmente encarregar-se da administração do poder durante o governo de transição, exercício necessário para criação de instituições democráticas – como a polícia civil e os tribunais de justiça –, para a manutenção da lei e da ordem e a realização de atividades como a repatriação de refugiados e a desmobilização, áreas em que Sérgio Vieira de Mello estava diretamente envolvido.

Enquanto muitas divisões da ONU progrediam lentamente na implementação do Tratado de Paz de Paris e na reconstrução econômica e política do país – e sofriam um tremendo "choque cultural", colidindo com o pensamento budista e hinduísta dos cambojanos –, a Divisão de Repatriação, comandada por Vieira de Mello era apontada como a de maior sucesso. Com uma equipe composta por uns poucos peritos e com o apoio da Força Multinacional de Paz, esse herói e mártir brasileiro da ONU conseguiu, num período espetacular de tempo, repatriar milhões de cambojanos que viviam nos países vizinhos, particularmente na Tailândia.

Foi num dia efervescente de dezembro, numa dessas tardes típicas do verão asiático, quando a seca é quase absoluta e os termômetros marcam 42 graus de calor, que eu e Sérgio nos falamos brevemente pela primeira vez. Houve uma simpatia imediata, talvez até porque parecia quase irreal escutar o português com o sotaque carioca do Sérgio nos confins de Pnhom Pen. Recordo que conversamos somente sobre amenidades.

Achava que éramos os dois únicos brasileiros numa missão de 30 mil pessoas. Ou haveria mais alguém, escondido? De qualquer forma, era preciso celebrar. "Quando tivermos tempo", ele prometeu.

Com seu jeito de falar com voz quase impostada, deixou-me com sua viatura num minúsculo restaurante às margens do rio Mekong, acenando com um desafio gastronômico que nunca deveríamos ter enfrentado em "zonas de guerra":

– Foi uma grande honra conhecê-lo, João. Vamos nos encontrar outras vezes, tenho certeza. Estou meio atolado de tarefas nesta semana, mas podemos numa hora dessas fazer uma feijoada. Posso até comprar alguns ingredientes em Bangcoc, o que acha?, indagou, jovialmente decidido.

– Acho genial, Sérgio. Você é quem manda. Já tenho seu ramal e você tem o meu, completei ao me despedir.

Duas semanas depois, o futuro alto comissário das Nações Unidas para Direitos Humanos – a mais alta hierarquia alcançada por um brasileiro dentro da ONU – tentava, ao meu lado e de outros colegas convidados, comer a pior de todas as feijoadas que já foram preparadas fora do Brasil. O feijão, vindo da China, era uma verdadeira borracha e não cozinhou mesmo depois dez horas de fervura. Os outros ingredientes também fracassaram. A carne-seca, que Sérgio trouxera da Tailândia, era uma sola de sapato. Podia ser tudo, menos carne-seca. Lembro que não se salvou nem o arroz, feito por uma colega da Divisão Eleitoral. Mas nem por isso Sérgio Vieira de Mello perdeu sua jovialidade ou seu senso de humor.

– Essa feijoada é um verdadeiro atentado aos direitos humanos. Da próxima vez, será melhor fazermos um espaguete, disse-me ele com uma risada retumbante e uma cara que lembrava Gregory Peck numa cena de *A princesa e o plebeu (Roman Holiday)*, de William Wyler.

Depois da experiência do Camboja, só fui encontrar-me com Sérgio na sede da ONU em Nova York, quando ele já era sub-secretário-geral das Nações Unidas para Assuntos Humanitários. Com o auxílio de minha assistente de produção, Sandra Guy, que tantas vezes agendou nossos encontros, podíamos então nos inteirar de todas as catástrofes que ocorriam no mundo, na ótica vigente no Departamento de Assuntos Humanitários. O bom era que Sérgio nunca nos negava uma audiência!

Sua trajetória para chefiar a missão das Nações Unidas no Timor-Leste, em 1999, foi acompanhada passo a passo e com alta prioridade pelo Departamento de Informação Pública (DPI) da ONU, desde o dia em que foi nomeado pelo secretário-geral até o dia em que desembarcou em Dili, no Timor-Leste. Seu incansável trabalho para a solução da crise timorense foi documentado em detalhe até o final do processo. Em maio de 2002, viajei mais de 30 horas ininterruptas até chegar a Dili e participar, ao lado dele e do secretário-geral da ONU, Kofi Annan, das cerimônias de independência do país, onde esteve presente também o ex-presidente americano, Bill Clinton.

Naquele 20 de maio histórico, os timorenses Xanana Gusmão, Ramos-Horta, Ximenes Belo, uma centena de atores internacionais, o sistema da ONU e sobretudo Sérgio Vieira de Mello tinham, finalmente, vencido a batalha pela independência – fora criada uma nova nação democrática de língua portuguesa na Ásia. O administrador da ONU vencera mais uma etapa dos processos de paz entabulados pela organização mundial.

Mas esse não seria o último desafio de sua carreira. Após ter sido indicado, em setembro de 2002, para assumir a chefia do Alto Comissariado das Nações Unidas para Refugiados – em substituição a Mary Robinson, ex-presidente da Irlanda – restava ainda a Sérgio o desafio do Iraque. Em maio de 2003, quando menos esperava, foi convocado pelo secretário-geral Kofi Annan para a difícil tarefa de chefiar uma missão da ONU num país árabe convulsionado e sob ocupação americana.

A última vez que vi Sérgio Vieira de Mello, em meados de junho de 2003, foi na confluência da Rua 57 com a Primeira Avenida, em Nova York. Ele andava apressado, vestido com um terno claro complementado com gravata verde-oliva, símbolo da esperança. Iria participar de um encontro com a imprensa na sede da ONU, onde Annan, um pouco antes do tradicional *noon-briefing* – a coletiva do meio-dia da organização – o apresentaria oficialmente como seu enviado especial a Bagdá. Apesar da visível preocupação estampada em sua face, não havia como não cumprimentá-lo. Com o semáforo no vermelho e ele quase colado ao meu lado, saudei-o.

Sérgio Vieira de Mello

– Oi, Sérgio, parabéns pela indicação.
– Obrigado, João, mas nem me cumprimente por mais essa missão. Para ser franco, tenho a impressão de que estou entrando numa "fria". Perdoe, mas tenho que apertar o passo. Já estou atrasado. Depois a gente se fala –, respondeu, disparando em direção à sede da ONU, na Rua 42.

Naquela manhã, seu encontro com a imprensa internacional foi tranqüilo. O charme pessoal e sua genial habilidade para explicar à mídia os propósitos da ONU no Iraque satisfizeram boa parte dos presentes. Apenas três jornalistas encrenqueiros – dois americanos e um inglês, fregueses de carteirinha da coletiva do meio-dia do porta-voz Fred Eckhart – contestaram o fato de um brasileiro, e não um árabe, ter sido indicado para a missão. Seguro de si, Kofi Annan defendeu sua escolha, acenando com a multilateralidade da ONU e a experiência de Sérgio Vieira de Mello em mais de dez conflitos.

Na manhã de 19 de agosto, quando regressei a Nova York após minhas férias no Brasil, não pude acreditar na notícia transmitida pela CNN: Sérgio Vieira de Mello tinha perdido a vida numa explosão contra o quartel-general da ONU em Bagdá. Com ele, pereceram também outras 23 pessoas, todas elas empenhadas em pavimentar os caminhos da paz no Iraque.

Naquele dia, essa dolorosa notícia pegou de surpresa todos os brasileiros que trabalhavam na ONU e numerosos amigos de outras nações que conviveram com Sérgio Vieira de Mello.

Durante sua passagem por diferentes missões e departamentos das Nações Unidas, tive a honra de entrevistá-lo pelo menos dez vezes. Uma delas foi realizada durante seu mandato em Kosovo (1999), período em que atuava como o primeiro administrador do território, após a entrada da Força do Kosovo (Kfor) na capital, em Pristina.

■ JLA: Você foi o primeiro administrador de Kosovo antes da nomeação de Bernard Kouchner para o cargo, tendo testemunhado a evolução dos acontecimentos nos Bálcãs desde o início. O que foi possível alcançar com a administração provisória da ONU naquela região?
☐ VIEIRA DE MELLO: Creio que muita coisa. As Nações Unidas conseguiram realizar – parcialmente, é óbvio – uma série de objetivos ambiciosos contidos na Resolução 1.244, de 10 de junho de 1999, que estabelecia essa administração provisória da ONU em Kosovo. Talvez uma das áreas mais importantes nesse mandato tão ambicioso e abrangente tenha sido o Judiciário. Chegamos a Kosovo quando a administração anterior entrou em colapso. Então, fomos obrigados a criar novamente estruturas administrativas em vários pon-

tos – principalmente no Judiciário. Na terceira semana de minha missão em Pristina, nomeei juízes na capital e em Prizren, para que o sistema judiciário voltasse a funcionar. A nomeação desses juízes permitiu que um processo judicial democrático se iniciasse em Kosovo. Essas decisões não são fáceis. Podem parecer fáceis. Nomear juízes não é criar um novo sistema Judiciário. Coloca muitos problemas, inclusive o de saber que leis devem ser aplicadas pelos juízes que nomeamos. Bernard Kouchner continuou esse trabalho e, como conseqüência, um embrião de Judiciário procurou, a partir daí, restabelecer a ordem e a legalidade nas principais cidades de Kosovo. Poderia dar outros exemplos nos setores de saúde, educação, ordem pública, na criação de uma nova polícia em Kosovo, mas acho o exemplo do Judiciário mais interessante.

JLA: O objetivo da ONU é levar estabilidade política e econômica à região, num esforço sobre-humano de reconstruir em tempo hábil tudo o que foi destruído pelas bombas e pelo ódio. Foi necessário também arquitetar um plano poderoso respaldado por investimentos sérios para trazer o Kosovo e os Bálcãs de volta à Europa democrática? Além da ONU e de seu Escritório de Assuntos Humanitários, quem mais teve a responsabilidade de participar desse desafio?

VIEIRA DE MELLO: O problema de Kosovo não pode ser tratado isoladamente. Não seria possível criar em Kosovo uma ilha de prosperidade, cercada por países enfrentando crises econômicas, políticas e financeiras. Além das Nações Unidas, é necessário destacar outros protagonistas importantes. Um deles, e não somente para a crise dos Bálcãs, é o Banco Mundial. Outro é o Banco Europeu para o Desenvolvimento. Mas talvez os mais importantes tenham sido a própria União Européia e a Comissão Européia, em Bruxelas. Todo o processo de reconstrução, em mais longo prazo, do desenvolvimento e de solução de problemas macroeconômicos, é responsabilidade do Banco Mundial e da Comissão Européia, que estabeleceram secretariados especiais para acompanhar os interesses de Kosovo em um período mais amplo. Mas, volto a repetir: não se pode tratar Kosovo isoladamente. É preciso integrar a província num processo econômico que abarcaria os Bálcãs em geral. Se isso não ocorrer, Kosovo voltará a enfrentar o caos e os conflitos étnicos.

JLA: O secretário-geral da ONU, Kofi Annan, insistiu em várias ocasiões na tese de que a reconstrução dos Bálcãs deve envolver a Sérvia, caso contrário, uma nova crise de refugiados pode eclodir na região com sérvios empobrecidos fugindo de seu próprio país para sobreviver. Poderia tal cenário se materializar, trazendo novamente sofrimento a milhões de pessoas na região?

☐ VIEIRA DE MELLO: Pode. Certamente, o que eu dizia de Kosovo também se aplica à Sérvia. Nenhum problema no Sudeste Europeu pode ser tratado fora do contexto regional. Não podemos resolver os problemas de Kosovo sem solucionar os problemas dos países vizinhos. Assim como não podemos resolver os problemas da Sérvia sem encontrar solução para os problemas da Macedônia, de Kosovo, de Montenegro, da Albânia e, até certo ponto, da Romênia e da Bulgária. Então, o que o secretário-geral quis dizer é que é preciso dar conteúdo concreto a esse pacto de estabilidade regional para os Bálcãs. É preciso também não ignorar as necessidades humanitárias do povo sérvio. Eu liderei uma missão interagências para a República Federal da Iugoslávia e chegamos à conclusão que, para a população sérvia, este inverno será terrível.

■ JLA: Alguns analistas respeitados afirmaram que a criação de um semiprotetorado na região não bastaria para solucionar os problemas. Defendem, isto sim, a criação de um clima propício para assegurar também um futuro favorável a essa abalada parte dos Bálcãs. Para eles, a reconstrução econômica é apenas o início da edificação dos alicerces de uma sociedade que deve exorcizar os ódios, fundamentada na democracia, no respeito pela diversidade étnica e na tolerância. Qual sua reflexão sobre isso?

☐ VIEIRA DE MELLO: É a pura verdade. É óbvio que Kosovo e o resto dos Bálcãs não podem progredir na direção de uma sociedade democrática, que transcenderia ódios e diferenças étnicas, sem que sejam edificados os alicerces de uma sociedade verdadeiramente tolerante. Estou convencido de que a imprensa é talvez a força mais dinâmica nos Bálcãs atualmente. Apesar dos regimes repressivos na região, é de se admirar a pujança do jornalismo, da imprensa, da mídia em áreas tumultuadas como Kosovo. Nesse sentido, não estou preocupado. O que me preocupa é que essa imprensa livre necessita de meios, de recursos financeiros, com organização para a segurança e a cooperação na Europa. A ONU estudou medidas para proporcionar a jornais, revistas, rádios e televisões independentes de Kosovo – e, quem sabe, da região, quando isso for possível – recursos que lhes permitam exercer esse papel tão importante de levar a região para um regime verdadeiramente democrático.

■ JLA: Quase todos os refugiados que abandonaram Kosovo retornaram com a esperança de poder vencer os rigores do inverno, reconstruir suas casas e abraçar a esperança do futuro. Nesse sentido, houve uma evolução positiva, a ONU cumpriu seu papel. O mesmo, porém, não acontece na África, onde a ONU sofre com carência de verbas e doações, com a situação dos refugiados e deslocados e até mesmo com a falha de algumas autoridades locais. Como explicar tal situação e como superá-la?

□ VIEIRA DE MELLO: A solução do problema dos refugiados de Kosovo foi realmente uma notícia positiva e relevante para a ONU. É óbvio que isso cria um novo contexto nos Bálcãs, que, espero, seja o último capítulo nessa história trágica da última década no Sudeste Europeu. Existe, sim, uma discrepância entre o interesse, o apoio internacional, essas desavenças nos Bálcãs – em particular as últimas, em Kosovo – por um lado, e a relativa falta de atenção, de interesse e de apoio financeiro a outras diversas crises mundiais, como as que continuam assolando o continente africano. Como superar essa dificuldade é uma pergunta extremamente difícil. É óbvio que a ONU e o secretário-geral estão preocupados com esse cenário. Chefes de agências humanitárias compartilham essa preocupação alarmante. Porque, sem recursos financeiros, é impossível continuar assistindo a aproximadamente 12 milhões de vítimas no continente africano, que, infelizmente, continuam vivendo em clima de crises políticas e militares e, muitas vezes, em contexto de combate, de conflito armado. A mídia pode nos ajudar com uma pressão constante sobre a opinião pública, que, por sua vez, deve exercer pressão sobre as lideranças políticas dos países ricos para que eles demonstrem, em relação à África, a mesma solidariedade que acabam de demonstrar em relação ao conflito de Kosovo, na Europa.

■ JLA: Quando a convenção de Genebra completou 50 anos, a Cruz Vermelha Internacional lançou um apelo para que o mundo voltasse a respeitar os princípios dessa convenção. Na verdade, nesses últimos 50 anos, a convenção protegeu poucas pessoas afetadas pelos conflitos armados. É possível celebrar tais datas sem apontar esses fatos?

□ VIEIRA DE MELLO: O aniversário da Convenção de Genebra – que é o alicerce do Direito Humanitário Internacional – foi comemorado em agosto de 1999. O secretário-geral das Nações Unidas, que participou dessas comemorações ao lado do presidente do Comitê Internacional da Cruz Vermelha, destacou o divórcio trágico entre os princípios do

Direito Humanitário Internacional e a sua prática. Mas acredito que, desde 1949, o Direito Humanitário e as convenções de Genebra têm desempenhado papel extremamente importante em conflitos de caráter internacional. Na verdade, hoje em dia, a maioria dos conflitos já não é internacional, mas sim de caráter doméstico. São conflitos internos em que as forças beligerantes não respeitam nenhuma lei, nenhum axioma de Direito Internacional. Pelo contrário: às vezes desrespeitam sistematicamente as convenções. Essa, eu diria, é a grande debilidade do Direito Humanitário Internacional. Como, com estruturas de comando e de controle muito fracas, obrigar forças que em geral são ilegítimas, irregulares, a respeitar regras de Direito Internacional e, essencialmente, o direito das populações civis à vida, à segurança e à dignidade? Esse é o grande desafio que o mundo enfrenta.

CONFLITOS GLOBAIS E EDUCAÇÃO HUMANITÁRIA

- **Iraque: uma tragédia mundial**
- ☐ VIEIRA DE MELLO: A invasão do Iraque converteu-se numa tragédia mundial. Muitos iraquianos, com quem tenho conversado se sentiram traídos pela comunidade internacional, que, segundo eles, não reconheceu seu sofrimento adequadamente. Creio que temos uma grande dívida com a população iraquiana e que a melhor maneira de enfrentá-la será por meio de atos, palavras e direitos, além do cumprimento de nosso compromisso de apoiá-los amplamente na reabilitação do país, agora e no futuro. (...) A situação é muito frágil e os iraquianos sabem melhor do que ninguém como e quando agir em seu próprio país. (...) As Nações Unidas não podem ofuscar a autoridade da coalizão e tampouco ignorar o legítimo papel que os iraquianos devem ter na determinação do futuro de seu país. A ONU pode ajudar a estabelecer consensos entre os próprios iraquianos, e entre os iraquianos e a autoridade da coalizão. Mas tudo isso dentro de um clima em que se possa proporcionar segurança e estabelecer a lei e a ordem.

- **As lições aprendidas no Timor-Leste**
- ☐ VIEIRA DE MELLO: Alguns dizem que a ONU alcançou pleno sucesso na questão de Timor-Leste. A verdade é que nós fizemos o possível e às vezes até o impossível. Estou firmemente convencido de que as Nações Unidas criaram em Timor-Leste os alicerces

de um país viável, com instituições democráticas e uma cultura de paz e tolerância. Provavelmente, não haverá outras missões da ONU como esta. (...) Eu, com a experiência que tenho de tantos conflitos, jamais tinha me deparado com um espírito tão conciliador, tão reconciliador e de fé como aquele que descobri nos timorenses. (...) Aprendemos muito em Timor-Leste justamente com a criação de novas instituições democráticas, com a realização de processos eleitorais exemplares, com o desenvolvimento de uma cultura de paz e de tolerância após décadas de abusos e violências. São essas lições que vamos poder transferir para outras missões de paz da ONU no mundo.

Os refugiados na África
VIEIRA DE MELLO: A situação dos refugiados, principalmente no continente africano, continua sendo trágica. Mas quando falamos em refugiados seria necessário acrescentar também um grande contingente de pessoas deslocadas dentro de diferentes países, sobretudo na região dos Grandes Lagos. Portanto, são milhões e milhões de refugiados internos, de pessoas deslocadas. Os organismos humanitários, obviamente, não podem solucionar as causas desses problemas. É preciso sempre lembrar que a ajuda humanitária e a proteção que os organismos humanitários podem oferecer a essas populações não substitui, de forma alguma, a responsabilidade política dos Estados, principalmente aqueles que fazem parte do Conselho de Segurança, na busca de soluções políticas para problemas que são essencialmente políticos. A questão humanitária é um resultado, um efeito, não é a causa. (...) Para que seja possível solucionar um problema humanitário, o apoio deve ser imediato e generoso, tanto dos países diretamente afetados quanto dos países doadores, das nações desenvolvidas que nos oferecem contribuições voluntárias. (...) Mas a verdade é que, enquanto o problema persiste, e na falta de soluções de urgência, a situação tende a agravar-se na medida em que o apoio, sobretudo o apoio financeiro, se torna também cada vez mais difícil.

Missão da ONU na Amazônia
VIEIRA DE MELLO: A missão da ONU que atendeu ao apelo do governo brasileiro e se deslocou até o Estado de Roraima era uma missão conjunta, formada pelo meu escritório, especializado em reação rápida a situações de emergência desse tipo, e da equipe

do Programa das Nações Unidas para o Meio Ambiente (Pnuma), com sede em Nairobi, no Quênia. Nessa ocasião, o interesse maior de nossa missão era investigar melhor as causas da catástrofe e dos meios de prevenir incêndios (na floresta). O resultado foi um relatório que apresentamos ao governo brasileiro, no qual fizemos uma série de recomendações muito práticas para evitar que catástrofes desse tipo se repitam no futuro, além de uma série de medidas que poderiam ser adotadas para conter esses incêndios se eles viessem a se repetir. (...) Infelizmente, as populações civis de Roraima sofreram muito com as catástrofes, principalmente as populações indígenas. E isso tudo acontece como se à crueldade da natureza se tivesse somado a crueldade humana, que vem perseguindo essas populações há vários séculos. A reação da comunidade internacional foi relativamente limitada, porque nós não lançamos um apelo para a ajuda internacional maciça. O que eu posso dizer é que a União Européia e, principalmente, o escritório da Comunidade Européia em Bruxelas, fez uma contribuição relativamente alta para providenciar ajuda humanitária a essas populações afetadas.

Por uma nova cultura humanitária

VIEIRA DE MELLO: No mundo de hoje, a segurança tem-se mostrado extremamente frágil. É necessário educar os povos para criar uma cultura dos Direitos Humanos. Se não fizermos isso, estaremos liberando velhos demônios do passado, já denunciados pela história mundial. Precisamos não deixar que o tempo devore nossas esperanças. Precisamos não deixar que nossa busca pela segurança seja baseada no medo. (...) A meu ver, a educação humanitária seria um objetivo ambicioso para o mundo em que vivemos. Penso que, mais do que educação humanitária, deveria existir mais educação política, mais responsabilidade política e mais ética entre os dirigentes políticos modernos. Digo isso com segurança, porque são eles que podem prevenir a maioria das catástrofes humanitárias.

UM PEREGRINO DA PAZ

"(...) Sérgio Vieira de Mello era considerado um mestre e um profeta prudente, que sabia distinguir com grande sabedoria os caminhos para a solução de diferentes conflitos.

Flexível e ao mesmo tempo obstinado na busca de soluções satisfatórias para as crises do momento, tinha grande poder de iniciativa nos contatos diplomáticos, conhecimento e compreensão das inúmeras culturas e forças atuantes no cenário mundial. Visualizava o risco e as intervenções arbitrárias das grandes potências, que objetivam apenas ganhos políticos em detrimento das preocupações humanitárias. (...)

Sergio Vieira de Mello foi árduo defensor da presença junto às Nações Unidas de representantes da opinião publica internacional, das ONGs e também dos meios de comunicação como forma de reforçar o trabalho da organização, enfraquecida pela contradição de seus próprios Estados membros, muitas vezes os grandes violadores dos direitos humanos. (...)

A inclusão dos marginalizados e o império da Lei foram seus objetivos maiores e a eles dedicou sua vida, sacrificando seu bem-estar e segurança. A busca da segurança global não pode estar baseada no medo, mas sim na cultura dos Direitos Humanos e na fraternidade, que, para ele, implicava o conceito de justiça e respeito à dignidade humana. Esta foi a luta de um homem que se via como um peregrino a serviço da paz. Morreu no cumprimento do dever, procurando tornar o mundo mais humano e menos sangrento."

JOSÉ CARLOS DIAS
Excertos da resenha sobre o livro *Sérgio Vieira de Mello: Pensamento e memória*, publicada na *Revista Política Externa*, vol. 13, nº4 (março, abril, maio de 2005).

ALVIN TOFFLER
O PROFETA DA ERA DA INFORMAÇÃO

TRANSFORMADO EM UM dos mais respeitáveis oráculos dos tempos modernos, o escritor e futurólogo americano Alvin Toffler, ex-editor associado da revista *Fortune*, sempre tirou partido do fascínio que suas idéias exercem na classe dirigente. É assim que, durante décadas, Toffler circula pelo mundo fazendo conferências, dando conselhos e sendo recebido em audiências privadas por centenas de chefes de Estado e eminentes personalidades dos meios empresarial e acadêmico. Para abrir portas tão exclusivas, esse americano nascido em Nova York em 3 de outubro de 1928, usa como credencial o estrondoso sucesso alcançado por dois de seus mais destacados livros, *O choque do futuro* e *A terceira onda*. O jornal *Financial Times* chegou a classificá-lo como "o mais famoso futurólogo do mundo", enquanto o *People's Daily*, órgão central do Comitê do Partido Comunista em Pequim, o qualificou como "um dos consultores que modelaram o desenvolvimento da China moderna".

São tantos os admiradores de suas teorias que a companhia de consultoria empresarial Accenture, a maior empresa global de consultoria de gestão e serviços de tecnologia dos Estados Unidos, com mais de 170 mil profissionais e quase US$ 20 bilhões em receitas líquidas em 2007, o qualificou como a terceira voz mais importante entre os líderes empresariais dos séculos XX e XXI, depois de Bill Gates, da Microsoft, e do *business guru*, Peter Drucker, morto em 2005 aos 96 anos.

De acordo com esse apóstolo do futuro – cujas teses cumpriram mais de um quarto de século –, o mundo, que já enfrentou duas ondas poderosas de transformações econômicas e sociais, continuará passando por outras. A primeira ocorreu há 10 mil anos, quando o homem aprendeu a lavrar a terra com instrumentos primitivos. Foi a fase da civilização baseada no auto-abastecimento, que durou milhares de anos. A segunda onda, iniciada há três séculos, se deu com a Revolução Industrial, que tornou distintas as figuras do produtor e do consumidor e cujas conseqüências culturais se traduziram por uniformização, especialização, sincronização, concentração, maximização e centralização das atividades produtivas.

Segundo Toffler, a humanidade – apesar dos grandes avanços – abandonou os conceitos da segunda onda e se encontra agora no limiar da terceira – a Era da Informação e da Revolução Tecnológica, que transformarão todos os domínios da civilização industrial.

Nesse novo cenário, segundo sua visão profética, produção, marketing, educação, política e vida privada devem produzir uma sociedade superdinâmica, baseada em instituições políticas e econômicas feitas sob medida para o homem.

Sedutor e convincente ao falar com acadêmicos, estudantes e jornalistas, Alvin Toffler não se furtou a me honrar com uma breve entrevista em novembro de 1982.

- JLA: Seu livro, *A terceira onda*, antecipa uma revolução que praticamente transformará tudo – estruturas, modelos e padrões – nas atuais sociedades industrializadas. De que forma, a seu ver, a nova tecnologia contribuirá para resolver os problemas mundiais?
- TOFFLER: Estamos diante de transformações muito grandes e, nesse sentido, os próximos 40 ou 50 anos serão dramáticos. As transformações econômicas e sociais advindas das novas tecnologias serão tão ou mais importantes, em termos comparativos, do que as que aconteceram no período neolítico, quando o homem deixou de coletar alimentos e começou a plantá-los; ou mesmo aquelas ocorridas posteriormente, como a própria Revolução Industrial. Evidentemente, não será um período de fácil transição. Aqueles que perderem suas funções nas empresas da "segunda onda", como os trabalhadores da indústria têxtil ou do aço, não serão automaticamente absorvidos pelas empresas de alta tecnologia. E isso não ocorrerá simplesmente porque o trabalhador têxtil e o metalúrgico, por exemplo, não dispõem de conhecimentos formais que lhes permitam enfrentar essas transformações. Serão, sobretudo, as fissuras culturais, a falta de educação adequada e o problema da não-inclusão que retardarão seu processo de adaptação a esse novo mundo tecnológico.

- JLA: Então, aqueles que estiverem trabalhando nas velhas indústrias de base estarão condenados ao desemprego irreversível na nova sociedade tecnológica?
- TOFFLER: Tudo indica que sim. A verdade é que as nações de mais alto grau de industrialização não poderão mais sustentar-se no futuro com a venda ou a exportação de produtos de base, originados do trabalho intensivo. A meu ver, será completamente inútil para esses países tentar salvar suas velhas indústrias de base.

- **JLA:** Então, isso significaria dizer que as nações industrializadas conviveriam no futuro com um insolúvel problema de desemprego em massa?
- **TOFFLER:** Após a plena introdução da nova tecnologia, essas sociedades necessitarão redimensionar inteiramente seus programas educacionais. Sistemas básicos de educação, como os de hoje, serão obsoletos. Serão, sim, indispensáveis poderosos programas de educação e treinamento em função dessa nova sociedade tecnológica. Uma nação industrializada poderá até mesmo manter intacta uma parte da velha sociedade, constituída por empresas não-econômicas, por razões de segurança. Mas ninguém poderá esperar que essas indústrias concorram, com a mesma força do passado, no mercado internacional. Tanto o governo americano conservador quanto os próprios estados europeus que optaram por regimes de esquerda já identificaram uma nostálgica visão da problemática do emprego e do mercado de trabalho nos dias atuais. Por isso, têm procurado de forma sistemática, e por todos os meios, salvar setores moribundos da economia como, por exemplo, a indústria do aço. Isso constitui, certamente, um gesto de boa vontade, um esforço bem-intencionado em nível político. Para um pesquisador do futuro, contudo, esse tipo de esforço não deixa de ser absurdo.

- **JLA:** Como salvar o trabalhador do futuro do desemprego e evitar uma sociedade injusta, formada por indivíduos excluídos?
- **TOFFLER:** O trabalhador do futuro terá que se apoiar na sociedade da informação para poder sobreviver. Terá que conhecer os avanços da tecnologia da informação e até apoiar-se no conhecimento de línguas. Não poderá sobreviver sabendo apenas manipular máquinas, como no passado. É preciso compreender, antes de tudo, que o mundo vive um novo período revolucionário, em que a informação constitui a base da própria democracia. Melhor dizendo, informação é sinônimo de democracia. E, além dessa revolução tecnológica, devemos estar preparados, igualmente, para reconhecer profundas transformações políticas, econômicas, culturais, religiosas institucionais e filosóficas no planeta. A sociedade da terceira onda, portanto, é a sociedade da informação. E, se me perguntar por que a informação se tornou tão importante, a resposta é: a informação tornou-se extremamente importante, porque a própria sociedade se desmassificou. Só podemos "digeri-la" por meio das tecnologias da informação.

■ JLA: A "terceira onda" projeta ainda uma sociedade baseada em instituições políticas e econômicas que não penalizam as diferenças entre cada indivíduo e, com isso, prevê que a ânsia política de agradar às massas dará lugar a um processo de desmassificação em todos os domínios. Como explicar melhor essa tese?

☐ TOFFLER: A história desses últimos três séculos de civilização é a história da criação de uma sociedade baseada na produção em massa. De acordo com a lógica do pensamento predominante nesse tipo de sociedade, quem for capaz de produzir 1 milhão de ninharias em massa, ao menor custo possível, acabará por tornar-se um produtor milionário de ninharias. De uns tempos para cá, assistimos ao desmoronamento dessa sociedade de massas. Esse fenômeno reflete-se, em nível tecnológico, na desmassificação da produção, a tal ponto que os setores mais avançados da indústria se orientam para uma tecnologia capaz de personalizar a produção e até mesmo fabricar produtos por encomenda ao mesmo preço daqueles produzidos pelo esquema de massa. Se analisarmos o perfil de produção de praticamente todos os setores dos países industrializados, vamos constatar que existe uma crescente diferenciação de produtos e um aumento da produção em número limitado de exemplares. Eu chamo isso de "desmassificação da produção", que defino como um estágio superior dentro do sistema da produção tradicional. É verdade que, nos dias atuais, alguns componentes ainda são produzidos em grande quantidade, mas já são "montados" de forma diferente e de acordo com encomendas e necessidades desmassificadas.

■ JLA: E quais seriam as conseqüências da desmassificação sobre a produtividade?

☐ TOFFLER: O termo "produtividade" não me fascina muito. Penso que a definição de produtividade deveria ser substancialmente revista. Existem coisas que se movem na sociedade e que me parecem produtivas, mas dada a sua fraca vocação para se inserir em um sistema baseado no dinheiro, não são valorizadas. Por outro lado, a produtividade de uma empresa pode ser medida matematicamente, mas, se essa mesma empresa conseguir transferir para o exterior alguns de seus custos, a avaliação da produtividade, em termos tradicionais, deixa de ter valor.

■ JLA: O processo de desmassificação gerará crises ou transcorrerá de forma pacífica?

Alvin Toffler

- ☐ TOFFLER: Existe um abismo entre os "desmassificadores" e os que querem perpetuar a sociedade de massa – a sociedade retilínea e uniforme. Essa oposição poderá gerar conflitos.

- ■ JLA: A nova tecnologia tem entre seus rivais vários movimentos políticos e ecológicos e também os que defendem o chamado "crescimento zero". Como enfrentar essas oposições?
- ☐ TOFFLER: Os intelectuais da classe média, que defendem a tese do crescimento zero, me desagradam profundamente. Eles andam de avião, usam calculadoras supermodernas e escrevem seus documentos de protesto em máquinas avançadas. Claro que a nova tecnologia trará novos problemas. Ninguém nega isso. Mas que intelectuais do mundo ocidental, formados à sombra do progresso técnico, pretendam agora deter o desenvolvimento tecnológico me parece absurdo. Isso soa como um grande disparate. Propor tal projeto é uma forma arrogante de repressão cultural.

Novembro de 1982

....

ALGUNS POLÍTICOS ORIENTADOS POR ALVIN TOFFLER
Mikhail Gorbatchev, último líder da União Soviética
Zhao Ziyang, o *premier* reformista que promoveu a abertura da China
Junichiro Koizumi, quando primeiro-ministro do Japão
Mahathir bin Mohamad, quando primeiro-ministro da Malásia
Abdul Kalam, quando presidente da Índia
Kim Dae Jung, quando presidente da Coréia do Sul, Prêmio Nobel da Paz de 2000
Newt Gingrich, quando presidente da Câmara dos Representantes dos Estados Unidos
Richard Danzig, secretário da Marinha dos Estados Unidos

....

TOFFLER *DIXIT*
"O futuro é construído pelas nossas decisões diárias, inconstantes e mutáveis, e cada evento influencia todos os outros."
"A pergunta certa é geralmente mais importante do que a resposta certa à pergunta errada."

LARS GYLLENSTEN
ANATOMIA DO PRÊMIO NOBEL

EM SETEMBRO DE 1977, o jornal *The Washington Post* publicou uma reportagem arrasadora sobre a Fundação Nobel e sua tão rigorosa quanto estranha fórmula de premiação, qualificando a instituição de "decadente e elitista" e sugerindo a abolição dos prêmios. O médico e escritor Lars Gyllensten, secretário permanente da Academia Sueca, respondeu com um leve sorriso e a tranqüilidade contagiante dos escandinavos, sustentando que as críticas sempre fizeram parte da história do Prêmio Nobel, desde os primeiros anos de sua criação.

– Estamos acostumados a essas reações. As críticas e os protestos já se tornaram familiares. É verdade que cometemos erros e alguns nomes importantes foram esquecidos ao longo do caminho, mas não podemos modificar a essência do testamento legado por Alfred Nobel só para satisfazer aos críticos.

Criado no final do século XIX por Alfred Nobel, o inventor da dinamite – que morreu em 1896 e deixou toda sua fortuna para a criação da láurea –, o Prêmio Nobel continua sendo, indiscutivelmente, a mais importante e ambicionada distinção já criada pela imaginação dos homens modernos. Quando o testamento foi aberto, o documento provocou escândalo e inusitada sensação. Descobria-se que a "grande herança" deixada por Nobel era, na verdade, uma apologia ao internacionalismo e à inovação, fato que, numa Suécia conservadora e ofensivamente etnocêntrica, era visto como algo estranho e uma espécie de "grave traição aos interesses nacionais." Após alguns anos de críticas e litígios domésticos, que ficaram famosos na época, a primeira láurea foi finalmente concedida em 1901. E o pato, que nascera feio, converteu-se no cisne encantado, como nas histórias de fadas.

Do começo do século XX até agora, a láurea acumulou enorme prestígio, servindo de valioso instrumento de publicidade para a Suécia – mais de um terço do que se escreve sobre o país na imprensa internacional tem a ver com o Prêmio Nobel. A premiação transformou-se também em grande pólo de atração para o turismo cultural – milhares de pessoas visitam anualmente o Museu Nobel, localizado no bairro histórico de Gamla Stan, no mesmo prédio onde funciona a Bolsa de Valores de Estocolmo (Borshuset).

Lars Gyllensten

Sobre o significado dessa máxima comenda, seus benefícios e conseqüências, muitas páginas já foram escritas. Mas essa história de sucessos e de *glamour* confunde-se também com severas críticas e ácidas condenações. No início da década de 1970, a comunidade literária era a que mais protestava. Saudada na maioria das vezes com rancor, a indicação do Nobel de Literatura era logo seguida de comentários reprovadores – que o autor premiado "não é conhecido", que sua obra "não tem relevância" e assim por diante. Foi o caso do italiano Eugenio Montale e do checo Jaroslav Seifert, poetas saudados pelos próprios suecos como "dois ilustres desconhecidos".

O "falso" Prêmio Nobel de Economia – porque criado pelo Banco Central da Suécia em homenagem a Alfredo Nobel – não permaneceu imune às críticas. Distribuído pela primeira vez em 1969, a láurea de Economia gerou toda a sorte de protestos. Em 1976, ano em que Milton Friedman foi agraciado, Gunnar Myrdal, um dos pais do *welfare state* sueco, que dividiu o prêmio com o memorável professor da universidade de Chicago, revoltou-se contra a decisão da Fundação Nobel, tendo chegado a propor a abolição da honraria. O Prêmio Nobel da Paz – distribuído em Oslo, na Noruega, com todas as suas inevitáveis implicações políticas –, tem sido causa de especulações e protestos violentos. Por vezes, até a polícia é obrigada a entrar em ação nas ruas da capital norueguesa!

O coroamento das críticas ocorreu em 1973, quando foram laureados o secretário de Estado americano Henry Kissinger e o líder vietnamita Le Duc Tho, negociadores do acordo de paz do Vietnã. As críticas foram ainda mais intensas com a indicação de Menachem Begin, de Israel, e o presidente Anuar Sadat, do Egito – cinco membros do Comitê Nobel pediram demissão, argumentando que o testamento de Nobel havia sido insolentemente violado.

Na verdade, pouco se escreveu ainda sobre as críticas e condenações que durante o século XX foram dirigidas contra a Real Academia de Ciência da Suécia pela atribuição dos prêmios científicos. A maioria dos opositores ao processo de premiação condena a academia e o Instituto Karolinska de Estocolmo por prestigiar, injustamente, apenas algumas poucas áreas da pesquisa básica, denunciando o que hoje ainda se qualifica como "monopólio hipócrita de algumas áreas da ciência". Entre as disciplinas ignoradas, sustentam os críticos, figuram a matemática, a psicologia, a geologia, a meteorologia, a biologia e todas as ciências sociais, com exceção da economia.

Fator de poder no mundo da investigação científica, o Prêmio Nobel é a mais alta distinção que um cientista pode conquistar em vida, uma láurea que funciona como um "título de nobreza científico", distinção suprema que se antecipa ao próprio nome do laureado e a seu título acadêmico — o Prêmio Nobel de Física, Carlo Rubbia; o Prêmio Nobel de Economia, *sir* Richard Stone, por exemplo.

Embora ninguém negue à ciência a necessidade de glórias e estímulos, a verdade é que se torna cada vez maior o número de insatisfeitos que consideram o prêmio uma comenda inadequada.

– Trata-se de uma questão de opinião. O prêmio continua fascinando o mundo, diz Lars Gyllensten, inalterado.

Outros detratores da láurea consideram discutível até mesmo o mérito de Alfred Nobel ao criar, em nome do progresso intelectual e científico, uma honraria que confere ao ganhador, além de muita celebridade, uma soma em dinheiro no valor de mais de US$ 1,5 milhão.

Desde o início da década de 1970, a insatisfação de boa parte da comunidade científica mundial repercute anualmente nas páginas de publicações tão importantes como *The Washington Post*, *The Wall Street Journal*, *The New York Times* e a revista científica *Discover*.

Os ataques se avolumaram quando, também nos Estados Unidos, foi publicada uma obra contundente e arrasadora. O livro *Scientific Elite: Nobel Laureates in the United States* ("Elite científica: Laureados Nobel nos Estados Unidos") demonstra que nem sempre os que ganharam o Nobel foram os melhores e que a láurea está longe de recompensar as contribuições científicas mais importantes do nosso tempo. A autora, Harriet Zuckerman, da Universidade Colúmbia, em Nova York, ilustra sua tese citando vários pesquisadores que "passaram em branco" apesar de terem nível "acima do Nobel"; enquanto outros, estranhamente, parecem ter a certeza antecipada de que serão entronizados no *hall* da fama. Zuckerman vai ainda mais longe ao sustentar que a contribuição dos laureados para a ciência quase sempre cai de qualidade na razão inversa em que aumentam a coleção de diplomas, honrarias e as recompensas em dinheiro, transformando-os invariavelmente em consultores bem-sucedidos de empresas privadas. Segundo a autora, a maioria dos agraciados perde a capacidade de concentração, enquanto outros abandonam suas pesquisas pela metade.

– Minha produtividade caiu radicalmente três anos depois que recebi o Prêmio Nobel, confessou o professor americano Paul Flory, laureado com o Prêmio Nobel de Química, em 1974.

Rosalyn Yalow, uma das detentoras do Prêmio Nobel de Medicina de 1977, e das poucas mulheres a receber a láurea no século XX, definiu a honraria como "uma possibilidade para o cientista tornar-se estúpido publicamente".

Lars Gyllensten

Ao enfrentar essa avalanche de críticas, Gyllensten recordava com grande elegância que nada na vida está isento de críticas ou de queixas.

– Por viver atada ao austero regime testamentário de Alfred Nobel, a fundação é por vezes obrigada a "contornar seus próprios princípios" para evitar injustiças maiores, ponderou.

Nesse aspecto, talvez o secretário permanente da Academia Sueca tivesse razão. Foi o caso da tardia premiação, em 1973, de Karl von Frish, zoologista alemão, e de Konrad Lorenz, etnologista austríaco, cujas contribuições à ciência eram vistas, na ótica dos nobelistas, como secundárias e não necessariamente relacionadas com o ser humano. Outras "injustiças" ainda maiores não puderam ser evitadas e nem tampouco ocultadas.

Pesquisando cinco décadas de arquivos secretos liberados somente no final da década de 1960, o historiador da ciência francês Girolamo Ramunni chegou à conclusão de que até mesmo os prêmios científicos são, na maioria das vezes, atribuídos por deferência política. E todas as vezes que essa tese foi levantada, os nobelistas de Estocolmo a rejeitaram energicamente. Mesmo assim, Ramunni nunca se deu por vencido: publicou na respeitada revista francesa *La Recherche*, um relato histórico do processo de premiação. Ele demonstrou que eram personalidades pró-alemãs, próximas dos segmentos mais conservadores da sociedade sueca – germanófilos por excelência –, que decidiram por praticamente toda a primeira metade do século XX a escolha da maioria dos agraciados. "Quando o prêmio era dado a um francês ou inglês, coincidentemente, a Suécia estava em busca de um empréstimo bancário em Londres ou Paris, ou então necessitava de alguma forma de apoio político no resto do continente", escreveu Ramunni.

Dois exemplos fulminantes fortalecem as pesquisas do historiador francês: os casos de Albert Einstein e de Fritz Haber. Ao apresentar a Teoria da Relatividade, em 1905, Einstein despertou o interesse mundial, fato que levou muitos acadêmicos, nos anos seguintes, a defenderem sua indicação para o Prêmio Nobel. Naquela época, porém, os nobelistas suecos preferiram fazer ouvidos moucos, porque, na Alemanha, Einstein era considerado personalidade controvertida e "pouco confiável". Judeu, pacifista e defensor da república, o cientista foi pintado como "figura perigosa" para as relações sueco-alemãs. Em Berlim, influentes cientistas arianos interpretavam o trabalho de Einstein como uma espécie de "conspiração judaica".

Tão aberta era a desvalorização racial contra Einstein – escreveu Ramunni – que seu caso foi várias vezes discutido impiedosamente em várias conferências de alto nível realizadas na Alemanha, onde grupos de influentes pesquisadores concluíram que "a teoria da relatividade nada mais era que um engodo judeu para destruir os avanços da física ariana". E o que os alemães diziam na época, soava como bíblia para os suecos. Bloqueado por membros do Comitê Nobel e sobretudo pelos esforços do cientista sueco Alvar Gullstrand – que reduziu a teoria da relatividade a "pesquisa de lápis e papel, de pouco valor científico" –, Albert Einstein teve que esperar até 1922 para receber o Prêmio Nobel, não pelo trabalho que o tornou mundialmente célebre, mas pela sua descoberta dos chamados "efeitos fotoelétricos".

Contrastando com o caso Einstein, Fritz Haber foi agraciado com o Prêmio Nobel de Química, em 1918, por suas investigações na área dos fertilizantes sintéticos. Ocorre que Haber, organizador da indústria química de guerra da Alemanha, deveria – ainda segundo Ramunni – ter sido processado por um tribunal logo após o final da Primeira Guerra Mundial, fato que jamais ocorreu. Ao contrário: o Prêmio Nobel "blindou" Fritz Haber, convertendo-o numa personalidade imune às acusações de ser um "criminoso de guerra".

Antes mesmo de consultar os arquivos da Fundação Nobel, o historiador Girolamo Ramunni sustentava que cientistas alemães que fugiam do país, antes e durante o nazismo, eram discriminados por Estocolmo. Antes do final da Segunda Guerra Mundial, nenhum dos mais destacados cientistas que escaparam do Terceiro Reich foram agraciados com o Nobel. Em outras palavras: o historiador francês desfez o mito de que a ciência, no plano do Nobel, estava acima dos interesses políticos. "À luz da história, o conservadorismo político e científico confundiu-se no universo do Nobel e não pode ser ocultado como muitos querem", declarou o historiador.

Para além da problemática gerada pela fiel amizade sueco-alemã, outros casos igualmente históricos e trágicos anuviaram a credibilidade do maior prêmio científico do século. O meteorologista norueguês Vilhelm Bjerkenes, autor do Teorema da Circulação, formulado a partir de princípios da termodinâmica e da hidrodinâmica, jamais conquistou a láurea, porque foi cruelmente sabotado pelo físico C.W. Oseens, que, por sua vez, havia inaugurado uma forte campanha em favor de Einstein. Oseens, que não estava absolutamente interessado na obra de Einstein, defendia seu nome pela conveniência de continuar influindo nas decisões do Comitê Nobel, façanha que conseguiu desempenhar com grande desembaraço até a década de 1940. O alemão Max Planck, considerado um físico revolucionário por seus estudos sobre a radiação térmica e "pai da teoria quântica", inferiorizado repetidas vezes pelos membros da Real Academia de Ciências, teve que aguardar 19 anos para ser laureado.

Lars Gyllensten

Mas o maior crime contra o testamento de Nobel talvez tenha sido a concessão do Prêmio de Física de 1912 a Gustav Dalen. Inventor do farol, Dalen era um técnico capaz, um bom homem, mas muito distante da estatura exigida pelo Nobel, apesar de o Comitê Nobel ter decidido, por unanimidade, que o melhor candidato seria, na época, o físico holandês Heike Kamerligh-Onnes, o pai da supercondutividade. A Real Academia foi de tal forma pressionada que o prêmio, na última hora, foi transferido para Dalen. No ano seguinte, os nobelistas corrigiram o erro e apressadamente laurearam Kamerligh-Onnes.

Estes e muitos outros casos, revelados somente depois que decisões superiores permitiram tornar públicos os arquivos secretos da academia, ilustram a trama, os motivos pessoais e até mesmo a ética científica que dominou o processo de escolha do Nobel até inícios da década de 1960.

Em seu livro *Nobel Dreams* ("Sonhos Nobel"), publicado nos Estados Unidos em 1985, Gary Taubes, jornalista científico da revista *Discover*, sustenta que as coisas provavelmente não mudaram muito depois dos anos 1960. Indo mais fundo nos mistérios do Nobel, ele indaga, por exemplo, o que o futuro poderá revelar sobre a dominância anglo-saxônica e americana entre os agraciados com os prêmios Nobel científicos em todas as décadas. "Terão os sábios encarregados de julgar os avanços da ciência caído num círculo vicioso político e cultural, em que o estreito poder de avaliação reflete passivamente a injusta estrutura do poder no mundo?"

Foi no auge de todas essas críticas que consegui me aproximar do saudoso secretário permanente da Academia Sueca, Lars Gyllensten, um dos mais respeitados escritores da Escandinávia. Tive a honra de apresentá-lo ao escritor brasileiro Antonio Olinto, que o presenteou com uma versão em sueco de sua obra *O rei de Ketu*.

Aberto a todos os tipos de debates, Gyllensten era uma personalidade com trânsito livre entre jornalistas e acadêmicos suecos. Durante várias décadas, iluminou palestras e discussões políticas, abraçando temas tão abrangentes como a ajuda ao desenvolvimento, a defesa do meio ambiente, os direitos da mulher e até o descongestionamento do tráfego nos centros urbanos. Ferrenho defensor da bicicleta e das longas caminhadas, Lars Gyllensten converteu-se num verdadeiro paladino da luta contra o automobilismo. Provou ser feroz também no debate que travou com o primeiro-ministro Olof Palme contra um projeto nuclear na Norrland, que ameaçaria um dos mais belos paraísos naturais da Europa.

Em 1989, para surpresa de muitos, Lars Gyllensten abandonou a prestigiosa Academia Sueca em sinal de protesto contra o fato de a instituição não ter condenado abertamente o aiatolá Khomeini, do Irã, por ter ameaçado de morte o escritor Salman Rushdie, autor de *Versos satânicos*. Dois outros acadêmicos – Kerstin Ekman e Werner Aspenstrom – seguiram seu exemplo.

Em 2000, Gyllensten publicou o livro *Memórias, apenas memórias*, no qual tece ácidas críticas à Academia Sueca e a seu sucessor, Sture Allen, um professor de lingüística aposentado da Universidade de Gotemburgo. Nascido em 12 de novembro de 1921 em Estocolmo, ele morreu em 25 de maio de 2006 e seu sepultamento foi tão simples e tranqüilo quanto sua própria vida.

A entrevista com Lars Gyllensten foi feita em outubro de 1978, no prédio da Borshuset, a Bolsa de Valores de Estocolmo.

■ JLA: Como o secretário permanente da Academia Sueca enfrenta de cabeça erguida tantas críticas, como aquelas feitas pelo *Washington Post*, que questionou o real valor do Prêmio Nobel?

☐ GYLLESTEN: Estamos acostumados com isso. Não há nada de novo nessas investidas. As críticas remontam aos primeiros anos da Fundação Nobel e já se tornaram familiares. Definir o Nobel como uma comenda injusta ou afirmar que o prêmio faz mais mal do que bem é questão de opinião. Por outro lado, a Fundação Nobel nunca se recusou a encarar os problemas e a tomar decisões fortes, enfrentando com serenidade diferentes tipos de opinião. A verdade é que o Prêmio Nobel continua exercendo enorme fascínio não somente sobre jovens pesquisadores, mas também sobre universidades e instituições científicas em busca da reputação que a láurea invariavelmente confere.

■ JLA: Com relação aos prêmios de Física, Química e Medicina, os críticos acusam a Fundação Nobel de apresentar uma visão peculiar do século XIX para avaliar os progressos da ciência. Sustentam que, na era das viagens espaciais, a Fundação Nobel continua ignorando a astrofísica e as tecnologias de ponta. Como reage a isso?

☐ GYLLESTEN: Trata-se de outra opinião errada. Ultimamente, o campo da física tem sido ampliado e a astrofísica já foi indiretamente incluída no processo de premiação. É preciso entender que a física é um campo muito amplo. Mesmo assim, já atribuímos um Prêmio Nobel de Física relacionado à astrofísica.

■ JLA: Não é meu desejo insistir, mas, ainda conforme o *Washington Post*, a Fundação Nobel também vem ignorando a biologia, a psi-

Lars Gyllensten

cologia, a botânica, a geologia e até mesmo a matemática. O senhor acredita que, se o naturalista britânico Charles Darwin fosse vivo, teria chance de ganhar um Prêmio Nobel?

☐ GYLLESTEN: Acho que sim. Se fosse vivo, creio que teria muita chance de ser premiado. Outra questão que deve ser esclarecida é que Alfred Nobel era um empreendedor e um engenheiro e seu maior interesse estava direcionado para os campos da química e da física. Essa é talvez uma das razões pelas quais ele não incluiu a matemática em seu testamento. Mas a ciência moderna não pode mais ser tratada com definições tão restritivas. Seja em química, física ou fisiologia, existem as chamadas "áreas de fronteira", ou seja, os campos que tocam a química e a física com outras ciências. O mesmo é válido para a medicina. Recorde-se que Konrad Lorenz e Karl von Frish receberam o Prêmio de Medicina, embora fossem, respectivamente, etnologista e zoologista. Ambos trabalhavam pesquisando o comportamento dos animais. Mesmo assim, foi possível incluir esse tipo de pesquisa científica no campo da medicina.

■ JLA: Mas não concordaria que é quase impossível incluir toda a dimensão da ciência nos Prêmios Nobel?

☐ GYLLESTEN: Sim. É muito difícil. Concordo que talvez existam contribuições que não podem ser alcançadas pelo prêmio. Penso, como você mesmo apontou, que a matemática é a mais óbvia das ciências não abrangidas pela láurea. É preciso também considerar que Alfred Nobel era homem prático, que preferia resultados práticos, invenções, conquistas científicas palpáveis, e não apenas experiências teóricas.

■ JLA: Nesse caso, a matemática jamais teria uma chance?

☐ GYLLESTEN: É muito difícil rever isso agora. Como se sabe, a fundação é obrigada a respeitar o estatuído no testamento de Alfred Nobel, escrito em Paris em 1895.

■ JLA: E como podemos explicar a criação do Prêmio Nobel de Economia, em 1968?

☐ GYLLESTEN: Esse prêmio não foi criado pela Fundação Nobel com dinheiro do testamento de Nobel. Ele foi instituído pelo Banco Central da Suécia em homenagem à memória de Alfred Nobel. Não é um Prêmio Nobel autêntico, portanto. Repito: é um prêmio instituído com dinheiro proveniente de um fundo criado pelo Banco Central.

■ JLA: Diante das transformações a que o mundo assiste, seria possível, em sua opinião, que a Fundação Nobel introduzisse regras mais flexíveis no futuro?
□ GYLLESTEN: Como já disse, a fundação não pode modificar o testamento de Alfred Nobel. Mas penso que a visão da política de premiação pode mudar quando a ciência mudar.

■ JLA: A fundação sempre assegura que não há considerações de ordem política ou de nacionalidade na atribuição do Prêmio Nobel. Mas, se falarmos dos prêmios científicos, quem sempre leva a maior parte deles são os cientistas dos Estados Unidos, da Grã-Bretanha e da União Soviética. Qual sua explicação para isso?
□ GYLLENSTEN: Os cientistas dos Estados Unidos têm recebido grande número de prêmios porque a pesquisa científica naquele país tem avançado muito. É um fato incontestável. Muita coisa, em termos de progresso científico, tem ocorrido lá. A atribuição do prêmio a cientistas americanos não tem nada a ver com considerações nacionalistas ou políticas.

■ JLA: Países emergentes, como o Brasil, por exemplo, jamais ganharam um Nobel, apesar de serem relativamente avançados em termos de ciência. Por que, em sua opinião?
□ GYLLENSTEN: O prêmio já foi conferido a nações não-ocidentais e em desenvolvimento. A Índia, por exemplo, já ganhou o Prêmio Nobel. Mas não é por aí que essa questão deve ser analisada. O problema é que custa muito caro investir em pesquisa científica. Essa é a verdadeira questão. Por outro lado, as nações ricas e tecnologicamente avançadas contratam os mais destacados cientistas dos países em desenvolvimento para trabalhar em seus laboratórios e centros de pesquisa. Continua existindo, portanto, o que chamamos de *brain drain* (fuga de cérebros) E, naturalmente, muitas vezes um cientista que foi "importado" de um país em desenvolvimento acaba também ganhando o prêmio por essa via. Considero a questão do *brain drain* um problema bastante complexo. Quando bons cientistas estrangeiros, que não têm condições de pesquisar no seu próprio país de origem, recebem boas ofertas para trabalhar em laboratórios altamente sofisticados nos Estados Unidos, na França ou na Alemanha, o que eles podem fazer? Qual sua opção? Trabalhar em boas condições num centro de pesquisas no exterior ou permanecer em seu país sem poder avançar? Na maioria das vezes, ambições pragmáticas contrastam com a solidariedade moderna do cientista em relação ao seu próprio país.

Lars Gyllensten

- JLA: Outro fato curioso, Dr. Gyllensten, é que os agraciados com os prêmios científicos quase sempre são bem mais jovens que os laureados com o Prêmio Nobel de Literatura. É mais fácil ser intelectualmente produtivo como cientista do que como escritor?
- GYLLESTEN: Acho que a razão principal disso se prende ao fato de o trabalho literário apenas ganhar valor com o tempo. Seu impacto real está associado ao conjunto do trabalho literário de um escritor, *his life-achievement*. As contribuições científicas já não dependem de idade. Ao contrário do escritor, um cientista, mesmo jovem, pode revolucionar uma área da ciência a qualquer tempo. A maioria das obras literárias, contudo, é fruto do amadurecimento da personalidade e da determinação do autor durante a maior parte de sua vida.

- JLA: Falemos agora da economia do Nobel, do financiamento por trás da láurea. O valor do prêmio torna-se cada ano mais alto. Como a fundação gerencia o dinheiro deixado por Alfred Nobel?
- GYLLESTEN: Hoje, a Fundação Nobel funciona como uma companhia de investimentos, uma instituição privada que opera de acordo com os princípios da economia de mercado. Atualmente, mais de 50% do capital total são investidos em ações, obrigações do Tesouro etc. No entanto, a fundação nunca investiria em indústrias ou empresas que prejudicassem o *status* da láurea – em ações da indústria de armamentos, por exemplo.

- JLA: Como são escolhidos os laureados Nobel que, além de receberem das mãos do rei da Suécia a medalha e o diploma, levam para a casa uma boa quantidade de dólares?
- GYLLESTEN: Os laureados científicos, como o Prêmio Nobel de Física e de Química, são escolhidos pela Real Academia Sueca de Ciências, e os de Medicina ou Fisiologia, pelo Instituto Karolinska de Estocolmo, que é também um dos maiores centros de pesquisa da Europa. Para cada um desses prêmios, existe uma comissão, constituída por cinco cientistas, que se ocupam da maior parte do trabalho de seleção. Essa comissão recomenda o nome de um ou mais candidatos, em geral no final de setembro, mas, como há discordâncias, a última decisão é tomada pelo Instituto Karolinska ou pela Real Academia de Ciências. Essa escolha é feita em total segredo. Todos os anos, cerca de 1.300 personalidades mundiais, representando diferentes instituições universitárias e científicas do mundo, são convidadas a opinar sobre quem deverá ser agra-

ciado com os prêmios Nobel de Física e Química. Esse segmento de pessoas – que atuam com a maior discrição e incluem também agraciados de anos interiores – constitui, por assim dizer, os agentes consultivos da Fundação Nobel. Na lista desses agentes do Nobel, figuram igualmente personalidades de departamentos de Física e de Química de 50 universidades de todos os continentes, além de figuras ilustres selecionadas fora do âmbito das instituições educacionais. Pelas nossas estatísticas, todos os anos são indicados nomes de aproximadamente 200 físicos e 200 químicos, a maioria deles americanos e europeus. Há poucos latino-americanos. Em geral, muitos nomes são de candidatos que já figuravam em listas de anos anteriores, sendo apenas um quarto da lista composto por novos nomes.

- JLA: E como essa lista é reduzida para se chegar à conclusão de quem será agraciado do ano?
- GYLLESTEN: Como é quase impossível investigar, num curto período de tempo, trabalhos efetuados por mais de 400 cientistas, o comitê é obrigado, quase todos os anos, a reduzir esse número para 75 candidatos classificados para as finais. Após detalhada triagem sobre o trabalho desses cientistas pelo Comitê Nobel, o número é, em seguida, reduzido para 20 nomes. A partir daí, é possível tomar outras deliberações, recomendando-se à Real Academia de Ciências que se defina por três nomes para a láurea. E, se alguém foi "esquecido" em determinado ano, há também 90% de chance de que seu nome figure na lista do ano seguinte.

- JLA: Do que depende a escolha?
- GYLLESTEN: De acordo com o testamento de Nobel, as láureas devem ser distribuídas aos mais destacados trabalhos científicos do ano anterior. Essa regra, porém, teve que ser contornada, a fim de permitir maior flexibilidade ao trabalho da Academia de Ciências. Com isso, o fato de um cientista ser premiado depende em grande parte do *timing* de sua pesquisa ou então de um golpe de sorte. Invariavelmente, a maioria dos cientistas aguarda vários anos pela distinção, embora sejam merecedores incontestes da láurea. Um exemplo é o caso do professor Cesar Milstein, argentino naturalizado britânico, descobridor dos anticorpos monoclonais, que levou duas décadas para receber o Prêmio Nobel. No caso de Milstein, o comitê não poderia retardar a entrega do prêmio, porque suas pesquisas já haviam provocado efeitos dramáticos em muitas áreas da biologia.

Lars Gyllensten

- JLA: A escolha do Prêmio de Literatura se processa de forma semelhante?
- GYLLESTEN: O Prêmio Nobel de Literatura é distribuído todos os anos pela Academia Sueca. Durante o outono, os acadêmicos também começam a consultar centenas de personalidades mundiais – autores, professores de literatura, lingüistas, associações de escritores, poetas e antigos ganhadores da láurea sobre suas opiniões no universo da literatura mundial. No final de janeiro, centenas de respostas já chegaram à academia. Mas, em geral, grande parte dos nomes sugeridos já é do conhecimento dos acadêmicos ou já foram discutidos anteriormente. Assim, a lista é reduzida para uma dezena de nomes. Há todos os tipos de sugestões – desde os candidatos de maior estatura até os menos conhecidos, de grandeza críptica. Alguns nomes são considerados "impossíveis" desde o início. Mas há os nomes considerados interessantes e, inclusive, aqueles que poderão ser agraciados no futuro.

- JLA: E o que sucede em seguida?
- GYLLESTEN: Em seguida, o Comitê Nobel discute os nomes mais destacados, vota em cinco deles e tenta depois selecionar, por unanimidade, um candidato. Esse processo é considerado correto e serve para selecionar todos os anos os vencedores. Os membros da Academia Sueca são obrigados a ler detalhadamente a obra ou as obras do candidato, embora muitos já conheçam o autor, porque seus nomes, em geral, se repetem durante vários anos. Todos os anos, temos uma lista dos dez mais na Academia Sueca.

- JLA: E como os acadêmicos chegam à esperada conclusão?
- GYLLESTEN: Através de muitas discussões. Há muitas opiniões divergentes, mas tudo é discutido em clima de serenidade, mesmo porque não é possível que cada um defenda seu candidato preferido indefinidamente. Nosso problema principal é alcançar consenso, unanimidade.

- JLA: Há os que afirmam que Arthur Lundkvist – um dos acadêmicos que pertencem à "falange latina" e que permanentemente votou contra o nome de Graham Greene e Astrid Lindgren para o Nobel – tem grande influência na escolha dos candidatos. É verdade?
- GYLLESTEN: Não. Eu jamais diria uma coisa dessas. Evidentemente, sua enorme erudição e seu profundo conhecimento literário são de grande valor. Seu voto é tão importante quanto os dos demais acadêmicos.

■ JLA: O senhor é hoje a personalidade mais alta da Academia Sueca e aquele que anuncia à imprensa mundial o nome do laureado com o Prêmio Nobel de Literatura. De que maneira um médico, como o senhor, se tornou escritor em tempo integral?
□ GYLLESTEN: Comecei minha carreira como professor assistente de Histologia do Instituto Karolinska de Estocolmo, onde permaneci de 1955 a 1973. Foi somente quando completei 52 anos que resolvi dedicar-me integralmente à literatura. Mas, desde 1966, sou membro da Academia Sueca, ocupando a cadeira 14. É fato que sou médico, mas tenho trabalhado com literatura praticamente toda a minha vida adulta. Sou um escritor de ficção do tipo existencialista, mas fui grandemente influenciado pelo mundo da ciência, pelas atitudes científicas e pelos modelos de ambientes científicos. Tenho procurado escrever livros que abordem modelos e atitudes de vida. Todas as minhas obras pertencem a uma cadeia de críticas que se correspondem entre si, que criticam diferentes pontos de vista e diferentes atitudes humanas.

■ JLA: Qual de seus livros me recomendaria?
□ GYLLESTEN: Recomendaria *Cave in the Desert* ("A caverna no deserto"), de 1973, que trata da esperança e do lado cético da vida. Parte do livro é sobre a vida de Santo Antônio e parte sobre as condições que levaram ao declínio do Império Romano. É uma obra que procura mostrar as simetrias entre a época em que vivemos e situações históricas passadas, como a queda do Império Romano. É também um livro crítico do processo alucinado de industrialização das sociedades modernas.

■ JLA: Poderia adiantar-me algo sobre a premiação deste ano?
□ GYLLESTEN: Não, absolutamente, de forma alguma.

Outubro de 1978

Lars Gyllensten

OS PRÊMIOS NO TESTAMENTO DE ALFRED NOBEL

"Todo o resto da fortuna realizável por mim deixada ao morrer será empregado da maneira seguinte: o capital, colocado por meus executores testamentários em valores móveis seguros, constituirá um fundo, cuja renda será distribuída a cada ano, a título de recompensa, às pessoas que, no decorrer do ano precedente, tenham prestado os maiores serviços à humanidade. Essa renda será dividida em cinco partes iguais.

A primeira será atribuída ao autor da descoberta ou invenção mais importante no domínio da Física; a segunda, ao autor da descoberta ou invenção mais importante em Química; a terceira, ao autor da descoberta mais importante em Fisiologia ou Medicina; a quarta, ao autor da mais notável obra literária de inspiração idealista; a quinta, à personalidade que mais ou melhor tenha contribuído para a aproximação dos povos, para a supressão ou redução dos exércitos permanentes, para a reunião ou propagação dos congressos pacifistas.

Os prêmios serão assim conferidos: os de Física ou de Química, pela Academia Sueca de Ciências; o de Fisiologia ou Medicina, pelos Instituto Carolino de Estocolmo; o de Literatura, pela Academia Sueca, e o da Defesa da Paz, por uma comissão de cinco membros eleito pelo Storting (Parlamento norueguês). Desejo expressamente que os prêmios sejam conferidos sem qualquer consideração de nacionalidade, de modo a serem atribuídos aos mais dignos, sejam ou não escandinavos.

Paris, 27 de novembro de 1895
ALFRED BERNHARD NOBEL"

DEBREU, FOWLER, TAUBE e CHANDRASEKHAR

QUEM GANHA E QUEM PERDE
COM A FUGA DE TALENTOS

WILLIAM FOWLER e Subrahmanyan Chandrasekhar, físicos; Henry Taube, químico, e Gerard Debreu, economista, todos ganhadores do Prêmio Nobel de 1983, concordaram em fazer um encontro – rápido, porém proveitoso –, no final daquele ano, para discutir a questão do *brain drain* (fuga de cérebros), fenômeno indiretamente responsável pela decisão da Real Academia de Ciências da Suécia de atribuir a láurea anual a cientistas do Terceiro Mundo. Eis um resumo da conversa, realizada em fevereiro de 1984, e posteriormente publicada na Editoria de Ciência e Tecnologia da revista *Visão*.

Debreu

- JLA: O Nobel é mesmo o coroamento da carreira de um cientista?
- FOWLER: É e não é. O pior que pode acontecer a um cientista é resolver um problema, porque aí ele precisa encontrar outro. É verdade que conquistas significativas foram chamadas de "marcos históricos", mas essa não é a forma como a ciência funciona. É a soma dos feitos grandes e pequenos que nos auxilia a formular um conhecimento total, que chamamos de ciência. O desenvolvimento da ciência não é obra de um punhado de cientistas notáveis e premiados. Ao receber o Nobel, não me esqueci daqueles que colaboraram comigo, fora e dentro do laboratório.

- TAUBE: Abandonei as experiências de laboratório há vinte anos e passei a trabalhar só com estudantes graduados, dando continuidade a certo tipo de pesquisa. Não acredito que um cientista possa ser mais importante que os outros e estar sempre numa posição mais alta que a do resto de seus colegas.

- JLA: Entre os quatro laureados aqui presentes, só um, William Fowler, nasceu nos Estados Unidos. O *brain drain* afeta muito seus países de origem?
- DEBREU: A França, de onde venho, não foi muito prejudicada, talvez porque o francês, por tradição, não emigra com tanta freqüên-

cia. Fora de suas fronteiras, ele enfrenta o que chamamos de *nostalgie du pays* — a falta do vinho, dos costumes, da comida tipicamente francesa. Não creio que o *brain drain* tenha sido muito danoso para a França em comparação com outros países. Talvez outras nações européias ou o Canadá, aqui representado pelo professor Henry Taube, tenham encontrado problemas muito mais sérios.

TAUBE: No Canadá, o problema do *brain drain* é muito sério. Quando terminei meu doutorado na Universidade da Califórnia e voltei para o meu país, surpreendi-me com um fato perturbador: não havia lá uma única oportunidade para mim. Então, comecei a enfrentar minha *via crucis*: escrevi para mais de 50 universidades no mundo inteiro, oferecendo meus trabalhos, e só recebi resposta positiva de uma, americana, para onde depois vim a trabalhar. Com isso, acabei por me tornar cidadão americano. Se tivesse ficado no Canadá, tenho absoluta certeza de que minha carreira seria muito diferente. E duvido que pudesse realizar tudo o que fiz nos EUA, país que oferece um número infinito de oportunidades. É só ter gabarito e tentar.

CHANDRASEKHAR: Minha situação é talvez diferente, porque a Índia, país onde nasci, enfrentou uma fase histórica e econômica muito difícil. Se eu tivesse optado por ficar lá, não poderia realizar qualquer trabalho científico em profundidade. A experiência de me transferir de uma Índia em dificuldades para uma nação avançada, como os Estados Unidos da América, torna difícil avaliar o significado do *brain drain*.

DEBREU: Do ponto de vista da economia, a situação é diferente. O *establishment* francês enfatiza os aspectos legais, institucionais e históricos da economia e tem pouca simpatia pela economia pura. Na França, ainda há faculdades de economia muito pouco receptivas a estudos teóricos.

JLA: Em outras palavras, os Estados Unidos tornaram-se uma verdadeira base científica em relação a outras nações?

DEBREU: Em economia, ninguém pode negar isso. A maioria dos prêmios de ciência é conquistada por americanos e muitos deles nasceram no exterior. Após a Segunda Guerra Mundial, os Estados Unidos tornaram-se o centro por excelência dos estudos e das pesquisas econômicas no mundo, sobretudo por terem adotado uma política inteligente de maior receptividade a novas abordagens no estudo dessa ciência.

□ CHANDRASEKHAR: Nos EUA, há um ambiente mais favorável à pesquisa científica e há um número muito grande de jovens entusiasmados com trabalhos teóricos.

□ FOWLER: O desenvolvimento da ciência, não importa qual seja o país, depende de um fator que considero fundamental – a satisfação pessoal do cientista com relação à sua própria pesquisa. A satisfação pessoal é um marco básico da vida e quase nada funciona bem sem ela. Um estudante insatisfeito não rende o necessário para transformar-se num grande mestre. Um empresário sem título não pode levar adiante seus projetos. Uma nação não pode viver bem se a maioria da população vive num clima de insatisfação generalizada. Quando digo "satisfação pessoal", refiro-me também à liberdade de criação individual e ao respeito que devemos depositar nesse princípio.

■ JLA: Dos teóricos aqui reunidos, o mais criticado é o professor Gerard Debreu, da França. Sua Teoria do Equilíbrio é apontada por muitos como algo que não pode gerar benefícios práticos, por estar fora do mundo real. Como o senhor reage a essas queixas, professor Debreu?
□ DEBREU: Estou, de certa forma, imune a críticas desse tipo, que considero infundadas. Ocorre que o público não compreende de imediato o que um cientista faz num laboratório. Quando o átomo foi dividido, na Alemanha da década de 1930, os cientistas afirmaram que o fato teria conseqüências fantásticas. Mesmo assim, o público continuou não entendendo o que acontecera. Em economia, o que me interessa são os problemas básicos que cada sistema econômico tem de solucionar – a alocação de recursos, a descentralização, os incentivos, as formas de investimentos de capitais, o processamento das informações. Enfim, é necessário acostumar-se com o fato de que, também em economia existe pesquisa básica.

■ JLA: Mas o que os críticos dizem é que precisamos resolver primeiro as questões práticas e que os problemas do mundo não podem ser superados apenas com academicismos.
□ DEBREU: Até concordo, em parte, com isso. Vários problemas que preocuparam os "economistas práticos", das décadas de 1930 e 1940, não existem mais hoje em dia. A teoria do racionamento do pósguerra, por exemplo, não existe mais. Como economista teórico, prefiro responder a questões que continuam sendo importantes para

diferentes sistemas econômicos. Uma opinião que eu emitir fora da minha área de pesquisa pode criar uma infinidade de discórdias.

JLA: Apesar desse perigo, gostaria que arriscasse um prognóstico para a economia mundial nos próximos 20 anos.

DEBREU: Isso é inteiramente impossível. Quem, há 30 anos, poderia prever a atual revolução dos computadores, da eletrônica, da inteligência artificial? Quem imaginaria o embargo do petróleo em 1973 e suas conseqüências devastadoras? É quase impossível prever o que acontecerá no mundo nos próximos 20 anos. O que modifica o mundo é, justamente, o imprevisível.

Março de 1984

....

DESPERDÍCIO DE CÉREBROS

A fuga de cérebros, ou *brain drain,* é prejudicial para uns e vantajosa para outros. O problema é que o *brain waste* – desperdício de cérebro ou talento – vem sendo cada vez mais freqüente. Isto é, o migrante qualificando sai em busca de melhores oportunidades, mas dificilmente consegue exercer suas competências nos países de acolhimento. A eles são reservados empregos que os cidadãos nacionais deixam para segunda escolha. Não só se desperdiça conhecimento valioso, como se perpetua um estereótipo que urge ser eliminado para que haja uma integração mais eficaz, de acordo com o estudo "Dupla Oportunidade", realizado sob o patrocínio do Programa das Nações Unidas para o Desenvolvimento (Pnud).

Segundo estimativas da Organização Internacional de Migração (OIM), mais de 40 mil cientistas latino-americanos abandonam anualmente seus países para instalar-se em nações ricas. Baixo salário, desemprego, falta de investimentos, assim como ausência de políticas públicas para defesa e proteção da ciência constituem as principais causas da fuga de talentos da África e da América Latina para os países industrializados.

Estudo realizado com dados do Centro Latino-Americano de Demografia mostrou que cerca de 1,2 milhão de latinos com formação altamente qualificada deixou seu país de origem entre 1961 e 2002, emigrando para o Primeiro Mundo. Essa perda de cérebros teve custo estimado de US$ 30 bilhões. O cálculo refere-se apenas ao que foi gasto com a formação acadêmica de cada pessoa, cerca de US$ 25 mil.

Quanto ao Brasil, a situação assemelha-se à do Canadá, onde a busca de melhores condições de trabalho e de salário – em particular nos Estados Unidos – é o fator preponderante para a migração de mão-de-obra qualificada, de acordo com estudo da Sociedade Brasileira para o Progresso da Ciência publicado em 2002.

MILTON FRIEDMAN

LIVRE MERCADO PARA UMA SOCIEDADE LIVRE

QUANDO MILTON FRIEDMAN foi agraciado com o Prêmio Nobel de Economia, em 1976, muitos jornalistas que cobriam o evento lamentaram a escolha da Real Academia de Ciências. Razão: o professor da prestigiada Universidade de Chicago teria "colaborado" com a ditadura do general Augusto Pinochet, do Chile. Por isso, o que deveria ter sido uma coletiva de imprensa habitualmente tranqüila, com questões abalizadas sobre economia, quase desaguou em bate-boca, tal o clima de debate que se instaurou, pesado e anárquico. Mas Milton Friedman, notável por sua paciência e diplomacia, respondeu aos jornalistas mais furiosos até sobre questões que para muitos soaram insultuosas.

No final, como era esperado – e, naturalmente, graças à habilidade dos mediadores da Fundação Nobel –, o encontro do premiado com a imprensa terminou bem. E Friedman, com grande gentileza e sem demonstrar qualquer rancor, concordou até mesmo em falar individualmente com alguns jornalistas mais interessados em suas teorias.

Morto em novembro de 2006, 30 anos depois de ter recebido o Prêmio Nobel, Milton Friedman notabilizou-se por sua defesa intransigente da liberdade no campo político-econômico, tendo concebido a maioria das filosofias adotadas pelo presidente Ronald Reagan, pela primeira-ministra britânica Margaret Thatcher, e pelos sucessivos presidentes do Federal Reserve, o Banco Central americano.

Nascido no Brooklin, Nova York, em 31 de julho de 1912, Milton Friedman era filho de imigrantes de uma província do império austro-húngaro que depois se tornou parte da União Soviética. Ao terminar seus estudos secundários, antes de completar 16 anos, ele ganhou uma bolsa da Rutgers University. Em 1932, estudou economia na Universidade de Chicago, onde fez mestrado, doutorando-se depois pela Universidade Colúmbia, em Nova York.

Sua ascensão começou na década de 1950, quando começou a contestar as posições populares dos economistas que seguiam as teorias "estatizantes" de John Maynard Keynes. Considerado um economista liberal no sentido mais estrito do termo, ele escreveu – entre 32 livros publicados – duas obras consideradas fundamentais por seus seguidores: *O capitalismo e a liberdade* e *História monetária dos Estados Uni-*

Milton Friedman

dos, 1867-1960. Durante mais de um quarto de século, viajou pelo mundo divulgando a tese que se transformou em sua marca registrada: a defesa dos orçamentos equilibrados e dos gastos públicos limitados.

Foi assessor de política econômica de Ronald Reagan, no início da década de 1980, ajudando a orientar e reforçar as concepções econômicas do presidente, tanto na questão do controle da inflação, quanto no plano da redução dos impostos. Destacou-se também por assessorar a primeira-ministra Margaret Thatcher, entre 1979 a 1990, impulsionando a economia de livre mercado e a privatização de empresas estatais inglesas. George Bush, pai, creditou às idéias de Friedman a manutenção do controle da inflação no Chile, a adoção de impostos fixos na Rússia e a criação de contas pessoais de aposentadoria na Suécia.

Os ensinamentos de Friedman na Universidade de Chicago ajudaram a promover a chamada "Escola de Chicago", conhecida por teorias relacionadas ao libertarismo do livre mercado. Essas idéias foram, de fato, colocadas em prática no Chile nas décadas de 1970-1980, durante a ditadura militar. Daí terem recaído sobre ele as pesadas críticas de políticos e acadêmicos contrários ao golpe militar que tirou do poder o presidente Salvador Allende.

Quando Milton Friedman chegou a Estocolmo para receber seu Nobel de Economia, a Suécia já havia garantido asilo político a mais de 76 mil chilenos.

Fui o terceiro correspondente a falar com Milton Friedman na Academia Nobel, e o primeiro a publicar sua entrevista exclusiva no Brasil, logo após ter recebido a láurea.

- JLA: Seus últimos artigos publicados na revista *Newsweek* criticaram fortemente os conselheiros do presidente Jimmy Carter, em Washington, apontando para o fato de que em 1980 o desemprego aumentaria dramaticamente nos EUA. O que o leva a fazer previsões de tal natureza?
- FRIEDMAN: Em meus artigos na *Newsweek* não fiz qualquer previsão o sobre o aumento do desemprego nos Estados Unidos. Afirmei simplesmente que se o presidente Jimmy Carter pusesse em prática a política econômica de seus conselheiros, então era de se esperar que o desemprego e a inflação voltassem a atormentar seriamente a vida econômica do país. Se me perguntasse qual a alternativa que adotaria, eu responderia da seguinte forma: o presidente americano deveria controlar os gastos governamentais e o fluxo de crescimento monetário, e deixar que a recuperação prosseguisse a passo moderado. À medida que a recuperação avança, a

fórmula é controlar ainda mais o fluxo do crescimento monetário a fim de forçar a redução gradual dos índices inflacionários.

- JLA: Como avalia as conseqüências políticas e sociais de suas teorias econômicas quando eleições, num país democrático, assumem conotações extremamente importantes?
- FRIEDMAN: Primeiro, acredito no princípio da sociedade livre. Acho que os Estados Unidos, por exemplo, são uma democracia governada por seu próprio povo – e desejo que continue assim. Mas os eleitores podem também cometer erros. Por isso, todo meu esforço na área pública nos Estados Unidos tem sido no sentido de persuadir o povo americano a empregar melhor o seu voto, ou seja, votar em questões mais importantes. Estou plenamente convencido de que, se conseguir convencer uma parcela do público eleitor de que o caminho viável para uma sociedade economicamente sadia e politicamente livre passa pela redução dos gastos governamentais, então, esse mesmo público terá condições de dizer a Washington o que seus representantes deverão fazer.

- JLA: O senhor acredita que tanto o povo quanto o governo estão dispostos a levar em conta os conselhos de economistas?
- FRIEDMAN: No caso dos Estados Unidos, é claro que – pelo menos neste momento – o presidente no poder (Gerald Ford, 1974-1977) não se preocupa com o que estou afirmando. O presidente tem agora suas preocupações voltadas para compromissos assumidos durante o período eleitoral. Isso é normal. Entretanto, desde já, notamos também que o presidente começa a perceber as coisas e tem se afastado consideravelmente de seus conselheiros econômicos, objetos de minhas críticas. Mas por que um presidente se afasta de seus conselheiros? Porque o público em geral já vem aprendendo a mesma lição que eu aprendi como economista: percebe que esses programas que visam ativar os gastos governamentais não conduzem a resultados positivos. Ao contrário, revelam-se ineficientes e negativos. O povo americano tem sofrido grandes desilusões com relação aos benefícios que pode colher quando as coisas são manipuladas somente por Washington, pelo governo federal. Nesse contexto, creio ser necessário afirmar que Jimmy Carter se elegeu (para suceder Ford) porque, entre outras coisas, foi um candidato anti-Washington. Conseqüentemente, acho que não há conflito algum entre aquilo que acredito ser verdadeiro no plano da ciência econômica e aquilo que considero politicamente sadio para uma nação democrática.

Milton Friedman

- JLA: Acredita que essas mesmas teorias que defende possam ser aplicadas também nos países em desenvolvimento, assim como nos países altamente desenvolvidos, caso dos Estados Unidos?
- FRIEDMAN: Ao contrário da política econômica que tenho defendido até aqui, nos países subdesenvolvidos, é a política de planejamento central, de controle centralizado, que representa a verdadeira ameaça à democracia e à liberdade. Eu defendo exatamente o oposto. A idéia de sociedade livre que esposo é aquela em que cada indivíduo separadamente possa ter a oportunidade de controlar seu próprio destino. Esse é o único tipo de sociedade em que se pode ter também liberdade política. Consideremos, por exemplo, o caso da Índia, um país que tem procurado seguir uma linha política socialista e se apoiou durante anos no pensamento político de Harold Lasky, da London School of Economics. A que isso levou? Virtualmente a uma ditadura. Esse não é certamente o caminho para a liberdade política. O caminho para a liberdade política é maior confiança no mercado e menor dependência em relação ao aparato estatal. Não posso ver liberdade econômica e política de outra forma.

- JLA: Sua tese é de que o Estado deve abster-se de intervir no processo econômico, exceto quando controla a massa do fluxo monetário. Não julga que essa é uma forma indireta muito mais sutil e poderosa de intervir?
- FRIEDMAN: Claro. Eu nunca defendi a anarquia. O Estado, em minha opinião, tem seu papel a cumprir – e um papel extremamente importante. Acredito, por exemplo, na necessidade de o governo esforçar-se para manter a defesa do país, sua segurança nacional, suas forças policiais e seus tribunais de justiça. A questão é saber quais são os setores apropriados em que o governo deverá concentrar mais seus esforços e quais os não apropriados para intervenção estatal direta.

- JLA: Seu nome tem sido associado ao governo militar do Chile. Órgãos da imprensa internacional o acusam de servir de "pêndulo" entre Santiago e Washington, desde que o general Augusto Pinochet assumiu o poder. Como comenta essa acusação?
- FRIEDMAN: É um erro. Não tenho e nunca tive nada a ver com o governo chileno. Simplesmente porque passei uma semana no Chile, realizando algumas conferências sobre economia, meu nome passou de forma rápida a ser indevidamente associado com a Junta Militar. É um grande erro e uma enorme injustiça. Quando a Universidade do Chile me ofereceu dois títulos honoríficos patrocinados por fundos públicos, recusei-os prontamente, porque não quis ficar em posição de

dar qualquer tipo de apoio ao governo militar chileno. Minhas conferências foram basicamente sobre economia, mas tive também a oportunidade de falar sobre a perda de liberdade naquela nação e a necessidade urgente de restabelecê-la. Ressaltei a importância de reduzir o papel do governo como forma de atingir a plena liberdade política e econômica. Volto a repetir: minhas teorias econômicas nunca tiveram nada com o governo de Santiago. Por outro lado, não entendo como podem relacionar-me com a atuação da Junta Militar chilena. Uma coisa é ser um *scholar,* um acadêmico, outra é ser um conselheiro político. Existe algum impedimento que obrigue um cientista a deixar de fazer conferências em países cujo regime desaprova? Se isso fosse possível e coerente, imagine as conseqüências... Quem dá uma conferência em Moscou tem necessariamente que aprovar o regime comunista e centralizante da União Soviética? Francamente, isso seria um absurdo...

JLA: Mas, segundo a imprensa, o convite que lhe foi formulado partiu do próprio governo chileno. Correto?

FRIEDMAN: Não. Foi feito por uma fundação, que representa um dos maiores bancos chilenos. Fui convidado, juntamente com um colega da Universidade de Chicago e mais um economista brasileiro, para efetuar uma série de conferências sobre a situação econômica no Chile e na América Latina e fazer algumas interpretações. Foi uma semana intensa de contatos com grupos privados, acadêmicos e estudantes em vários seminários públicos. Para exemplificar, quando estive em Santiago dei – entre outras – uma palestra na Universidade do Chile. A minha universidade mantém uma parceria, um intercâmbio, com a Universidade Católica do Chile há vários anos. Discorri sobre a fragilidade da liberdade. O tema central dessa palestra foi colocar em evidência o quão frágil é a liberdade perante um sistema opressor e que a única forma de manter essa liberdade é assegurar o exercício da livre iniciativa, que garante também as liberdades individuais e políticas, típicas do Estado democrático. Foi um encontro que teve como tema essencialmente a luta contra o totalitarismo.

JLA: Levando em conta suas preocupações com os problemas da liberdade democrática, qual governo, em sua opinião, teria mais possibilidades de promover a liberdade no Chile: o do presidente socialista Salvador Allende ou o do general Augusto Pinochet?

FRIEDMAN: Nem um e nem outro. O governo de Salvador Allende caminhava para uma ditadura, para a supressão das liberdades democráticas. A tendência é lembrar o governo anterior como um paraíso

Milton Friedman

democrático, mas essa não era exatamente a verdade. Allende nunca deteve mais do que 35% do eleitorado chileno, o resto foi questão de arranjo constitucional. No Chile de Pinochet, existem também severas restrições às liberdades individuais. Nesse sentido, não é absolutamente um país livre. Também fiquei consciente da existência de tortura no Chile, e isso sempre condenei com todo o rigor.

- JLA: O senhor crê que sua reputação foi abalada com o episódio do Chile?
- FRIEDMAN: Talvez sim, talvez não. Ganhei muita publicidade nos jornais e nos meios de comunicação, que publicaram muito sobre minha pessoa e minhas teorias. Do lado político, porém, muitos intelectuais de esquerda e outras elites, que defendiam o presidente Allende, me rotularam como traidor, reacionário etc. Mas isso não passa de dupla moral. Os que arquitetaram campanhas contra a minha pessoa esqueceram também – como disse antes – que dei muitas palestras em vários países comunistas.

- JLA: A correção monetária, tema de várias de suas conferências, continua sendo um grave problema em vários países. Acredita na correção monetária como um fenômeno permanente ou transitório da economia?
- FRIEDMAN: Até agora, a correção monetária é apenas um expediente, um meio para mitigar os danos provocados pela inflação. O estágio ideal da economia de qualquer país é aquele em que não existe nem inflação e nem correção monetária. Para mim, portanto, não se trata de uma característica desejável e que deva ser permanente na economia, a não ser que a sociedade em questão apresente a inflação como traço característico permanente.

- JLA: Quais as vantagens do chamado "imposto de renda negativo" sobre o qual o senhor tanto vem falando em suas conferências?
- FRIEDMAN: As grandes vantagens do imposto de renda negativo no que se refere à assistência, dentro da esfera do bem-estar social em países como os Estados Unidos, por exemplo, seriam as seguintes: em primeiro lugar, pode ser aplicado diretamente aos que mais necessitam; em segundo lugar, preservaria, com mais garantias, as liberdades dos beneficiários, pois lhes permitiria usufruir do modo mais conveniente do auxílio; finalmente, possibilita manter o incentivo em relação ao beneficiário, que pode desligar-se da assistência governamental e tornar-se, por meio de estímulos, um membro produtivo da sociedade.

Dezembro de 1976

LIVRE INICIATIVA PARA AS MASSAS

Milton Friedman produziu com sua esposa, Rose Friedman, a série de televisão *Free to Choose* que foi ao ar em 1980 no canal PBS nos EUA. A série tornou-se um livro homônimo, que foi *best-seller*, e é até hoje vendida, sob a forma de DVD, pela Free to Choose Media, uma das empresas do comunicador Bob Chitester, nascida justamente da série estrelada por Friedman.

Chitester teve sorte, pois sugeriu o trabalho ao economista de Chicago exatamente no momento em que ele se aposentava da universidade e se mudava para San Francisco para trabalhar na Hoover Institution, da Universidade Stanford. "Se eu estivesse dando aulas, teria sido impossível harmonizar as agendas", declarou Friedman. Mas foi Rose, sua mulher, quem explicou, na biografia do casal, *Two Lucky People* ("Duas pessoas de sorte"), o fascínio do projeto: "Milton e eu passamos a maior parte da nossa vida tentando alertar homens e mulheres sobre os perigos de um governo intervencionista e sobre o papel-chave da economia de livre mercado no sentido de tornar possível a sociedade livre. A possibilidade de colocar essas idéias para uma audiência ampla como a que seria atraída pelo documentário televisivo simplesmente nos entusiasmou".

A principal condição imposta por Milton Friedman foi que ele não leria *scripts*, mas falaria livremente, de improviso ou com base em notas próprias. "Havia um o roteiro de tomadas, que indicava quando e onde iríamos filmar e quais pontos de interesse deveriam ser abordados, mas não existia texto com as palavras a serem ditas", explicou Friedman. Quanto ao livro, foi feito com base na transcrição dos dez programas da série.

JAMES MEADE e BERTIL OHLIN
EM DEFESA DO LIVRE COMÉRCIO INTERNACIONAL

NUM MOMENTO em que o protecionismo estava virando moda em todo o mundo, quando os países industrializados e em desenvolvimento desdobravam-se na busca de novas formas de comercialização nos planos interno e externo, dois pioneiros no estudo científico da internacionalização da economia e do comércio internacional eram agraciados com o Prêmio Nobel de Economia de 1977. Após a experiência no ano anterior, com Milton Friedman, a Real Academia de Ciências da Suécia preferiu focalizar suas atenções dentro das fronteiras da Europa, atribuindo a láurea a James Meade e Bertil Ohlin. Como justificativa, os nobelistas acenaram que, com suas contribuições, ambos haviam aberto novas perspectivas nos domínios da Teoria do Comércio Internacional e dos movimentos internacionais de capital.

Nascido em 23 de junho de 1907, em Dorsey, e criado em Bath, na Inglaterra, James Meade, formado pelo Trinity College em Cambridge, trabalhou na Divisão Econômica da Liga das Nações, em 1937, como editor da publicação *World Economic Survey*, tornando-se professor de Comércio Exterior da London School of Economics em 1947. Contemporâneo de grandes mestres, como John Maynard Keynes, Meade notabilizou-se por sua obra-mestra *The Theory of International Economic Policy* ("Teoria da política econômica internacional"), em que contribuiu para o esclarecimento dos efeitos da política econômica sobre o comércio exterior à luz dos problemas da política de estabilização das economias abertas, fortemente dependentes do exterior. Nesse estudo, ele ressalta sobretudo a importância das condições de equilíbrio interno e externo, demonstrando por que e como a política de estabilização de um país deve levar em consideração o nível da demanda total de mercadorias e serviços, assim como as relações entre os preços e os fretes.

Ohlin

O sueco Bertil Ohlin, por sua vez, ex-ministro do Comércio e professor emérito de Economia Política da Escola de Altos Estudos Econômicos de Estocolmo, além de autor de uma obra histórica, *Inter-regional and International Trade* ("Comércio inter-regional e internacional"), de 1933, desenvolveu uma teoria pioneira sobre os fatores determinantes dos tipos de comércio exterior na utilização de recursos, relações de preços e distribuição de renda. Ohlin é lembrado pelo

Modelo Heckscher-Ohlin, por ele desenvolvido com base em estudos de seu professor, Eli Heckscher, que é um dos principais padrões usados pelos economistas no debate sobre comércio internacional.

James Meade morreu em 22 de dezembro de 1995 em Cambridge. Bertil Ohlin, nascido em 23 de abril de 1899, morreu em 3 de agosto de 1979, dois anos depois que o entrevistei.

- JLA: Como explicar, resumidamente, sua teoria sobre política econômica internacional?
- MEADE: É uma teoria que demonstra os efeitos da política econômica no comércio exterior, penetrando assim nas questões referentes às políticas de estabilização nas economias abertas. Quando falo de "economias abertas", refiro-me àquelas economias fortemente dependentes do comércio exterior. A análise concentra-se, basicamente, nas condições necessárias que devem definir as balanças interna e externa, isto é, a balança na economia doméstica e a balança nas transações comerciais externas. Minha teoria procura demonstrar também por que e como uma política de estabilização bem-sucedida deve levar em consideração não apenas o nível da demanda total de bens e serviços, mas também as relações entre preços e custos.

- JLA: O senhor é um economista orientado por idéias liberais. É contrário à centralização da economia pelo Estado?
- MEADE: Defendo a livre iniciativa e a economia de mercado, mas oriento-me, como disse, por princípios liberais. Por isso, julgo necessária uma combinação de sistemas, com uma direção central particularmente na esfera da política monetária e, sobretudo, na formulação da política tributária, no emprego de recursos e na distribuição de renda. Mas sou fortemente contrário ao planejamento total da economia, por tratar-se de uma política que, além de ineficiente, é extremamente desfavorável às liberdades individuais.

- JLA: Em sua opinião, seria possível implantar, como muitos sugerem, uma nova ordem econômica internacional que concilie de modo mais equilibrado as necessidades de países ricos e pobres?
- MEADE: É difícil responder com "sim" ou "não" a essa questão. Mas há várias possibilidades que, se postas em prática, tornariam os problemas menos agudos. Uma delas seria o controle da natalidade nos países menos desenvolvidos. No caso da Índia, por exemplo, hoje com um espantoso crescimento populacional, é difícil a economia

atender a tal expansão. Esse é um aspecto. Outra possibilidade seria os países desenvolvidos absorverem mais livremente do que no passado os produtos "de trabalho intensivo" dos países menos desenvolvidos. Mas isso dependeria, naturalmente, do esforço dos países pobres para manter o pleno emprego sem inflação. De qualquer forma, creio que esse é talvez o maior problema econômico do mundo.

- JLA: Para um grande número de estudiosos, os países menos desenvolvidos não podem resolver isoladamente o problema. Por outro lado, a ênfase dada ao controle da natalidade, com todo o respeito, me parece pouco realista. Não acha que a questão é saber o que as nações ricas estariam dispostas a fazer pelas pobres?
- MEADE: O principal seria os países desenvolvidos poderem importar livremente, sem qualquer obstáculo, produtos fabricados nos países em desenvolvimento, oferecendo-lhes também ajuda técnica e financeira. Ocorre que ainda continuamos enfrentando uma espécie de *stress* em relação às possibilidades de abertura dos mercados dos países desenvolvidos. Seria necessário antes superar politicamente alguns sérios problemas domésticos. No meu país, a Grã-Bretanha, o apelo em torno de restrições de importações de certos produtos dos países menos desenvolvidos se deve ao preocupante índice de desemprego na indústria.

- JLA: Qual a reflexão do professor Bertil Ohlin?
- OHLIN: Em minha opinião, a expressão "nova ordem econômica internacional" é exagerada. Porém, acho justificável apelar para medidas que capacitem os países menos desenvolvidos a expandir sua indústria e suas exportações, reduzindo as flutuações de preços de seus principais produtos de exportação. Também é desejável – e possível – aumentar as facilidades de crédito e de importação de capital. Mas é essencial que ocorra uma expansão revolucionária de exportações de certos produtos manufaturados dos países em desenvolvimento para os velhos países industriais, provocando altos níveis de desemprego, pois medidas retaliatórias – por razões políticas e psicológicas – seriam impossíveis de ser evitadas. Seria desejável que países ricos e pobres concordassem num desenvolvimento gradual de exportação destes últimos, dando tempo para que as velhas nações industriais adaptassem suas próprias condições de produtividade às novas direções. Seria importante que os países menos desenvolvidos fossem seletivos em seu esforço de expansão da própria indústria e se concentrassem em setores nos quais exis-

tam chances de alcançar poder de competitividade sem subsídios após um determinado período de tempo.

- JLA: O professor James Meade mostrou-se cauteloso em relação ao controle estatal da economia. E o senhor, o que pensa sobre a intervenção estatal na economia? Há limites?
- OHLIN: Existem vários tipos de intervenção estatal. Há, por exemplo, a que visa neutralizar os ciclos de negócios e estimular a pesquisa tecnológica para a aplicação dos resultados obtidos e, sobretudo, para aumentar as possibilidades de educação e de treinamento de todas as camadas da sociedade. Em geral, o Estado não tem provado ser hábil no desenvolvimento de uma eficiente produção industrial. Apoio especial e subsídios também podem ser requeridos em épocas de depressão. Mas uma política que gradualmente transfira a maior parte dos grandes estabelecimentos industriais para Estado resultaria inevitavelmente em concentração do poder e em condições desfavoráveis para a liberdade individual e para a iniciativa privada, que, em quase todas as sociedade, tem provado ser uma força dinâmica decisiva nos últimos cem anos.

- JLA: E quanto à ênfase no planejamento econômico, levando-se em conta a rotatividade dos governantes e a alternância no poder?
- OHLIN: A expressão "planejamento econômico" vem sendo usada indevidamente ou de forma abertamente enganadora. Tanto a indústria privada como os próprios indivíduos fazem planejamento para o futuro. Mas o ponto em discussão é se queremos uma direção centralizante sobre a produção e o comércio. E não existe nenhum exemplo em todo o mundo de direção centralizada que possa ser combinado com liberdade democrática.

- JLA: Como alcançar uma distribuição ótima de recursos tanto numa economia de mercado – capitalista – quanto numa centralizada – socialista?
- OHLIN: Nenhum sistema pode oferecer uma ótima distribuição de recursos. É necessário considerar uma série de valores para podermos distinguir entre "uma eficiente alocação de recursos" e uma "alocação de recursos menos eficaz". Em geral, os sistemas burocráticos estão sendo deteriorados há várias décadas, privados das informações que o sistema de preços oferece, e lhes falta o estímulo da competição, razão pela qual canalizam tão pouca atenção aos desejos dos consumidores.

James Meade e Bertil Ohlin

- JLA: E o que pensa dos sistemas de preços administrados? Não é um fator gerador de inflação por inibir investimentos?
- OHLIN: A influência em investimentos depende de como o controle de preços é organizado e aplicado. Mas creio que ele é útil em certos períodos. O controle permanente é necessário quando há monopólios privados que, de outra forma, obteriam lucros exagerados.

- JLA: Como vê o aumento da pressão protecionista no mundo e os entraves que criam no comércio internacional?
- OHLIN: A crescente liberdade de comércio internacional nos últimos anos foi decisiva para o desenvolvimento industrial e para a elevação do padrão de vida em quase todos os países do mundo. A experiência, entretanto, confirma que, durante períodos de depressão, de desemprego e de pesadas perdas para a indústria, o movimento protecionista tende a ganhar força. Mas as simpatias em torno do protecionismo declinam à medida que as condições comerciais também melhoram.

- JLA: Os economistas considerados não-convencionais, como John Kenneth Galbraith e Gunnar Myrdal, criticam severamente o "consumismo", o crescimento sem limites e a deterioração ambiental provocada por mudanças tecnológicas descontroladas. Qual sua opinião?
- OHLIN: O que Galbraith e Myrdal criticam é simplesmente a idéia absurda de que uma sociedade deve buscar maximizar seus suprimentos materiais, desprezando outros fatores que estão intimamente relacionados com a condição de vida racional e decente. Por outro lado, é necessário considerar como custo de produção os efeitos negativos provocados no meio ambiente. Certas formas de poluição são elementos de grande importância negativa no desenvolvimento industrial. Todavia, necessitamos ainda de progresso tecnológico e de substancial aumento de produtividade por indivíduo, do contrário, não seria possível proporcionar melhores condições materiais, indispensáveis, para todos os segmentos pobres em cada país.

Dezembro de 1977

KOOPMANS e KANTOROVICH

ALOCAÇÃO ÓTIMA DE RECURSOS

EM 1973, quando a economia internacional era abalada pelo impacto da "guerra do petróleo" e uma crise avassaladora alcançava indiscriminadamente países industrializados e em desenvolvimento, os trabalhos de Tjalling Koopmans e Leonid Kantorovich trouxeram esperanças num campo em que todas as nações do mundo buscavam avidamente soluções: o da alocação ótima de recursos.

Koopmans

Embora tendo conduzido suas pesquisas independentemente, tanto um quanto outro renovaram, generalizaram e concretizaram métodos de análise de um dos problemas mais clássicos em economia política. Ambos conseguiram importantes resultados na formulação de questões e na descrição de relações entre os fatores de produção, tendo desenvolvido um método racional, chamado "análise de atividade" para alocar recursos de modo a atingir determinado objetivo econômico ao custo mais baixo possível.

Nascido em 1912, em São Petersburgo, antes de ela trocar de nome para Leningrado e de a Rússia se tornar União Soviética, Leonid Kantorovich dedicou-se, desde 1939, à pesquisa sobre o significado do uso mais eficiente de recursos em empresas individuais. Numa série de publicações, entre as quais seu livro mais comentado *The Best Use of Economic Resources*, ("O melhor uso dos recursos econômicos"),

Kantorovich

ele analisou as condições de eficácia aplicáveis ao conjunto de uma economia nacional, demonstrando, em particular, a relação existente entre a distribuição de recursos e os sistemas de preços, tanto em uma faixa de tempo determinada quanto no quadro de uma economia em crescimento. Um elemento importante dessa análise consiste em mostrar como as possibilidades de descentralização de decisões no seio de uma economia planificada estão intimamente ligadas à existência de um sistema racional de preços que compreenda um índice uniforme de juros como base para as decisões de investimento.

Leonid Kantorovich, morto em 7 de abril de 1986, em Moscou, era professor do Instituto de Matemática do Departamento Siberiano da Academia Soviética de Ciências.

Koopmans e Kantorovich

Já o holandês Tjalling Koopmans, nascido em agosto de 1910 e naturalizado americano, teve o mérito de ter desenvolvido o chamado Método de Análise de Atividades, descrito em seu livro *Analysis of Production as an Efficient Combination of Activities* ("Análise da produção como combinação eficiente de atividades"). De acordo com essa teoria, a correspondência entre a eficiência de produção e a existência de um sistema de cálculo de preços é esclarecida por diferentes interpretações da relação *input-output* – ou seja, da relação entre os fatores de produção (propriedade, capital, mão-de-obra e tecnologia) e o produto manufaturado.

Essas inovações analíticas permitiram operações de simplificação e de precisão da Teoria Geral de Equilíbrio, que estuda as inter-relações entre a oferta, a demanda e os preços no seio de uma economia nacional, em sentido global.

Koopmans esclareceu de maneira inteiramente nova as relações entre a Teoria Normativa da Repartição de Recursos e a Teoria Geral de Equilíbrio. Falecido em 26 de fevereiro de 1985, Koopmans foi professor da Fundação Cowles para Pesquisa Econômica da Universidade Yale, nos Estados Unidos.

A entrevista a seguir foi feita em 9 dezembro de 1975, um dia antes da solenidade de entrega do Prêmio Nobel de Economia.

- JLA: Se os cientistas econômicos podem, por meio de suas teorias, encontrar "soluções ótimas" para a distribuição ou alocação de recursos, acreditam os senhores que tais descobertas deveriam ser postas em prática em benefício de uma nação, mesmo que as soluções não correspondessem aos pontos de vista ou interesses políticos do governo ou da oposição?
- KANTOROVICH: Penso que o trabalho dos cientistas tem quase sempre conotação consultiva. Mesmo porque a resolução de um ou de outro problema está quase sempre relacionada a grande número de fenômenos políticos, econômicos e sociológicos. O importante é que o trabalho científico não seja contraditório em sua função de servir aos interesses tanto do povo quanto da nação e que não deixe de atender aos princípios políticos e sociais considerados justos.
- KOOPMANS: Estou plenamente de acordo com o professor Kantorovich. Se tivermos dois ou mais conceitos alternativos de distribuição ótima de recursos, por exemplo, poderemos indicar qual deles melhor se aplicaria em determinada situação ou indicar os melhores resultados dos demais conceitos, considerando outros rumos.

- JLA: Professor Kantorovich, o senhor, que trabalha numa economia socialista, acredita que é realmente possível alcançar uma distribuição ótima de recursos numa economia de mercado ocidental, onde o sistema de preços funciona como principal indicador?
- KANTOROVICH: Os métodos de programação linear e de alocação ótima de recursos desenvolvidos por mim, pelo professor Koopmans e por outros cientistas soviéticos, americanos e de outros países, referem-se, em larga escala, às economias planificadas do tipo socialista, às economias capitalistas ocidentais, bem como às economias de países em desenvolvimento. O que ocorre é que, em países ocidentais, esses mesmos métodos são quase sempre usados no quadro de determinadas empresas. Nas economias de tipo socialista, onde o principal sistema de preços e outros indicadores são definidos com base em um plano, esses métodos oferecem maiores possibilidades para avaliações científicas e cálculos mais objetivos.

- JLA: Acha possível, professor Koopmans, invertendo a questão, alcançar uma ótima distribuição de recursos numa economia centralizada como a da União Soviética?
- KOOPMANS: Em primeiro lugar, é necessário esclarecer que os sistemas de preços só podem servir como indicadores para determinar a alocação de recursos se esses preços forem formados em um mercado competitivo, e não em caso de preços de monopólios ou de preços administrados. Em termos de alocação ótima de recursos, a economia de mercado não exerce um trabalho perfeito. Quanto às economias centralmente planificadas ou *managed economies* – isto é, economias administradas –, a resposta é a mesma. Seria necessário que os "administradores" trabalhassem a partir de um sistema justo de preços, canalizando suas ações ou conselhos a seus superiores. Mas, na verdade, nem as economias centralmente planejadas nem as economias de mercado conhecidas atualmente no mundo são perfeitas nesse sentido. Ambos os tipos apresentam defeitos e trabalham com preços que estão longe de ser considerados ótimos.

- JLA: E como encara, então, a tendência na economia ocidental de dar maior ênfase à planificação econômica, a fim de determinar uma alocação de recursos mais eficiente?
- KOOPMANS: Embora extremamente necessária, acredito que a ênfase mais explícita na planificação da economia pode se opor a um aspecto dos sistemas políticos dos países com sistemas parlamentares e com a realização de eleições regulares. Entretanto, creio que

uma fraqueza dos sistemas parlamentares democráticos é a brevidade dos horizontes. Horizontes mais longos e com decisões mais explícitas, que dêem lugar a um "planejamento" na própria estrutura do governo, pode ser um passo para vencer esses obstáculos. Esse planejamento, porém, tem que ter qualidade e ser guiado por princípios justos. É claro que, nos dias atuais, para criar problemas, a palavra "planejamento" é a mais descritiva entre todas as que temos no universo da política e da economia.

- JLA: O professor Kantorovich tem afirmado que o crescimento econômico não é o único critério para medir o desenvolvimento ou mesmo determinar alocação ótima de recursos. Quais seriam os outros?
- KOOPMANS: Crescimento não é um fim em si mesmo. Outros critérios estão relacionados com a distribuição de rendas e a diminuição das desigualdades. Esses problemas são bem mais sérios nos países em desenvolvimento, com desigualdades assustadoramente maiores do que nos países desenvolvidos, quer sejam capitalistas ou socialistas.

- JLA: Os senhores acreditam na necessidade de uma nova ordem econômica internacional, como defendem muitos acadêmicos e cientistas sociais?
- KOOPMANS: A pergunta requer mais componentes para a avaliação dessas realidades, componentes políticos, econômicos e até morais. Por isso, como cidadão do mundo – e não como cientista –, posso responder que não deixo de ser otimista. Mas me reservo o direito de pensar que a solução levará muito tempo e assumirá proporções que certamente não podemos prever agora.
- KANTOROVICH: Penso que o desenvolvimento dos países jovens requer novas exigências, novas realidades, e que é absolutamente necessário apoiar as aspirações desses países, dando-lhes assistência e, sobretudo, auxiliando-os a desenvolver suas potencialidades.

- JLA: Acredita professor Koopmans, que as teorias neoclássicas e neokeynesianas são inteiramente aplicáveis e válidas na análise de todos os tipos de sociedade – capitalista, socialista, mista, desenvolvida e subdesenvolvida?
- KOOPMANS: As teorias continuam em desenvolvimento. Elas têm que corresponder a um tipo de estrutura social e ao rumo do desenvolvimento que o objeto do estudo comporta. Assim, minha resposta é não.

■ JLA: Como os senhores avaliariam o sistema capitalista americano e o sistema socialista soviético?
□ KANTOROVICH: Essa é uma pergunta tão séria quanto difícil. Para ser breve, diria que é reconhecidamente sabido que os Estados Unidos, num sentido econômico, têm obtido certo sucesso. Mas há uma grande herança de desvantagens óbvias e uma literatura farta de denúncias. No que concerne à URSS, eu diria que é um dos países mais ricos do mundo em recursos e com o mais perfeito dos sistemas socialistas. Mas esse sistema não é novo e, até agora, nem os recursos materiais, nem a administração desses recursos chegou a sua sua realização total. Em parte, penso que um maior desenvolvimento das ciências econômicas, de outros métodos de administração e a introdução de novos métodos matemáticos e eletrônicos permitirão um aproveitamento mais eficiente das potencialidades da URSS. Necessitamos, no entanto, aumentar ainda mais a efetividade de nossa economia para, conseqüentemente, aumentar também o nível de bem-estar de todo o povo.
□ KOOPMANS: A economia americana é consideravelmente rica em capital e razoavelmente eficiente como sistema, por causa da ênfase que coloca no mercado de preços como orientador das decisões comerciais. Ela enfrenta diversos obstáculos no que concerne à combinação entre inflação e desemprego. No princípio, havia inflação e depois, havia desemprego. Agora, freqüentemente experimentamos os dois fenômenos. Creio que é um problema de comportamento inteiramente ligado à estrutura social e política. Não sei o que dizer. Encontro-me emudecido diante de certos fatos econômicos, mas acredito que não estou só em minhas observações. Quanto ao sistema econômico socialista da URSS, coloco-me em posição bastante distante. O que tenho são duas questões abertas: Até que ponto as idéias do professor Kantorovich já foram incorporadas na prática na União Soviética? Por que a agricultura na URSS não pode fazer melhor do vem fazendo até agora? Por mais que me expliquem, não consigo entender essas incógnitas.

Dezembro de 1975

FRANCO MODIGLIANI

O CICLO VITAL E A POUPANÇA

QUANDO FRANCO MODIGLIANI recebeu o Prêmio Nobel de Economia, em 1985, já era considerado o maior de todos os macroeconomistas vivos do planeta, um cientista que conseguiu revisar a teoria keynesiana – formulada no período que se seguiu à Grande Depressão nos Estados Unidos e seus reflexos no mundo, nos anos 1930 – enquadrando-a aos conceitos econômicos modernos.

Paul Samuelson, o economista neoclássico que ganhou a láurea em 1970, afirmava que Franco Modigliani poderia ter sido "um laureado Nobel múltiplo, em virtude de sua extraordinária sabedoria." E completava: "Era um grande mestre, um dos acadêmicos mais intensos que conheci. O MIT (Massachusetts Institute of Technology) teve sorte de conseguir mantê-lo na instituição por mais de 40 anos. Franco era a jóia da coroa do MIT".

Pioneiro na análise da poupança e dos mercados financeiros, Modigliani foi o criador da Teoria do Ciclo Vital, que procura explicar o comportamento das economias pessoais partindo do princípio de que o propósito de poupar, ao longo do ciclo da vida de uma pessoa, tem como meta a manutenção de um padrão de vida razoavelmente fixo. Como a renda pessoal – segundo ele – tende a aumentar nos anos da juventude, alcança seu pico na maturidade e declina na velhice, o desejo de manter um padrão de consumo relativamente fixo leva "os mais jovens" a poupar e os "mais velhos", a gastar.

Franco Modigliani concluiu também que o valor de mercado de uma companhia não tinha nenhuma relação genuína com o tamanho ou a estrutura de sua dívida. Ao contrário, os valores de mercado das ações são determinados principalmente pelo que as empresas esperam ganhar no futuro. Conhecido entre seus pares por seu entusiasmo legendário e seus trabalhos pioneiros no campo da macroeconomia e da econometria, Modigliani desempenhou papel decisivo no desenvolvimento intelectual das finanças corporativas.

Após concluir seus estudos na Universidade de Roma e na New School for Social Research, em Nova York, ele lecionou e pesquisou em várias instituições de ensino superior antes de ingressar no Instituto Carnegie de Tecnologia. Em 1962, começou finalmente a trabalhar no Massachusetts Institute of Technology (MIT), onde assumiu a cátedra de Economia. Em 1985 – mesmo ano em que recebeu o Nobel –, foi nomeado "professor do Instituto", posição que o MIT reserva somente aos *scholars* com excepcional distinção. Em 1988, tornou-se professor emérito.

Nascido em junho de 1918, Franco Modigliani foi membro da Academia Nacional de Ciências e da Academia de Artes e Ciências dos Estados Unidos. E, se isso não bastasse, foi presidente da Sociedade de Econometria, da Associação Americana de Economia e da Associação Americana de Finanças. Era também consultor do Federal Reserve System e de vários bancos europeus. Seu esporte preferido era o tênis.

Ativo até o final da vida, Modigliani mobilizou seus colegas Paul Samuelson e Robert Solow para juntos publicarem, em 2003, uma carta no jornal *The New York Times*, criticando a Anti-Defamation League – "Liga da Anti-difamação", um grupo organizado de combate ao anti-semitismo – por ter homenageado o primeiro-ministro italiano Silvio Berlusconi, que havia defendido o tratamento dado por Mussolini aos judeus durante a Segunda Guerra Mundial. Morreu em Cambridge, Massachusetts, em 25 de setembro de 2003, aos 85 anos de idade.

Em 8 de dezembro de 1985, Franco Modigliani respondeu, com seu forte sotaque italiano e grande generosidade e paciência, a uma série de perguntas improvisadas que lhe apresentei na Academia de Ciências. Esta entrevista até agora não tinha sido publicada.

- JLA: Sua vida poderia servir como roteiro de um filme — de fugitivo do fascismo ao coroamento do Prêmio Nobel. Conte-me sobre o que o levou a deixar a Itália em 1938.
- MODIGLIANI: O regime fascista de Benito Mussolini, além de antidemocrático e antiliberal, era também muito opressor. Todos os seus oponentes eram presos ou silenciados. Eu estava vivendo num país onde não podia expressar minhas idéias. Além disso, em 1938, foram aprovadas leis racistas, diretamente contra pessoas de origem judaica ou pessoas que praticassem a religião dos judeus. Mesmo não sendo praticante e não estando diretamente envolvido com o judaísmo na época, eu vinha de uma família judia. Durante o fascismo, os judeus sofriam todos os tipos de crueldades e discriminações. Eram proibidos, por exemplo, de freqüentar escolas e estabelecimentos de ensino superior. Ora, se tivesse permanecido na Itália, não poderia dar continuidade a meus estudos e meus filhos não poderiam freqüentar as escolas, receber educa-

ção formal. Por outro lado, muitas profissões simplesmente desapareceram na Itália. Concluí que, nesse clima, certamente não poderia me tornar professor de economia. Poderia ter deixado a Itália de uma forma ou de outra, era um direito que tinha, mas, quando essas leis foram aprovadas, eu e minha família resolvemos abandonar rapidamente o país.

- JLA: Sente-se agora mais americano do que italiano?
- MODIGLIANI: Nunca tive muita simpatia por nacionalismos ferrenhos. Sou americano, porque escolhi morar nos Estados Unidos, país que amo e onde trabalho. Ao mesmo tempo, sou italiano, porque nasci na Itália e, como italiano, amo também meu país de origem. Ademais, continuo tendo muitos contatos na Itália, muitos amigos e parentes. E tem ainda a França, onde me casei, que é um país muito próximo do meu coração. Agora, recebi o Prêmio Nobel e ganhei outro país: a Suécia.

- JLA: Sempre esteve propenso a estudar economia? Como se deu sua trajetória?
- MODIGLIANI: Minha família tinha esperança de que eu estudasse medicina e me tornasse médico, assim como meu pai. Confesso que até tentei, mas, dada minha pouca tolerância diante do sofrimento humano, da dor e principalmente da visão do sangue, resolvi estudar direito, que, na Itália, abria possibilidades para outras carreiras. Mas o destino não permitiu que isso ocorresse. No segundo ano, participei de um concurso sobre economia e acabei ganhando o primeiro lugar nas provas. Isso bastou. A partir daí, não hesitei em abraçar definitivamente a seara das ciências econômicas. Em seguida, fui dar aulas na Sorbonne, a Universidade de Paris, mas constatei rapidamente que lecionar não era algo inspirador naquela época. Na França, passei a maior parte do tempo estudando e preparando minha tese. Em 1939, retornei brevemente à Itália para defender a tese e receber o diploma de *doctor juris* (doutor em direito) pela Universidade de Roma. Nesse mesmo ano, candidatei-me a um visto para os Estados Unidos e cheguei a Nova York em agosto de 1939, pouco antes da eclosão da Segunda Guerra Mundial. Foi, de fato, muita sorte ter conseguido ingressar na New School for Social Research, instituição então recém-criada, que deu abrigo a muitos acadêmicos vitimados pelo fascismo e pelo nazismo. Antes de ingressar no MIT, passei também por várias universidades americanas, incluindo a Columbia University, a Universidade de Chicago e

o Carnegie Institute of Technology, onde fiquei oito anos convivendo com um grupo excepcional de pessoas, pesquisadores e estudantes, que redesenharam os currículos das modernas *business schools*. Foi uma época memorável!

- JLA: Que emoção teve ao saber que fora agraciado com o Prêmio Nobel de Economia de 1985?
- MODIGLIANI: Fiquei inteiramente perplexo. Após ter recebido a confirmação da Fundação Nobel, senti-me num estado de embriaguez. Tive até dificuldade de me vestir naquela manhã de outubro. Por essa razão, dou dois conselhos aos futuros ganhadores da láurea: primeiro, vistam-se antes de a Academia de Ciências lhes telefonar e, segundo, escrevam seus discursos antes de se vestir.

- JLA: Professor Modigliani, o senhor é conhecido entre os nobelistas como um dos pioneiros das finanças corporativas. O que o inspirou?
- MODIGLIANI: Tudo parece ter começado em 1944, quando passei a me interessar pelos testes empíricos de estrutura keynesiana. Um dos componentes centrais dessa estrutura é a função do investimento, explicada pela ótica das taxas de juros, como custos de capital e custos de fundos investidos. Na década de 1940, encontrava-me sob a influência dos especialistas em finanças corporativas da época, que defendiam a tese de que o custo de fundos depende da forma como uma empresa era financiada. Se você lança ações no mercado, então, o custo disso seria a remuneração das ações, que poderia ser de 10%. Mas, se, em vez de ações, você usar títulos ou obrigações do Tesouro, o custo poderia ser de 5%. Esse tipo de cálculo não me parecia nada convincente. No final, pensava, mas qual será o custo do capital: 10% ou 5%? Para um bom economista, não seria racional dizer que o retorno seria de 5% no caso de você escolher financiar o projeto pela dívida, e de 10% no caso de você escolher o caminho da remuneração das ações. Depois que estudei a *Entity Theory* (Teoria da Entidade), de David Durant, gradualmente me convenci da hipótese de que o valor de mercado seria independente da estrutura do financiamento. Foi esse resultado que se tornou, depois, parte do chamado Teorema Modigliani-Miller. Em essência, o valor das obrigações ou, se quiser, dos compromissos financeiros do mercado, não dependeria de sua estrutura, porque o investidor poderia reproduzir qualquer "força estrutural" por meio do empréstimo ou do emprestador.

Como conseqüência, não havia diferença entre o uso das ações e o uso de fundos da dívida.

JLA: Continua sendo um economista keynesiano?

MODIGLIANI: Considero-me um economista keynesiano. A economia keynesiana, a meu ver, foi uma revolução que promoveu impacto tremendo no mundo das novas idéias econômicas. Sou keynesiano na medida em que considero que o sistema não tende automaticamente ao pleno emprego sem que haja adoção de medidas apropriadas. A flexibilidade dos preços, por exemplo, não produziu pleno emprego, sendo o desemprego, por essa razão, uma conseqüência da insuficiência de dinheiro real no mercado.

JLA: E como relaciona suas idéias econômicas com o monetarismo de Milton Friedman?

MODIGLIANI: Se por monetarismo queremos nos referir às questões monetárias, estou de acordo com Milton Friedman. Penso, no entanto, que teorias monetaristas rígidas são errôneas. É bem possível que, em períodos estáveis, as teorias monetaristas sejam um bom ponto de partida, mas jamais aceitaria a idéia de que essa seria a forma ideal de conduzir políticas econômicas o tempo todo.

JLA: O senhor é também um economista pioneiro na área da análise da poupança, um tema de grande atualidade em todos os países e que se refere ao futuro da seguridade social. Qual sua reflexão sobre isso?

MODIGLIANI: Tenho grande interesse pelos problemas relacionados com o futuro dos sistemas de seguridade social. São, a meu ver, altamente prioritários, porque sua importância é enorme. Nesse sentido, penso que há uma tragédia pela frente, embora, a meu ver, pudéssemos evitá-la de forma satisfatória para todos. O que deveríamos abandonar é o sistema atual de aposentadoria baseada na idéia do *"pay-as-you-go"*, que é extremamente dispendiosa e ineficiente. Deveríamos substituir esse expediente do *paygo* (sistema sem fundo de reserva, pelo qual o dinheiro que entra do contribuinte sai no mesmo período para o recipiente dos benefícios previdenciários). Se adotássemos a minha abordagem de fundos financiados, conseguiríamos reduzir as despesas de 20% para menos de 6%, ainda na primeira metade do século XXI. E isso é plenamente possível de alcançar com pouco sacrifício – na verdade, estou convencido de que poderíamos chegar a esses resultados sem nenhum sacrifício. O segredo é que o aumento da poupança nacional deve ser considerado fator de alta prioridade.

- JLA: Os países em desenvolvimento reclamam muito do peso de suas dívidas externas. Recentemente, o presidente do Brasil, em discurso pronunciado na Assembléia Geral da ONU, declarou que não poderia pagar a enorme dívida externa brasileira com a miséria do povo. Como o senhor, Prêmio Nobel de Economia, especialista em poupança e endividamento, interpreta a mensagem presidencial brasileira na ONU? Acha que o presidente brasileiro tem razão ou ele deveria reconsiderar seu discurso?
- MODIGLIANI: Acho que existe algum fundamento na queixa do presidente do Brasil. Como procurei explicar antes, essas dívidas foram contraídas quando as taxas de juros eram muito baixas, mas agora elas se tornaram altas demais. Isso faz com que o peso do encargo contraído se torne muito maior. Ao mesmo tempo, no caso do Brasil, o empréstimo foi razoavelmente bem utilizado, embora não de forma perfeita no que diz respeito à responsabilidade do país em administrar o pagamento dessa dívida tão grande. Penso também que o Brasil procurou fazer um bom trabalho no sentido de honrar suas obrigações. Dentro desse quadro, julgo importante evitar ações unilaterais, porque elas seriam desastrosas para todos. Em longo prazo, se não honrasse suas obrigações, o Brasil também sofreria com a perda da credibilidade. Portanto, acho importantíssimas as cooperações para a solução desses problemas de endividamento. Os países ricos do mundo ocidental devem igualmente encontrar caminhos para auxiliar os países endividados que, quando vencem suas dificuldades, se tornam mercados importantes. Penso que esse é o caso do Brasil. Vale recordar que outros países, como a Argentina e o México, receberam grandes quantidades de dinheiro emprestado, mas usaram o dinheiro para exportar capital. Esse caminho, naturalmente, não é o ideal. No caso do Brasil, constatamos que o dinheiro não foi desviado nessa direção. Em conseqüência, é um país que merece contar com o apoio da comunidade econômica internacional.

- JLA: Vê alguma luz no fim do túnel para países com pesadas dívidas externas?
- MODIGLIANI: Sim. Não há dúvida de que o problema do endividamento é muito sério para os países em desenvolvimento, porque acaba reduzindo os ganhos econômicos auferidos e tolhen-

Franco Modiglliani

do sua capacidade de crescimento. Mas há também caminhos para a solução desse tipo de crise. E, igualmente, no seio da comunidade econômica internacional, há algum interesse em tentar ajudar. Mas apenas a intenção de "um grande plano" para neutralizar essa crise não é suficiente. Seriam necessários, paralelamente, outros estímulos, outras medidas. As barreiras protecionistas dos países ricos contra produtos dos países em desenvolvimento, por exemplo, deveriam ser abolidas.

■ JLA: Então, não acredita que constituiria um erro político-econômico do mundo industrializado deixar os países em desenvolvimento numa espécie de *"status quo* permanente" quando esses mesmos países ricos procuram novos mercados de exportação?

☐ MODIGLIANI: Concordo inteiramente com isso. Nesse sentido, um grande plano para tirar os países pobres do abismo econômico em que se meteram poderia ser o caminho mais certo. Evidentemente, seria necessário também reconhecer a inviabilidade de sair dessa situação desfavorável apenas pela adoção de pressões sobre os países em desenvolvimento.

■ JLA: Permita-me uma questão acadêmica. Em sua *Life Cycle Theory*, a teoria do ciclo da vida, o senhor indica que todos os cálculos sobre poupança são, em geral, baseados nos melhores períodos de vida das pessoas. Mas não há qualquer referência nessa teoria sobre poupança e o impacto da morte. Em resumo, se uma pessoa morre antes de gastar suas economias, é o banco, no final das contas, que obtém o maior lucro? Qual sua reflexão sobre isso?

☐ MODIGLIANI: Em nenhuma condição é necessariamente o banco que obtém a maior vantagem com a morte de seu cliente. Tudo depende do tipo de acordo feito previamente. Quando se tem a pensão assegurada, por exemplo, qualquer tipo de seguro de vida, anuidade ou contribuição convencionada estará garantida pelo tempo que o indivíduo viver. Se morrermos mais cedo, porém, é a companhia de seguros que "ganha", suspendendo os pagamentos. Mas, se isso acontece de um lado, de outro, há também um equilíbrio, pelo fato de outras pessoas viverem durante mais tempo. E, dessa vez, quem "perde" é a seguradora ou a caixa de pensões. Então, o que ocorre é uma espécie de compensação, fato que cancela esse desequilíbrio. Agora, se você for dono de ações, de propriedades ou de dinheiro acumulado, quem fica com tudo isso após a sua morte não é o banco, são seus herdeiros. Não vejo razão para "culpar" o banco pelo fato de o ciclo de vida de algumas pessoas que poupam ser mais curto do que o de outras.

- JLA: Por que as pessoas poupam?
- MODIGLIANI: Fundamentalmente, para gastar depois. Essa é a forma pela qual se diz simbolicamente *"life is for sale"* (literalmente, a vida é para vender). Poupa-se por razões preventivas, por exemplo, para comprar um carro, para pagar os estudos dos filhos, para sustentar a própria velhice. O dinheiro poupado, em outras palavras, ajuda a sustentar a vida. Então, quando precisamos de dinheiro, a poupança é uma espécie de alavanca de apoio.

- JLA: É correto dizer que os ricos poupam muito mais do que os pobres porque são ricos?
- MODIGLIANI: Pasme, mas, geralmente, não. Há até estudos sobre isso, indicando que quase todas as pessoas integradas na sociedade passam em geral por períodos em que se encontram em situação acima da renda comum e abaixo das despesas normais, podendo, portanto, economizar para depois gastar. E há também ocasiões em que o contrário acontece: as pessoas não têm condições de economizar nada. Trata-se de um fenômeno que acontece com quase todos, no ciclo da vida de ricos ou pobres. Algumas vezes, evidentemente, pessoas muito ricas – como é o caso de milionários ou bilionários – conseguem poupar substancialmente mais do que as pessoas comuns. E isso acontece porque, durante anos, elas passam seus bens para os herdeiros num constante sistema de transferência de riquezas. Mas são somente as pessoas muito ricas que podem fazer isso. Nesse sentido, há diferença.

- JLA: O senhor vê alternativas para as pessoas pouparem em países com altos índices de inflação?
- MODIGLIANI: Os altos níveis de inflação não são *per se* uma coisa muito importante para a questão da poupança individual, porque muitos países indexaram seus ativos, compensando dessa forma os efeitos da inflação. Penso que se trata sobretudo de saber se determinado país tem ou não instituições que protegem os indivíduos dos efeitos da inflação. Se o país não tiver essas instituições, as pessoas em geral têm a alternativa de poupar sob a forma de ativos físicos em vez de patrimônios líquidos, ou seja, poupam adquirindo propriedades, bens duráveis, peças de arte, ouro etc.

Mas isso depende muito de um país para outro. Tome o exemplo de um país como a Itália, que passou por períodos de altíssima inflação, mas com altas taxas de juros. A Itália constitui um bom exemplo de nação européia com mecanismos de compensação contra a inflação.

- JLA: Professor, cada vez mais os cidadãos de todo o mundo reclamam contra a carga dos impostos sobre suas vidas, pedindo a introdução de reformas nos sistemas tributários. Pode o Estado adotar – sem perder muito da sua arrecadação – opções menos cruéis com relação ao seu sistema de impostos?
- MODIGLIANI: Penso que existem bons tipos de impostos e maus tipos de impostos. No caso da Suécia, por exemplo, o que o governo está tentando fazer é recolher uma enorme fração da renda dos indivíduos. Aí, é difícil identificar a prática do bom imposto, da boa taxação. Se você tirar 100% do que uma pessoa ganha de renda extra, então não importa o critério: trata-se de um exercício que ultrapassa as regras do bom senso tributário. Na Suécia, com o sistema de impostos em vigor, se uma pessoa tiver obrigações do Tesouro, dívidas a pagar ou outros compromissos financeiros e for submetida a todos os impostos existentes, incluindo inflação, ela vai invariavelmente constatar que, no final do ano, ficará com muito menos do que investiu no início. Considero isso uma situação doentia, que só pode causar efeitos maléficos. Tanto isso é verdade que poucos suecos hoje podem poupar.

- JLA: A glória do Nobel altera sua vida?
- MODIGLIANI: Não creio. Continuarei sendo a mesma pessoa. Continuarei com minha vida acadêmica, ampliando as boas relações com meus alunos, que são hoje uma verdadeira legião. Gosto de lecionar, mas gosto, sobretudo, de trabalhar com meus estudantes, associando-os ao meu trabalho. Pretendo também manter-me suficientemente em forma para continuar jogando um pouco de tênis.

Dezembro de 1985

PARA QUE SERVE A ECONOMIA

O único livro de Franco Modigliani a circular em português no Brasil é sua autobiografia, *Aventuras de um economista*, lançada em 2004 pela editora Fundamento. Sobre a obra, o economista brasileiro Denis Benchimol Minev, de Manaus, escreveu uma resenha, publicada no *site* da Amazon (www.amazon.com/Adventures-Economist-Franco-Modigliani/dp/1587990075). Trechos de seu texto:

"Franco Modigliani está, definitivamente, entre os poucos *top economists* do século XX. Neste livro, sua autobiografia, ele não só descreve os eventos que deram forma a sua vida interessantíssima, mas também detalha as bases das teorias que o levaram a receber o Prêmio Nobel.

Ele é conhecido por duas idéias – o Ciclo de Vida da Poupança e o Teorema Modigliani-Miller das Finanças. Ambos são descritos em profundidade no livro, mas de forma suficientemente simples para que alguém com conhecimentos apenas básicos de economia seja capaz de entender. (...)

Para qualquer economista, o nome de Modigliani deveria ser como uma grife famosa (impossível ignorá-lo). Sua autobiografia é um documento precioso para lembrar aos economistas que a economia serve para uma coisa em particular – tornar o mundo um lugar melhor."

SIR RICHARD STONE
UM CAVALEIRO DA RAINHA NO REINO DA ECONOMIA

"SOU UM SIMPLES ACADÊMICO. Um homem que vive dentro de uma torre de marfim. Encontro-me, por essa razão, talvez distante do mundo em que vivemos. Nunca fui uma pessoa politicamente posicionada. Jamais gostei de políticos. Pesquiso e agrupo fatos. Lido com equações, teoremas, estatísticas, números. O que julgam de mim, pouco importa. As conclusões, que fiquem para os outros."

A afirmação feita por *sir* Richard Stone lhe confere uma graça toda especial. Não fora seu tipo meigo de traços finos, cabelos brancos, sua gravata borboleta, complementando seu *blazer* bem britânico, e o tomaríamos por um esnobe, com maneiras pouco finas. Ou, talvez, um *doublé* de *sir* Alec Guiness na melhor de suas atuações. Mas não, o antigo chefe do Departamento de Economia Aplicada da Universidade de Cambridge, na Grã-Bretanha, agraciado em 1984 com o Prêmio Nobel de Economia, é uma personalidade autêntica. Com toda sua fleugma britânica, *sir* Richard Stone foi premiado por haver desenvolvido trabalhos de fundamental importância para a elaboração de sistemas nacionais de contabilidade que permitem melhorar radicalmente as bases da análise econômica empírica.

Cômico, mesmo sem querer sê-lo, *sir* Richard confessou-me que estava até certo ponto "deslumbrado" com a láurea recebida, mas não sabia como gastar o dinheiro de um prêmio que chegava perto de meio milhão de dólares.

Nascido em Londres em 1913, John Richard Nicholas Stone se transformou no mais importante especialista em economia aplicada em Cambridge e teve enorme influência no desenvolvimento da análise econométrica no pós-guerra. Seu sistema de contabilidade nacional foi adotado pela Organização para Cooperação Econômica e Desenvolvimento (OECD) e pelas Nações Unidas e acabou se tornando universalmente aceito. Foi transformado em Cavaleiro do Reino pela rainha Elizabeth II em 1978 e faleceu em Cambridge em 1991.

- JLA: O senhor entrou num clube muito exclusivo, *sir* Richard: o clube dos laureados Nobel. Que valor um cavaleiro da rainha dá à distinção que recebeu?

☐ *SIR* RICHARD: Dou grande valor a essa distinção. O Prêmio Nobel constitui, em minha opinião, a mais valiosa e ambicionada láurea mundial que um acadêmico como eu poderia receber na vida. Confesso estar um pouco deslumbrado com o prêmio. Sinto-me imensamente orgulhoso e feliz com a indicação. Quanto à soma que recebi em dólares, a única coisa que me ocorre no momento é poder aumentar as dimensões da minha biblioteca, formada por um grande número de livros de economia. Creio que todos os outros aspectos da minha existência já foram contemplados ao longo de meus 72 anos de vida. Não preciso de quase nada!

■ JLA: O senhor é um economista histórico. Acredita que a área da pesquisa econômica sofreu grandes transformações neste último quarto de século, digamos, entre a Segunda Guerra Mundial e os dias atuais?

☐ *SIR* RICHARD: Sim, sem dúvida. Ocorreram modificações dramáticas na área da pesquisa econômica durante esse período, não só na Inglaterra e no resto da Europa, mas também em todas as partes do mundo. Dou um exemplo: hoje, em maior escala, o trabalho de pesquisa tem que ser quase sempre conduzido por equipes de economistas. Antes, um só homem trabalhava em torno de um projeto econômico, escrevia um livro e terminava uma etapa de suas pesquisas para, em seguida, dar início a outra. Um economista tem hoje a obrigação e a necessidade de fazer uma reciclagem sistemática de seus conhecimentos por meio de informações detalhadas das obras e teorias de outros especialistas em ciência econômica. Somente dessa forma podemos ampliar o volume de nossos próprios conhecimentos.

■ JLA: Em outras palavras, o trabalho de equipe tornou-se então essencial também em economia?

☐ *SIR* RICHARD: Em termos de economia aplicada, o trabalho de equipe tornou-se hoje um fator essencial, e não creio que possa ser feito de forma diferente. Por outro lado, não se trata apenas de contratar certo número de pessoas exclusivamente para levar adiante essa tarefa. É necessário igualmente estar à frente, no comando dessa tarefa, e contar com algo que considero indispensável e que não existia há trinta anos – o milagroso uso dos computadores! Ninguém, durante a Segunda Guerra Mundial, sonhava com sua utilização, muito menos na área da ciência econômica. Então, demos um salto astronômico! Confesso que, hoje, todo o trabalho que realizei e realizo na área dos sistemas nacionais de contabilidade é feito com o

Sir Richard Stone

auxílio de computadores. Quem não souber utilizar adequadamente um computador na área da ciência econômica, não pode realizar hoje em dia uma pesquisa de peso.

- JLA: A maior parte de suas pesquisas mais notáveis e pioneiras foi feita numa Inglaterra duramente pressionada pela guerra. E depois?
- SIR RICHARD: O trabalho que realizei durante a guerra poderia ser qualificado como estatístico. Consistiu, basicamente, na compilação de um número infinito de cifras. Um aspecto que procurei desenvolver bastante, desde o advento e mesmo depois do conflito mundial, foi a utilização dessas mesmas cifras de forma a obter uma compreensão mais ampla do sistema econômico nacional. Em certo sentido, foi um trabalho de moldagem. Para isso, tornou-se necessário não somente entrar a fundo na seara dos efeitos da situação, como também aprofundar-me no campo da teoria econômica. E tudo isso não bastou. Foi necessário adquirir também novos conhecimentos sobre inferência estatística e, como disse antes, enveredar pelos mistérios da computação eletrônica. Tive de amalgamar todos esses complexos em um só grupo e dali partir para a realização de uma obra de cunho pessoal.

- JLA: Desde 1931 até os dias atuais, o senhor tem sido fiel a uma única instituição acadêmica – Cambridge e detém o recorde de mais de meio século de permanência nessa universidade. Por que decidiu ser economista?
- SIR RICHARD: Meu pai era juiz da Suprema Corte na Índia. Quando voltei para a Inglaterra e me matriculei na Universidade de Cambridge, constatei que o país vivia um terrível período de depressão. Com esse panorama, pensei, "o mundo vai necessitar muito no futuro de um número cada vez maior de juristas e economistas". Eu era jovem e idealista naquela época e estava disposto, como muitos outros jovens, a dar uma contribuição para a humanidade. Ao mesmo tempo, queria satisfazer os desejos de meu pai. Então, fui obrigado a fazer estudos clássicos – linha que era considerada apropriada para a formação de advogados. Portanto, meus estudos clássicos foram feitos completamente sem entusiasmo da minha parte. Teria sido melhor ter me matriculado diretamente nos cursos de linha científica, que sempre me atraíram. Assim, estudei direito até não agüentar mais. Um dia, decidi me libertar e mudei definitivamente de linha. Optei por ser economista, escolha da qual nunca me arrependi.

■ JLA: Ser economista pareceu-lhe uma carreira mais coerente para a época?
☐ *SIR* RICHARD: Sim. Como todos nós estávamos afundando na grande depressão havia vários anos, o que sobrava para os jovens estudantes britânicos era a inexperiência profissional e o otimismo inato de vencer de qualquer forma todas as dificuldades daqueles tempos. Isso me levou a pensar que, se existissem mais economistas dispostos a trabalhar pelo progresso dos povos, o mundo seria um lugar melhor para se viver. Aliás, um grande número de colegas meus pensava da mesma maneira. Minha decisão foi afetada também pela grande influência que tive de um professor, Colin Clark, que ensinava estatística para economistas em Cambridge. Consegui um livro que ele escreveu sobre renda nacional, em 1938, e fiquei verdadeiramente maravilhado. Fiquei tão fascinado com a obra que acabei tornando-me amigo íntimo de Colin Clark, que por sinal era um excelente companheiro.

■ JLA: E sua íntima relação com John Maynard Keynes?
☐ *SIR* RICHARD: Fui grandemente influenciado por Keynes. Meu primeiro contato com ele se deu quando eu ainda era estudante. Pouco antes de me graduar, Keynes pediu-me para participar das palestras que costumava fazer todas as segundas-feiras à noite. Era uma espécie de "canja" que ele dava a alunos de economia que queriam se destacar nessa ciência. Assim, no meu primeiro encontro, dei uma pequena palestra sobre o tema "demanda *versus* produção", que achei interessante, mas que, para meu maior assombro, não cativou nem um pouco a minha audiência. Foi um desastre, para dizer o mínimo. Ninguém gostou, exceto o próprio Keynes, que achou bastante razoável e até me elogiou ao final da palestra pela pesquisa que fiz. Já em 1939, comecei a trabalhar junto ao Ministério da Economia de Guerra com a função de levantar estatísticas cuidadosamente. Keynes, que estava praticamente à frente da reorganização da economia britânica, necessitava de um economista como eu. Ele me convocou em 1940 e, um ano depois, já publicávamos nosso primeiro grande trabalho conjunto denominado *White Paper* (informe oficial do governo), um estudo sobre salários e despesas do orçamento britânico. Depois disso, continuei como assistente de Keynes praticamente durante todo o período da guerra. Todos os modelos de contabilidade nacional que elaborei foram inspirados em Keynes. Tenho fantásticas memórias de Keynes como pessoa e como estudioso. Era uma personalidade de grande vitalidade intelectual.

Sir Richard Stone

- JLA: O modelo keynesiano tem hoje poucos admiradores. Continua seguindo a linha de seu mestre?
- SIR RICHARD: Compreendo muito bem que o modelo de Keynes não funcione mais como teoria econômica aplicável nos dias atuais. Mas continuo qualificando-me como keynesiano. Se me perguntasse, ainda diria "sou um keynesiano na perspectiva geral da economia política". Por essa fidelidade, que faz parte do meu passado, deixo as discussões de hoje para os monetaristas e os racionais, com melhor cabeça política do que eu.

- JLA: Mesmo assim, gostaria da saber o que pensa da situação econômica mundial. Temos pela frente nuvens negras ou sinais luminosos?
- SIR RICHARD: A impressão que tenho é de que o futuro não será muito luminoso. Sou um teórico, não gosto de fazer prognósticos desse tipo, mas, por outro lado, não sou também o especialista ideal para responder a esse tipo de questão, que certamente preocupa milhões de indivíduos. Não vislumbro grandes melhoras econômicas em curto prazo, como, por exemplo, a redução do desemprego no mundo ocidental. Veja só o momento em que vivemos: já existem mais de 20 milhões de desempregados na Europa. O mesmo crescimento acontece com a inflação. Talvez tenhamos que enfrentar várias décadas não muito luminosas no estrito sentido econômico do termo.

- JLA: Uma das matérias mais discutidas na atualidade é o nível de endividamento dos países em desenvolvimento. Que opiniões tem a esse respeito?
- SIR RICHARD: Essa é uma questão a que me dediquei com pouca profundidade. Mas, por tudo o que tenho lido, quando tiro minhas conclusões globais, um fato me choca: as cifras totais desse endividamento não são, na verdade, tão grandes. Eu pensava, inicialmente, que se tratasse de cifras enormes, astronômicas. No entanto, se calcularmos bem as coisas, não se trata de nada astronômico. O que creio é que os países endividados entraram em um círculo de dificuldades provocadas por suas próprias políticas internas. Mas, a meu ver, as cifras de endividamento são pequenas em relação às riquezas e potencialidades da maioria dessas nações.

- JLA: Em sua opinião abalizada, em médio e longo prazos, não teríamos o que temer?
- SIR RICHARD: Com relação às cifras de endividamento, não vejo por que; com relação a outros problemas, o panorama é diferente. A

solução de questões concretas, como o combate à inflação e o aumento da taxa de crescimento, são problemas muito mais complexos. Com teorias, podemos solucionar quase tudo, mas, na hora de colocá-las em prática, as surpresas são, na maioria das vezes, muito grandes. É claro que tudo depende também da conjuntura global e da década em que vivemos. Certamente, não será ainda o período do *take off* econômico para muitas nações que se atrasaram.

- JLA: Como vê o futuro da ciência econômica e da econometria?
- *SIR* RICHARD: Espero que a ciência econômica esteja no caminho certo para também aceitar a relevância de outras disciplinas. E espero que essas outras disciplinas de ciência social sintam também o mesmo em relação à economia. Falando como economista, acho que o fracasso de alguns de nossos modelos ocorreu justamente devido ao desprezo de importantes fatores não-econômicos. Espero que as autoridades políticas e os administradores em geral aprendam a fazer melhor uso da ciência econômica, especialmente da econometria, sem a qual não poderíamos analisar importantes dados estatísticos.

- JLA: O que o senhor faz além de dedicar-se à economia?
- *SIR* RICHARD: Gosto de arquitetura e tenho reservado muitas horas para o estudo da literatura inglesa. Nunca fui bom em literatura. Talvez agora, na velhice, possa corrigir uma parte dessa falha.

Dezembro de 1984

40

JEAN DAUSSET
A MAIOR REVOLUÇÃO MÉDICA DESDE PASTEUR

EM 1980, três cientistas – Baruj Benacerrat, venezuelano naturalizado americano; George Snell, dos Estados Unidos; e Jean Dausset, da França – dividiram o Prêmio Nobel de Medicina ou Fisiologia. A Comissão Nobel do Instituto Karolinska reconheceu ter ocorrido uma enorme revolução científica no domínio das "estruturas geneticamente determinadas na superfície da célula, que regulam as reações imunológicas" e explicou que a láurea era concedida aos cientistas que, com mais de um quarto de século de estudos, tinham sido os pioneiros na exploração dos mecanismos extraordinariamente complexos que explicam como e por que uma célula humana aceita ou rejeita outra célula, determinando também a razão do sucesso ou insucesso dos transplantes.

Especialistas americanos e europeus chegaram a afirmar que, esquematicamente, o professor George Snell foi o primeiro a pôr em evidência a existência de um sistema de compatibilidade dos tecidos em camundongos, enquanto Jean Dausset teria sido o primeiro a reconhecer esse sistema em seres humanos. Ele descobriu em 1958 o chamado "complexo maior de histocompatibilidade", ou seja, o princípio que permite reconhecer a compatibilidade entre doador e receptor em caso de transplante. Quanto ao Dr. Benacerrat, trabalhando primeiro em Paris e depois nos Estados Unidos, foi ele o descobridor, em 1960, do gene da reação imune (IR), responsável pela rejeição nos transplantes. Em 1972, demonstrou a existência dos linfócitos B e T – estes últimos, se revelariam centrais na compreensão da síndrome da imunodeficiência humana adquirida, conhecida pela sigla "Aids", uma década depois.

Tive a sorte de encontrar-me em dezembro de 1980 com Dausset – conhecido como o *"grand seigneur* da imunologia" –, pouco antes de ele receber o Nobel das mãos do rei da Suécia, Carlos XVI Gustavo.

Nascido em 19 de outubro de 1916, em Toulouse, Jean-Baptiste Gabriel Joachim Dausset era filho de Henri Dausset, famoso médico fisioterapeuta e pioneiro da reumatologia na França. Antes de sua família instalar-se definitivamente em Paris, Dausset viveu em Biarritz, onde descobriu seu interesse pela ciência e pela medicina e estudou em seguida no Liceu Michelet, uma das chamadas "grandes escolas" da França, situado em Vanves.

Em 1939, deu início aos seus estudos de medicina, suspensos quase em seguida pela eclosão da Segunda Guerra Mundial. No mesmo ano, foi convocado para a guerra, e juntou-se ao Corpo Médico do exército francês. Ao deixar Paris rumo ao campo de batalha, entregou todos os seus documentos para um colégio judeu, escapando assim das armadilhas da ocupação nazista. Depois da guerra, Dausset conseguiu completar o curso de medicina, diplomando-se finalmente em 1945, aos 29 anos. Em 1950, ao lado do professor Marcel Bessis, um gigante mundial no campo da hematologia, Dausset efetuou suas primeiras pesquisas sobre transfusão sangüínea. Após uma passagem por Boston – sempre interessado em pediatria e hematologia, os campos de sua atividade clínica –, foi nomeado professor de hematologia da Faculdade de Medicina de Paris em 1963.

Durante longos anos, dedicou-se às pesquisas na área da imunologia, buscando provar a relação entre a chamada histocompatibilidade com as taxas de rejeição de órgãos transplantados. Jean Dausset também se tornou conhecido por sua incansável luta pela reforma e modernização do sistema médico francês e pela introdução dos hospitais universitários em seu país, uma idéia depois adotada em todo o mundo.

Com sua silhueta respeitável e sua elegância no trajar, ele me esperava no dia 10 de dezembro, às 10 horas da manhã, na recepção do Grand Hotel em Estocolmo, conforme havia prometido um dia antes pelo telefone. Procurei ser rápido e econômico no tratamento das perguntas, limitando minhas questões ao significado de suas pesquisas, aos avanços esperados na área de sua especialidade e sua participação histórica na modernização da medicina da França.

Em 1984, o vencedor do Nobel por seus estudos de imunologia criou o Centro de Estudos do Polimorfismo Humano (CEPH), que se transformou em Fundação Jean Dausset em 1993, cujo objetivo é fornecer à comunidade científica recursos – isto é, bancos de amostras de DNA – para decodificar o genoma humano e para a identificação de fatores genéticos de suscetibilidade a patologias complexas.

Aos 89 anos, em 2005, Jean Dausset ainda presidia o Centro de Medula Óssea da França – organismo destinado a determinar compatibilidade para doação entre 9 milhões de doadores inscritos. Estava também, havia mais de 20 anos, à frente do Movimento Universal da Responsabilidade Científica.

Jean Dausset

- JLA: Quais as aplicações práticas das pesquisas que lhe conferiram o Prêmio Nobel de Medicina?
- DAUSSET: Todos aqueles que conhecem o chamado "sistema sanguíneo ABO" (que se caracteriza pela presença ou ausência de dois antígenos, A e B), necessário para o sucesso de todas as transfusões de sangue, certamente também sabem que os transplantes de órgãos são condicionados por outro sistema cientificamente denominado "HLA" (sigla em inglês para antígenos de leucócitos humanos, um padrão de proteínas da superfície celular que identifica a célula como "própria" ou "não-própria"). Estudamos o HLA, cujo determinante se encontra em todos os tecidos do organismo humano e, portanto, também nos rins. Entre todos os transplantes de órgãos, os transplantes renais são os que mais são praticados em todo o mundo; daí a importância das pesquisas sobre o HLA.

- JLA: Outros cientistas também agraciados com o Nobel de Medicina afirmam que o mundo assistirá nas próximas décadas a uma revolução científica tão ou mais importante do que a iniciada por Pasteur com suas pesquisas bacteriológicas. O que o senhor diz, Dr. Dausset?
- DAUSSET: No campo da medicina, o otimismo em relação ao tratamento de um número variado de enfermidades populares, como o reumatismo, o diabetes e mesmo o câncer, é muito grande. Não restam dúvidas de que no futuro, por meio de diferentes métodos de transplantes, a medicina terá condições de encontrar, por exemplo, medicamentos capazes de "isolar" somente uma parte do mecanismo de defesa imunológica responsável pela rejeição de certos órgãos. Hoje, as dificuldades ainda são acentuadas, porque o fenômeno da rejeição ainda não foi devidamente esclarecido e dominado. Mas há indícios de que, num futuro próximo, esses obstáculos acabarão por ser elucidados também. Todos esses avanços científicos que se prenunciam serão marcantes para a história da medicina, embora tudo isso fosse inimaginável em 1935, quando foram feitas as primeiras pesquisas nesse campo. Porém, é preciso, não esquecer que as aplicações práticas desses avanços estão ainda muito distantes.

- JLA: Essa futura "revolução científica" poderá criar novos problemas éticos?
- DAUSSET: Certamente que sim, aliás, como sempre ocorreu na longa história da medicina. Os cientistas enfrentarão no futuro uma

nova série de questões éticas geradas por esses avanços, mas terão que aprender a conviver com elas da melhor forma. A possibilidade futura de os médicos descobrirem, ainda na fase embrionária do feto, o risco de possíveis enfermidades que afetarão a vida do nascituro é um exemplo dos mais sérios – ele não deixará de provocar diferentes reações de ordem ética. Outros problemas éticos, certamente mais complexos ainda, poderão surgir ainda com o maior desenvolvimento dos métodos de transplante.

- JLA: Ao lado dos grandes avanços da ciência médica, testemunhamos também a ignorância do leigo, que não compreender ou não consegue decodificar a linguagem dos especialistas, resistentes a "vulgarizar" a ciência. A queixa é que o paciente se encontra quase sempre distanciado da realidade médico-científica por falta de informações compreensíveis quando submetido a determinados tipos de tratamento. O senhor acredita que problemas desse gênero serão superados no futuro?
- DAUSSET: Tenho a impressão de que, no futuro, quando as pessoas souberem com antecedência que correm risco de contrair uma doença, muitas delas poderão entrar em pânico. Contudo, é necessário esclarecer ao leigo que essas informações se referem somente à "possibilidade" de risco. A advertência servirá para alertar o paciente, permitindo-lhe fazer uma terapia preventiva. Quanto à "popularização da ciência", creio que isso já vem ocorrendo há algum tempo, principalmente na Europa e nos Estados Unidos. A tendência é facilitar as coisas, decodificar a linguagem científica e torná-la mais acessível ao público.

- JLA: Muitos reclamam que os cientistas vivem numa redoma de vidro e escondem para si os mais curiosos segredos da vida, não se interessando muito por essa "decodificação da ciência".
- DAUSSET: A ciência jamais poderá constituir um segredo que apenas uma elite conhece, ao qual apenas uns poucos têm acesso. Como já disse, sou pela maior popularização da ciência, por uma linguagem mais clara e por uma pedagogia de ensino menos obscura. Temos que facilitar as coisas, e não complicá-las. Defendo maiores investimentos na área da ciência popular. É preciso dinamizar os contatos dos cientistas com a sociedade.

- JLA: Seu nome está associado à defesa e à modernização das instituições de pesquisa na França. Como comenta isso?

Jean Dausset

- DAUSSET: Essa luta envolveu também o nome de várias personalidades francesas. Nos anos 1950, o retorno do general Charles de Gaulle ao poder e o surgimento da Quinta República deram impulso à modernização do país e às instituições de pesquisa científica. O professor e pediatra Robert Debré e eu lutamos muito por algo que ainda não existia – a fusão da faculdade de medicina e da clínica no seio dos chamados "centros hospitalares universitários". A Reforma Debré permitiu a instalação em tempo integral de um corpo de professores e estudantes nesses hospitais universitários para assegurar-lhes, pelo menos em teoria, uma tripla função: centro de atenção médica, centro de ensino e centro de pesquisa científica. Isso tudo, aliás, começou no Conselho Médico da Resistência, quando Robert Debré dirigia o Serviço de Pediatria do Hospital Infantil de Paris e elaborou um plano detalhado, destinado a modernizar a medicina francesa. Nessa ocasião, ele manifestou uma dupla preocupação. A primeira era fazer com que esse esforço de modernização não ficasse apenas no campo da clínica, e a segunda, evitar que os médicos liberais "secundarizassem" a Caixa Nacional de Segurança Social, instituição criada à semelhança do National Health Service do Reino Unido.

- JLA: Mas foi na década de 1960 que essa reforma parece ter alcançado seu maior sucesso na França, não foi?
- DAUSSET: Entre 1958 e 1961, foi criada na França a Delegação Nacional de Pesquisa Científica, um verdadeiro ministério para a pesquisa pública. Conseguimos que fosse aprovado um forte aumento de fundos para os investimentos, o que permitiu o lançamento de ações concertadas, destinadas a fortalecer novos campos da ciência médica nas áreas de psicofarmacologia, neurofisiologia, nutrição, aplicações genéticas, câncer e biologia molecular.

- JLA: Vê no Prêmio Nobel o coroamento das pesquisas de um cientista?
- DAUSSET: Um cientista tem que esperar mais dos estudos e das pesquisas que realiza, e não simplesmente se prender ao significado de um prêmio, seja ele qual for. Não restam dúvidas de que o Prêmio Nobel é uma espécie de coroamento na carreira de um cientista, mas, no meu caso, isso não significa o fim de minhas pesquisas. Nem creio que o Prêmio Nobel pudesse afetar-me a ponto de interromper minha carreira médica e científica.

- JLA: Qual sua reação ao saber que foi laureado?
- DAUSSET: Naturalmente, senti-me orgulhoso pelas minhas pesquisas, pela França e pelo serviço de todos aqueles que, durante mais

de 20 anos, empenharam seus esforços ao meu lado para o sucesso dessas pesquisas. Fiquei também orgulhoso por todos aqueles que, em outras partes do mundo, mergulharam nessa imensa aventura que é a descrição dos grupos sanguíneos, dos anticorpos, do sistema imunológico e suas aplicações práticas.

■ JLA: O que fará com o dinheiro do prêmio?
□ DAUSSET: Criar, talvez, uma fundação científica, um centro de estudos sobre polimorfismo humano.

Dezembro de 1980

....

PROJETO GENOMA HUMANO

O Projeto Genoma Humano é um consórcio internacional do qual fazem parte os EUA, a Europa e o Japão, tendo como objetivo o mapeamento de todos os genes da espécie humana até 2025. Em 1990, o projeto contava com a participação ativa de mais de 5 mil cientistas de 250 laboratórios, com orçamento variando entre US$ 3 bilhões e US$ 53 bilhões. Na área da saúde, a pesquisa pretende melhorar e simplificar os métodos de diagnóstico de doenças genéticas, otimizar as terapêuticas das doenças genéticas e prevenir doenças multifatoriais.

O projeto, iniciado após as descobertas de Jean Dausset e Baruj Benacerrat, tem o patrocínio do Instituto Nacional de Saúde (NHI) e do Departamento de Energia dos Estados Unidos, sendo uma empreitada imensa, pois tenciona identificar cada um dos aproximadamente 100 mil genes (e 3 bilhões de pares de nucleotídeos) que compõem uma molécula de DNA.

Os responsáveis pelo projeto acreditam que a descoberta da posição de cada gene, além de sua composição e função no organismo, será a chave para o diagnóstico e a cura de doenças como o câncer, diabetes, obesidade, hipertensão e enfermidades auto-imunes. Os críticos do projeto alertaram, porém, para o perigo do uso indevido das informações genéticas. Nos meios acadêmicos, o Projeto Genoma Humano é considerado uma das maiores façanhas científicas da história da humanidade.

GERTRUDE ELION
CRIANDO OS GRANDES REMÉDIOS DO SÉCULO

NASCIDA EM Nova York em 23 de janeiro de 1918, Gertrude Belle Elion foi uma das poucas mulheres a receber um Prêmio Nobel científico no século XX. Até 1988, era a quinta mulher a ser agraciada com o Prêmio Nobel de Medicina – sendo suas predecessoras Gerty Cori, 1947; Rosalyn Yalow, 1977; Barbara McClintock, 1983; e Rita Levi-Montalcini, 1986 – e a nona em ciências em geral. Completam o quadro: em Física, Marie Curie, 1903; e Maria Goeppert-Mayer, 1963; em Química, de novo Marie Curie, em 1911; sua filha, Irène Joliot-Curie, em 1935; e Dorothy Crowfoot Hodgkin, em 1964.

A bem da verdade, qualquer que fosse o critério da Real Academia de Ciências ou do Instituto Karolinska da Suécia, era impossível que seu nome continuasse sendo omitido por mais tempo. As descobertas científicas feitas ao longo de sua carreira como química eram extraordinárias. Entre os muitos medicamentos e métodos que descobriu, e foram fundamentais na história da medicina moderna, figuram as substâncias imunizantes, que viabilizaram os transplantes de órgãos, o primeiro método quimioterápico para tratar a leucemia infantil, os primeiros remédios anti-virais efetivos, as primeiras substâncias contra a tuberculose cutânea, a hepatite, a artrite e uma infinidade de outras doenças.

O desenvolvimento dos agentes quimioterápicos (substâncias que podem atuar sobre organismos patogênicos ou sobre órgãos doentes) deve-se, em grande parte, a Gertrude Elion. Graças ao sucesso de suas pesquisas, foi possível também a descoberta da droga AZT, utilizada no coquetel contra a Aids. De fato, ao lado de George Hitchings, seu fiel companheiro de pesquisas – e também de Prêmio Nobel –, ela revolucionou a produção de medicamentos no mundo e, em conseqüência, salvou ou melhorou a vida de milhões de indivíduos. Embora ela atribuísse mais importância ao trabalho coletivo em seu laboratório do que propriamente a sua própria reputação científica, as descobertas de Elion asseguraram-lhe a conquista de uma das mais altas honrarias que um cientista pode receber em vida.

E pensar que ela não chegou sequer a completar sua formação universitária, pois não conseguiu fazer o doutorado. Realmente, antes de alcançar a glória, essa mulher determinada, meiga e discreta teve que superar enormes obstáculos, inclusive forte discriminação de gênero, além de grandes dificuldades econômicas para poder estudar. E tudo isso ela conquistou na raça, sem contar na bagagem com um título de PhD.

Filha de imigrantes – o pai nasceu na Lituânia e a mãe na Polônia –, Elion não teve acesso à educação tradicional comum à maioria dos cientistas bem-sucedidos. Apesar dessa desvantagem – e do fato de as mulheres de sua época não serem bem-vindas à galáxia dos estudos científicos –, ela conseguiu fazer uma carreira admirável em ciências químicas com aplicações diretas na saúde humana. Falando na Real Academia de Ciências em 9 de dezembro de 1988, Gertrude Elion não escondeu o fato de ter testemunhado, durante mais de 40 anos, uma incansável batalha das mulheres por mais respeito nas instituições científicas dos Estados Unidos, majoritariamente dominada pelos homens.

Oficialmente aposentada desde 1983, Gertrude Elion permaneceu ativa no mundo científico, tanto como consultora de seu antigo empregador, agora conhecido como GlaxoSmithKline, quanto como conselheira da Organização Mundial da Saúde e da Associação Americana para a Pesquisa do Câncer. Ao ser premiada, seu nome aparece em 45 patentes. Ela faleceu em 21 de fevereiro de 1999.

- JLA: A senhora surpreendeu ao afirmar que os comprimidos não funcionam muito quando se trata de curar a gripe. Para uma pioneira dos medicamentos modernos, isso não é paradoxal?
- GERTRUDE ELION: Pode até parecer. Mas a gripe é um caso à parte. Contra a gripe, o melhor remédio é o repouso, combinado com sucos de frutas. Eu mesma jamais tomo comprimidos para curar resfriados. Os sucos naturais de laranja ou de abacaxi são incomparavelmente mais eficazes do que, por exemplo, essas pastilhas de vitamina C vendidas em farmácias. Durante vários anos, nos laboratórios da Wellcome, na Carolina do Norte, tentamos isolar uma substância existente no suco de abacaxi, mas até hoje não conseguimos identificá-la... Existem nas frutas substâncias poderosas, além da vitamina C, que combatem os vírus.

- JLA: E por que, até agora, as vacinas produzidas em laboratório tampouco funcionam cem por cento?
- GERTRUDE ELION: Porque essas vacinas são, na verdade, uma grande ilusão. No caso da gripe, os vírus se modificam o tempo todo, de ano para ano. Se você emprega uma vacina para a gripe hoje, amanhã ela

Gertrude Elion

já não funciona mais. As bactérias vivem se disfarçando, como num baile a fantasia. Daí as dificuldades. Por essa razão, se fôssemos combater a moléstia com vacina, teríamos que produzir todos os anos uma substância diferente.

- JLA: Acredita na teoria da medicina alternativa, de que "o domínio e o conhecimento do próprio corpo são as melhores formas para evitar as doenças"?
- GERTRUDE ELION: Nunca vi em toda a minha vida uma bactéria que respeitasse alguém pelo que pensa de seu próprio corpo. Por esse lado, a teoria é furada. Em certo sentido, as bactérias são mais inteligentes do que nós.

- JLA: Crê que no futuro poderemos trocar os nossos órgãos, como fazemos com as peças dos automóveis?
- GERTRUDE ELION: A ciência dos transplantes desenvolveu-se extraordinariamente, mas não a esse ponto. Os transplantes de órgãos em corpos jovens tornam-se cada vez mais viáveis. Infelizmente, não funciona da mesma forma com os velhos, cuja capacidade de resistência orgânica é mais fraca.

- JLA: O que a fez optar pela química e pela carreira científica?
- GERTRUDE ELION: Desde criança, sempre fui muito curiosa, com uma vontade insaciável de aprender coisas. Dissecava até sapos... Quando terminei meus estudos secundários, ocorreu um fato decisivo para o futuro de meus estudos superiores. Meu saudoso avô – com o qual eu tinha enorme afinidade – morreu de câncer no estômago. Nunca pude tirar essa tragédia da cabeça e prometi a mim mesma que lutaria a vida toda contra esse tipo de doença. Foi esse o fato determinante para eu optar pela carreira científica.

- JLA: E como decorreram esses estudos, feitos numa época difícil, durante a Grande Depressão americana?
- GERTRUDE ELION: Na época da Depressão, meu pai perdeu tudo na Bolsa de Valores. Sobraram só sua profissão de dentista e alguns clientes fiéis. Isso quase comprometeu minha educação, não fora a sorte de conseguir matricular-me no Hunter College de Nova York, que oferecia ensino gratuito. Aos 19 anos, obtive o diploma de química, mas, apesar de ter me formado com distinção, não consegui receber ajuda financeira de nenhuma das 15 instituições de ensino superior para as quais escrevi apresentando minha candidatura. Por outro

lado, não conseguindo encontrar emprego, comecei a fazer uma série de conjecturas e a suspeitar das verdadeiras razões por trás das rejeições aos meus pedidos. Não demorei muito a descobrir a verdade – as portas do mercado estavam fechadas para as mulheres.

- JLA: E como resolveu o dilema?
- GERTRUDE ELION: Acabei entrando numa escola que chamavam na época de *"all girls school"* – isto é, uma escola só para meninas. Enfrentei outro desafio: havia 75 candidatas à graduação em química naquela classe, mas a maioria optara pelo magistério. Quem se formasse na universidade iria ensinar química, porque – segundo diziam – a época não permitia outra alternativa. E eu queria trabalhar pesquisando. Foi assim que, quando terminei os estudos, tentei trabalhar num laboratório. Contudo, o exercício foi bastante penoso e frustrante. Primeiro, tentaram me convencer de que ninguém conseguiria emprego em pesquisa química durante a Depressão. Quando finalmente reconheceram que eu era qualificada, levei outro choque: advertiram-me que nunca mulher nenhuma tinha trabalhado naquele laboratório e que eu poderia me transformar em "elemento de distração" para o restante dos pesquisadores. Mas isso foi apenas o começo do grande pesadelo. Durante mais de 40 anos, testemunhei a interminável batalha feminina para conseguir entrar nas instituições científicas nos Estados Unidos. Imagine você que só terminei meu mestrado em 1941! E fui a única mulher a graduar-se em química pela Universidade de Nova York naquele ano.

- JLA: Acredita que os tempos mudaram?
- GERTRUDE ELION: Mudaram, sim, com toda a certeza, mas as mulheres ainda têm que superar grande número de desafios. Recordo-me de um tempo em que as mulheres não podiam combinar carreira com vida doméstica, casamento e procriação. Isso era praticamente impossível. Agora, as coisas já não são mais assim tão graves, deprimentes e injustas. Conheço mulheres cientistas que já conseguem combinar todas essas coisas. Na minha época, era impensável que uma mulher casada e com um bebê pudesse largar a criança por algumas horas para freqüentar um laboratório. Hoje, elas não pensam duas vezes quando têm que optar entre a licença maternidade e o mercado de trabalho.

- JLA: Durante muitos anos, a senhora trabalhou até em áreas não relacionadas com a sua especialidade em função dessas discriminações. Como conseguiu superar os obstáculos e converter-se numa das mais respeitadas bioquímicas do mundo?

Gertrude Elion

☐ GERTRUDE ELION: Fiz um pouco de tudo para sobreviver e para alcançar meus objetivos. Trabalhei como recepcionista de consultório médico, ensinei química e física, fui professora substituta e dei aulas de bioquímica na Universidade de Nova York, trabalhei para a Quaker Chemicals e até para a Johnson&Johnson. Enquanto isso, economizava para continuar minha educação superior. Minha vida mudou quando comecei a trabalhar como assistente do Dr. George Hitchings na companhia farmacêutica Burroughs-Wellcome. Era a única mulher num laboratório com 80 cientistas. Mas o Dr. Hitchings me deu carta branca, permitiu-me aprender rapidamente tudo o que pudesse e assumir todas as responsabilidades por minhas pesquisas. Sendo a única especialista em química orgânica no laboratório, pude me envolver profundamente, como desejava, nas áreas da microbiologia e no campo dos componentes biológicos que eu estava sintetizando. Foi dessa forma que ampliei meus conhecimentos nas áreas que me valeram o Nobel: bioquímica, farmacologia, imunologia e virologia.

■ JLA: E que planos tem para o futuro?
☐ GERTRUDE ELION: Enquanto estiver viva e de pé, continuarei pesquisando.

Dezembro de 1988

....

ALGUMAS DESCOBERTAS DE GERTRUDE ELION

Mercaptopurine (Purinethol) e **Thioguanine**, as duas primeiras substâncias bem-sucedidas para tratamento de leucemia e alguns tipos de câncer;

Azatioprine (Imuran), primeiro agente imunossupressor, usado em transplantes de órgãos, sobretudo possibilitou transplantes de rim por doadores fora do círculo familiar, beneficiando cerca de meio milhão de pessoas em todo o mundo a partir de 1963;

Allopurinol (Zyloprim), usado contra gota e para aliviar os efeitos colaterais de tratamentos quimioterápicos;

Trimethoprim (Septra), usado contra meningite, septicemia, infecções bacterianas;

Aciclovir (Zovirax), primeiro medicamento anti-viral bem-sucedido, usado contra herpes.

KARL POPPER

A SOCIEDADE ABERTA E SEUS INIMIGOS

AO COMPLETAR 83 ANOS em 1985, Karl Raymond Popper continuava sendo um dos pensadores mais brilhantes e vigorosos do século XX. Suas obras – particularmente *A sociedade aberta e seus inimigos* – continuavam mais vivas do que nunca, sendo objetos de grande e justa apreciação por acadêmicos, políticos e intelectuais em todo o mundo. A filosofia de Karl Popper ocupa-se primordialmente de questões relativas à Teoria do Conhecimento, à Epistemologia. Seu primeiro livro, publicado na Áustria em 1934, intitulado *Logik der Forschung* (*A lógica da pesquisa científica*), constituía uma crítica ao positivismo lógico do Círculo de Viena. Nessa primeira obra, Popper defende a idéia de que todo o conhecimento é falível e corrigível e, portanto, provisório.

Mas não há nisso pessimismo algum. Ele tinha profunda crença no vigor da imaginação e na obstinação da crítica, que definia como os principais traços da racionalidade humana – e a principal diferença entre a ameba e Einstein, como chegou a escrever. "Tudo na vida é solução de problemas", resumiu o filósofo no título de uma obra que publicou em Londres em 1999 – *All Life is Problem Solving*.

Conhecido como filósofo da ciência, Popper refletiu também sobre o universo da política e da sociedade. Com sua obra *A sociedade aberta e seus inimigos* – na qual se mostra um acirrado opositor dos totalitarismos em defesa das sociedades livres democráticas –, ele acabou por transpor seus ensinamentos epistemológicos para o campo da ação política racional. Aliás, "racionalismo crítico" foi a expressão cunhada pelo próprio filósofo para qualificar seu pensamento, cujo fulcro pode ser compreendido a partir de sua concepção de ciência.

Tendo amadurecido intelectualmente num momento histórico em que a ciência havia ganho foros de religião, tamanha a crença em sua infalibilidade e em sua milagrosa capacidade de responder correta e eficientemente a todo e qualquer problema que surgisse, Popper investiu contra esse cientificismo místico (é bom lembrar que o positivismo de Auguste Comte, por exemplo, começou com um racionalismo e terminou como religião) e estruturou uma nova definição de teoria científica – a mais aceita ainda hoje. "Uma teoria científica é um modelo matemático que descreve e codifica as observações que fazemos. Assim, uma boa teoria

Karl Popper

deverá descrever uma vasta série de fenômenos com base em alguns postulados simples e também ser capaz de fazer previsões claras, as quais poderão ser testadas", formulou. Mas o mais interessante ainda é a prova que ele propõe para garantir que algo tenha caráter de ciência, ao dizer que "o que não é refutável (ou falseável) não pode ser considerado científico". Em outras palavras, segundo o engenheiro químico e professor Carlos Roberto de Lana, um estudioso de seu pensamento, "com Popper, os limites da ciência se definem claramente. A ciência produz teorias falseáveis, que serão válidas enquanto não refutadas. Por este modelo, não há como a ciência tratar de assuntos do domínio da religião, que tem suas doutrinas como verdades eternas, ou da filosofia, que busca verdades absolutas".

Um fato é certo: Karl Popper inspirou-se grandemente na Teoria da Relatividade de Albert Einstein, que confirmou sua concepção da ciência ao provar que a mecânica newtoniana perde a validade em velocidades próximas à da luz. Isto é, provou sem sombra de dúvida que uma teoria científica, no máximo, pode ser considerada válida até ser provada falsa por outras observações, testes e teorias, mais abrangentes ou exatos que a original.

Nascido em Viena em 28 de julho de 1902 de pais judeus secularizados, já era professor de Filosofia quando precisou fugir do nazismo. Primeiro, lecionou na Nova Zelândia; depois, estabeleceu-se na Inglaterra, onde passou a ensinar na London School of Economics e se naturalizou britânico. Já era considerado um dos maiores pensadores do mundo ocidental quando recebeu algumas das maiores distinções do Reino Unido – o título de Cavaleiro da rainha, em 1964, e a eleição para a Royal Society, em 1976. Morreu em Londres, em setembro de 1994, aos 92 anos.

Quando a Universidade de Estocolmo prestou-lhe uma derradeira homenagem, dez anos antes de sua morte, alguns de seus pronunciamentos e entrevistas foram por mim recolhidos e publicados na revista *Visão* sob o título: "Karl Popper e a liberdade". Eis alguns excertos:

- JLA: A civilização ocidental está ameaçada?
- POPPER: Vivemos no melhor dos mundos de que temos conhecimento histórico; no entanto, algumas tendências podem resultar na aniquilação da civilização ocidental. Alguns modismos científicos tornam-se cada vez mais perigosos — na física, produzem-se preocupantes ramificações espiritualistas; em psicologia, um materialismo que lhe é impróprio e que ultrapassa os limites da tolerância científica; em sociologia – que não é uma ciência – estudiosos

arrogantes alegam ter descoberto toda a verdade no chamado "contrato social". A idéia de que toda a verdade está encerrada no consenso social equivale a uma catástrofe e deve ser combatida de todas as formas. A negação da realidade pode levar à eliminação da civilização ocidental baseada na idéia da "busca da verdade". Mas não há verdade se não há liberdade no sentido mais amplo da palavra. A verdade é o elemento mais importante da liberdade. E isso constitui também um sério problema intelectual.

- JLA: Ciência e política devem ser corrigidas à luz da experiência?
- POPPER: A ciência é um processo em que ousadas teorias são testadas ante a realidade para depois serem aceitas, modificadas ou rejeitadas, dando lugar a outras – que, por sua vez, serão testadas de igual forma. O mesmo ocorre com a política e a vida em sociedade. Medidas políticas, exatamente como as teorias científicas, são hipóteses que devem ser testadas face à realidade e corrigidas à luz de experiências concretas. Somente dessa forma é possível eliminar riscos e erros.

- JLA: Que pilares devem sustentar as democracias?
- POPPER: O progresso da sociedade ocidental está em sintonia direta com o fato de ela ter permitido e respeitado, ao longo dos anos, a crítica e o livre debate – ao contrário do que acontece nas sociedades centralizadas e autoritárias. O interesse político das sociedades desenvolvidas ocidentais concentra-se na edificação de instituições livres, que possam tornar possível a revisão pública das propostas e medidas governamentais. Quanto maior for o número de indivíduos que possam manifestar-se com relação a uma medida proposta, tanto menor será o risco de que conseqüências indesejáveis afetem os destinos da sociedade como um todo.

- JLA: A maioria está sempre certa?
- POPPER: O valor da democracia não reside no fato de pensar que a maioria está sempre certa. Isso, aliás, nunca acontece. O valor da democracia encontra-se no grau de abertura de que uma sociedade dispõe em relação à imprensa livre, às diferentes instituições públicas e privadas, ao Judiciário independente e às organizações que tornam possível a alternância do poder sem recurso à violência. Muitos filósofos sustentaram que na democracia quem deve governar é "o povo" ou "a maioria". Mas não interessa que "o povo" ou "o partido político majoritário" detenham todo o poder numa nação.

O que interessa é que o poder seja controlado e que os governantes possam ser substituídos sem que o caos advenha desse exercício. A saúde da democracia depende da alternância do poder.

- JLA: Que papel a imprensa livre pode exercer?
- POPPER: Para que os maus governos produzam um mínimo de estragos, o controle do poder deve ser exercido, naturalmente, com a participação da imprensa livre, com a separação dos poderes, pela responsabilidade conjunta de todos os indivíduos e por um processo – garantido pelo próprio Estado – de eleições livres. Uma citação de Péricles ilustra essa verdade: "Mesmo que alguns sejam os promotores da política na sociedade, cabe a todos, inquestionavelmente, o dever de julgar as conseqüências dessa mesma política". Em todos os casos, a imprensa deve ser responsável tanto na denúncia quanto no apoio.

- JLA: Quais os limites do poder estatal, dos grupos econômicos e sindicais?
- POPPER: O poder estatal, os grupos econômicos e os sindicatos jamais devem tornar-se tão poderosos a ponto de ameaçar a liberdade individual. A verdadeira democracia pressupõe equilíbrio entre diferentes centros de poder e grupos de interesse. Se desejarmos uma sociedade livre, precisaremos entender que a liberdade e a responsabilidade são inseparáveis. Num regime de liberdade, o indivíduo deve ter garantido o direito de escolha de seu próprio destino. E a todos cabe responder pelas conseqüências de seus atos. A responsabilidade é o preço da liberdade.

- JLA: A economia de mercado é o único sistema viável?
- POPPER: Numa sociedade aberta, o único sistema econômico viável é a economia de mercado. Somente nela novas idéias e soluções podem ser geradas, evitando-se que o poder político e econômico seja exercido por um pequeno grupo ou por uma elite. Mas isso não significa que o Estado deva renunciar ao seu papel de guardião das instituições livres de uma sociedade. Numa sociedade aberta, o Estado deve funcionar como protetor, como garantia do mercado e de seus pluralismos contra todos os tipos de ameaças. Traduzido na terminologia em voga na Europa, o papel fundamental do Estado é o de fornecer a moldura (*framework*) e não o de dominar detalhes da atividade econômica, prática que conduz ao totalitarismo. Na sociedade aberta, cabe ao Estado velar pelo pluralismo, pela mobilidade, pela influência dos consumidores e pelo livre desempenho

dos participantes do mercado contra ameaças procedentes de qualquer lado, como as representadas por poderosas multinacionais, cartéis, trustes e sindicatos com aspirações monopolísticas.

- JLA: A sociedade aberta seria pré-condição para a continuidade do progresso?
- POPPER: Em economia, como em política, o desejável deve ser a edificação e o aperfeiçoamento das instituições, cuja função básica é a defesa da sociedade aberta, que por sua vez constitui uma condição prévia para a continuidade do progresso. As instituições que existirem no quadro da vida econômica de uma sociedade devem, por essa razão, ser submetidas a debate e, se necessário, reformadas, de acordo com as novas experiências efetuadas. O reexame crítico das medidas econômicas e políticas reforça a sociedade pluralista em que imperam as diferentes forças de mercado.

- JLA: Qual a responsabilidade dos intelectuais?
- POPPER: O intelectual é um privilegiado. Deveria sentir uma espécie de obrigação moral perante os que não gozam de privilégio igual. Antes de tudo, deveria renunciar ao emprego desse privilégio para impressionar os demais. Infelizmente, o filósofo Friedrich Hegel aboliu por completo tal obrigação na Alemanha, na França, nos Estados Unidos e, por último, na Inglaterra. As tentativas de "hegelização" dos intelectuais britânicos foram numerosas, mas nenhuma teve êxito até a aparição de Ludwig Wittgenstein. Não creio que ele tenha lido uma obra sequer de Hegel, mas foi o primeiro hegeliano que seduziu os ingleses. Tinha a mais alta opinião de si mesmo e apreciava, sobretudo, demonstrar sua superioridade. Foi também o primeiro a conseguir que a imaginação inglesa se embrenhasse pelo mundo das frases vazias, arrogantes e estéreis. Hegel levou os intelectuais a crer que sua principal tarefa se limitava à formulação intelectual de algumas tantas frases engenhosas em lugar de produzir argumentos coerentes. Essa atitude foi imposta a praticamente todas as universidades. Em decorrência disso, muito cedo os estudantes aprendem a falar de forma tão impressionante e tão incompreensível quanto seus próprios mestres. A falsa imagem do mundo projetada por intelectuais constitui um risco muito grave.

- JLA: Existe defesa em favor do determinismo?
- POPPER: Todos os argumentos em favor do determinismo podem ser invalidados. Nesse terreno, nada se pode provar. Não pretendo demonstrar com isso o "indeterminismo", mas sugiro a todos que se

libertem da agonizante carga das teses deterministas que convenceram muitos de que a nossa liberdade é mera fantasia, ainda que nosso senso comum demonstre exatamente o contrário. De fato, todos nós somos livres. Temos grande capacidade de imaginar teorias. No entanto, devemos levar em conta que somos seus inventores e que elas correspondem a "redes" que lançamos sobre o mundo para capturá-lo. O universo é aberto. O grande problema é que jamais conseguimos capturar o mundo. Nossas "redes" não são suficientemente grandes. O fato de nós mesmos as termos inventado, contudo, é a comprovação de nossa iniciativa e jamais uma prova a favor do determinismo.

- JLA: Como promover o princípio da "felicidade social"?
- POPPER: O Estado nunca poderá ser o promotor exclusivo da felicidade social. Caso se tente, por meio de medidas políticas, criar felicidade social, a nação correrá o risco de cair no sistema totalitário, no qual alguns poucos se reservarão o direito de decidir sobre a vida dos outros. Devemos renunciar à ilusão de que o poder público pode criar excelentes condições de vida para grupos ou para indivíduos. A questão sobre melhores sistemas de segurança social, escolas e instituições afins é malformulada e perigosa. Em vez de tentar maximizar a felicidade, melhor ambição seria trabalhar com o objetivo de reduzir os índices de infelicidade. Não se trata aqui de inverter a formulação do princípio de felicidade, mas de criar uma concepção diferente, situada num plano mais elevado. Nunca poderemos saber o que torna outras pessoas felizes e jamais conseguiremos encontrar soluções definitivas para diferentes tipos de problema social deixarem de produzir efeitos colaterais indesejáveis. Mais fácil é procurar saber quais problemas os indivíduos – eles próprios – gostariam de resolver e, desses problemas, quais os que, na prática, podem ser resolvidos à luz da realidade. Como no caso da teoria científica, a questão deve ser testada ante os fatos.

- JLA: A transformação da sociedade é fruto do debate permanente e do liberalismo?
- POPPER: Sim, é. E digo mais: o único liberalismo é o que associa seus princípios à responsabilidade social dos indivíduos e enfatiza fórmulas gradualistas. Só com gradualismo e responsabilidade o curso dos acontecimentos pode ser modificado positivamente, evitando-se erros de planejamento.

■ JLA: O nacionalismo cria uma falsa dimensão dramática do mundo?
□ POPPER: O nacionalismo é sempre algo espantoso, mas o risco mais grave que enfrentamos é a forma como muitos intelectuais descrevem o nosso mundo, como algo terrível, um verdadeiro inferno. E, nesse sentido, cada um parece mais disposto que o outro a denunciar o maior número possível de dados sobre crimes cometidos em nossas sociedades. Tudo isso é falso. O mais preocupante é a facilidade com que as pessoas se deixam convencer por propagandas, que não objetivam solucionar problemas, mas emprestar dimensões dramáticas e diabólicas à nossa existência e ao mundo em que vivemos.

Fevereiro de 1988

....

ENTRE CONJECTURAS E REFUTAÇÕES

Em sua Galeria de Autores Liberais (http://www.institutoliberal.org.br/galeria_autor.asp?cdc=925), o Instituto Liberal, do Rio de Janeiro, propõe um breve apanhado da vida e do pensamento de Karl Popper. Dois trechos centrais:

"(...) O cerne da idéia popperiana, no que diz respeito ao conhecimento, está na concepção de que viver é um processo de solução de problemas (até mesmo para uma ameba). Nesse processo, o homem formula hipóteses que ele jamais poderá saber se são verdadeiras ou não. Ele é capaz de testar (tentar falsear) uma teoria e confirmá-la reiteradas vezes. Isso não quer dizer, no entanto, que ela seja verdadeira. É possível que, a qualquer momento, alguém formule a respeito do problema uma nova hipótese melhor, ou uma maneira nova de testar a teoria e demonstrar que ela é falsa. Assim aconteceu com a teoria newtoniana que, ao longo de séculos, foi repetidas vezes corroborada, até que surgiu Einstein, que formulou uma nova hipótese, derrubando as concepções de Newton. Em outras palavras, a ciência vive de *Conjecturas e refutações*, título de seu livro publicado em 1963 a respeito do crescimento do pensamento científico. (...)

No final dos anos 30, Popper se viu na contingência de deixar a Europa, indo com a esposa para a Nova Zelândia, onde reiniciou sua vida acadêmica. Nesse período, marcado pela II Guerra Mundial, Popper publicou duas obras fundamentais, demonstrando enorme familiaridade com as ciências humanas: *A miséria do historicismo* (1936) e o monumental *A sociedade aberta e seus inimigos* (1945). Elas representam o que Popper denominou de sua 'contribuição para o esforço de guerra'. O primeiro livro refuta, especialmente, a concepção marxista de previsibilidade da história e da exeqüibilidade da "engenharia social". Já o segundo é uma análise sobre todos os pensadores que, desde Platão, defenderam idéias contrárias à sociedade aberta (aquela que tolera o poder crítico das pessoas)".

KHALED AL HASSAN
DESENHANDO UM FUTURO SEM ÓDIO NA PALESTINA

AS DÉCADAS DE 1970 e 1980 foram marcadas por muitas esperanças em torno da solução da questão palestina. Em novembro de 1988, após a Declaração de Argel sobre a criação de um Estado Palestino independente, a Organização para a Libertação da Palestina (OLP) deu início a uma ampla ofensiva diplomática mundial, tendo em vista conquistar a simpatia de um número cada vez maior de nações.

No final de 1988, pelo menos 50 nações já haviam reconhecido oficialmente o novo Estado da Palestina. Na Europa Ocidental, porém, apenas a Espanha aceitou formalmente que fosse criado na chamada "Faixa de Gaza", na margem ocidental do rio Jordão. Outros países, como Portugal, Noruega, Dinamarca, Holanda, Alemanha Ocidental e França preferiram adotar certa cautela e reconhecer apenas a Declaração de Argel como um passo positivo rumo à paz no Oriente Médio. A Suécia, primeira nação ocidental a reconhecer e elogiar a declaração, defendeu naquele mesmo ano a realização de uma Conferência Internacional de Paz sobre a Palestina para depois, de acordo com os resultados, reconhecer oficialmente a nova nação. Em dezembro desse ano, Khaled al Hassan, um dos ideólogos da Declaração de Argel e o terceiro homem na hierarquia da OLP, iniciou um périplo diplomático pelo norte da Europa, exercício que irritou profundamente as autoridades de Israel.

Considerado um dos líderes mais moderados da OLP, Hassan encontrava-se na liderança do movimento palestino desde a década de 1960, quando auxiliou o líder Yasser Arafat na criação da organização Al Fatah – que chegou a recorrer à violência, objetivando chamar a atenção do mundo para o problema palestino. Porém, de acordo com uma biografia de Arafat escrita pelo jornalista britânico Alan Hart, Khaled al Hassan foi, no início, um forte opositor do líder da OLP, tendo defendido durante anos a criação de uma liderança colegiada e rechaçado sistematicamente os planos de ações militares formulados por Arafat. Mesmo assim, ele nunca ocultou sua admiração pelo homem que, em 1994, recebeu o Prêmio Nobel da Paz ao lado dos israelenses Shimon Perez e Yitzhak Rabin –, foi glorificado duas vezes com título de "Homem do Ano" da revista americana *Time* e se encontrava no centro de todas as decisões relacionadas com o futuro do povo palestino. Mas Khaled al Hassan não viveu para ver a entrega do prêmio, em 13 de outubro de 1994. No dia 9, apenas quatro dias antes, ele morreu em Rabat, capital do Marrocos, aos 66 anos.

Foi num *bunker* bem protegido da OLP em Estocolmo, cercado por cinco corpulentos guarda-costas fortemente armados, que Khaled al Hassan respondeu, animado pelas esperanças – e entre baforadas de seu cachimbo Dunhill – às perguntas que lhe apresentei.

- JLA: Por que começou a ofensiva diplomática da OLP justamente pelo norte da Europa?
- HASSAN: Não gosto da palavra "ofensiva". Mas, se for empregada para definir o esforço que estamos fazendo pela paz, eu a aceito. Iniciamos por Estocolmo porque a Suécia foi o primeiro país da Europa a responder positivamente à Declaração de Argel, e o fez de forma elegante e civilizada, por meio de nota diplomática emitida pelo embaixador sueco em Túnis. Por outro lado, a Suécia pode desempenhar papel de grande relevância com sua "diplomacia silenciosa". Pela primeira vez, e em nível oficial, estamos também inaugurando uma cooperação mais íntima com o governo, o povo e as organizações escandinavas. Ao ser convidado para falar sobre o futuro da Palestina no prestigiado Instituto de Política Exterior de Estocolmo, entendo também que há grande interesse dos suecos em compreender melhor a situação dos palestinos e demonstrar solidariedade pela nossa causa: a criação da Palestina independente.

- JLA: E como será a futura Palestina independente?
- HASSAN: Será uma nação acolhedora e bela, uma nação que viverá sob regime parlamentar democrático, baseado na liberdade de pensamento e no multipartidarismo, na justiça social, na igualdade e na ausência de qualquer forma de discriminação baseada em questões de etnia, religião, cor ou sexo. No plano internacional, a palestina proclamará sua adesão aos princípios e aos objetivos perseguidos pela ONU, à Declaração Universal dos Direitos Humanos, ao respeito pelas liberdades fundamentais e aos princípios da política de não-alinhamento. A Palestina terá de ser uma nação democrática, porque a democracia para nós não é apenas uma opção. Compreenda também que nossos doutores, professores e um grande número de especialistas palestinos foram graduados em universidades situadas nas mais diferentes partes do mundo. Hoje, os palestinos têm, de fato, uma cultura eclética, que exige uma nação democrática. E, quando as coisas acontecem dessa forma, a única solução é

adotar uma boa democracia ou, então, uma forte ditadura. Mas posso garantir com segurança que não há espaço na causa palestina para optarmos pela segunda alternativa: a ditadura, o regime autoritário.

- JLA: Na Declaração de Argel sobre a criação do Estado Palestino, ficou claro que Jerusalém seria a capital. Será possível viver em paz, ao lado dos israelenses, na Jerusalém do futuro?
- HASSAN: A cultura palestina é baseada no perdão. Os outros (os israelenses) estão ainda na fase da prática do ódio. Como costumo dizer: se você não pode forçar um casamento, também não pode forçar o amor. O amor necessita de tempo. Do nosso lado, o amor sempre fez parte de nossa cultura. Do lado deles, temos que esperar para ver. Não existe coexistência unilateral, ela terá de ser mútua.

- JLA: Quem governará a Palestina? Quem será o chefe de Estado?
- HASSAN: Yasser Arafat terá de ser o chefe de Estado, o presidente da Palestina. Ou então teremos de governar o país através de um Conselho. Quanto à escolha do primeiro-ministro, esta é uma etapa a ser solucionada no futuro. Será necessário, primeiro, realizar eleições.

- JLA: Cerca de 50 países já reconheceram o Estado Palestino. Outros, contudo, demonstram certa prudência, sustentando que não podem reconhecer uma nação que não tem ainda fronteiras definidas e nem controle total sobre seu território. Como comenta essa posição?
- HASSAN: O argumento é que não temos ainda fronteiras definidas, não é? Pois bem. Para mim, isso é muito curioso, porque Israel não tem nem constituição e nem fronteiras. Aliás, é um dos únicos países do mundo que não têm constituição escrita – e isso justamente porque Israel não quer fixar fronteiras, não quer instituir regras legítimas de convivência de acordo com a lei internacional. Portanto, todos os governos que reconhecem o Estado de Israel não têm absolutamente o direito de argumentar dessa forma quando o assunto tratado é a Palestina. Argumentam que não conseguimos controlar as fronteiras... isso é um disparate. Que fronteiras? As fronteiras exteriores não são nossas fronteiras. As fronteiras internas estão submetidas à ocupação. Então, que fronteiras podemos controlar? E tem mais: controlar fronteiras contra quem e por quê? Se nossos territórios continuam ocupados, como controlar o povo, impor a não-resistência? Argumentam que os palestinos são rebeldes... Não temos então o direito natural de resistir à ocupação de nossos lares? Trata-se de uma questão natural e de justiça. Qualquer um que for atacado é obrigado a resistir. Aliás, essa regra é praticada até mesmo pelos animais. Quando afirmamos

que temos garantia do Conselho de Segurança das Nações Unidas no que diz respeito a fronteiras seguras e reconhecidas por todos os países da região – inclusive o Estado Palestino – não significa dizer que Israel também está incluído, mesmo sem mencionarmos seu nome?

- JLA: Que fronteiras os palestinos querem ver reconhecidas, as estipuladas em 1947 ou aquelas formuladas em 1967?
- HASSAN: De acordo com nossa Declaração de Independência e nosso pronunciamento político, as bases do reconhecimento de um Estado Palestino são as fronteiras traçadas em 1967. Israel é a única nação da ONU que não quer entender esse raciocínio. Somos atacados a todos os momentos, milhares de palestinos já foram mortos em decorrência dos *raids* militares de Israel. Pergunto: quem está controlando as fronteiras de quem? Penso que temos de proteger nossas fronteiras de Israel, e não do nosso povo.

- JLA: O senhor afirma que não se pode forçar um casamento e que o amor leva tempo. Com o avanço dos partidos religiosos ortodoxos em Israel, acredita que o tempo poderá ser mais longo para a concretização dos objetivos palestinos?
- HASSAN: Essas facções fanáticas da sociedade israelense não têm qualquer espaço no coração para a palavra amor. Eles não sabem o que é o amor e não sabem o que é amar. Eles só conhecem uma coisa: o ódio.

- JLA: Acredita que esses grupos terão grande expressão política no futuro, a ponto de assumirem um dia o poder em Israel?
- HASSAN: Em curto prazo, isso não acontecerá. Esses partidos foram convidados para formar uma coalizão com os grupos de direita, mas é de se prever que ocorrerão muitas controvérsias internas na composição dos futuros governos Israelenses. Contudo é necessário aguardar o que verdadeiramente ocorrerá no futuro.

- JLA: Israel rejeitou todas as decisões tomadas pela OLP em Argel, inclusive as resoluções 242 e 338 das Nações Unidas, argumentando que as perspectivas de paz tornaram-se inviáveis. Como interpreta esse posicionamento?
- HASSAN: Simplesmente não o compreendo. Os argumentos do governo de Israel sempre são baseados em mentiras e chantagens aplicadas para defender o que qualifica de "campanhas de anti-semitismo". Se dissermos "sim", Israel rebate, afirmando que somos anti-semitas... Se concordamos com os israelenses também estaremos errados e conti-

nuamos sendo "anti-semitas". Quando o ministro sueco das Relações Exteriores, Sten Andersson, foi censurado por Israel por ter elogiado a Declaração de Argel, nada mais tinha feito do que explicitar o sentimento do povo sueco com relação à questão palestina. Mas Telavive não perdoa ninguém: ou estão do lado deles ou são seus inimigos. Todos os que traduzirem bem o conteúdo da declaração palestina jamais poderão interpretá-la pela lógica de raciocínio israelense. Imagine só, eles afirmam não existir "nada de novo" na Declaração de Argel, quando até o Departamento de Estado americano, em Washington, admitiu abertamente que havia "muita coisa importante" no documento e que os palestinos tinham dado um passo positivo na direção da paz. Os europeus aplaudiram nossa decisão, embora anunciassem que o reconhecimento oficial do novo Estado era "algo prematuro". Ninguém, absolutamente ninguém, com exceção de Israel, sustentou que "não havia nada de novo na declaração". Não creio, por isso, que todo o mundo esteja no "caminho errado" e que só Israel, só os judeus estejam na "trilha certa".

- JLA: Na Europa, a OLP tem o apoio de diferentes governos, principalmente os alinhados à Internacional Socialista. Mas, na América Latina, além de Cuba e da Nicarágua, ninguém se pronunciou sobre a Declaração de Argel. Por que, no seu entender?
- HASSAN: Infelizmente, os países latino-americanos, embora pertençam ao conjunto dos países do Terceiro Mundo, não se sentem "terceiro-mundistas" como deveriam. Pelo menos no momento, a questão palestina não aparece como prioridade na pauta dos assuntos internacionais da América Latina.

- JLA: E por que isso?
- HASSAN: Talvez porque esses países continuem ainda sofrendo forte influência americana.

- JLA: E de Israel também?
- HASSAN: Não, não de Israel. A influência é basicamente americana.

- JLA: E o Brasil, como tem se posicionado?
- HASSAN: Nossas relações com o governo brasileiro são boas. Mas estou também surpreso com o fato de o Brasil – com uma diplomacia arrojada em vários setores do cenário internacional – se pronunciar muito pouco sobre a questão palestina. Tenho a firme convicção de que o Brasil voltará a definir-se num futuro próximo. Os brasileiros

sempre foram muito abertos e cooperativos em termos de política internacional. Talvez existam razões ocultas para silenciarem.

- JLA: Quantos países já reconheceram o projeto de criação do novo Estado Palestino?
- HASSAN: São 55 países, incluindo a China e a União Soviética.

- JLA: Quais são suas expectativas com relação ao presidente eleito dos Estados Unidos, George Bush?
- HASSAN: Yasser Arafat e o Conselho Nacional Palestino enviaram ao novo presidente americano uma mensagem, pedindo melhor compreensão e cooperação dos Estados Unidos em relação à causa palestina. Essa mensagem é um apelo do povo palestino ao povo americano e uma exortação ao governo de Washington para que apóie os direitos dos palestinos – direitos esses baseados na legalidade internacional e nas resoluções do Conselho de Segurança da ONU. Estou convencido de que o presidente George Bush estará, a partir de agora, reconsiderando de maneira mais engajada a problemática palestina.

- JLA: O fato de as duas Casas do Congresso americano estarem dominadas pelos democratas parece um fator positivo para os interesses palestinos?
- HASSAN: Nos Estados Unidos, o que funciona é a estratégia política. E essa estratégia nunca muda por causa da eleição de um novo presidente. Independentemente de quem ganhe as eleições nos EUA, não ocorrerão em Washington mudanças de base de uma hora para outra, ao contrário do que pode acontecer em outros países. Penso que as duas Casas do Congresso estão sempre a favor dessa estratégia, que também – acredito – é hostil aos nossos interesses. Mas os congressistas americanos têm grande poder de influência. E é aí que entram outros detalhes. Tenho esperança de que muitos congressistas americanos apoiarão no futuro a causa palestina, direta ou indiretamente.

- JLA: Yasser Arafat afirmou que a resistência nos territórios palestinos continuará até o fim da ocupação israelense. Isso significa exatamente o quê?
- HASSAN: Significa que a resistência continuará até que a bandeira da Palestina tremule em paz nos céus de Jerusalém. Voltaremos a recordar isso na próxima Assembléia Geral das Nações Unidas.

Dezembro, 1988

Khaled Al Hassan

O ESTADO PALESTINO DE 1988

O Estado Palestino, tendo como capital Jerusalém, foi proclamado no dia 15 de novembro de 1988 pelo Conselho Nacional Palestino – organismo legislativo da Organização para a Libertação da Palestina (OLP) por 253 votos a favor, 46 votos contra e 10 abstenções. A declaração invocou o Tratado de Lausanne (1923) e a resolução nº 181 da Assembléia Geral das Nações Unidas como base legal.

Apesar de não ter soberania sobre nenhum território na época – e com pretensões de ocupar a Cisjordânia, a Faixa de Gaza e Jerusalém Oriental –, o Estado Palestino de 1988 foi imediatamente reconhecido pela Liga Árabe e por quase metade dos governos mundiais, mas não pelas Nações Unidas. A OLP já obtivera o estatuto de observador na Assembléia Geral das Nações Unidas desde 1974. Em novembro de 1988, pela Resolução nº 43/177, a Assembléia Geral reconheceu a proclamação do Estado da Palestina, decidindo que a designação "Palestina" fosse usada no sistema interno da ONU em substituição à sigla OLP.

O perfil de um país árabe na região começou a se delinear mais exatamente em 1993, quando o líder da OLP, Yasser Arafat, e os israelenses Shimon Perez e Yitzhak Rabin assinaram os Acordos de Paz de Oslo, que lhes valeu o Nobel da Paz do ano seguinte. Em 1995, sob supervisão do presidente americano Bill Clinton, Perez e Arafat concordaram na ampliação do território da Cisjordânia sob controle palestino e na preparação de eleições para 1996. Arafat foi eleito presidente, mas morreu, em dezembro de 2004, sem ver a população do virtual Estado Palestino vivendo em paz em uma terra que pudesse chamar de sua.

ILYA PRIGOGINE
NOSSO UNIVERSO ESTÁ EM OBRAS

ILYA PRIGOGINE, nascido na Rússia em 1917, oito meses antes da revolução bolchevique, poderia ser descrito como um "feliz insatisfeito". Radiante discípulo da incerteza, costumava explicar a trajetória intelectual que lhe valeu o Prêmio Nobel de Química de 1977 descrevendo seu périplo pelas ciências.

Para compreender por que havia abandonado seu país, resolveu aperfeiçoar-se em política, mas acabou sendo forçado a estudar direito. Para entender o comportamento de um acusado, estudou psicologia; querendo decifrar os mistérios do comportamento humano, começou a investigar o cérebro. Nessa trilha, interessou-se por biologia, química e bioquímica. E foi ainda mais longe: para compreender as interações químicas, estudou física das partículas. E da física passou à astrofísica e à cosmologia. Só a partir daí começou a abordar as questões fundamentais: a matéria, o vácuo, o tempo, a velocidade do tempo...

Finalmente, para entender o significado do mecanismo do tempo, começou a estudar as estruturas dissipativas que o levaram ao Nobel de Química. O interesse por todas essas matérias – e ainda por música, literatura, arquitetura e física – traça a formação de um cientista que centralizou suas pesquisas na química orgânica e, depois, na físico-química.

Russo de nascimento, mas personalidade belga de renome internacional e um dos maiores cientistas do século XX, Prigogine insistia em que o futuro não está determinado. Imerso na incerteza, o futuro está aberto. Dizia ele: "Nosso universo está em construção. A história humana, acontecimento particular da história do universo, acompanha essa mesma dinâmica do inacabado, das flutuações, das bifurcações. O universo é uma mistura de determinismo e de imprevisibilidade. A criação do universo é antes de tudo uma criação de possibilidades das quais algumas se realizam e outras, não".

Referindo-se a Henri Bergson – o influente filósofo francês, autor de *Matéria e memória* e Prêmio Nobel de Literatura de 1927 –, Prigogine destacava: "A realidade é apenas um acaso particular do possível. A condição humana reside em abrir-se à possibilidade da escolha. Pensar o incerto é pensar a liberdade". Preocupado com temas políticos, aconselhava: "Cabe ao homem, tal qual é hoje, com seus

Ilya Prigogine

problemas, dores, tristezas e alegrias, garantir que sobreviva ao futuro". O desafio é encontrar a estreita via entre a globalização e a preservação do pluralismo cultural, entre a violência e a política e entre a cultura da guerra e a cultura da razão.

Quando morreu, em 28 de maio de 2003, o céu de Bruxelas ficou mais cinzento. O mundo perdera um sábio, o "poeta da termodinâmica", o mestre da incerteza cósmica.

A proposta de uma linguagem comum para os cientistas, a fuga de cérebros dos países pobres para as nações ricas e o importante papel dos pesquisadores na sociedade moderna foram alguns dos temas que me aproximaram de Prigogine. Ele foi o primeiro Prêmio Nobel de Química que entrevistei durante os quase 20 anos que me dediquei à cobertura da láurea em Estocolmo e Oslo.

A verdade, pura e simples, é que muito poucos jornalistas na minha época entendiam de química ou se sentiam capacitados a sabatinar um Prêmio Nobel nessa área. Não fosse seu carisma e sua vontade de cooperar com o leigo, não me sentiria animado a enfrentá-lo – e ainda por cima em francês! Apesar de ser autor de uma das mais complexas teorias no âmbito da química, hoje considerada clássica – a Teoria da Dinâmica dos Processos Irreversíveis –, Ilya Prigogine convidou-me a ingressar no mundo quase hermético de suas pesquisas sem que eu sofresse maiores constrangimentos. Franco e despretensioso, ele se mostrou homem de grande vitalidade, disposto a partilhar informações e a traduzir as equações mais difíceis para a linguagem popular. Fascinado pelo fenômeno da metamorfose, sua grande contribuição à termodinâmica foi ter estendido essa ciência aos estados de não-equilíbrio.

Para o início da entrevista com Prigogine, resolvi fazer uma regressão de um quarto de século na minha vida, por mera conveniência jornalística. E creio que essa estratégia de recuar no tempo deu certo.

- JLA: Como explicar a uma criança de oito anos sua contribuição à termodinâmica irreversível, especialmente a Teoria das Estruturas Dissipativas, que lhe rendeu o Prêmio Nobel de 1977?
- PRIGOGINE: Muito fácil. Todos sabem o que é um cristal e todas as pessoas certamente conhecem uma cidade. A partir da idéia do cristal e da cidade, qualquer pessoa pode compreender meu trabalho. Conforme explica a física clássica, o cristal é uma substância sólida, cujas partículas constitutivas (átomos, íons ou moléculas) estão arrumadas regularmente no espaço. A baixa temperatura, os átomos se concentram e adquirem uma ordem estrutural, em vez de se deslocar acidentalmente no espaço. No cristal, encontramos,

portanto, uma ordem regular. Mas pode essa ordem cristalina explicar também toda a ordem que nos circunda? Se tomarmos a idéia de cidade, verificaremos uma interação com o mundo exterior. A cidade é um sistema aberto para o mundo. O cristal é um sistema fechado, serve como peça de coleção e pode ser colocado dentro de uma caixa de relíquias. Já a cidade existe somente em função de suas transformações face ao mundo exterior. Meu problema no fundo foi encontrar as raízes dessa estrutura aberta dentro da física e da química. E resolvi denominá-las "estruturas dissipativas".

JLA: Além da aplicação na química e na biologia, sua teoria pode ser usada para descrever fenômenos encontráveis nos sistemas sociais? Que relação poderia ter com ordem e desordem em sistemas políticos?

PRIGOGINE: Essa é uma questão extremamente complicada sobre a qual não tenho uma opinião pessoal. O futuro dirá se minha teoria tem ou não alguma utilidade nesse campo. Contudo, é preciso não esquecer que a física clássica também trata de situações bastante simples e idealizadas. Por essa razão, o contraste que existe, por exemplo, entre a impressão de liberdade e a visão determinista, pode surgir também em situações bastante diferentes daquelas que queremos testar ou aplicar. E aqui chegamos à questão da Teoria das Estruturas Dissipativas, que é uma tentativa de penetração em sistemas mais complexos. Nesse sentido, o Prêmio Nobel de Química de 1977 tem vários pontos em comum com o Prêmio Nobel de Física deste mesmo ano, que investigou a estrutura eletrônica dos sistemas magnéticos desordenados. Os físicos têm um ponto de vista bastante otimista quando afirmam que as leis da natureza não são apenas leis de interações elementares. Segundo Einstein (Prêmio Nobel de 1921), uma vez conhecidos os fenômenos elementares, os fenômenos microscópicos, o resto se seguirá automaticamente, por dedução. Mas pode ser também que a dedução não seja mais puramente matemática, devido à complexidade que se originou do fato de não existirem na natureza novos elementos que aflorem automaticamente.

JLA: A linguagem dos cientistas nem sempre é a mesma e isso, naturalmente, prejudica a interatividade da compreensão. Para facilitar o entendimento entre uma ciência e outra, foi proposta, há algum tempo, a teoria dos sistemas gerais. Que acha disso?

PRIGOGINE: A observação sobre sistemas gerais deve referir-se ao que ficou bastante em moda entre os cientistas sociais. Na verdade, a *General Systems Theory* foi criada há 20 ou 30 anos, na tentativa de estabelecer uma ponte entre as ciências sociais e as demais ciências, o que certamente atraiu grande número de pessoas. Acredito que uma das dificuldades nesse campo é o risco das extrapolações, ou seja, o perigo de aplicar métodos, indistintamente, de uma área para outra. Por esse motivo, não creio que sistemas gerais sejam uma questão fácil. Somente no ano passado, por exemplo, é que começamos a compreender o que significa, na realidade, teoria matemática de situações sociais – o que já é um projeto extremamente complicado e ambicioso, que só poderá dar resultados através de extrapolações. Percebemos facilmente isso quando as coisas se complicam ou quando precisamos de vários tipos de matemática para definir a sociedade, ou mesmo quando constatamos que cada ato humano é feito essencialmente de repercussões – todas as coisas que fazemos são imitadas ou "anti-imitadas" por outros – e que a própria definição de sistemas sociais significa não-linearidade extrema.

- JLA: Acredita que a sociedade necessita ouvir mais e melhor os homens de ciência?
- PRIGOGINE: A questão pode ser colocada de forma mais geral. Para mim, a ciência é, no fundo, uma tentativa de racionalização. No passado – como dizia um filósofo francês amigo meu –, a ciência não era mais do que um objeto bastante idealizado. O filósofo falava de ciência como se fosse uma peça de museu. Esse conceito modificou-se radicalmente. Hoje, o grande problema da ciência é sua interação com a sociedade. Um dos pontos capitais é a disseminação da informação científica, mesmo porque se trata de um problema essencial da democracia. Um país de nível tecnológico não pode existir sem que a ciência tenha raízes profundas na nação, sem que todos estejam a par das discussões. Considero antidemocrático não difundir os avanços científicos ou mantê-los unicamente sob o domínio da elite científica especializada. Por outro lado, é preciso assegurar aos cientistas condições satisfatórias para estarem atentos à época em que vivem.

- JLA: Muitos criticam o fato de os cientistas optarem por uma linguagem hermética, que ninguém entende facilmente. Como encara essas queixas?
- PRIGOGINE: Acho que devemos dinamizar mais o contato dos cientistas com a sociedade civil. As publicações populares sobre ciência são também uma forma muito produtiva de disseminar a linguagem científica, que não necessita ser tão difícil ou inacessível para o leigo. Os meios de comunicação, como rádio e televisão, podem

facilitar grandemente a "tradução da linguagem científica", popularizando os mais diferentes aspectos da ciência no mundo.

- JLA: Por que instituições como a Academia Real de Ciências, que distribui o Prêmio Nobel, dão maior reconhecimento aos cientistas dos países industrializados?
- PRIGOGINE: Penso que entidades que distribuem prêmios levam mais em conta certas tradições. Definitivamente, não se trata de um prêmio ético. Tenho a impressão de que, nesse contexto, pouco importa a origem da pessoa que recebe o prêmio. Por outro lado, já ocorreram situações em que a comissão Nobel laureou cientistas do Terceiro Mundo – da Índia, da Argentina etc. É possível que se crie um dia outro prêmio, que leve em consideração características da pesquisa científica nos países subdesenvolvidos ou em vias de desenvolvimento.

- JLA: Como vê a questão do *brain drain*, a fuga de cérebros?
- PRIGOGINE: Penso que o fenômeno da fuga de cérebros tomará um novo caminho quando as relações entre a ciência e a sociedade forem mais bem estabelecidas. Tenho a impressão de que o *brain drain* também está relacionado a outra dimensão da ciência – a da sua aplicação. É preciso chegar ao equilíbrio entre as idéias de ciência autônoma e de ciência aplicada. Se ficarmos pensando na ciência como um fato puramente teórico, então o *brain drain* continuará ocorrendo.

Outubro de 1977

....

CIDADES, MATÉRIA VIVA

"Em *As leis do caos*, publicado em 1993, Prigogine considera as cidades como o exemplo mais simples de estruturas dissipativas, ou de não-equilíbrio, que se possa conceber. Uma cidade, afirma ele, não se identifica unicamente ao campo imediato em que se insere; depende de relações com campos adjacentes. Sem elas, as cidades não existiriam. O sistema de uma cidade dissipa energia, interage com o mundo exterior. Não é uma estrutura morta, funcional, portadora apenas de uma identidade local. Mesmo no nível microscópico, a cidade é matéria viva em constante auto-organização; sempre recria novos espaços-tempos, rompe na prática cotidiana a simetria das regras e padrões que a cultura pretende lhe impor. Como o universo, as cidades são uma realização de coisas possíveis."

EDGARD DE ASSIS CARVALHO
Trecho do artigo "Ilya Prigogine, 1917-2003,
Prêmio Nobel de Química de 1977".
In Margem, nº 17, p. 217-219, Jun. 2003

CARLO RUBBIA
SÓ FALTA DESCOBRIR A ORIGEM DO ESPÍRITO...

AO LADO DO holandês Simon van der Meer, o italiano Carlo Rubbia é um dos físicos modernos que abriram as portas da ciência ao desconhecido ao descobrir um dos quatro campos de força do universo – o chamado de "forças nucleares fracas", que governam as radiações. Os outros três campos que comandam a conduta da matéria no universo são: o gravitacional, o eletromagnético e o das relações fortes, que governam a interação dos componentes do núcleo atômico. Tanto Carlo Rubbia quanto Van der Meer empenharam-se num grande projeto de pesquisa que desembocou na descoberta das partículas W e Z, mediadoras da ação fraca, e que, atuando no coração da matéria, respondem pela radioatividade beta dos núcleos atômicos.

Em 1984, quando ambos dividiram o Prêmio Nobel de Física, Rubbia era presidente do Centro Europeu de Pesquisas Nucleares (Cern), em Genebra, uma das instituições científicas de mais alta reputação no mundo. Nascido em 31 de março de 1934, na cidadezinha italiana de Gorizia, Rubbia foi nomeado professor de Física da Universidade Harvard em 1970. Homenageado por suas descobertas, o cientista foi condecorado com a Legião de Honra da França, outorgada pelo presidente François Mitterrand em 1989, tendo também recebido das mãos do presidente Sandro Petri a comenda Cavaliere di Gran Croce, a mais alta honraria da Itália.

Carlo Rubbia inventou o conceito para um novo tipo de reator nuclear, que denominou "amplificador de energia". Esse conceito, de desenho "intrinsecamente seguro", combina um acelerador de partículas com um reator nuclear subcrítico, que pode usar tório como combustível, produzindo uma reação de fissão cujos dejetos são menos poluentes, devido a sua curta duração. Fascinado pela natureza, Rubbia nunca foi um físico cético.

– Quando observamos a natureza, ficamos impressionados com sua beleza, sua ordem e sua coerência. Não posso crer, entretanto, que esses fenômenos, que se unem como perfeitas engrenagens, sejam apenas resultado de uma flutuação estática, uma combinação do acaso... Hoje, como ontem, "algo" ou "alguém", evidentemente, faz as coisas como elas são. Notamos os efeitos dessa presença, embora não notemos essa própria presença. Este é um ponto em que a ciência se aproxima mais daquilo que conhecemos como religião", não hesita em dizer.

Defensor de um consenso mundial em torno da ciência, Carlo Rubbia propôs a criação de uma união internacional de cientistas para superar o abismo que, na década de 1980, ainda dividia pesquisadores do Leste e do Oeste em conseqüência da Guerra Fria, caracterizada pela divisão ideológica do mundo sob o poder das duas superpotências hegemônicas: União Soviética e Estados Unidos. A esse respeito, manifestou-se:

– Numa época de divisões ideológicas entre os povos, o Cern tornou-se uma das mais importantes instituições de pesquisa a aproximar diferentes nações. Tornou-se talvez o único centro internacional onde cientistas americanos e russos trabalham juntos em plena Guerra Fria.

Depois de seu período na direção do Cern (1989-1993), Rubbia redirigiu suas pesquisas para a área ambiental, em particular para a questão das tecnologias de energia renovável. De 1999 a 2005, presidiu a Entidade para Novas Tecnologias, Energia e Ambiente (Enea) da Itália. Trabalhou também como consultor científico para o organismo equivalente espanhol, o Centro de Investigações Energéticas, Meioambientais e Tecnológicas (Ciemat) e foi, durante 2007, membro de alto nível do Grupo de Consultores sobre Mudança Climática da Presidência da União Européia.

- JLA: Fala-se muito da internacionalização da ciência, mas, com exceção do Cern, os cientistas continuam fazendo suas pesquisas e descobertas separadamente, em grande parte pela fatalidade da divisão política do globo. Acredita que será possível superar um dia essa limitação?
- RUBBIA: A física é uma ciência internacional e assim deve ser compreendida. As dificuldades enfrentadas pelos físicos no passado foram em grande parte superadas em decorrência justamente da união existente entre essa mesma comunidade de cientistas. É evidente que uma ampliação desses contatos – e julgo que é isso que sua pergunta sugere – daria nova dimensão ao nosso trabalho. Infelizmente, isso parece não ser possível hoje, por razões políticas e econômicas. O Centro Europeu de Pesquisas Nucleares (Cern) é certamente um exemplo a ser imitado. Somos hoje uma das pouquíssimas instituições no mundo a colocar o internacionalismo e a liberdade como objetivos a serem perseguidos pelos cientistas. De certa forma, na nossa instituição, vivemos numa sociedade utópica, em que americanos, soviéticos, chineses e europeus já trabalham lado a lado, apesar da divisão bipolar do globo.

Carlo Rubbia

- JLA: Existe, por outro lado, competitividade regional. O Prêmio Nobel de Física de 1984 não deixou de ser uma vitória da ciência européia sobre a americana?
- RUBBIA: Em primeiro lugar, podemos competir sem fechar as portas à cooperação internacional. O Cern, de fato, é um centro de pesquisas apoiado por verbas e programas europeus, e a maioria dos cientistas que ali trabalham pertence à comunidade européia. Mas não nos batemos por uma ciência que seja apenas européia, nem nunca nos fecharemos para a cooperação internacional.

- JLA: Sua descoberta converteu-se num dos grandes acontecimentos científicos da história. Por quê?
- RUBBIA: Porque, mesmo a despeito de a física teórica ter admitido sua existência, em 1934, fomos nós, no Cern, que "descobrimos", digamos assim, o fenômeno. Em 1934, a ciência identificou a interação fraca nos processos de emissão de radioatividade como um dos quatro campos de força que parecem interagir no universo. Mas as partículas W e Z, portadoras da força fraca, que governa os fenômenos de desintegração radioativa no núcleo dos átomos e as reações termo-nucleares nas estrelas, só foram mesmo encontradas por meio de nossas pesquisas, em 1983, nos laboratórios do Cern.

- JLA: Como explicaria de forma mais simplificada seu próprio trabalho?
- RUBBIA: Todas as coisas à nossa volta são organizadas, basicamente, por duas outras: matéria e forças. Nosso trabalho é saber como a matéria é construída. Verificamos que ela é composta por certo número de partículas elementares e nos surpreendemos ao descobrir como uma forma tão rica pode ser criada com tão poucos blocos de construção. Essas partículas são como Legos – aqueles jogos infantis de montagem que as crianças européias tanto utilizam de uns tempos para cá. São, portanto, três ou quatro peças de Lego, que, colocadas uma ao lado da outra, produzem uma construção magnífica, que nenhuma criança imaginaria fazer. Mas isso é só uma parte – a outra é manter esse complexo unido. Isso se faz pelas forças, que são mais complicadas de explicar, porque envolvem atos à distância, fenômenos como, por exemplo, a circulação do planeta Terra em torno do Sol, o fato de os elétrons em nosso corpo seguirem sempre linhas precisas e definidas em torno dos prótons. É um pouco como os aviões no espaço: para quem observa em terra – aparentemente, eles voam sem uma rota. Mas sabemos que essas aeronaves estão orientadas para seguir numa determinada direção e che-

gar a um destino definido. Tudo isso é tarefa das forças. Nossa contribuição para a ciência foi descobrir como essas forças operam e que mecanismo existe por trás de todo esse fenômeno.

- JLA: O senhor tem trabalhado com dimensões infinitesimais. Para um físico de seu calibre, o que significa o infinito no nosso universo?
- RUBBIA: Essa é uma das mais velhas questões formuladas pelo homem: a conexão existente entre o maior e o menor, o mais forte e o mais fraco, o conhecido e o desconhecido. Nós, cientistas, respeitamos um princípio fundamental em ciência: o de que as leis físicas não mudam no tempo ou no espaço. As leis físicas que observamos atualmente são as mesmas de 15 bilhões de anos atrás. Mais ainda: as mesmas leis que experimentamos agora, neste espaço, são aplicáveis às galáxias mais distantes. Essa é a mais fantástica propriedade das leis físicas: através delas, sabemos como as coisas são ou, pelo menos, como elas deveriam ser.

- JLA: Com a descoberta das partículas W e Z, só falta agora descobrir a origem do espírito?
- RUBBIA: Há os que defendem essa tese. Mas a contraposição do espírito à matéria estaria mais ligada à metafísica do que a própria física. Trata-se de uma questão que já suscitou ásperas polêmicas e apaixonadas discussões. Até mesmo Einstein, para muitos cientistas, chegou ao limiar dessa questão, que se transformou num dos maiores problemas essenciais e existenciais do homem – a natureza do espírito. A meu ver, as questões relativas à matéria avançaram muito, mas aquelas que tentam desvendar os mistérios do espírito estão ainda muito atrasadas. Em outras palavras, o espírito continua desconhecido.

- JLA: Teilhard de Chardin tentou conciliar ciência e teologia para superar esse dilema. Qual sua opinião a esse propósito?
- RUBBIA: Ele não era físico. Era um jesuíta interessado em antropologia. Mas foi um pensador extraordinário para sua época, quando pouco se sabia sobre o universo, sobre a matéria e sobre as partículas microscópicas. Nunca chegou, porém, a sustentar que o espírito era um atributo da matéria. Permaneceu no campo da teologia.

Dezembro de 1984

Carlo Rubbia

O QUE É O CERN?

O Cern, Conselho Europeu para a Pesquisa Nuclear, financiado por mais de 20 estados-membros, é o maior centro mundial de pesquisa científica pura, dedicado em especial aos estudos sobre física de partículas. A instituição emprega mais de 3 mil pessoas – inclusive 30 pesquisadores brasileiros, incluindo físicos, engenheiros e cientistas de computação – e tem sede em Meyrin, nas cercanias de Genebra, na Suíça.

A construção do maior acelerador de partículas do mundo, considerada a experiência científica do século, pretende recriar as condições do início do Universo, algo entre cerca de 13 bilhões e 17 bilhões de anos atrás. O objetivo é descobrir a origem da matéria e, conseqüentemente, do universo.

Utilizando uma espécie de "túnel do tempo" – um anel de 27 quilômetros de circunferência, construído a 100 metros sob da terra e refrigerado durante dois anos para atingir a temperatura de 271,3º Celsius, perto do denominado "zero absoluto" –, os cientistas do Cern pretendem simular os primeiros milésimos de segundo do Universo, de acordo com a Teoria do *Big Bang*. O túnel é, na realidade, um acelerador de partículas, uma infra-estrutura capaz de provocar 600 milhões de colisões por segundo entre as partículas que compõem a matéria e fragmentá-las, tal como teria ocorrido logo após o *Big Bang*. Por meio de quatro detectores – equipamentos acoplados ao Grande Colisor de Hádrons (LHC) –, os pesquisadores observam o que ocorre a partir do choque dessas partículas, o que possibilita o estudo sobre a estrutura da matéria.

Outra aspiração dos cientistas é encontrar o hipotético bóson de Higgs – apelidado de "partícula de Deus", que seria responsável por agregar massa às partículas, mas nunca chegou a ser detectado com os aceleradores existentes, menos potentes que o LHC.

LEON LEDERMAN

HUMOR AJUDA NA DIVULGAÇÃO CIENTÍFICA

LEON MAX LEDERMAN, PhD em Física pela Universidade Colúmbia e diretor do Laboratório do Acelerador Nacional Fermi – Fermilab –, em Batavia, perto de Chicago, teve sob seu comando, durante uma década, o maior acelerador de prótons do mundo.

Nascido em 1922, em Buffalo, Leon Lederman, o conhecido "porta-voz dos neutrinos", é, antes de tudo, um cientista popular, que traduz para o leigo os avanços da física moderna, com a paciência e a obstinação de professor primário.

Para explicar o "inexplicável" e misterioso universo das partículas elementares, Lederman não poupa humor nem ironia, dois ingredientes que, associados à jovial personalidade do laureado Nobel de 1988, transformam suas palestras científicas em verdadeiras jornadas de entretenimento.

Foi depois de ele ter revelado o "lado cômico e satânico" das partículas elementares a um grupo de jornalistas europeus e americanos, em divertida palestra feita no salão nobre da Real Academia de Ciências, em Estocolmo, que pude gravar a seguinte conversa com o "pai dos neutrinos". Ele dividiu a láurea de Física com Melvin Schwartz e Jack Steinberger pelas pesquisas com neutrinos – na época, todos desenvolviam seus trabalhos na Universidade Colúmbia.

- JLA: Ao contrário de muitos cientistas na sua área, o senhor prefere usar linguagem de fácil acesso aos leigos. Por que a ciência deve ser mais popular?
- LEDERMAN: Como muitos cientistas, sou pela popularização da ciência, por uma pedagogia de ensino menos obscura. Penso ser necessário investir cada vez mais na área da ciência e acabar com os cacoetes da retórica científica. É preciso dinamizar os contatos dos cientistas com toda a sociedade. É isso que estamos tentando fazer há mais de dez anos no Fermilab: abrir nossas portas para a sociedade.

- JLA: E como isso pode ser feito na prática?
- LEDERMAN: O ideal é uma simbiose – combinar a pedagogia científica popular com formas atraentes e mais inteligentes de divulga-

ção da ciência, utilizando para isso os veículos de comunicação de massa. Essa experiência pode parecer difícil, mas constitui um desafio bastante nobre. Estamos, por exemplo, tentando ressuscitar um famoso programa de televisão que teve enorme audiência nos Estados Unidos e em vários países – *This Week in Science*. ("A Semana da Ciência" em tradução livre). Naturalmente, nosso sonho seria contar com ninguém menos do que com Woody Allen como apresentador. Mas, como sempre, esbarramos na incômoda questão do dinheiro, do financiamento. Quando falamos em ciência popular ou popularização da ciência, o financiamento desponta automaticamente como o aspecto mais difícil de ser superado. E um projeto dessa natureza, tendo como âncora alguém do calibre de Woody Allen, não custaria menos de US$ 2 milhões, só para começar.

JLA: Os americanos parecem estar rompendo, de ano para ano, a predominância européia na área da física, arrebatando muitos prêmios, inclusive o Nobel. Como vê esse avanço?
LEDERMAN: Não sei. Há cinco anos, era o Centro Europeu de Pesquisas Nucleares (Cern), em Genebra, que acenava com as maiores glórias da física moderna. Hoje, porém, o acelerador de partículas das cercanias de Chicago é o maior do mundo, três vezes mais poderoso que o do Cern. Em termos de competição, há uma luta dura entre o Cern e o Fermilab. Nosso trunfo é o fato de termos grande quantidade de novos dados científicos que estão sendo analisados. Não quero, em absoluto, sustentar que o Cern tenha perdido seu poder de competição. Durante os últimos cinco anos, esse centro continuou dando aos europeus um invejável *status* na área da ciência.

JLA: Para os grandes avanços da física moderna são necessários, além de muita criatividade, equipamentos custosos e muito dinheiro. Na dianteira estarão sempre os países ricos, não é verdade?
LEDERMAN: O aspecto econômico é vital para a pesquisa científica moderna. Mas até os países ricos sofrem seus desapontamentos, já que não estão livres de problemas econômicos. Costumo dizer que pesquisar em ciência hoje em dia é como cavalgar um tigre: ninguém tem condições de ficar tranqüilo. Atualmente, o grande safári dos físicos são os elos que faltam no misterioso universo das partículas. Trata-se de uma caça difícil, sobretudo quando o que se busca são os elusivos e místicos *quarks*. Desvendar esses mistérios é o maior desafio dos físicos teóricos. Em qualquer lugar do mundo, a pesquisa científica necessita de investimentos para sobreviver e ir adiante.

JLA: Apesar dos triunfos obtidos pelo Fermilab, o senhor não esconde certo desapontamento. Por quê?

LEDERMAN: Porque nem tudo é justo. O Fermilab, apesar de sua incontestável liderança científica, talvez venha a ficar à margem da próxima geração de aceleradores de partículas. Quem venceu a concorrência para a instalação dos chamados SSC, os *Superconducting Super Colliders* (supercolisores supercondutores), foi uma região próxima de Dallas, no Texas. A decisão foi tomada recentemente pelo governo americano e custará nada menos que US$ 5 bilhões. A meu ver, os objetivos dessa decisão não foram fundamentados em fatos e isso, evidentemente, me deixou muito desapontado. Creio que o fato de o Texas ter oferecido US$ 1 bilhão para ficar com o projeto foi o argumento mais sólido levado em consideração. Por isso, não entendo o significado da decisão tomada pelo presidente dos Estados Unidos, George Bush.

JLA: Que planos tem para o futuro?

LEDERMAN: No próximo ano, deixarei a direção dos laboratórios de pesquisa Fermi. Dez anos como diretor da instituição, francamente, já são suficientes. Voltarei às minhas atividades de professor da Universidade de Chicago e procurarei convencer os novos pesquisadores a investir mais na área da ciência popular. Na vida acadêmica, certamente, poderei retomar também meu senso de humor.

Dezembro de 1988

HARTMUT MICHEL

A MAIS IMPORTANTE REAÇÃO QUÍMICA
PRODUZIDA NO PLANETA

QUANDO O ASSESSOR de imprensa da Real Academia de Ciências da Suécia autorizou-me a entrar na sala em que se encontrava o Dr. Hartmut Michel, do Departamento de Bioquímica do Instituto Max Planck, da Alemanha, levei praticamente um choque. Ao contrário do que imaginara, a pessoa que conversava com dois professores de cabelos grisalhos não tinha absolutamente aparência de um Prêmio Nobel de Química.

A figura que divisei era, por assim dizer, um "garotão de praia". Imaginei que, de bermudas e com uma prancha de surfe embaixo do braço, ele passaria facilmente por um desses filhos de milionários bem tratados e queimados de sol, avançando para ir cortar despreocupadamente as ondas azuis-turquesa dos mares do Havaí, com nada na cabeça e muito dinheiro no bolso. Mas a verdade era bem outra, pelo menos para aqueles que não perderam – como eu – sua rápida aparição na televisão sueca e britânica no dia anterior.

Um quarto de século mais jovem que o laureado de Física, Leon Lederman, o bioquímico Hartmut Michel, aos 40 anos, foi, seguramente, um dos mais jovens agraciados com um Prêmio Nobel científico, que dividiu com dois colegas do Instituto Max Planck, Johann Deisenhofer e Robert Huber. Às pesquisas do trio credita-se o aprofundamento da compreensão dos mecanismos da fotossíntese, a descoberta de similaridades entre os processos fotossintéticos de plantas e bactérias e o estabelecimento da metodologia para cristalização das chamadas "proteínas membranares".

Vestido de forma estritamente apropriada para a ocasião, com terno escuro, gravata discreta e usando barba ruiva cerrada – talvez para esconder a idade –, esse jovem nascido em 18 de julho de 1948, em Ludwigsburg, Alemanha, era no mínimo uma personalidade notável, que, ao lado da célebre pesquisadora americana Gertrud Elion, transformou-se na grande estrela do espetáculo Nobel de 1988.

Depois de prêmio, ele continuou acumulando as pesquisas e uma diretoria departamental no Instituto Max Planck, em Frankfurt, com a carreira docente em bioquímica na Universidade Johann Wolfgang Goethe, na mesma cidade.

- JLA: O senhor dividiu o Prêmio Nobel de Química com outros dois renomados cientistas devido a sua pesquisa sobre a determinação da estrutura tridimensional de um centro de reação fotossintética. Em outras palavras, pela descoberta de uma proteína membranar. Por que justamente uma proteína?
- MICHEL: Muito fácil. A proteína surge de uma bactéria. E o que nós descobrimos foi uma das mais importantes proteínas que podem ser vistas e "respiradas". Ela se localiza no invólucro celular, ou seja, naquilo que os químicos usualmente chamam de membrana. Nós, do Instituto Max Planck, passamos a designá-la como pertencente ao grupo das proteínas membranares.

- JLA: A descoberta da estrutura tridimensional foi considerada pela Real Academia de Ciências algo verdadeiramente revolucionário no domínio da química. Tal consideração é correta?
- MICHEL: A Academia de Ciências da Suécia realmente afirmou que a proteína que descobrimos "participa" da mais importante reação química já produzida no planeta. Mas trata-se apenas de uma proteína... Eu, como cientista, não a escolhi por essa razão. Escolhi a bactéria como modelo da fotossíntese por oferecer elementos mais práticos para a pesquisa. Queria determinar sua estrutura química, apenas isso. Nesse sentido, confesso que a motivação da Academia foi por demais pomposa.

- JLA: Qual é o maior mérito de seu trabalho?
- MICHEL: Comecei a trabalhar com essa proteína apenas a partir de 1980. Minha primeira idéia era transformar a proteína em cristais. Compreenda uma coisa: produzir cristais de uma substância é a primeira etapa para se alcançar um "modelo". Um dos méritos da pesquisa foi o fato de termos conseguido alcançar esse modelo.

- JLA: De qualquer forma, seu trabalho foi muito aplaudido e lhe rendeu a láurea Nobel. No entanto, muitos criticam a manipulação das bactérias na área da biotecnologia. As manipulações genéticas implicam grandes riscos?
- MICHEL: Tudo na vida implica riscos. Até um passeio de bicicleta... O que julgo necessário esclarecer é que as bactérias utilizadas para produzir medicamentos encontram-se tão modificadas que elas não poderiam,

isoladamente, superar a força da natureza. É bom não confundir ficção com realidade. É claro que, se mesmo assim algumas delas conseguissem sobreviver, então seria como atirar cordeiros indefesos a leões famintos. As pesquisas com o vírus do câncer podem implicar riscos naturalmente. Mas esse não é o meu departamento. Não quero parecer rude, mas essa questão pode ser respondida por outros especialistas.

- JLA: Praticamente todos os cientistas, não importa a área de suas especialidades, estão preocupados com os problemas ambientais – poluição, buracos na camada de ozônio, mudanças climáticas... Por que, em sua opinião, os cientistas são sempre os primeiros a advertir e os políticos os últimos a escutar?
- MICHEL: Porque os políticos estão preocupados, em primeiro lugar, com as eleições e com o dinheiro das indústrias que financiam suas campanhas. Em geral, só depois que elas ocorrem é que eles começam a tomar providências e, mesmo assim, na maioria das vezes, capitalizando as tragédias em seu benefício. Sou um pessimista com relação à consciência dos políticos no que toca à solução dos problemas ambientais.

- JLA: E qual a saída?
- MICHEL: Reconsiderar as coisas e alterar a filosofia de vida pela qual nos orientamos na sociedade moderna. Evidentemente, isso é uma coisa muito difícil, porque somos dominados cada vez mais pela sociedade de consumo e pela exploração predatória dos recursos naturais da Terra.

- JLA: Que planos tem para o futuro?
- MICHEL: Costumo não me pronunciar com relação ao futuro antes de começar um novo projeto. Mas, quando necessário, sou bastante flexível para mudar de rota.

Dezembro de 1988

....

INSTITUTO MAX PLANCK

O Instituto Max Planck para o Progresso da Ciência é uma organização alemã de pesquisa científica sem fins lucrativos, fundada pelas autoridades governamentais da Alemanha. A organização é mundialmente conhecida como uma instituição de ponta no campo da pesquisa científica e tecnológica.

Em 2007, a classificação do *Times Higher Education Supplement*, que avalia o desempenho de instituições de pesquisas não-universitárias – baseada na revisão por pares acadêmicos –, colocou o Instituto Max Planck em primeiro lugar no mundo em pesquisa científica e em terceiro em pesquisa tecnológica, ficando atrás apenas da AT & T e do Argone National Laboratory, dos Estados Unidos. O Instituto tem cerca de 12,3 mil empregados permanentes, incluindo 4,2 mil cientistas e cerca de 9 mil profissionais visitantes. Em 2007, o orçamento do Instituto Max Planck era de 1,5 bilhão de euros.

Com 80 institutos de investigação disseminados pela Alemanha e em outros países da União Européia, o Instituto Max Planck trabalha fundamentalmente com pesquisa básica em ciências naturais, sociais e humanas.

PROTEÍNAS MEMBRANARES

Todas as coisas vivas são feitas de células. E todas as células são rodeadas por uma membrana, que não é apenas um saco para manter juntos os componentes da célula – ela funciona também como uma espécie de alfândega entre uma célula e o seu meio ambiente. Nas membranas há proteínas especializadas para esse trabalho de controle do que entra e do que sai.

Precisamente por estarem envoltas numa espécie de capa, as proteínas membranares são muito difíceis de isolar e estudar. Tanto é assim que, quando se conseguiu pela primeira vez determinar a estrutura de uma dessas proteínas, o trabalho valeu aos investigadores – Johann Deisenhofer, Robert Huber e Hartmut Michel – o Prêmio Nobel de Química (1988). A informação obtida constituiu a primeira visão das partes estruturais que atuam na função da fotossíntese da cianobactéria e pode ser útil para a compreensão da fotossíntese em plantas, que é um processo bem mais complexo.

A respiração celular, a fotossíntese, a comunicação entre células, o crescimento, o transporte através da membrana e o reconhecimento celular, processos vitais de bactérias, plantas e animais, são todos catalisados e regulados por essas proteínas. Do ponto de vista aplicado, as proteínas membranares constituem alvos ideais para novos medicamentos, razão pela qual a indústria farmacêutica tem enorme interesse em seu estudo

Descobrir a estrutura de uma dessas proteínas começa pela obtenção da proteína em estado puro – sendo às vezes necessário produzi-la no laboratório. Passa-se então à cristalização da proteína e ao exame dos cristais, pela técnica da cristalografia de raios-X. Por fim, os resultados são analisados por computador e gera-se a estrutura da proteína. Pode-se então começar a entender como é que ela funciona e quais as partes mais importantes na sua função.

O estudo das proteínas, que já rendeu mais de dez prêmios Nobel nas áreas de química ao longo dos anos, motivou mais um em 2008. Dessa vez, para os americanos Martin Chalfie e Roger Y. Tsien junto com o japonês Osamu Shimomura, os químicos que descobriram a proteína verde fluorescente (GFP, na sigla em inglês). Graças a essa característica, os cientistas conseguiram tornar visíveis uma série de processos que antes eram invisíveis, como o desenvolvimento de células nervosas no cérebro e a propagação de células cancerígenas.

Fontes: Instituto de Tecnologia Química e Biológica da Universidade Nova de Lisboa (www.itqb.unl.pt/science-and-society/imprensa/12membraneproteinsa.pdf) e jornal argentino *Clarín*, (www.clarin.com/diario/2008/10/08/um/m-01777076.htm)

BERT BOLIN

O ARAUTO DO EFEITO ESTUFA

"AS PRESSÕES INTERNACIONAIS sobre o Brasil são absolutamente exageradas. O desmatamento da Amazônia, em nível global, exerce muito pouca influência sobre o desaparecimento da camada de ozônio. Se nos pautássemos pela verdade científica, seria necessário dizer que a maior ameaça é aquela colocada pela queima indiscriminada dos combustíveis fósseis – como carvão e petróleo – pelas grandes e poderosas nações industrializadas."

A conclusão não parte de um patriota brasileiro, cansado dos ataques perpetrados pelas ONGs ambientalistas e pelas elites ecológicas internacionais, que alcunharam a Amazônia de "pulmão do mundo". Essa lógica de pensamento é do professor Bert Bolin, o mais premiado de todos os meteorologistas e climatologistas do mundo. Primeiro presidente do Painel Intergovernamental para Mudanças Climáticas (IPCC) das Nações Unidas, no período 1988-1997, ele foi o primeiro cientista a alertar a humanidade sobre as ameaças do "efeito de estufa".

Nascido em 15 de março de 1927, em Nykoping, na Suécia, Bert Richard Johannes Bolin formou-se pela Universidade de Upsala em 1946, e fez mestrado e doutorado na Universidade de Estocolmo, ocupando a cátedra de Meteorologia de 1961 a 1990, quando se tornou *Professor Emeritus*, permanecendo ativo até pouco antes de sua morte, em 2007. Ocupou durante vários anos a função de diretor científico da Organização de Pesquisa Espacial Européia (ESA).

Pioneiro na área dos estudos climatológicos, Bolin desenvolveu pesquisas que deram renovada dimensão às perspectivas globais sobre o clima da Terra e foi agraciado com uma centena de láureas, entre elas dois dos maiores prêmios científicos da área: o Tyler Prize for Environment Achievement, em 1988, o mais prestigiado prêmio distribuído pela American Meteorological Society, e o Blue Planet Prize, em 2006, este último considerado o Nobel das ciências ambientais. Ele também era qualificado pela comunidade científica mundial como "o Prêmio Nobel do Meio Ambiente".

Nomeado para presidir um grupo internacional de pesquisadores e incumbido de auxiliar diferentes governos no âmbito das mudanças climáticas, Bert Bolin ficou famoso ainda pelo seu poderoso espírito crítico contra todos os que falsificam ou deformam verdades científicas em nome de outros interesses. Foi por isso que criticou acidamente certas organizações internacionais "verdes" e até mesmo o presidente Bill Clinton e seu vice, Al Gore – autor do documentário *Uma verdade inconveniente* –, que, segundo Bolin, quase sempre utilizaram o *lobby* ecológico para se autopromover politicamente.

Autor de mais de 170 artigos científicos e livros, a maioria sobre meteorologia e mudanças climáticas, suas teses em geral provocaram grande impacto nos meios científicos.

Durante mais de três décadas, esse recluso cientista sueco mapeou as emissões de dióxido de carbono na atmosfera e denunciou irado, nos foros internacionais, a relação existente entre o uso desmesurado dos combustíveis fósseis e o processo de aquecimento global do planeta.

Em dezembro de 2007, Bolin aplaudiu o fato de o Painel Intergovernamental sobre Mudanças Climáticas ter sido lembrado pelos nobelistas de Oslo e recebido o Prêmio Nobel da Paz, ao lado do ex-vice-presidente americano Al Gore, que, depois de perder as eleições para George W. Bush, em 2000, abraçou o ativismo ambiental.

– A opinião pública e a atenção da mídia para os problemas ambientais obrigaram a Fundação Nobel a premiar o IPCC, destacou o velho professor Bert Bolin, que presidiu essa instituição das Nações Unidas durante a primeira e decisiva década de sua fundação e afirmação na cena mundial.

O IPCC, criado em 1988 pelo Programa das Nações Unidas para o Meio Ambiente (Pnuma) e pela Organização Meteorológica Mundial (OMM), reuniu naquele ano 3,5 mil cientistas de todo o mundo e dividiu-os em três grupos de trabalho. O primeiro encarregou-se de examinar a química atmosférica e o impacto das emissões dos gases que provocam o efeito de estufa; o segundo tratou dos impactos de vários tipos de mudanças climáticas; e o terceiro pesquisou as possibilidades existentes para mitigar os fenômenos da poluição e do aquecimento global. Foi uma das primeiras providências de Bolin para firmar a reputação do instituto na área científica.

As preocupações expressas na primeira das duas avaliações feitas durante seu mandato como *chairman* do IPCC, em agosto de 1990, resultou na elaboração da United Nations Framework Convention on Climate Change (Convenção-Quadro das Nações Unidas sobre Mudança Climática), o primeiro documento a reunir as nações do mundo em torno do tema. Promovida inicialmente pela Cúpula da Terra das Nações Unidas na ECO-92, no Rio de Janeiro, a convenção teve 192 países signatários, incluindo os Estados Unidos. A segunda avaliação,

Bert Bolin

de 1995, resultou no Protocolo de Kioto, acordo por meio do qual países industrializados se comprometeram a limitar as emissões de gases que provocam o efeito de estufa.

No relatório de 2007, o IPCC apresentou a recomendação dos especialistas para estabilizar a emissão de gases que causam o efeito de estufa até 2030 e reduzi-la até 2050. Nesse contexto, o relatório destaca a importância de medidas como a adoção de energias limpas e de biocombustíveis, como o etanol brasileiro. Outros relatórios técnicos do IPCC, elaborados no mesmo ano, chancelaram o alerta de que a Amazônia corre o risco de virar parcialmente uma savana se persistirem políticas públicas deficitárias na região. A menção à maior floresta tropical do mundo foi retirada dos documentos políticos, porque havia, na época, poucas informações disponíveis sobre o impacto do aquecimento na região.

Bert Bolin morreu aos 82 anos, em 30 de dezembro de 2007 – ironicamente, no mesmo ano em que o IPCC foi laureado com o Prêmio Nobel da Paz. Em outubro, quando o prêmio foi anunciado pelo Comitê Nobel do Parlamento norueguês, ele foi convidado para representar a ONU na cerimônia de entrega da láurea, mas seu estado de saúde não lhe permitiu viajar para isso.

Por ocasião de sua morte, Michael Oppenheimer, professor de Geociências e Relações Internacionais da Universidade de Princeton, nos Estados Unidos, afirmou:

– Bolin contribuiu com um trabalho fundamental para a moderna compreensão do fenômeno das emissões de dióxido de carbono no planeta. Por suas grandes descobertas, deveria ter sido considerado também "um estadista científico".

Numa de suas últimas entrevistas, em 2007, ao jornal social-democrata *Arbetaren*, Bolin fez seu derradeiro alerta: "Já sabemos muito hoje, mas, por mais que pesquisemos, só poderemos fazer um prognóstico em termos de mudanças climáticas até 2050. A grande questão é saber que estratégia o mundo adotará até aquela data. É isso o que mais me preocupa. Inquieto-me não porque a humanidade vai desaparecer, mas pelas tensões que o mundo indiscutivelmente enfrentará. A chave do problema repousa sobre um sistema de energia sustentável para o planeta. É por isso que temos que agir a partir dos conhecimentos que temos hoje".

Foi em Gotemburgo, em julho de 1989, durante a realização do Congresso Internacional de Ecologia patrocinado pela ONU, que encontrei Bert Bolin entre mais de 2 mil especialistas mundiais em meio ambiente.

■ JLA; O senhor afirma que muitos exageros são cometidos até mesmo por respeitados órgãos da imprensa mundial quando o assunto é a ameaça provocada pelo efeito de estufa. Pode dar algum exemplo desses "exageros"?

☐ BOLIN: Poderia dar vários. Há poucas semanas, diversos órgãos da imprensa européia publicaram artigos sustentando que a temperatura do norte da Europa, sobretudo da Escandinávia, corria o risco de aumentar entre 10% e 16% nos próximos 50 anos. Os autores do artigo, apoiados por alguns "avançados cálculos científicos", sustentavam que o mundo nórdico iria transformar-se numa espécie de reduto tropical, com temperaturas acima de 35 graus centígrados o ano todo. Outro artigo, publicado pelo Programa das Nações Unidas para o Desenvolvimento (Pnud), antecipou, por sua vez, "elevações colossais" da temperatura na Suécia e na Dinamarca para a década de 1990. Sob o ponto de vista científico, esses prognósticos nada mais são do que adivinhações falaciosas. É preciso compreender que, embora o planeta esteja sendo aquecido progressivamente, de século para século, tais asserções constituem verdadeiras hipérboles. Nunca cheguei a afirmar que a questão do "efeito de estufa" fosse um problema sem maior importância. Nunca disse isso. Mas exagerar as coisas, mesmo com boas intenções, não é ético. O mais importante é tentar divulgar aquilo que a ciência pode, com segurança, provar como verdade. Mas isso nem sempre é refletido na imprensa ou fora dela.

■ JLA: Ao citar outro exemplo de inverdade científica, o senhor também mencionou a questão da Amazônia, afirmando que os níveis atuais de desmatamento da região não exerciam muita influência sobre o efeito estufa. Trata-se, até certo ponto, de uma questão negligenciável?

☐ BOLIN: Claro que não se trata de um problema negligenciável. Sob o ponto de vista das nações limítrofes, que estão sendo afetadas pelo desmatamento, a questão é extremamente grave. Não defendo e nunca defenderei a destruição das reservas florestais, seja na Amazônia ou em outra região do mundo. Mas acho a ênfase exagerada, na medida em que essa questão é colocada de forma dramática em contextos globais. É como se a Amazônia e os brasileiros fossem os únicos culpados pelo aquecimento global do planeta. O que eu não tolero, como ser humano e cientista, é o fato de representantes de países altamente industrializados e ricos estarem convencidos de que as "denúncias" sobre destruição das florestas tropicais possam frear todos os esforços hoje efetuados para a redução do uso dos combustíveis fósseis. Assim, usam a floresta como bode expiatório, como desculpa. O raciocínio é o seguinte: eles alardeiam que a Amazônia é hoje "o pulmão do mundo" e que, se o desmatamento for controlado, tudo estará resolvido. Isso não é apenas uma mentira. É um absurdo! A verdade é bem outra. A maior ameaça não é a Amazônia. A maior ameaça parte das próprias nações industrializadas, que aumentam cada vez mais suas emissões de combustíveis fósseis, como Estados Unidos, Grã-bretanha, China, União Soviética... O desflorestamento global da região amazônica – pelos dados atuais – representa menos de 45% das emissões anuais de dióxido de carbono de um único país: os Estados Unidos. São esses os fatos que deveriam ficar perfeitamente claros, mas que, por outros interesses, não são publicados.

■ JLA: O governo brasileiro tem sido pressionado há várias décadas em razão do desmatamento da Amazônia, ao ponto de se sugerir até sua internacionalização. Crê que, partindo de um cientista tão respeitado, suas palavras constituem um alívio para as autoridades brasileiras?

☐ BOLIN: Sim e não. Se formos respeitar os princípios científicos, as pressões internacionais exercidas sobre o governo brasileiro na área ambiental são cobranças exageradas. Perceba que, no contexto das alterações climáticas globais, o Brasil, na verdade, não pesa tanto em comparação com o resto do mundo industrializado, os Estados Unidos, a Rússia, a China, como já disse. Não estou isentando o governo brasileiro de suas responsabilidades. O que quero dizer é que devemos ter senso de proporção com respeito às responsabilidades. O Brasil é uma grande nação e, certamente, tem muito a fazer na área do meio ambiente, mas as nações industrializadas têm muito mais a realizar, tendo em vista a preservação dos ecossistemas mundiais. O Brasil é uma nação muito especial, que enfrenta seus próprios desafios.

■ JLA: Então a Amazônia sozinha não é o "pulmão do mundo"?
☐ BOLIN: Claro que não. Essa é uma imagem equivocada. A Amazônia está longe de ser, sozinha, a fábrica de oxigênio do mundo. A Amazônia gera a mesma quantidade de oxigênio que consome e esse, certamente, não é o aspecto fundamental. É necessário compreender que a Amazônia, assim como outras florestas tropicais úmidas da África, da Ásia e da Austrália, constituem gigantescos

"aparelhos de ar-condicionado" para a atmosfera como um todo. A questão das alterações climáticas deve ser vista pela ótica de todas as suas vinculações planetárias, inclusive pelo ângulo dos fenômenos naturais, não produzidos pelo homem.

- JLA: Quem tem os maiores problemas, as nações ricas ou as em desenvolvimento?
- BOLIN: O mundo todo está envolvido com esses problemas. E tudo isso, pelo uso irracional dos recursos naturais. E esse uso irracional é cada vez mais visível nas nações ricas, altamente industrializadas. Nem tudo, porém, está perdido. Uma solução é a associação dos países desenvolvidos e em desenvolvimento para a solução desses desafios. As nações ricas muito em breve terão que abandonar seus altos padrões de vida e de consumo para evitar uma polarização insustentável do mundo. E isso, embora não pareça, tem muito a ver com ecologia, com meio ambiente.

- JLA: Entre essas irracionalidades, apontam-se as emissões de soluções de sulfato (aerossóis) na atmosfera pelas indústrias do hemisfério norte, numa proporção que não poderia ser comparada com as do hemisfério sul. Qual sua opinião?
- BOLIN: De fato, mais de 90% dessas soluções são emitidas no hemisfério norte. Existe, portanto, uma grande diferença entre os dois hemisférios no que toca às emissões de gases produzidos pelo homem, que provocam o efeito estufa. Essas evidências sobre a influência humana sobre o clima global demonstram que ambos os hemisférios são igualmente afetados pelas emissões originadas no norte.

- JLA: Os problemas advindos das mudanças climáticas podem ser solucionados num período previsível de tempo?
- BOLIN: Esse problema não é uma questão que possa ser resolvida de um dia para outro, de um ano para outro ou de uma década para outra. Isso porque é também impossível prever com rigor matemático as surpresas que a Mãe Natureza reservará para o planeta no que se refere ao comportamento de sua temperatura. Trata-se de uma questão que levará tempo para ser compreendida ou resolvida. Como cientista, acho essencial respeitar a perspectiva de longo prazo no estudo aprofundado sobre variações de climáticas. Não se trata de não tomar medidas urgentes em relação ao que está errado: temos que aprender, com o tempo, a melhorar a vida do planeta. A questão é saber que valor os seres humanos estão dispostos a dar ao seu

Bert Bolin

meio ambiente. Qualquer análise que se faça pensando nos benefícios financeiros advindos da exploração do meio ambiente no futuro é algo bastante questionável. Nosso ecossistema natural não tem preço. Não pode ser avaliado como uma simples mercadoria.

- JLA: O senhor tem desempenhado as funções de conselheiro governamental. É dessa forma – ao lado das autoridades constituídas – que um cientista que denuncia deve também trabalhar?
- BOLIN: Creio que sim. Não vejo impedimentos, na medida em que não se institucionalize a função de conselheiro, já que o cientista não é conduzido por argumentos políticos. Se ele mantiver sua coerência científica – o que, ocasionalmente, pode não ser fácil –, poderá cumprir a missão de advertir os políticos sobre questões que necessitam ser elucidadas para que eles possam em seguida tomar medidas concretas, acertadas.

- JLA: No plano governamental, como suas próprias idéias são aceitas?
- BOLIN: Em geral, são bem acatadas. O mais importante desse exercício é o casamento entre a ciência e a política. É bem verdade que, muitas vezes, esse "matrimônio" colide com diferentes tipos de valores. Até aqui, felizmente, tenho sido respeitado.

- JLA: O senhor é respeitado mesmo quando propõe reduzir de 70% a 80% o consumo de combustíveis fósseis nos Estados Unidos e de 50% na Europa?
- BOLIN: Apenas proponho, sob o ponto de vista científico, o que é necessário fazer para ser possível atingir algumas metas. Se essas metas serão ou não alcançadas, isso é matéria da área exclusiva dos políticos. Esta é a distinção que deve ser feita. O poder executivo está nas mãos dos governantes.

- JLA: O senhor tem sido um imbatível defensor da necessidade de explorar melhores fontes alternativas de energia. Por que se torna urgente a nova utilização de fontes energéticas alternativas?
- BOLIN: A necessidade de buscar novas fontes de energia torna-se cada dia mais urgente se quisermos assegurar algum tipo de desenvolvimento sustentável no planeta. Precisamos ser suficientemente honestos e entender que o uso que fazemos da energia que utilizamos não é nada eficiente. Bem exploradas, as fontes alternativas de energia não deverão, necessariamente, ter custos proibitivos, podendo até ser muito lucrativas. A prioridade é a drástica redução das

emissões nocivas de dióxido de carbono na atmosfera. Defendo, para isso, uma redução radical do uso dos combustíveis fósseis. Hoje, quase 85% da energia consumida no planeta são originárias de combustíveis fósseis. E os maiores consumidores são as nações ricas. Se os países em desenvolvimento utilizassem essa energia da mesma forma que os países ricos, iríamos seguramente triplicar a concentração desses gases na atmosfera e agravar ainda mais os índices de poluição do planeta. O futuro repousa nas energias alternativas.

- JLA: O senhor se considera um cientista otimista com relação ao século XXI?
- BOLIN: Muito. Um cientista, aliás, não pode pensar de forma diferente.

Julho de 1989

....

O PLANETA AMEAÇADO

Um dos relatórios do Painel Intergovernamental sobre Mudanças Climáticas (IPCC), divulgado em novembro de 2007, alertava que a emissão de gases de efeito estufa aumentou 70% desde 1970. A principal fonte é a queima de combustíveis fósseis – ou seja, os vilões são o petróleo e outros produtos químicos, que alimentam a riqueza e o bem-estar das nações desenvolvidas e sustentam o crescimento econômico dos países em desenvolvimento. O documento, assinado por pesquisadores de várias nações, indicou que a temperatura do planeta está subindo mais rápido do que o previsto. Onze dos últimos 12 anos figuraram entre os mais quentes desde que a medição começou a ser feita em 1850. O nível dos oceanos subiu 1,8 milímetro ao ano desde 1961, e, a partir de 1993, essa média passou para 3,1 milímetros por ano. As calotas polares e as geleiras vêm derretendo rapidamente. As chuvas tornaram-se mais fortes e freqüentes. O documento alertou também para o fato de a Amazônia estar sendo "sufocada" e que parte da floresta corre o risco de se transformar num imenso cerrado.

ROBERTO SAVIO
A IMPRENSA MUNDIAL DESCONHECE O BRASIL

EM JUNHO DE 1978, 3 mil especialistas em problemas de comunicação e diretores de 23 agências de notícias reuniram-se em Estocolmo para discutir, num encontro muito especial patrocinado pela Unesco, um tema que nunca saiu da atualidade: "Infra-estrutura da coleta e difusão da informação no mundo". O cientista social italiano Roberto Savio, diretor-geral da agência de notícias Interpress, com sede em Roma, discorreu sobre disseminação da informação pelas nações ricas e em desenvolvimento. E deu um exemplo: o Brasil, uma nação emergente e um gigante continental, nunca teve voz ativa na imprensa mundial, mas poderia – se porventura quisesse – dotar-se de uma grande agência internacional de notícias, que beneficiaria também toda a América Latina.

Nascido em Roma e naturalizado argentino, Roberto Savio, que iniciou sua carreira profissional como assistente da cátedra de Direito Internacional da Universidade de Parma, sempre foi um aficcionado da América Latina. Ainda na universidade, foi membro da Associação Nacional dos Estudantes e da facção jovem da Democracia Cristã, responsável pelas relações do partido com os países em desenvolvimento. Mais tarde, quando dedicava a maior parte de seu tempo às comunicações, tornou-se conselheiro internacional de imprensa do primeiro-ministro italiano, Aldo Moro, assassinado em 9 de maio de 1978, após passar 54 dias seqüestrado por membros da organização terrorista Brigadas Vermelhas, formada em 1969 pelo movimento Esquerda Proletária.

Em 1964, Roberto Savio criou, com o apoio do cientista político Pablo Piacentini, a Interpress Service (IPS), uma cooperativa de jornalistas, de caráter não-lucrativo, especializada em comunicação global para o desenvolvimento.

Competitiva no mercado mundial da informação, a IPS cresceu tanto que se tornou a quinta maior agência de notícias do mundo. A estratégia adotada por Savio era que, além de dar as notícias diárias, a IPS procurasse também melhorar o intercâmbio midiático entre os países do Sul, dinamizando igualmente as relações com o Norte. Procurava, portanto, executar projetos com parceiros internacionais para abrir canais de comunicação com todos os setores sociais.

Reconhecida pelas Nações Unidas, a IPS conseguiu manter *status* de ONG consultiva no Conselho Econômico e Social das Nações Unidas (Ecosoc). De espírito criativo e inovador, Roberto Savio administrou um projeto pioneiro da ONU – o Technological Information Pilot System (Tips) –, que procurava estabelecer e implementar cooperação econômica e tecnológica entre países em desenvolvimento. Produziu, além disso, cinco filmes bastante elogiados, dois dos quais apresentados nos festivais de Cannes e de Veneza. Autor de vários livros, o jornalista ítalo-argentino escreveu *Verbo América*, obra de destaque, que trata da identidade cultural da América Latina.

Em 1999, tornou-se conselheiro sênior para estratégias de comunicação da Organização Internacional do Trabalho (OIT), com sede em Genebra, já sob o comando do embaixador chileno Juan Somavia. Um dos impulsionadores do Fórum Social Mundial, Savio foi co-fundador do Media Watch Internacional, com sede em Paris, e criador do serviço *on line* Other News, voltado para a análises de assuntos internacionais e, particularmente, de temas relativos a boa governança e multilateralismo. Presidente da Alliance for a New Humanity, uma fundação internacional criada em 2001 para a cultura da paz, ele reuniu no conselho da organização, entre outros, o médico e escritor indiano-americano Deepak Chopra, o juiz espanhol Balthazar Garzon e os Prêmios Nobel da Paz Betty Williams, de 1976, e Oscar Árias, de 1987.

■ JLA: Como interpreta o conceito de livre circulação da informação, Roberto Savio?

□ SAVIO: Entendemos que a livre circulação de notícias, num contexto mais amplo, significa que qualquer pessoa ou nação tem o direito de fazer circular globalmente a informação. Apesar da expansão contínua da infra-estrutura de coleta e difusão em escala mundial, subsiste ainda um crescente desequilíbrio: mais de 40 países independentes não dispõem de agências de notícias e pelo menos dois terços das agências nacionais existentes não têm meios para difundir seu noticiário no exterior. Em mais da metade dos países do mundo, não existe um só correspondente estrangeiro permanente. Essa realidade confirma a idéia de que a circulação de informação está quase exclusivamente a serviço de uma minoria de nações poderosas. Então, o que ocorre é que, se considerarmos um país importante como o Brasil, deparamo-nos com um fenômeno chocante: o Brasil é consumidor, e não produtor de informação. Se analisarmos a quantidade de programas de televisão e rádio ou o número de notícias das agências internacionais que foram difundidos no mercado brasileiro em 1976 e 1977, em comparação com o que o país pode canalizar para outras redes de televisão e agências de notícias do mundo, o resultado é surpreendente. De acordo com dados de 1976, coletados em sondagem detalhada e fiel feita pela Unesco, foram utilizadas pela televisão, no mercado brasileiro, 22 mil horas de programação americana, enquanto, nos Estados Unidos, foram exibidas menos de 100 horas de programação brasileira. Mas isso não é tudo. Essas 100 horas de programação brasileira constituíram-se, na sua quase totalidade, na apresentação de canções, programas musicais e diferentes tipos de dança. Em contrapartida, os programas americanos eram de caráter político, cultural e de entretenimento de nível muito mais amplo. Representa isso uma livre circulação de informação? A resposta, obviamente, é não. Ao associarmos uma nação rica e poderosa a um país que não tem ainda a mesma capacidade de competição, o resultado é que o último se encontra quase sempre em situação de dependência. Sendo países distintos, a circulação da informação também não é a mesma. De igual maneira, a idéia de liberdade ou de livre circulação não pode ocorrer de modo idêntico entre duas pessoas desiguais. É isso, sobretudo, que provoca o desequilíbrio atual no mundo da informação.

- JLA: Há quem sustente que é o aspecto qualitativo, e não o quantitativo, que pesa na balança.
- SAVIO: Pela nossa experiência, o aspecto qualitativo não pode ser desprezado. Não digo que o que existe atualmente seja somente uma carência de informação sobre o que se passa no Terceiro Mundo. O que falta também é o julgamento do conteúdo informativo. Não há dúvida de que, quando ocorre um terremoto no Peru ou um massacre no Rio, a imprensa européia fica sabendo dos fatos em uma fração de minuto. O que a imprensa européia não sabe tão rapidamente, por exemplo, são os aspectos culturais da realidade latino-americana, os esforços de integração regional, as lutas em torno do restabelecimento do Estado de Direito, a participação da população na formulação do processo democrático etc. – tudo o que tenha relação com desenvolvimento; com notícias de conteúdo positivo, e não somente aquelas de cunho destrutivo, negativo, fica de fora. Como sabe, o bom jornalismo pode ser um jornalismo de denúncia, mas nunca apenas destrutivo. O estabelecimento de um intercâmbio noticioso implica dois níveis: o nível noticioso interno, ou seja, o direito dos países de gerar suas próprias informações, e o

nível externo. Nos dias atuais, as notícias latino-americanas escritas por nacionais equivalem mais ou menos de 10% a 15% do que se publica nos jornais da América Latina. O resto, entre 80% e 85%, é escrito por estrangeiros. Não se trata aqui de trazer à tona o problema do nacionalismo, mas, quando o estrangeiro escreve, ele geralmente leva em consideração seu público, seu próprio mercado. Uma agência de notícias americana, quando escreve sobre a América Latina, considera em primeiro lugar o interesse dos seus clientes, responsáveis em geral por 80% de seu orçamento.

JLA: O monopólio das agências internacionais de notícias é um quadro que tende a mudar, digamos, em longo prazo?

SAVIO: Esse quadro pode mudar por uma razão fundamental: se o mercado nacional representa 80% do orçamento global das agências, cresce para os países em desenvolvimento a necessidade de criar suas próprias fontes de informação, de explorar com profundidade temas próprios que não interessam, por exemplo, ao mercado americano ou europeu e que a Associated Press (AP), por exemplo, não pode cobrir. Dou um exemplo. Para o mercado americano, não existe interesse algum nas relações entre o Brasil e o Uruguai. Igualmente, não vamos encontrar informações nas agências internacionais sobre as relações do Brasil com outros países da Bacia Amazônica, que são de capital importância para os brasileiros. As relações entre Angola e a África do Sul são importantes, porque envolvem problemas políticos com desdobramentos internacionais. Agora, o movimento pela integração de Angola e de Moçambique e a questão da reconciliação nacional nos dois países não é tão relevante, porque não interessa ao mercado americano. É inevitável, portanto, que o mundo em desenvolvimento acione seus próprios mecanismos e alcance, no futuro, um mercado que as agências internacionais não podem ou não estão interessadas em cobrir. As projeções das análises de mercado indicam que, dentro de 15 ou 20 anos, os países do Terceiro Mundo terão condições de deslocar de seus mercados a maior parte do peso das agências transnacionais, que permanecerão como agências mundiais, mas perderão a dimensão de agências universais, monopolizadoras da informação.

JLA: E nos países com regime autoritário, como visualiza o futuro da livre circulação da informação?

SAVIO: O perigo que existe, quando se fala de informação, é o de considerá-la um tema específico, próprio, quando na realidade ela faz parte do processo geral da sociedade. Quanto mais o país é desenvolvido, quanto maior a participação de seus cidadãos nas instituições, tanto maior será o desenvolvimento de sua informação. Por exemplo, no momento, a tendência é considerar ruim a agência nacional de Uganda, porque é uma agência africana e porque está nas mãos do general Idi Amin. Ora, o problema é que a África está em processo de descolonização neste século XX, mas não chegando a ter 3% de pessoas com instrução profissional. Nesses países, a instalação de emissoras de rádio, televisão e outros órgãos é um processo lento e difícil. Por outro lado, a descolonização intelectual sofre uma série de outros entraves. A situação da informação nos países autoritários e nos países em desenvolvimento encontra-se, portanto, entre dois fogos, o que certamente não favorece a produção de uma informação melhor, no nível da que tem uma sociedade mais avançada. A liberdade de informação, na realidade, só ocorrerá ao longo de um processo histórico.

JLA: A criação de agências nacionais representaria então o caminho mais viável para a solução das insuficiências e dos desequilíbrios da coleta e difusão da informação?

SAVIO: É uma solução, na medida em que aumenta as fontes e diferencia o mercado. Quando um jornal depende de apenas três agências de notícias, num mundo que conta com mais de 130, é óbvio que se cria uma dialética informativa indesejável. De quanto tempo um país precisa para criar sua própria agência de notícias? Difícil dizer. Tomemos, por exemplo, mais uma vez, o caso brasileiro. O Brasil é um país gigantesco e será, tenho certeza, uma das grandes potências mundiais do futuro. O Brasil tem hoje com mais de 370 jornais – é o país com a maior imprensa da América Latina –, possui um grande número de estações de rádio e canais de televisão em nível mundial, mas não dispõe de uma boa agência de notícias. E não me refiro aos órgãos do governo, que simplesmente publicam projetos governamentais ou refletem decisões do Executivo. Falo de agência nacional independente, que realmente produza e distribua notícias nacionais, inclusive para fora do país. Assim, a situação do mercado brasileiro é tal que cada jornal importante, como *O Estado de S. Paulo, O Globo, Jornal do Brasil* ou *Folha de S. Paulo*, instalou sua própria agência de imprensa. Apesar de alguns esforços, o exercício de reunir experiências e criar uma agência nacional de notícias no Brasil parece continuar sendo uma tarefa intransponível. Resultado: o Brasil é um país que não tem voz própria na esfera da informação. E, ainda no plano nacional, um jornal parece copiar o outro. Embora até hoje o país não tenha superado essa "inibição", se fossem reunidas condições para a criação de uma grande agência brasileira, seria fácil perceber também que o Brasil tem grandes jornalistas e um jornalismo organizado. Países menores e mais pobres, como Moçambique e Angola, por exemplo, já criaram sua própria agência nacional, porque a experiência de formação da sociedade nacional foi distinta, vem de um processo duro de independência e descolonização, verificado ainda neste século e que obrigou o novo governo, desde o primeiro dia, a acionar a grande arma que é uma agência nacional de notícias. Estou convencido de que a informação produzida por brasileiros vai incrementar, no futuro, a participação do Brasil no espaço mundial da informação, obrigando os que escrevem hoje sobre o Brasil a levar em consideração a existência, também, de uma voz alternativa de peso.

Junho de 1978

....

A HEGEMONIA (AINDA) É AMERICANA

Em 2008 – três décadas depois da Conferência de Estocolmo –, os Estados Unidos continuam mantendo sua predominância no campo da exportação de informações, preservando também sua posição de maior exportador de bens culturais do mundo.

O Brasil exibe mais de 50% da produção cinematográfica americana nas redes de TV aberta e mais de 60% nos cinemas. Em contrapartida, o país exporta uma produção cultural ínfima para os Estados Unidos e a Europa, os chamados parceiros desenvolvidos mais próximos.

Aqui, a mídia com maior poder de propagação da indústria cultural é a televisão, que atinge cerca de 99,84% da população. No entanto, os cálculos mais abrangentes indicam que o PIB cultural contribui com apenas 1% da riqueza nacional

De acordo com números da TV Globo, que disputa a liderança na exportação de novelas com a mexicana Televisa, as novelas brasileiras são vistas por cerca de 70 milhões de telespectadores por ano no exterior, enquanto seu público diário no Brasil é de 60 milhões de pessoas.

As notícias que vêm de fora

O noticiário internacional publicado nos principais jornais brasileiros, vem das agências AP, AFP, Reuters, EFE e dos jornais *The New York Times, The Washington Post, Los Angeles Times, The Guardian, The Sunday Times* e *International Herald Tribune*. Normalmente, o que se faz é uma compilação das informações que chegam de várias agências, jornais e de canais televisivos como a americana CNN e a britânica, BBC.

Por questões operacionais e de custo, o Brasil reduziu consideravelmente o número de correspondentes e *free-lancers* no exterior. A exceção é o Sistema Globo de Televisão, que mantém correspondentes em Washington, Nova York, Londres, Paris, Berlim, Buenos Aires e Pequim, além de colaboradores em Bruxelas, Madri e Telavive.

Roberto Savio

Imprensa estrangeira no Brasil

De acordo com o Itamaraty, trabalham no Brasil cerca de 300 correspondentes estrangeiros – em maioria americanos, ingleses e alemães –, prestam serviços para 315 veículos de diferentes mídias.

No Rio de Janeiro, estão estacionados cerca de 120 jornalistas estrangeiros de 17 nacionalidades, afiliados à Associação dos Correspondentes de Imprensa Estrangeira (ACIE). Em São Paulo, a mesma associação tem 115 profissionais registrados. É bem menor o número dos que se encontram no Distrito Federal, onde, de acordo com a Associação dos Correspondentes Internacionais de Brasília (ACI), moram 15 jornalistas internacionais.

Indústria cultural

Informações da Organização Mundial do Comércio (OMC) dão conta de que o faturamento das indústrias criativas no mercado internacional duplicou nos primeiros três anos do século XXI, respondendo por 7% das riquezas produzidas no mundo Uma média estatística que, naturalmente, esconde grandes disparidades.

Apenas três países – Reino Unido, Estados Unidos e China – produzem 40% dos bens culturais negociados no planeta, incluindo livros, CDs, filmes, videogames etc. As vendas da América Latina e da África, somadas, não chegam a 4%. Essas informações, resultantes da análise de 120 economias, foram divulgadas em dezembro de 2005 pela Unesco. Extrapolações indicam que estão à margem das oportunidades desse mercado cerca de 1 bilhão de pessoas, ou um sexto da população mundial.

O professor argentino Néstor Canclini, que atua na Universidade Autônoma do México, coleciona informações sobre o poder da indústria criativa dos países ricos. Algumas delas:

– A indústria audiovisual é a maior exportadora dos Estados Unidos: fatura US$ 60 bilhões por ano;

– Desde a década de 1990, seis empresas transnacionais tomaram conta de 96% do mercado mundial de música, tendo comprado gravadoras e editoras em países latino-americanos, africanos e asiáticos,

– Mais de 90% das telas americanas só exibem filmes feitos no próprio país.

– Hollywood produz 85% dos filmes exibidos em todo o planeta.

Fontes: www.desafios.org.br; www.minc.gov.br; Observatório da Imprensa, artigo "TV Globo", de Daniel Castro, 12/4/2005 (http://observatorio.ultimosegundo.ig.com.br/artigos.asp?cod=324ASP020)

BOUTROS BOUTROS-GHALI
UMA AGENDA PARA A PAZ NO SÉCULO XXI

O FIM DA GUERRA FRIA – que para muitos acabou em 1989, com a queda do Muro de Berlim e para outros, em 1991, quando a União Soviética se decompôs – trouxe novo alento ao mundo. A sensação era a de que o planeta havia se tornado um lugar melhor: Decretou-se o fim da incompatibilidade ideológica entre as grandes potências, soterraram-se os ódios baseados nos princípios do comunismo e anticomunismo e, mais do que isso, o pavor da aniquilação nuclear mútua – o *"apocalipse now"* — pareceu ter desaparecido para sempre. As vítimas do fim da Guerra Fria foram, em grande parte, os líderes ditatoriais do Bloco do Leste, que perderam o poder, assim como a *nomenklatura* – composta por militares, políticos, professores, cientistas e intelectuais –, pulverizada pelo espantoso desmoronamento do império soviético. O mundo deixou de seguir o modelo bipolar para abraçar um sistema mais aberto, de defesa do multilateralismo.

Mas, se aquele instante constituiu um alento para os defensores de uma segurança coletiva mais racional, o período que se seguiu também pegou de surpresa muitas personalidades e instituições mundiais. Entre essas vítimas figuraram a própria ONU e seu secretário-geral, o egípcio Boutros Boutros-Ghali. Nascido no Cairo em 1922, ele se tornou o sexto secretário-geral das Nações Unidas, eleito para o período 1992-1997 com amplo apoio de todos os membros do Conselho de Segurança. Nesse tempo, a organização mundial surfava nas ondas de uma nova realidade, um período apelidado de "multilateralismo assertivo" pela embaixadora dos Estados Unidos na ONU, Madeleine Albright, a primeira mulher americana a tornar-se secretária de Estado. Mas não foi uma fase feliz para Boutros-Ghali, que se tornou o único secretário-geral a não ser reconduzido para um segundo mandato, pois seu nome foi rejeitado pelos Estados Unidos, o grande vitorioso daquele celebrado período da história mundial.

Na década de 1990 as Nações Unidas criaram um número sem precedente de Operações de Manutenção da Paz em todos os continentes. Até o final de 1992, a ONU já havia convocado mais de 70 mil militares de todos os cantos do mundo para participar das missões de paz em regiões conturbadas e desestabilizadas do globo, como a Somália, Angola, Camboja, Moçambique, Guatemala e Nicarágua.

Boutros Boutros-Ghali

Embora desde 1948 a ONU já tratasse das questões de manutenção da paz no quadro de sua Divisão de Assuntos Políticos, foi somente em 1992 que se criou oficialmente o Departamento de Manutenção de Operações de Paz (DPKO). Essa foi, aliás, uma das primeiras decisões tomadas por Boutros-Ghali ao iniciar seu mandato. Marrack Goulding tornou-se sub-secretário-geral para Operações de Paz, tendo Kofi Annan como seu assistente. O papel desse departamento, contudo, só se tornou mais compreensível a partir de junho de 1992, quando Boutros-Ghali elaborou um plano para fortalecer a capacidade da ONU no campo da diplomacia preventiva e da manutenção da paz, intitulado "Uma Agenda para a Paz".

Até 2008, o Departamento de Manutenção das Operações de Paz liderava 18 diferentes missões na África, Europa, Ásia, no Caribe e no Oriente Médio, com mais de 100 mil militares e funcionários civis em serviço e despesas superiores a US$ 5 bilhões.

A desventura de Boutros-Ghali, diplomata comprovadamente capaz, experiente e conhecedor dos assuntos internacionais, se deveu justamente ao fato de essas missões da ONU terem enfrentado enormes dificuldades para, através de negociações, alcançar os necessários acordos de paz. Boutros-Ghali conviveu com crises sucessivas e foi recriminado por Washington pelos acontecimentos em Angola, na Somália, na Bósnia e no Oriente Médio. Seus detratores americanos o culpabilizaram pelo fracasso da ONU em evitar o genocídio de Ruanda, em 1994, que ceifou a vida de quase um 1 milhão de pessoas, e pelas sucessivas crises irresolvidas nos Bálcãs, que culminaram com a total desintegração da Iugoslávia.

Mas foi a morte de 18 soldados americanos em Mogadíscio (Somália) que provocou a alteração de 180 graus na política americana de relações com a ONU. Sob forte impacto da opinião pública, os Estados Unidos distanciaram-se do conceito de "multilateralismo assertivo", que o próprio governo de Washington havia criado. No auge da crise americana na Somália, o presidente Bill Clinton acabou desaprovando todas as missões da ONU no mundo, tendo cortado drasticamente a valiosa ajuda econômica que fornecia à organização. A lógica para tal decisão foi que ele sofreria violenta perda eleitoral e de prestígio se novos corpos desmembrados de soldados americanos voltassem a ser arrastados em algum outro canto desestabilizado do planeta, como ocorreu na Somália. Foram as autoridades de Washington que, em última análise, impediram que Boutros-Ghali fosse reeleito para um segundo mandato.

O plano para derrubá-lo foi elaborado por um trio – o *czar* do contraterrorismo, Richard Clarke; Michael Sheéan e o bem-falante

James Rubin, juntos, orquestraram a chamada operação "Oriente Express", pacto concluído em 1996 e que de fato o afastou definitivamente da sede da ONU, em Nova York. De acordo com o livro *Against all Enemies* ("Contra todos os inimigos", escrito por Richard Clarke, o presidente Bill Clinton teria expressado posteriormente grande satisfação pelo sucesso do plano – não só por Boutros-Ghali ter sido afastado da ONU, mas também pelo fato de Kofi Annan, o candidato dos americanos, ter sido apontado para substituí-lo.

Foi num dos períodos mais atribulados da história da ONU que conheci Boutros-Ghali. Encontrei-o *"in the line of duty"*, conforme o jargão das missões de paz, na África, onde servi durante quatro anos. O primeiro encontro aconteceu em Moçambique, em 1994, quando preparei – ao lado de outros colegas – sua chegada a Maputo para desbloquear as negociações de paz, paralisadas pela inércia das partes em concluir importantes etapas do processo de reconciliação nacional. Sabia pouco sobre o sexto secretário-geral das Nações Unidas, mas bastou o curto convívio de alguns dias naquela semana de março para entender que se tratava de um grande negociador, um diplomata de pulso forte. E, como não podia deixar de ser, uma pessoa nobre, um *gentleman*.

Num encontro a portas fechadas com o presidente Joaquim Chissano e seu gabinete, e após ter escutado pacientemente as explicações do governo sobre a paralisação das negociações de paz e a impossibilidade de atender às demandas do líder guerrilheiro Afonso Dhlakama, da Renamo – então isolado no norte do país – Boutros-Ghali pediu a palavra e gentilmente contestou:

– Senhor presidente, perdoe-me, mas não vim até Moçambique para escutar argumentos dessa natureza. O Conselho de Segurança exige uma solução imediata para a crise moçambicana, mesmo porque existem outras situações difíceis no mundo que necessitam também de grande atenção da ONU. Estou com a corda no pescoço, senhor presidente, com as mãos atadas. Se voltar a Nova York sem ter conseguido um avanço neste encontro, o Conselho, como já me alertou, não poderá mais continuar financiando o processo de paz em Moçambique. A paz requer muitos sacrifícios, senhor presidente. Estenda a mão à outra parte e convide seus líderes a juntarem-se aos esforços na capital, tendo em vista a organização de eleições livres e justas neste país tão belo. Tire seu país deste conflito, que gera apenas miséria, morte e tristeza, senhor presidente.

Menos de meia hora depois dos acertos no Palácio do Governo, fui autorizado, como porta-voz da missão da ONU, a anunciar à imprensa que o encontro tinha sido um sucesso e que o processo de paz de Moçambique receberia apoio ainda mais amplo da comunidade internacional. No mesmo dia, o jornal *Star*, de Joanesburgo, publicava um editorial intitulado "*U.N. score in Maputo*" ("Gol da ONU em Maputo"). A introdução era: "Moçambique – graças principalmente à ONU e a Boutros-Ghali – pode finalmente se tornar uma história de sucesso".

Assim era Boutros-Ghali, arrojado e diplomaticamente sem rodeios quando o objetivo era alcançar resultados, solucionar conflitos, assegurar a paz. Difícil de ser controlado por argumentos não-convincentes de qualquer que fosse o governo, Boutros-Ghali era também um internacionalista altamente preparado. Fui conhecê-lo melhor quando trabalhei sob sua administração no Departamento de Informação Pública (DPI) da ONU, em Nova York.

"Um secretário-geral tem que ser um pouco de tudo: equilibrista, mágico, ator de teatro e, sobretudo, bom estrategista", costumava dizer. E essas qualidades Boutros-Ghali tinha de sobra, inclusive uma extra, que lhe custou a reeleição: a de tentar ser mais independente do que o tolerável. Mesmo porque, egípcio de linhagem nobre, jamais aceitara ser submisso ou flexível por pressão ou conveniência.

Diplomatas que freqüentavam o *delegate's lounge* na sede das Nações Unidas em Nova York costumam dizer, de forma retórica, que a ONU – órgão multilateral por excelência – necessita sempre de um secretário-geral que respalde a organização mundial com uma liderança independente e forte. Mas, se isso parece verdadeiro e desejável, na prática, a maioria dos governos – incluindo os cinco membros permanentes do Conselho de Segurança – parece preferir um secretário-geral mais flexível.

De fato, como organização de governos, a ONU jamais teve nem sombra de intenção de perder o controle sobre si mesma, razão pela qual sua atitude por vezes é ambivalente e até mesmo hostil com seu chefe supremo, eleito pelas próprias nações-membros. Assim, o secretário-geral representa – ou pelo menos tenta representar – um elo de cooperação entre governos, não chegando a ser reconhecido como uma autoridade, digamos, "supranacional".

Somente em momentos extremamente difíceis, como ocorreu durante a Guerra Fria, tem sido tolerada a hipótese de o secretário-geral ser temporariamente independente. Durante a crise do Canal de Suez, no conflito no Congo, na crise dos mísseis cubanos, na guerra de 1965 entre a Índia e o Paquistão, durante a guerra de 1973 no Oriente Médio – nessas ocasiões, foi possível o mais alto funcionário da ONU falar diretamente à comunidade internacional. A esse propósito, escreveu *sir* Brian Urquhart, autor de *The Role of the Secretary General* ("O papel do secretário-geral") e *The U.N. Crucial Choice* ("Nações Unidas, uma escolha crucial"): "Na maioria das vezes, um secretário-geral forte e independente faz os governos do clube ficarem nervosos".

Assim como aconteceu aos ex-secretários-gerais Trygve Lie e Dag Hammarskjold, que foram prejudicados em pleno apogeu da Guerra Fria pela União Soviética, Boutros-Ghali foi vítima da forte oposição dos Estados Unidos, particularmente da administração do presidente Bill Clinton.

Lúcido, irônico e, na maioria das vezes, bem-humorado, Boutros-Ghali deixou a ONU no final de 1996. Em 13 de dezembro desse mesmo ano, com forte apoio dos Estados Unidos, Kofi Annan, um *staff member* responsável pelo DPKO, com grandes elogios e aplausos, foi unanimemente eleito sétimo secretário-geral da ONU.

Boutros-Ghali mudou-se para Paris e logo em seguida publicou uma das obras mais interessantes e menos convencionais já escritas sobre as relações de um secretário-geral da ONU com uma superpotência: *Unvanquished: a US-UN saga* ("Invencido: Uma saga EUA-ONU").

Longe de ser um livro de memórias, a obra é, ao mesmo tempo, um levantamento pormenorizado de seus cinco anos na chefia da ONU e um diário de suas relações com Washington e com presidente Bill Clinton, que nunca lhe deu tréguas no exercício de seu cargo. Comovente, ágil e ao mesmo tempo subjetivo, o livro – uma obra política subliminar e contundente – é uma antítese das memórias tipicamente diplomáticas, distanciando-se dos relatos escritos por embaixadores ou ministros aposentados.

Ainda em 1996, ano em que Kofi Annan seria o novo escolhido do Conselho de Segurança, Boutros-Bhali me concedeu a seguinte entrevista nos estúdios da Rádio das Nações Unidas, em Nova York.

- JLA: Obrigado, secretário-geral, pela entrevista.
- BOUTROS-GHALI: O embaixador Celso Amorim aconselhou-me a dar esta entrevista. Não poderia dizer não. O Brasil é um importante contribuinte da ONU (risos).

- JLA: Como o senhor define as funções de um secretário-geral da ONU?
- BOUTROS-GHALI: Ah, trata-se de uma função bastante complexa. A pergunta, aliás, me faz lembrar do que disseram meus antecessores a esse respeito. Trygve Lie custumava dizer que era

"a mais impossível de todas as missões na face da Terra". Dag Hammarskjold, o segundo a ocupar o cargo, comparava o secretário-geral da ONU a um papa secular, uma espécie de sumo pontífice sem igreja. U Thant, por sua vez, qualificava a missão do secretário como "uma tarefa absorvente, emocionante, mas profundamente frustrante". Para mim, o secretário-geral da ONU tem que desempenhar um triplo papel. Primeiro, tem que ser supervisor da administração, do secretariado. E esta é uma tarefa complicada, porque a escolha dos altos funcionários civis da organização deve ser feita respeitando-se os princípios da distribuição geográfica. E, além disso, o secretário-geral tem também que tratar das questões financeiras da organização mundial. Nesse sentido, diante das dificuldades pelas quais passamos, e dada a falta de pagamento de alguns estados-membros, considero-me uma espécie de "supermendigo". Vivo estendendo o chapéu para manter as finanças da ONU em dia. O segundo papel consiste em preparar e executar todo o trabalho solicitado pelo Conselho de Segurança e pela Assembléia Geral. O terceiro diz respeito ao que eu chamo de "diplomacia silenciosa", ou seja, utilizar minha imagem moral no sentido de convencer os estados-membros a cumprir a agenda em pauta ou suas promessas em torno das ações necessárias.

JLA: Muitos críticos afirmam que as Nações Unidas refletem, hoje, apenas uma visão do passado, necessitando de reformas profundas para se adequar à realidade dos dias atuais. Como o secretário-geral vê esse problema?

BOUTROS-GHALI: A reforma do sistema das Nações Unidas é uma velha questão que se arrasta praticamente desde sua criação. A própria Carta de São Francisco (documento assinado por 50 países que fundou a entidade, em 24 de outubro de 1945) já antecipava a necessidade de uma reforma dez anos após a criação da organização mundial. Mas, salvo alterações limitadas, não foi possível conciliar a vontade dos estados em torno das novas realidades que vivemos. Assim, existe um déficit acumulado em termos de regulamentos e legitimidade internacional. Disse várias vezes que a reforma da ONU deve ser compreendida como um processo contínuo. Mas acho extremamente necessário que esse processo seja acelerado se quisermos que as Nações Unidas não sejam ultrapassadas pelo passo também acelerado que caracteriza a história dos nossos tempos. As Nações Unidas são expressão de um nobre e corajoso ideal, que envolve todos os povos do mundo. Mais do que nunca, é necessário aproveitarmos as oportunidades perante o futuro. Em se tratando de uma organização mundial, naturalmente, tudo depende da vontade política dos estados-membros.

- JLA: O total respeito ao multilateralismo é o caminho correto para que as Nações Unidas tenham êxito?
- BOUTROS-GHALI: Para que as Nações Unidas tenham êxito, os poderosos devem resistir à dupla tentação do unilateralismo e do isolacionismo. Assim como o unilateralismo pode enfraquecer seriamente o consenso e a confiança entre os povos do mundo, o isolacionismo – que obedece a certas preferências políticas – pode debilitar a paz e a segurança internacionais. Penso que os esforços das Nações Unidas exigirão que todos os seus membros, sejam eles pequenos, médios ou grandes, intervenham ativamente para aproveitar a renovada oportunidade que nossa época oferece. Como a própria Carta da ONU prescreve, é indispensável também o respeito aos direitos humanos e às liberdades fundamentais para que a democracia prevaleça entre as nações. A democracia em todos os níveis é essencial para a instauração da paz e da segurança, rumo a uma nova era de harmonia, prosperidade e justiça.

- JLA: Uma reforma das Nações Unidas passa necessariamente por uma reestruturação do Conselho de Segurança?
- BOUTROS-GHALI: Certamente. O Conselho de Segurança é e continuará sendo o principal responsável pela manutenção da paz e da segurança internacionais. Sua reforma ou expansão é matéria que também vem sendo debatida há longo tempo. E é óbvio que nenhuma reforma da organização seria completa se não reformássemos o Conselho de Segurança. A reforma da ONU, contudo, não é apenas um assunto interno da organização. A meu ver, é necessário obtermos também a participação da sociedade civil, dos atores não-estatais, dos partidos políticos, de parlamentares e instituições internacionais. Todos podem colaborar com idéias e sugestões. Mas a reforma da ONU não poderia ser compreendida sem a reforma do Conselho de Segurança.

- JLA: Qual o peso das diferentes conferências internacionais das Nações Unidas para tal reforma?
- BOUTROS-GHALI: No quadro do movimento em torno da refor-

Boutros Boutros-Ghali

ma da ONU, a realização das conferências globais, naturalmente, tem grande peso e constituem verdadeiros marcos históricos. Recorde que, depois do fim da Guerra Fria, essas conferências vêm sendo dedicadas justamente às grandes questões mundiais, numa perspectiva inteiramente nova e no âmbito de um mundo multipolarizado, e não mais bipolarizado. Como exemplo, posso citar as conferências de 1992, no Rio de Janeiro, sobre Desenvolvimento e Meio Ambiente; a de Viena, sobre Direitos Humanos; a Conferência sobre População, no Cairo; sobre a Mulher, na China; e sobre Desenvolvimento Social, na Dinamarca. Os resultados dessas conferências globais podem parecer limitados, mas a verdade é que contribuíram grandemente para levar diferentes governos a adotar novas políticas e estratégias, tendo em vista uma cooperação internacional mais alargada. E tudo isso, naturalmente, está associado às necessidades de reforma da organização mundial.

- JLA: A preservação do meio ambiente é matéria que domina a agenda da ONU. No mesmo ano em que o senhor assumiu a Secretaria-Geral, realizou-se no Rio de Janeiro a Eco-92. Quatro anos se passaram. Houve alguns progressos?
- BOUTROS-GHALI: A Conferência das Nações Unidas sobre Meio Ambiente significou uma virada decisiva nas relações internacionais, nas relações entre o norte e o sul. Demonstrou, em particular, a vontade das nações de assumir o compromisso coletivo e solidário em favor do desenvolvimento sustentável. Foi a segunda vez que os estados-membros da ONU se juntaram majoritariamente para defender o meio ambiente. A primeira foi em Estocolmo, na Suécia. Mas, mesmo tendo ficado claro na Eco-92 que a água que bebemos, o ar que respiramos e os recursos naturais que exploramos são, ao mesmo tempo, nosso bens comuns e nossa responsabilidade compartilhada, as práticas poluidoras, as explorações predatórias das florestas e dos recursos naturais continuaram. Temos que admitir que, infelizmente, as ações concretas para salvaguardar a Terra não se mostraram à altura das esperanças e dos compromissos firmados no encontro do Rio. As práticas destruidoras prosseguem, e as grandes desigualdades também.
- JLA: Um campo que parece emblemático é o da água, da exploração dos recursos hídricos do planeta. O tema vem sendo freqüentemente debatido pela ONU?

☐ BOUTROS-GHALI: O problema não é tanto a falta de água, mas a desigualdade de sua distribuição. O Brasil, os Estados Unidos, o Canadá, a China e a União Soviética detêm quase dois terços dos recursos hídricos do planeta. Nos países em desenvolvimento, 90% da água utilizada por seus habitantes necessita de tratamento sanitário. Mesmo nos países desenvolvidos, a situação não é perfeita. A metade dos rios e lagos da Europa e dos Estados Unidos apresentam uma forma ou outra de contaminação. E recorde-se que mais de 30 milhões de pessoas morrem anualmente devido a doenças relacionadas com água contaminada. Diante de problemas tão graves, o que temos que fazer é favorecer mais o diálogo entre as culturas e as civilizações. É mais do que nunca indispensável a emergência de uma cultura universal para a edificação de consenso coletivo em relação aos problemas do meio ambiente e do desenvolvimento sustentável. É imperativo, nesse plano, o acesso à educação, sobretudo à educação ambiental.

■ JLA: O Conselho de Segurança adotou, em janeiro de 1992, numa reunião do mais alto nível, seu relatório sobre diplomacia preventiva, denominado "Uma Agenda para a Paz". Como comenta esse documento?

☐ BOUTROS-GHALI: Foi com sentimento de grande satisfação que elaborei esse relatório logo no início do meu mandato, a pedido do Conselho de Segurança. O relatório se assenta nas propostas que me foram apresentadas por diferentes governos, várias instituições internacionais, organizações não-governamentais e organismos regionais. O relatório, de minha exclusiva responsabilidade, norteou-se pela dinâmica dos acontecimentos, que culminaram com a derrubada da imensa barreira ideológica que dividiu o mundo durante décadas e alimentou graves suspeitas e hostilidades, a Guerra Fria. A melhoria das relações entre o Leste e Oeste ofereceu novas possibilidades de êxito na tarefa de afastar ameaças que pesam sobre a segurança comum. Por isso, o recurso à diplomacia preventiva tornou-se particularmente desejável e eficaz para reduzir as tensões antes que elas provoquem um conflito. Assim, a diplomacia preventiva exige medidas para instaurar a confiança, medidas que vão desde um dispositivo de alerta rápido até a utilização de efetivos militares ou policiais com caráter preventivo nas regiões necessitadas. A confiança mútua e a boa-fé são fundamentais para reduzir a possibilidade de conflitos internacionais. Entre as tarefas para prevenir conflitos e manter a paz, encontra-se a de procurar que as partes hostis cheguem a um acordo por meios pacíficos de negociação.

- JLA: Que sucessos poderiam ser atribuídos às missões de paz?
- BOUTROS-GHALI: As missões de paz das Nações Unidas tiveram uma história de grande sucesso no Camboja, nas negociações de paz em Moçambique e no fim da guerra de El Salvador. Foram muitas vitórias. Ainda na área da segurança, as Nações Unidas conseguiram prolongar a vida de um importante acordo – o Tratado sobre a Não-Proliferação de Armas Nucleares (TNP).

- JLA: A seu ver, que sistema de segurança coletiva se impõe para assegurar um futuro de paz no mundo?
- BOUTROS-GHALI: A resposta é, sem dúvida, uma segurança global, e não essencialmente uma segurança militar, intervencionista ou repressiva. Deve ser um sistema global de segurança, que implique, como disse, a prevenção de conflitos e também que estude a fundo suas causas. Além da segurança dos países, é preciso considerar a segurança dos povos, do planeta, do meio ambiente, do progresso econômico, a segurança alimentar e, naturalmente, o respeito pelos direitos humanos. As dificuldades que enfrentamos hoje não nos devem desencorajar quanto ao futuro da humanidade. A história certamente não termina aqui, ao contrário do que sugerem alguns.

- JLA: Com o fim do sistema bipolar, o senhor acredita que os estados-membros da ONU têm assegurada a chance de construir um mundo como o previsto na Carta das Nações Unidas?
- BOUTROS-GHALI: O fim da Guerra Fria eliminou a ameaça de afrontamentos óbvios, que pesavam sobre o mundo e tantas vezes prejudicaram seriamente o trabalho da Organização das Nações Unidas. No entanto, devemos nos assegurar de que as lições que aprendemos nas últimas décadas servirão de orientação para o nosso futuro e que os erros do passado, ou variantes modernas desses erros, não se repetirão. Embora nosso planeta ainda continue em perigo, por uma série de razões, a missão mais nobre da humanidade será justamente evitar os conflitos e preservar a paz entre os povos.

Agosto de 1996

OPERAÇÕES DE PAZ DA ONU

Tomando-se como base o documento "Uma Agenda para a Paz", apresentado por Boutros-Ghali em 17 de Junho de 1992, são cinco as categorias usualmente empregadas para classificar as atividades realizadas pela ONU nos campos da promoção da paz e da segurança internacionais.

Diplomacia Preventiva (*Preventive Diplomacy*): Prevenção do surgimento de disputas entre países, ou no interior de um país, visando evitar a deflagração de conflitos armados ou o alastramento destes, uma vez iniciados. Contempla ações autorizadas de acordo com o capítulo VI da Carta das Nações Unidas.

Manutenção da Paz (*Peacekeeping*): Operações empreendidas por militares, policiais e civis, no terreno do conflito, com o consentimento das partes, visando a implementação ou o monitoramento do controle de conflitos (cessar-fogo, desmobilização, desarmamento, reinserção social etc.) e também sua solução (implementação dos acordos de paz). Tais operações de paz são complementadas por esforços políticos e diplomáticos, tendo em vista a resolução pacifica e duradoura do conflito.

Promoção da Paz (*Peacemaking*): Ações diplomáticas empreendidas após o início do conflito, objetivando conduzir a negociações entre as partes para a suspensão das hostilidades. Baseiam-se nos mecanismos de solução pacífica de controvérsias previstas no capítulo VI da Carta.

Imposição da Paz (*Peace-enforcement*): Respaldadas pelo capítulo VII da Carta das Nações Unidas, essas operações incluem o uso da força armada na manutenção ou restauração da paz e da segurança internacionais. São estabelecidas por determinação do Conselho de Segurança, quando este órgão supremo da ONU julga haver ameaça à paz, ruptura da paz ou ato de agressão.

Consolidação da Paz (*Post-conflict peacebuilding*): Executadas depois da assinatura do acordo de paz, essas operações visam fortalecer o processo de reconciliação nacional por meio de reconstrução das instituições da economia e da infra-estrutura do Estado anfitrião. Os programas, fundos e agências da ONU atuam na promoção do desenvolvimento econômico e social. Esta ação também pode caracterizar-se pela presença militar. Assim, a Consolidação da Paz é uma etapa posterior à Manutenção da Paz.

SOBRE O AUTOR

JOÃO LINS DE ALBUQUERQUE é jornalista e escritor. Nasceu em Sorocaba (SP) em 7 de fevereiro de 1943. Formou-se pela Faculdade Nacional de Direito do Rio de Janeiro (Universidade do Brasil). Estudante ainda, trabalhou na Interpress, na Rádio Tamoio e na Rádio Mundial antes de se instalar na Inglaterra, onde, em 1968, colaborou nas transmissões da BBC de Londres para o Brasil. Fez curso na London School of Economics, seguindo em 1970 para a Suécia, contratado pela Swedish Broadcasting Corporation. Estudou Relações Internacionais na Universidade de Estocolmo, participando de debates no Instituto de Política Exterior da Suécia. Foi correspondente das publicações brasileiras *Folha de S. Paulo* e revista *Visão* e do *Jornal Expresso*, de Portugal, durante duas décadas.

Em 1989, a convite do Secretário Geral das Nações Unidas, foi porta-voz e chefe de informação da Missão da ONU em Angola (Unavem), chefe de informação da Missão da ONU no Camboja (Untac) e porta-voz e chefe de informação da Missão das Nações Unidas em Moçambique. Em 1995, tornou-se chefe da Rádio das Nações Unidas em Nova York. Escreveu vários ensaios e *surveys*, entre eles, "Suécia: O preço da prosperidade"; "URSS: A fabricação de um sonho"; "Anatomia do Prêmio Nobel"; e "Nações Unidas: Aos 50". Vive no Rio de Janeiro.

ÍNDICE ONOMÁSTICO

A

Agee, Philip, 189-194
Aiello, Aldo 217
Aiatolá Khomeini, Ruhollah, 273
Albright, Madeleine, 227, 375
Allende, Salvador, 122, 123, 286, 289, 290
Amado, Jorge, 114
Amaral, Xavier do, 245
Hassan, Khaled Al, 336-342
Allen, Sture, 273
Allen, Woody, 60, 354
Almeida, Laurindo de, 168
Amin, Idi, 372
Amorim, Celso, 11, 19, 379
Andersson, Harriet, 56
Andersson, Bibi, 56, 64,
Andersson, Sten, 340
Annan, Kofi, 100, 177, 218, 229, 253, 254, 255, 376, 377, 379
Angkor, 251
Arafat, Yasser, 336, 338, 341, 342,
Árias, Óscar, 369
Aspenstrom, Werner, 273
Audran, Stéphane, 67
Autant-Lara, Claude, 71
Aznavour, Charles, 67

B

Baena Soares, João, 11
Balladur, Edouard, 148
Barrault, Jean-Louis, 102
Beatles, (The), 155, 170
Beauvoir, Simone de, 87, 152
B.B. King, 166
Beckett, Samuel, 85
Begin, Menachem, 268
Belafonte, Harry, 94
Bell, Edward, 154
Belmondo, Jean-Paul, 51
Bergman, Ingmar, 22, 24, 29, 42, 43, 48, 54, 55-65, 72, 85, 145
Berling, Gosta, 141
Bernardotte, Carl Johan, conde, 142
Bernardotte, Kerstin, condessa, 142, 143
Berry, Chuck, 166
Bernstein, Leonard, 93, 94, 167
Bertolucci, Attilio, 43, 46
Bertolucci, Bernardo, 24, 33, 42, 43, 46-54, 104, 108, 109
Bessis, Marcel, 319
Biermann, Wolf, 159, 160, 161
Biko, Steve, 199
Birgitta (*Aftonbladet*), 165
Bismara Jr., Rubens, 10
Bjerkenes, Vilhelm, 271
Boccaccio, Giovanni, 40
Bohman, Gosta, 117
Bolano, Gustavo, 193
Bond, James, 143, 145
Bonner, Yelena, 185, 188
Boutros-Ghali, Boutros, 375-385
Botha, Peter, 208

ÍNDICE ONOMÁSTICO

Bowie, David, 211
Brando, Marlon, 46, 52
Brandt, Willy, 118, 130
Branting, Hajlmar, 118
Brecht, Bertolt, 85, 99, 162
Brecht e Weil, 162
Breytenbach, Breyten, 205-210
Brialy, Jean-Claude, 67, 70
Brickmann, Carlinhos, 10
Brink, Andre, 205, 209
Brooks, Dean R., 75
Brooks, Louise, 142
Brooks, Mel, 99
Bush, George, (pai), 286, 341, 355
Bush, George W., 361
Buñuel, Luis, 62, 83, 142
Buthelezi, Mangosuthu, 198
Byrd, Charlie, 166, 168

C

Cacoyannis, Michael, 92, 97
Callas, Maria, 173, 174
Calvo Sotelo, Pedro, 11
Carlos XVI Gustavo, 142, 318
Carpeaux, Otto Maria, 104
Carvalho, gal. Otelo Saraiva de, 133
Carter, Jimmy, 286, 287
Caruso, Enrico, 175
Cassavetes, John, 75
Castelo Branco, mal. Humberto, 193
Castro, Fidel, 191

Ceausescu, Nicolae, 89, 90
Cebrian, Juan Luis, 126
Chabrol, Claude, 24, 33, 60, 66-73
Chandler, Jeff, 154
Chandrasekhar, Subrahmanyan, 281-284
Chaplin, Charles, 35, 98, 145
Charisse, Cyd, 155
Chissano, Joaquim, 216-225, 377
Chopra, Deepak, 369
Cilea, Francesco, 174
Claps, Alejandro, 10
Clinton, Bill, 227, 253, 342, 361, 376, 377, 379,
Coelho, Paulo, 12
Cocteau, Jean, 53
Copeland, Miles, 190
Cori, Gerty, 324
Costa-Gavras, Constantin, 93, 97
Costa Lopes, Monsenhor Martinho, 243
Cristo, Jesus, 85
Cukor, George, 146
Cunha, Euclides da, 111
Curie, Marie, 324

D

Dalai Lama, 22, 33, 160, 176-181
Dantas Ferreira, Ewaldo, 10
Darwin, Charles, 274
Dassin, Jules, 97, 136, 137, 138
Dausset, Henri, 318
Dausset, Jean, 318-323
Davoli, Nineto, 35

Debove, Alain, 279
Debré, Robert, 322
Debreu, Gérard, 281-284
Decroux, Etienne, 99, 102
De Gaulle, gal. Charles, 322,
De Niro, Robert, 46
Depardieu, Gérard, 46
Dias, Paulo, 12
Dietrich, Marlene, 147, 159
Dhlakama, Afonso, 218, 37
Domit, Myrna, 12
Drucker, Peter, 262
Dubcek, Alexander, 75

E
Eckhart, Fred, 254
Ekman, Kerstin, 273
Elion, Gertrude Belle, 324-328, 356
Einstein, Albert, 270, 271, 329, 330, 335, 345, 351
Erlander, Tage, 118
Évora, Cesária, 93

F
Fellini, Federico, 42, 55, 60
Fitzgerald, George, 144
Flaubert, Gustave, 67
Flory, Paul, 269
Fonda, Jane, 99
Forman, Milos, 22, 24, 33, 74-83
Fowler, William, 280-284

Franco, Francisco, 124, 126
Freitas Jr., Osmar, 10
Friedman, Milton, 22, 268, 285-291, 292, 306
Friedman, Rose, 291
Fuentes, Carlos, 110
Fujimori, Alberto, 111

G
Gabeira, Fernando, 10
Gadda, Carlo Emilio, 36
Gage, Ben, 154
Galbraith, John Kenneth, 296
Garbo, Greta, 141-147
Garozzo, Filippo, 10
Garzon, Balthazar, 369
Gates, Bill, 262
Getz, Stan, 22, 33, 165-170
Gilbert, John, 142
Gilberto, Astrud, 166, 168, 169, 170
Gilberto, João, 166168, 169, 170
Gillespie, Dizzy, 166
Giroud, Françoise, 73, 150,
Giscard d'Estaing, Valéry, 148
Goeppert-Mayer, Maria, 324
Goethe, Johann Wolfgang, 174
Godard, Jean-Luc, 42, 43, 50, 51, 53, 60, 66, 67, 73, 105, 109,
Gonçalves, gal. Vasco, 133
Gonçalves da Silva, gal. Lelio Rodrigues, 217
González, Felipe, 124-129

ÍNDICE ONOMÁSTICO

Goodman, Benny, 169
Gorbatchev, Mikhail, 89, 90, 187, 266,
Gore, Al, 361
Goulart, João (Jango), 193
Goytisolo, Juan, 110
Gramsci, Antonio, 36, 45
Grant, Cary, 155
Greene, Graham, 278
Guiringaud, Louis de, 202
Gullit, Ruud, 211-215
Gullstrand, Alvar, 271
Gusmão, José Alexandre (ver Xanana Gusmão)
Gustafson, Greta Lovisa (ver Garbo, Greta)
Guterres, José Luiz, 226, 228
Guy, Sandra, 10, 253
Gyatzo, Tenzin (ver Dalai Lama)
Gyllensten, Lars, 267-280

H

Haber. Fritz, 270, 271
Hagen, Cosma Shiva, 161
Hagen, Eva Maria, 159
Hagen, Nina, 33, 159-164
Hagen, Otis, 161
Hammarskjold, Dag, 146, 379, 380
Hanson, Albin, 118
Hart, Alan, 336
Hayes, Robert, 192
Hayden, Sterling, 46
Hegel, Friedrich, 333
Hendrix, Jimmy, 162

Higham, Charles, 145
Hitchings, George H., 324, 328
Hitchcock, Alfred, 53, 66, 155,
Hitler, Adolf, 88, 90, 145, 146
Hodgkin, Dorothy Crowfoot, 324
Hull, John, 192
Huppert, Isabelle, 67

I

Ionesco, Eugène, 22, 24, 29, 33, 84-91
Isidoro (ver Felipe González)

J

Jackson, Michael, 99
João Paulo II, 243244
Jobim, Antônio Carlos (Tom), 10, 166, 168, 169, 170
Joliot-Curie, Irène, 324
Joplin, Janis, 162
Joyce, James, 60
Juan Carlos I de Bourbon, 127
Jung, Carl, 63
Jung, Kim Dae, 266

K

Kaddafi, Muamar, 221
Kalugin, Oleg, 190
Kammerligh-Onnes, Heike, 272
Kantorovich, Leonid, 297-301
Keaton, Buster, 98

Kesey, Ken, 75, 76
Keynes, John Maynard, 285, 292, 315, 316
Kierkegaard, Soren, 57
King, Larry, 155
Kissinger, Henry, 268
Koopmans, Tjalling C., 297-301
Korda, Alexander, 145, 146
Kouner, Leonard, 154
Kott, Jan, 88
Kreisky, Bruno, 118
Kruschev, Nikita, 184
Kurosawa, Akira, 55, 60

L

Lamas, Fernando, 154
Lancaster, Burt, 46, 47, 48, 52, 53
Lang, Fritz. 75
Lasky, Harold, 288
Lawler, James, 192
Lederman, Leon Max, 353-355
Leifland, Leif, 143, 144, 145, 147
Lênin, Vladimir Ilich, 133
Le Pen, Jean-Marie, 86
Leone, Sergio, 41
Levi-Montalcini, Rita, 324
Lévy, Bernard Henri, 131
Lie, Trygve, 379
Lindgren, Astrid, 278
Lins de Albuquerque, Katrin, 12, 399
Lispector, Clarice, 114
Litewski, Chaim, 10

Llosa, Patricia, 111
Lobato, Nicolau, 245
Lopes, Pedro, 11
Lorenz, Konrad, 270
Lundkvist, Arthur, 104, 110, 278

M

Machel, Samora, 217
Maksoud, Henry, 11
Mandela, Nelson, 188, 195, 196, 197, 204, 208, 211, 212, 213, 216, 226
Mangel, Marcel (ver Marceau, Marcel)
Marceau, Marcel, 24, 98-103
Marceau, Alain, 98
Martinson, Harry, 43, 44
Marx, Karl, 88, 133, 162
Massenet, Jules, 174, 175
Mata Hari, 143, 144, 147
Mattos, Dalva, 11
Mattos, Joel, 11
Mature, Victor, 154
Mayer, Louis B., 141
McClintock. Barbara, 324
McMurphy, Randle Patrick, 76
Meade, James, 292-294
Medvedev, Jaures, 184
Medvedev, Roy, 184
Mendes, Edilberto, 10
Menuhin, Yehudi, 93
Mercouri, Melina, 22, 33, 136-140
Messiaen, Olivier, 92

ÍNDICE ONOMÁSTICO

Michel, Hartmut, 356-359
Miller, Arthur, 94
Mitterrand, François, 96, 348
Mobutu, Sese Seko, 31
Modligliani, Franco, 302-311
Montale, Eugenio, 43, 268
Monteiro, Antonio, 11
Monteiro de Carvalho, Ana Maria, 12
Moravia, Alberto, 29, 33, 36, 104-109
Morgan, John S., 192
Moro, Aldo, 368
Mozart, Wolfgang Amadeus, 76, 78, 79, 175
Mulholland, John, 11
Mussolini, Benito, 38, 104, 303
Myrdal, Gunnar, 268

N

Nabokov, Vladimir, 86, 105
Nicholson, Jack, 74, 76,
Niskier, Arnaldo, 12
Nixon, Richard, 38,
Nobel, Alfred, 267, 269, 270, 274, 275, 276, 280
Nyerere, Julius, 202

O

Ohlin, Bertil, 292-296
Olinto, Antonio, 12, 272,
Oliva, Hans, 159
Oseens, C. W., 271

P

Palme, Olof, 33, 58, 105, 117-123, 126, 130, 134, 272
Paliz, Fabian, 11
Papadopoulos, George, 38
Pasolini, Pier Paolo, 24, 29, 33, 35-45, 46, 49, 50, 51, 104, 108,
Pasternak, Boris, 106
Patton, George S., 99
Pavarotti, Luciano, 171-175
Pena, Sandro, 43
Penteado, João Ricardo, 10
Peres, Gloria, 10
Perez, Shimon, 336, 342
Pericles, 332
Perez de Cuellar, Javier, 229, 243
Pinheiro, Paulo Sérgio, 11
Pinochet, gal. Augusto, 285, 288, 289, 290
Piñon, Nélida, 111, 114
Pinter, Harold, 85
Planck, Max, 271
Pol Pot, 235, 250, 251
Popper, Karl Raymond, 329-335
Preston, Bill, 182
Prigogine, Ilya, 33, 343-347
Proust, Marcel, 60

Q

Quadros, Jânio, 193

R

Rabin, Ytizhak, 336, 342
Raimundo, Silvio, 10
Ramos-Horta, José, 227, 229, 233-240, 244, 253
Ramunni, Girolamo, 270, 271
Reagan, Ronald, 285, 286
Reis, Humberto, 10
Renault, Roberto, 11
Resnais, Alain, 53, 67
Ricupero, Rubens, 11
Robinson, Mary, 253
Robson, Terri, 174
Rohmer, Éric, 66, 73
Rooney, Mickey, 154
Rosa, João Guimarães, 114
Rose, Billy, 156
Rotberg, Robert, 218
Royal, Ségolène, 148
Rubbia, Carlo, 269, 348-350
Rushdie, Salman, 273

S

Sadat, Anuar, 268
Sakharov, Andrei, 182-188
Salieri, Antonio, 76, 78, 79
Samuelson, Paul, 302, 303
Sandrelli, Stephania, 51
Santiago, Wagner, 10
Santos, Carlos dos, 216
Santos, José Eduardo dos, 238
Sarkozy, Nicolas, 100, 148
Sartre, Jean-Paul, 86, 87
Savimbi, Jonas, 220, 238
Savio, Roberto, 368-374
Schaffer, Peter, 77, 78
Schulman, Leif, 10
Schneider, Maria, 46, 52
Schori, Pierre, 118
Shakespeare, William, 26, 88, 89, 147
Shank, Bud, 168
Segersted, Francis, 234
Seifert, Jeroslav, 168
Sex Pistols, 160, 164
Silfverskjold, Monica, 165
Simões, Antonio, 11
Simone, Nina, 166
Shostakovitch, Dimitri, 93, 94
Soares, Mário, 130-135
Sobrinho, José Carlos, 10
Soljenítsin, Alexander, 184, 185
Sosa, Mercedes, 93
Souza Filho, Carlos Alberto de, 11
Spínola, gal. Antonio, 130, 134, 135
Stálin, Josef, 90, 106, 133, 146, 183
Stephenson, William, 145
Stevenson, William, 145
Stiller, Mauritz, 141
Stone, sir Richard, 269, 312-317
Stravinsky, Igor, 63
Strindberg, August, 57, 58
Suharto, Hadji Mohamed, 227, 237
Sutherland, Donald, 46

ÍNDICE ONOMÁSTICO

T

Tambo, Oliver, 195-104
Tamm, Igor, 184
Taube, Henry, 280-284
Taubes, Gary, 272
Teagarden, Jack, 169
Teilhard de Chardin, Pierre, 351
Tho, Le Duc, 268
Thorpe, Richard, 155
Thulin, Ingrid, 56
Thatcher, Margaret, 285, 286
Tati, Jacques, 42
Theodorakis, Mikis, 92-97
Tofaneto, Antonio, 10
Toffler, Alvin, 22, 262-266
Troyjo, Marcos, 11, 12, 22, 33
Trintignant, Jean-Louis, 51
Truffaut, François, 60, 66, 676, 73
Tsé-Tung, Mao, 178
Tutu, Desmond, 146

U

U Thant, Pantanaw, 380
Ulate-Segura, Jorge, 10
Ullmann, Linn, 62, 64
Ullmann, Liv, 56, 64
Urquhart, *sir* Brian, 379
Urquidi, Júlia, 110

V

Vadim, Roger, 99
Van Der Meer, Simon, 348
Vargas Llosa, Mario, 22, 29, 110-116
Veil, Madeleine, 148-153
Veil, Simone, 148-153
Veroni, Adua, 172
Verdi, Giuseppe, 171, 174, 175
Vieira de Mello, Sérgio, 22, 250-261
Viertel, Salka, 142, 146
Viotti, Maria Luiza Ribeiro, 11
Von Frish, Karl, 270, 274
Von Karajan, Herbert, 93
Von Sidow, Max, 56

W

Waldheim, Kurt, 229
Wambier, Manoel, 10
Weil, Kurt, 162
Wenner-Gren, Axel, 143, 144145, 147
Weismuller, Johnny, 154
Williams, Betty, 369
Williams, Esther, 22, 154-158
Wilson, Harold, 131
Wittgenstein, Ludwig, 333
Wyler, William, 252

X

Xanana Gusmão, 219, 226-232, 233, 235, 239, 240, 253
Ximenes Belo, Carlos, 233, 234, 235, 236, 237, 241-248

Y
Yalow, Rosalyn, 269, 324
Young, Lester, 169

Z
Zaentz, Saul, 79
Zuckerman, Harriet, 269

Direção editorial
MIRIAN PAGLIA COSTA

Coordenação de produção
HELENA MARIA ALVES

Preparação e edição de texto
CLAUDIA IZIQUE
MIRIAN PAGLIA COSTA

Ilustrações
KATRIN LINS DE ALBUQUERQUE

Índice onomástico
JOÃO LINS DE ALBUQUERQUE

Capa, Projeto gráfico e editoração eletrônica
YVES RIBEIRO, FILHO

CTP, Impressão e acabamento
ASSAHI

Impresso no Brasil
Printed in Brazil

Formato	16 x 23 cm
Mancha	11,5 x 19 cm
Tipologia	Rotis
Papel	Cartão Supremo 250gr/m^2(capa)
	Chamois Fine 80gr/m^2(miolo)
Páginas	400